Liebe Schülerinnen und Schüler,

nun habt ihr euer neues Geschichtsbuch aufgeschlagen. Jetzt beginnt für euch eine Entdeckungsreise in die Vergangenheit. Beim Durchblättern fallen euch gleich die vielen Bilder, Karten, Tipps und Texte auf. Es sind ganz schön viele; sie sollen euch helfen, eure Fragen zur Vergangenheit zu beantworten.

Wohin geht eure Entdeckungsreise mit *Geschichte und Geschehen* im kommenden Jahr genau? Ihr könnt gemeinsam
- nach den ersten menschlichen Spuren in Afrika suchen,
- nachschauen, wer die Pyramiden in Ägypten baute,
- einen Athener durch seine griechische Heimatstadt begleiten und
- ein wieder aufgebautes römisches Haus in Pompeji betreten, das vor fast 2000 Jahren bei einem Vulkanausbruch völlig zerstört wurde.

Ist das alles? Natürlich bietet das Buch noch mehr. Denn euch interessiert sicher auch, wie die Menschen ohne die Technik von heute arbeiteten, wie sie ihre Konflikte lösten, Kriege führten oder wie Mädchen und Jungen, Frauen und Männer ihren Alltag verbrachten.

Auf der Entdeckungsreise durch die Geschichte ist das Buch euer wichtigster und ständiger Begleiter. Wir, die Autorinnen und Autoren eures Buches, bieten da sehr unterschiedliche und abwechslungsreiche Möglichkeiten an, Vergange entdecken.
Heute ist für euch der Umgang mit dem Internet und CD-ROMs gen verständlich wie das Lesen eines Buches. Daher gibt es zu *Geschichte und* zusätzliche Materialien, die die Beschäftigung mit der Vergangenheit bei und erleichtern.
- Im Internet unter der Adresse „www.klett-verlag.de/gug" findet ihr u. a. Angebote, die zum Bauen historischer Gegenstände, zum Schneidern alter Kleidung oder zum Surfen im Internet anregen. Denn warum soll der Geschichtsunterricht nicht auch Spaß machen?
- Die CD-ROM zum Buch ist eng auf die Kapitel von *Geschichte und Geschehen* abgestimmt. Historische Computerspiele, anschauliche Videos, Spaziergänge durch 3-D-Räume und vieles mehr ermöglichen euch faszinierende Einblicke in die Vergangenheit.

Bei eurer Reise durch die Zeit wünschen wir euch viel Spaß!

Die Autorinnen und Autoren

Inhaltsverzeichnis

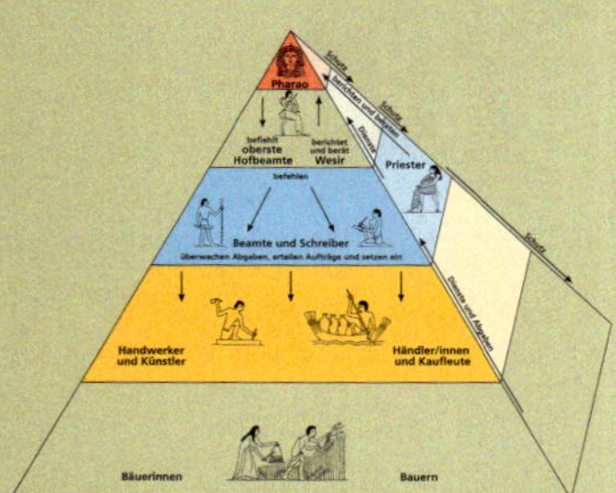

Die griechischen Wurzeln Europas 78

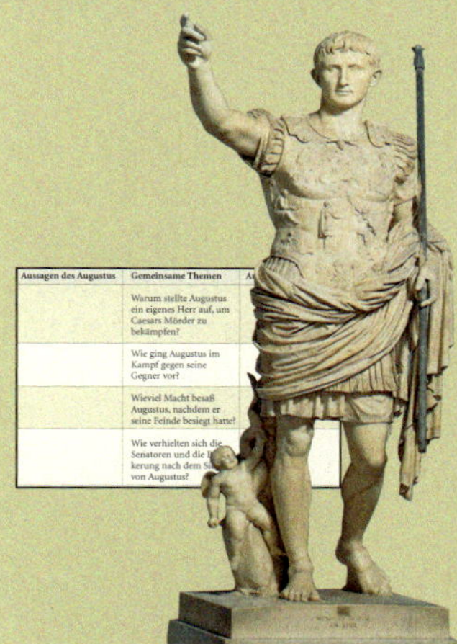

Vom Dorf zum Weltreich – Leben im Römischen Reich 128

Liebe Schülerinnen und Schüler,

euer Schulbuch wird euch von nun an im Geschichtsunterricht begleiten. Auf dieser Doppelseite möchten wir euch kurz die unterschiedlichen Seiten und Elemente in „Geschichte und Geschehen“ vorstellen. Weil die Vergangenheit so vielschichtig und spannend ist, begegnen euch im Buch verschiedene Medien: Die Bilder, Grafiken und unterschiedlichen Texte stehen beispielhaft für die vielen Wege, auf denen man etwas über die Geschichte erfahren kann, sowie für die Möglichkeit sich mit ihr zu beschäftigen und das Wissen über sie weiterzugeben.

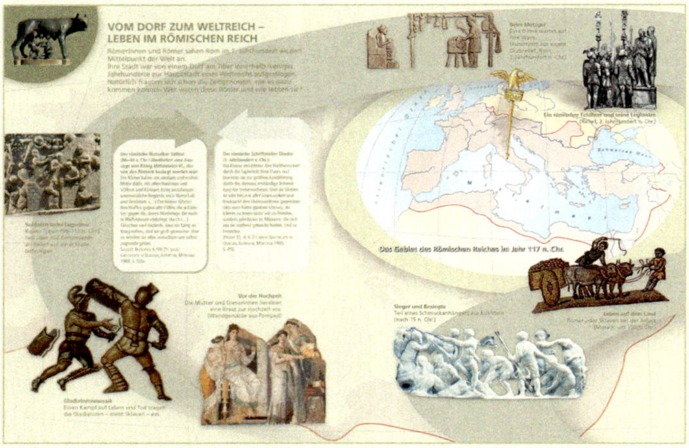

Dieses Buch umfasst fünf Themeneinheiten. Jede beginnt mit zwei besonders gestalteten Seiten, den Auftaktdoppelseiten (ADS). Bilder, Karten, Texte und Grafiken sollen den Spannungsbogen eines Themas aufzeigen und nicht zuletzt Interesse wecken. Die Auswahl der Materialien gibt euch auch schon einen Hinweis, was in den nachfolgenden Kapiteln behandelt wird.

Die Autoren haben für euch unterschiedliche Materialien zusammengestellt. Mit einem Q sind Quellen (z. B. Texte, Bauwerke, Bilder) gekennzeichnet, die uns unmittelbar über die Vergangenheit Auskunft geben oder bei denen die Menschen aus längst vergangenen Zeiten selbst zu Wort kommen; ein D steht bei Darstellungen (z.B. Schaubilder, Karten), die von heutigen Geschichtsforschern oder von den Autoren dieses Buches geschaffen wurden und die die Verfassertexte ergänzen. Zur besseren Orientierung sind in jedem Kapitel die Quellen und Darstellungen durchnummeriert.

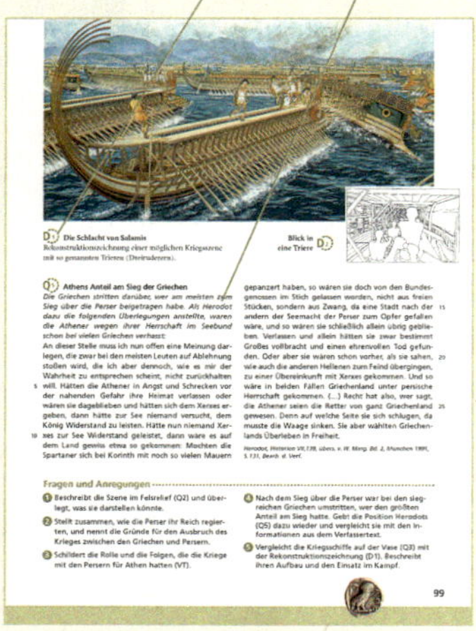

Einige Kapitel beginnen mit einer Zeittafel. Hier findet ihr die wichtigsten Daten zum Kapitelthema auf einen Blick. Geschichte hat ja etwas mit Zeit zu tun, deshalb braucht man auch Daten, um zu wissen, wie geschichtliche Ereignisse miteinander zusammenhängen, was vorher und was nachher war.

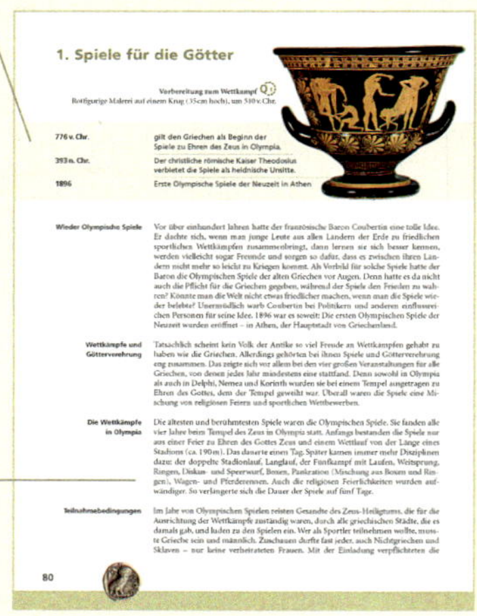

Alle Verfassertexte (VT) haben Schulbuchautoren (meist Lehrerinnen und Lehrer) geschrieben. Die Verfassertexte informieren euch zusammenhängend über geschichtliche Sachverhalte und werden am Rand durch Marginalien gegliedert. Am unterschiedlichen Stil könnt ihr auch erkennen, wie verschieden Geschichte dargestellt werden kann.

Wenn eine Seite „Gewusst wie“ heißt und oben einen breiten farbigen Balken hat, wisst ihr sofort, hier wird eine Methode vorgestellt. Auf diesen Seiten wird gezeigt, wie ihr an ein bestimmtes Material (Texte, Schaubilder, Karten) herangeht, um ihm Informationen zu entlocken. Natürlich könnt ihr diese Methode gleich anwenden und selbst probieren.

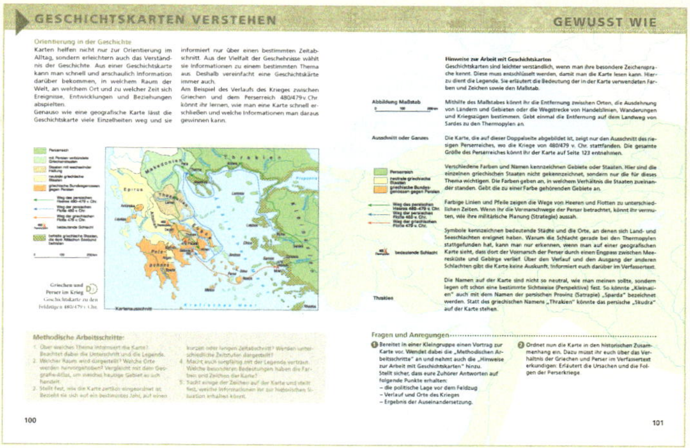

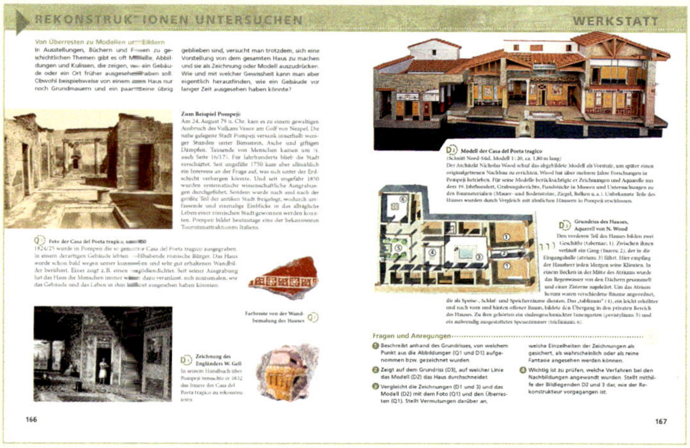

Ebenfalls einen breiten Farbbalken am oberen Seitenrand haben die Werkstattseiten. Dort könnt ihr, von den Autoren angeleitet, interessante Themen zur Vergangenheit selbst erkunden und erklären. Es bietet sich stets an, dass ihr die Fragen in kleinen Gruppen bearbeitet und löst.

Lernen lernen ist mit diesen Seiten einfach. Konkrete Tipps helfen euch, wie ihr erfolgreich lernt und euer historisches Wissen behaltet.

Kleine Symbole sollen euch helfen, sich in dem Buch leichter zurechtzufinden:

Bis heute streiten sich Menschen über die Geschichte. Mit „kontrovers“ sind Texte gekennzeichnet, die sich widersprechen.

Besondere historische Grundbegriffe sind in einem Kasten erklärt. Ihr findet sie auch, indem ihr am Ende des Buches im Verzeichnis der Personen, Sachen und Begriffe nachschlagt. Dort sind sie durch fette Buchstaben besonders hervorgehoben.

Das Buch bietet euch Literaturtipps sowie Ideen und Anleitungen für kleine Projekte an.

Zusätzlich gibt es Empfehlungen für die Nutzung des Internets. Auf der Website http://www.klett-verlag.de/gug haben wir weitere Angebote für euch aufbereitet (z.B. Anregungen zum Bauen und Basteln, Linktipps).

Zu welchen Themen es Module auf der Software gibt, erkennt ihr an der kleinen CD-Rom bei den „Fragen und Anregungen“.

VON MENSCHEN, ZEIT UND GESCHICHTE

„Früher war alles anders" – so ähnlich habt ihr es bestimmt schon einmal von Menschen gehört, wenn sie über die Vergangenheit berichtet haben. Und tatsächlich haben die Menschen mit jedem Tag, der vergangen ist, etwas auf der Erde verändert. Wie sich die Welt im Laufe von Jahrhunderten und Jahrtausenden gewandelt hat, wie die Menschen zu unterschiedlichen Zeiten gelebt haben und warum unser Leben heute so aussieht, wie wir es kennen – damit beschäftigt sich das Fach Geschichte. Die Bilder geben euch einen Eindruck von einigen geschichtlichen Themen. Vielleicht kennt ihr ja schon manche der Personen, Bauwerke oder Erfindungen?

1. Warum interessiert uns Geschichte heute?

Herodot schreibt über die Geschichte

Herodot lebte vor ca. 2700 Jahren in Griechenland und war einer der ersten, der ein Buch über die Vergangenheit geschrieben hat. Am Beginn seines „Geschichtsbuches“ erklärt er: „Herodotos von Halikarnassos gibt hier eine Darlegung seiner Forschungen, damit bei der Nachwelt nicht vergessen wird, was unter Menschen einst geschehen ist; auch soll das Andenken an große und wunderbare Taten nicht erlöschen (…), besonders aber soll man die Ursachen wissen, weshalb die Griechen und die Perser gegeneinander Krieg führten.“

Fragen an die Geschichte

Herodot erinnerte an ein Ereignis, das für die Griechen eine besondere Bedeutung hatte: die Abwehr eines persischen Angriffs. Vor allem fragte er nach den Gründen, die zum Krieg führten. Menschen zu anderen Zeiten interessierten sich für andere Ereignisse, Entwicklungen oder Personen in der Geschichte. Heute beschäftigen sich Geschichtsforscher auch mit anderen Themen: Wie haben die Menschen gelebt, als es noch keine modernen Techniken und Erfindungen gab, wie Medikamente, Autos oder Telefone? Seit wann und warum wohnen die Menschen in Städten? Wie haben sie in der Natur gelebt bzw. ihre Umwelt verändert? Wie haben Frauen und Männer, Kinder und Alte, Arme und Reiche ihr Zusammenleben geregelt? Bestimmte ein König oder eine Königin alles oder haben die Menschen ihre eigene Regierung gewählt? Man kann diese Liste beliebig verlängern.

Kleider machen Leute D1

Bekleidung war immer mehr als ein Schutz gegen die Witterung. Material und Schnitt wechselten im Wandel der Zeiten. Sie sind auch typisch für einzelne Völker oder die Stellung von Personen in der Gesellschaft. V. l. n. r.: Kind in Papua-Neuguinea, Junge in Nordafrika, Inuitfrau mit ihren Kindern.

Tradition

(von lat. „Übergabe“). Gewohnheiten, Sitten oder Ereignisse, die bis heute lebendig geblieben sind, nennt man Traditionen. Sie wirken aus der Vergangenheit in unser Leben hinein, sodass wir unser Handeln heute noch danach ausrichten. Weil die Menschen einer Gegend gleiche Gebräuche kennen, sorgen Traditionen oft für ein Zusammengehörigkeitsgefühl. Wenn Menschen Bräuche nicht mehr sinnvoll finden, sich nicht mehr nach ihnen richten und sie nicht an ihre Kinder weitergeben, können Traditionen aussterben.

Geschichtliche Entwicklung

Das Leben und Denken der Menschen hat sich im Laufe der Zeit immer wieder verändert; das nennt man geschichtliche Entwicklung. Wir sehen eine Entwicklung als „fortschrittlich“ an, wenn sich durch neue Ideen oder Erfindungen das Leben der Menschen verbessert hat oder erleichtert worden ist. Allerdings bringt nicht jeder Fortschritt nur Vorteile mit sich. Entwicklungen, die sich wieder an älteren Vorstellungen orientieren, werden heute oft als „rückschrittlich“ bezeichnet.

Q1 Die Entwicklung von Waffen – Fortschritt oder Rückschritt?
links: Römische Soldaten kämpfen gegen die Daker, Ausschnitt aus einer Säule, 113 n. Chr.; Mitte: Miniatur um 1240 in einem Werk des Dichters Gottfried von Straßburg; rechts: Britische Soldaten schießen auf Bürger von Boston (Nordamerika), Druck um 1770 von Paul Revere; hinten: Rakete der USA, 1988.

Aus der Geschichte lernen?

Wir leben heute und nicht in der Vergangenheit! Wäre es darum nicht sinnvoller, über die Zukunft nachzudenken? Viele der heutigen Probleme haben aber ihre Wurzeln in der Vergangenheit. Durch eine Beschäftigung mit den Ursachen lassen sich oft – aber nicht immer – Lösungen finden. Wenn man etwa wie Herodot die Gründe kennt, warum sich zwei Völker früher in Kriegen bekämpft haben, kann man sich heute dafür einsetzen, dass die Menschen nicht dieselben Fehler noch einmal machen. Aus der Geschichte zu lernen, kann heißen, sich für ein friedliches Zusammenleben von Menschen und Völkern einzusetzen.

Traditionen – ein Schlüssel zur Geschichte?

Nicht nur Probleme und Konflikte können ihre Ursachen in der Geschichte haben, auch viele Sitten und Gebräuche sind uns bis heute aus der Vergangenheit überliefert. Man nennt sie auch Traditionen. Sie begegnen uns z. B. bei Hochzeiten und Geburtstagen, Dorffesten oder in der Kirche. Auch unser tägliches Leben ist von Traditionen geprägt, z. B. durch die Art, wie wir uns begrüßen und verabschieden oder welche Kleidung wir tragen. Ein Blick zurück in die Geschichte kann erklären, wie Traditionen entstanden sind, warum wir uns heute immer noch nach ihnen richten – häufig auch unbewusst – oder aber, weshalb sie heute nicht mehr gepflegt werden. Welche Traditionen werdet ihr in Zukunft aufrechterhalten?

Fragen und Anregungen

1. Nennt mit euren Worten die drei Gründe Herodots, ein Buch über die Geschichte zu schreiben (VT).
2. Überlegt euch in Partnerarbeit Fragen an die Geschichte: Was interessiert euch an der Vergangenheit am meisten?
3. Beschreibt die Bilder (D1) und gebt an, was an der Kleidung „traditionell" ist. Überlegt auch, inwieweit eure Kleidung von Traditionen geprägt ist.
4. Erläutert, welche geschichtliche Entwicklung bei den Waffen sichtbar wird (Q1). Ist die Entwicklung fortschrittlich? Sagt eure Meinung dazu.

ZEITZEUGEN BEFRAGEN

Zeitzeugen erinnern sich

Auf den ersten Blick ist besonders die Vergangenheit interessant, die noch nicht allzu lange von unserer Gegenwart entfernt ist. Wer sich mit einem geschichtlichen Zeitraum beschäftigt, der noch nicht so lange zurückliegt, kann Menschen befragen, die damals schon gelebt haben. Man nennt sie „Zeitzeugen", da sie eigene Erinnerungen mitteilen können. Zeitzeugeninterviews eignen sich gut, um mehr über den Alltag der Menschen früher herauszubekommen. Wie ihr selbst eine Zeitzeugenbefragung zum Thema „Familienleben im Wandel der Zeit" machen könnt und worauf ihr dabei achten solltet, erfahrt ihr auf dieser Seite.

Q2 Familie eines Zigarrengroßhändlers vor ca. 100 Jahren
Foto von 1910.

Q1 Familienleben früher und heute

Herr Karo ist 68 Jahre alt und Rentner. Über die Familie berichtet er:

Früher war die Welt noch in Ordnung: Der Mann hatte seine Arbeit, dann wurde geheiratet und es kamen Kinder. Die Mutter war zu Hause und kümmerte sich um die Erziehung. Das bedeutet für mich „Familie". Heute lebt jeder mit jedem zusammen, wie er will. Und wenn's einem nicht mehr passt, haut man einfach ab. Außerdem wollen alle nur viel Geld verdienen. Wie die Kinder klar kommen, ist ihnen meistens egal. Das kann nicht gut gehen!

Zit. nach: Bundeszentrale für politische Bildung (Hg.), Informationen zur politischen Bildung 206, Die Familien in der Bundesrepublik Deutschland, Bonn 1985, S. 2.

Q3 Eine Familie vor 40 Jahren
Alltag beim Abendessen. Foto um 1960.

Q4 Eine Familie heute
Vorbereitungen zum Essen. Foto um 1999.

D2 **Generationen einer Familie**
In jeder Familie werden Ereignisse aus der eigenen Geschichte mündlich weitergegeben. Das Schaubild zeigt, wie weit die persönliche Erinnerung von Zeitzeugen normalerweise zurückreicht. Wie weit geht die Erinnerung in deiner Familie zurück?

Methodische Arbeitsschritte:

Vorbereitung:

1. Überlegt, welche Person etwas über ein von euch gewähltes Thema berichten kann.
2. Formuliert eure Fragen und überlegt, in welcher Reihenfolge ihr sie stellen wollt.
3. Sollen Tonband oder Kamera mitlaufen oder reichen Stichwortnotizen? Wer soll mitschreiben?

Tipps zur Gesprächsführung:

4. Bleibt während des Interviews freundlich und ruhig. Ihr könnt das Gespräch auch zu zweit oder zu dritt führen; mit einer größeren Gruppe solltet ihr einen Zeitzeugen aber nicht „überfallen".
5. Auf viele Fragen kann man nur „Ja" oder „Nein" antworten. Formuliert darum lieber offene Fragen, z. B. „Wie waren die Aufgaben in Ihrer Familie früher verteilt?"
6. Manchmal kommen Zeitzeugen „ins Erzählen". Oft sind „Abschweifungen" interessant. Versucht jedoch immer die Erzählenden durch eure Fragen zum Thema zurückzuführen.
7. Wenn ihr die Reihenfolge eurer Fragen ändern müsst oder nicht alle Fragen stellen könnt: Überlegt, welche Fragen am wichtigsten sind.

Das Gespräch auswerten:

8. Ordnet eure Aufzeichnungen und ergänzt, was ihr nicht mitschreiben konntet und welche neuen Fragen sich aus dem Gespräch ergeben haben.
9. Vergleicht die Interviewaussagen mit Darstellungen in Geschichtsbüchern oder auf alten Fotos.
10. Nun solltet ihr die Ergebnisse euren Mitschülern präsentieren. Findet dafür eine geeignete Form.

Fragen und Anregungen

1. Befragt eure Eltern oder Großeltern zu ihrer Familiengeschichte. Ihr könnt das Interview mit der Aussage von Herrn Karo (Q1) beginnen. Bittet euren Gesprächspartner, sich dazu zu äußern.
2. Beschreibt die Fotos aus den verschiedenen Zeiten (Q2–4). Was könnt ihr daraus über das Familienleben früher und heute ablesen?
3. Vergleicht die Ergebnisse eurer Interviews mit den Informationen, die ihr aus den Fotos herausbekommen habt (Q2–4). Wo gibt es Gemeinsamkeiten, wo Unterschiede?
4. Fasst zusammen, was das Familienleben früher von heute unterschied. Diskutiert in einem Streitgespräch die Ansicht von Herrn Karo: „Früher war die Welt noch in Ordnung" (Q1).
5. Ganz gewöhnliche Frauen und Männer können genauso Zeitzeugen sein wie bedeutende und berühmte Persönlichkeiten (z. B. Politiker oder Künstler). Überlegt, welche Personen über welche Themen etwas berichten können.
6. Stellt in einer Tabelle Vor- und Nachteile von Zeitzeugenbefragungen zusammen.

2. Wie finden wir etwas über Geschichte heraus?

Ein altes Schulzeugnis Q1

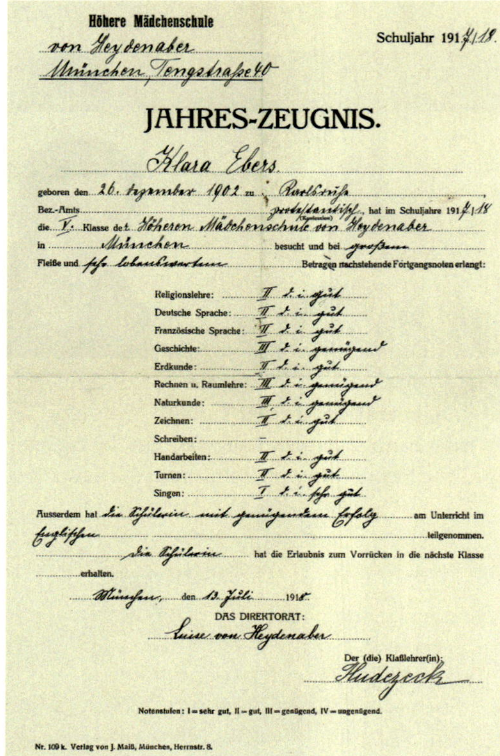

Höhere Mädchenschule
von Heydenaber
München, Tengstraße 40

Schuljahr 1917/18.

JAHRES-ZEUGNIS.

Klara Ebers

geboren den 26. Dezember 1902 zu Karlsruhe,
Bez.-Amts .... protestantisch (Konfession), hat im Schuljahre 1917/18
die V. Klasse der Höheren Mädchenschule von Heydenaber
in München besucht und bei großem
Fleiße und sehr lobenswertem Betragen nachstehende Fortgangsnoten erlangt:

Religionslehre:	II d. i. gut
Deutsche Sprache:	II d. i. gut
Französische Sprache:	II d. i. gut
Geschichte:	III d. i. genügend
Erdkunde:	II d. i. gut
Rechnen u. Raumlehre:	III d. i. genügend
Naturkunde:	III d. i. genügend
Zeichnen:	II d. i. gut
Schreiben:	–
Handarbeiten:	II d. i. gut
Turnen:	II d. i. gut
Singen:	I d. i. sehr gut

Ausserdem hat die Schülerin mit genügendem Erfolg am Unterricht im Englischen teilgenommen.

Die Schülerin hat die Erlaubnis zum Vorrücken in die nächste Klasse erhalten.

München, den 13. Juli 1918.

DAS DIREKTORAT:
Luise von Heydenaber

Der (die) Klaßlehrer(in):
Hudezeck

Notenstufen: I = sehr gut, II = gut, III = genügend, IV = ungenügend.

Nr. 109 k. Verlag von J. Maiß, München, Herrnstr. 8.

Quellen erzählen über die Vergangenheit

Wie bei der Quelle eines Flusses entspringt das Wissen über die Geschichte aus Quellen. Darum wird alles, was von der Vergangenheit übrig geblieben ist oder überliefert wurde, „Quelle" genannt. Wer etwas über die Vergangenheit herausfinden will, ist also auf Quellen angewiesen. Deshalb sind sie das wichtigste Arbeitsmittel von Geschichtsforschern. Anstelle von „geschichtlich" kann man auch das Wort „historisch" verwenden. Der Begriff kommt aus dem Griechischen und Lateinischen. Geschichtsforscher heißen demnach Historikerinnen und Historiker.

Mündliche und schriftliche Überlieferung

Wissen über die Vergangenheit wird oft mündlich überliefert. Zeitzeugenbefragungen z. B. sind eine gute Möglichkeit, die Erinnerungen vieler Menschen aufzuzeichnen und damit für die Zukunft zu bewahren. Doch unser Gedächtnis verändert sich ständig: Neues kommt hinzu, Altes vergisst man oder man erinnert sich nur noch ungenau. Oft werden Erzählungen aber auch ausgeschmückt, man übertreibt ein bisschen oder lässt etwas weg. So können sich, absichtlich oder unabsichtlich, Fehler und Ungenauigkeiten einschleichen. Sicherer wurde die Überlieferung, seit die Menschen die Schrift erfunden hatten. Nun konnten sie alles aufschreiben, was ihnen wichtig war, z. B. das Wissen über die eigene Geschichte. Zuerst schrieb man auf Stein und Holz, dann stellten die Ägypter aus der Papyruspflanze eine Schreibgrundlage her; nach dem Papyrus ist das heutige Papier benannt. Das später erfundene Pergament aus dünnen Tierhäuten ist viel kostbarer als Papyrus. Es kann mehr als tausend Jahre lang lesbar bleiben. Schriftliche Quellen haben für die Arbeit der Historikerinnen und Historiker große Bedeutung. Vieles, was sie wissen, haben sie aus ihnen erfahren.

Zeugnisse über die Vergangenheit, D1 hier eine Auswahl.

Textquellen	Bildquellen	Überreste
Akten	Fotos	Bauwerke
Briefe	Gemälde	Gräber
Gesetzestexte	Höhlenmalerei	Kleidungsstücke
Inschriften	Karikaturen	Möbel
Memoiren	Mosaike	Schmuck
Tagebücher		Statuen
Urkunden		Waffen
Verträge		Werkzeuge
Zeitungen		

Schriftliche Quellen müssen entschlüsselt werden!

Alte Texte zu lesen ist oft gar nicht so einfach. Zunächst muss man die Schrift entziffern und die alte Sprache verstehen. Manchmal gibt es auch unklare Abkürzungen oder Bezeichnungen, die heute nicht mehr gebraucht werden. Schließlich sind die Texte oft nicht vollständig, weil Teile verloren gegangen sind. Damit möglichst viele Menschen die alten Texte verstehen können, werden Quellen meist bearbeitet; auch viele Quellen in diesem Buch sind gekürzt oder sprachlich vereinfacht worden.

Bildquellen

Wichtige Ereignisse wie die Krönung eines neuen Königs haben die Zeitgenossen oder spätere Generationen oft auf Bildern festgehalten. Aber auch aus privaten Gründen haben Menschen Wände bemalt oder Porträts angefertigt. Schriftliche Quellen konnte man immer wieder neu abschreiben, sodass sie erhalten blieben; viele Bilder aber verblassten im Laufe der Jahrhunderte oder wurden zerstört. Sehr alte Bilder sind selten und damit besonders kostbar.
Um aus Bildern etwas über die Geschichte zu erfahren, ist es wichtig, sie genau anzuschauen. Wie hat der Maler das Bild gezeichnet? Was hat er vielleicht nicht dargestellt? Häufig haben Gegenstände, Pflanzen oder Tiere auf Bildern eine besondere Bedeutung, die man erst entschlüsseln muss.

Fotos – Tonaufnahmen – Filme

Seit mehr als 150 Jahren können die Menschen fotografieren. Vor ungefähr einem Jahrhundert haben sie außerdem Tonaufnahmen und Filme erfunden. Mit den neuen Techniken entstand eine neue Art von Quellen, in denen nun z. B. längst verstorbene Menschen zu sehen bzw. zu hören waren. Trotzdem berichten auch diese modernen Quellen nur unvollständig von der Vergangenheit. So sieht man in einem Film auch nur das, was die Filmkamera eingefangen hat – alles andere fehlt.

Überreste

Alte Gebäude, Geldmünzen, Möbel, Kleidungsstücke und zerbrochenes Geschirr, aber auch ungewöhnliche Funde wie Reste von Mahlzeiten (Knochen oder Getreidekörner) sind Quellen. Alle Gegenstände und Bauwerke, die von der Vergangenheit übrig geblieben sind, bezeichnen Historikerinnen und Historiker als Überreste.

Die Geschichte darstellen

Historikerinnen und Historiker müssen wie Detektive arbeiten: Aus verschiedenen Quellen versuchen sie so viele Informationen wie möglich zu sammeln und sie sorgfältig zu prüfen. Die Themen und Ereignisse, über die das Geschichtsbuch berichtet, sind lange Zeit erforscht worden. Viele Forscher haben dabei gegenseitig ihre Ergebnisse immer wieder verglichen. So wird die Wahrscheinlichkeit geringer, dass etwas falsch oder ungenau dargestellt wird.
Alles, was Historikerinnen und Historiker über die Geschichte herausbekommen haben, fassen sie am Ende zusammen und präsentieren es anderen interessierten Personen in Büchern, Ausstellungen, Museen oder Filmen.

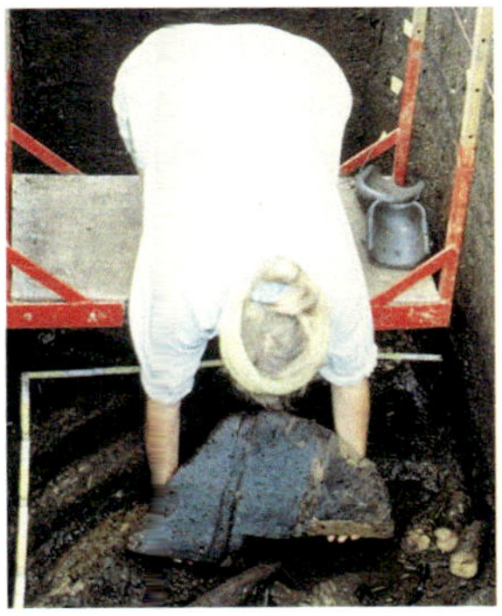

D2 **Wie nähern wir uns der Vergangenheit?**
links: Eine Archäologin findet ein fast 5000 Jahre altes Wagenrad. Rechts: Schüler erproben den Nachbau eines Wagens, wie er vermutlich vor 5000 Jahren ausgesehen hat.

1 **Haus in Pompeji, Computerrekonstruktion von 1997**

3 **Heutige Straßenansicht in Pompeji nach den Ausgrabungen**

2 Der Vesuv bricht aus

Der Römer Plinius (62–113 n. Chr.) berichtete über seinen Onkel, der im Jahr 79 n. Chr. eine römische Flotte vor der Küste bei Pompeji kommandierte:

Mein Onkel war in Misenum und befehligte persönlich die Flotte. Am 24. August, etwa um ein Uhr nachmittags, meldete ihm meine Mutter, es zeige sich eine Wolke von ungewöhnlicher Größe und Gestalt. (…) Die Wolke wuchs wie auf einem sehr hohen Stamm empor und breitete gewissermaßen Äste aus. (…) Bisweilen war sie weiß, bisweilen schmutzig und fleckig, je nachdem, ob sie Erde oder Asche mit sich führte. (…) Mein Onkel ließ Vierdecker ausfahren und stieg selbst an Bord, nicht nur um seiner Bekannten Rectina, sondern auch vielen anderen Menschen Hilfe zu bringen. (…) Schon fiel Asche auf die Schiffe – je näher sie herankamen, desto heißer und dichter –, schon fielen auch Bimssteine und schwarze, halb verbrannte und von der Hitze geborstene Steine, schon entstand eine plötzliche Untiefe und der Strand wurde durch Trümmerbrocken vom Vesuv unzugänglich. (…) Inzwischen leuchteten aus dem Vesuv an mehreren Stellen gewaltige Flammenstreifen und hohe Brände auf, deren strahlende Helligkeit durch die Dunkelheit der Nacht noch gesteigert wurde. (…) Durch häufige und starke Beben schwankten die Häuser und schienen, wie aus ihren Fundamenten gehoben, sich bald hierhin, bald dorthin zu neigen. Unter freiem Himmel fürchtete man andererseits das Herabfallen von Bimssteinen. Doch man entschied sich, die Häuser zu verlassen, und band sich Kopfkissen auf den Kopf, als Schutz gegen herabfallende Steine. (…) Dann trieben Flammen und Schwefelgeruch alle in die Flucht. Mein Onkel brach zusammen, weil der dicke Qualm seinen Atem hemmte. Als es wieder Tag geworden war, fand man ihn, eher einem Schlafenden als einem Toten gleichend.

Plinius, Caecilius Secundus, Sämtliche Briefe. Lateinisch/Deutsch. Übers. und hg. von Heribert Philips und Marion Giebel, Stuttgart 1998, Buch VI, 16. Bearb. d. Verf.

4 Pompejis Geschichte

In einem Ausstellungskatalog schrieb ein Historiker im Jahr 2001:

Als Pompeji am 24. August 79 n. Chr. unter vulkanischer Asche und Schlammlawinen verschüttet wurde, blickte die Stadt bereits auf eine mehrere Jahrhunderte währende Geschichte zurück. Verkehrstechnisch äußerst günstig in der Nähe der Küste und des Flusses Sarno auf einem Plateau gelegen, entwickelte sich die Siedlung, die bereits im 6. Jh. v. Chr. eine erste Stadtmauer erhielt, rasch zu einem bedeutenden regionalen Zentrum am Golf von Neapel (…). Seine wohl größte Blüte erlebte Pompeji im 2. Jh. v. Chr., als Landwirtschaft und Handel viel Geld in die Stadt brachten, mit dem der Bau prächtiger Wohnhäuser, Straßen und öffentlicher Gebäude finanziert wurde. (…) Einen deutlichen Einschnitt markiert das Erdbeben von 62 n. Chr., das als Vorbote der Eruption (des Vulkanausbruchs) gilt und schwere Zerstörungen hinterließ. Trotz des vor allem im Bereich der Wohnhäuser rasch vorangetriebenen Wiederaufbaus herrschte in Pompeji noch kein Normalzustand, als die Stadt siebzehn Jahre später ihr jähes Ende nahm.

Pompeji wiederbelebt! Entdecken, Nachleben und Rekonstruktion eines antiken Wohnhauses. Hg. v. Hans-Ulrich Cain und Felix Pirson, Leipzig 2001, S. 8.

Quellen

So werden alle Texte und Gegenstände genannt, die aus vergangenen Zeiten übrig geblieben oder überliefert sind und aus denen sich Kenntnisse über die Vergangenheit gewinnen lassen. Historikerinnen und Historiker unterscheiden mündliche und schriftliche Quellen, Bild-, Ton- und Filmquellen sowie Überreste. Quellen, die in diesem Buch abgedruckt sind, sind mit einem „Q" gekennzeichnet.

Darstellungen

Das, was man über die Vergangenheit herausgefunden hat, kann auf verschiedene Art und Weise dargestellt werden: Historikerinnen und Historiker schreiben meistens Bücher oder Aufsätze – und so auch Schulbücher. Geschichtliche Ereignisse können auch in Karten, Filmen, Schaubildern oder Tabellen veranschaulicht werden. Solche Darstellungen erkennt ihr in diesem Buch an einem „D". Darstellungen wie die Verfassertexte dieses Geschichtsbuches zeigen auch, wie die Autoren über die Geschichte denken.

5 **Ausschnitt aus einem Wandmosaik in Pompeji, das einen Dichter zeigt. Casa del Poeta tragico**

6 **Szene aus dem Spielfilm „Die letzten Tage von Pompeji" von 1959**

Fragen und Anregungen

1. Beschäftigt man sich mit der Vergangenheit, nimmt man die Informationen aus ganz unterschiedlichen Medien auf. Historiker erkennen sofort, ob sie eine Quelle oder eine Darstellung vor sich haben. Diese Unterscheidung zeigen wir in eurem Geschichtsbuch, indem wir alle Quellen mit einem **Q** und alle Darstellungen mit einem **D** gekennzeichnet haben. Auf dieser Seite fehlen diese Angaben noch. Stellt daher zunächst die verschiedenen Informationen über Pompeji zusammen. Entscheidet anschließend, welche Materialien mit einem **Q**, welche mit einem **D** versehen werden müssen.
2. Untersucht das Zeugnis (Q1) und vergleicht es mit euren eigenen und den Zeugnissen eurer Eltern.
3. Ein Historiker möchte in 100 Jahren etwas über euer Leben erfahren. Welche Quellen kann er nutzen? Was könnte er herausfinden?

Alltagsgegenstände erzählen

Alte Münzen, Banknoten, Geräte oder Werkzeuge wecken oft unser Interesse, wenn wir sie zufällig finden. Solche Überreste – Historiker nennen sie auch Sachquellen – haben ihre eigene Geschichte und wenn man sie untersucht, können sie viel über die Vergangenheit vermitteln. Häufig erfahren wir Interessantes über den Alltag gewöhnlicher Frauen, Männer und Kinder, aber auch über das Leben der Großen und Mächtigen oder über technische Entwicklungen in langen Zeiträumen.

Q1

Q2

Q3

Uhren und ihre Geschichte
Die abgebildeten Uhren findet man nicht zufällig. Sie sind sehr alt und daher kostbar. Sie befinden sich an einem festen Ort oder werden in Museen aufbewahrt. Wie funktionierten die Sonnenuhr, die ägyptische Auslaufuhr und die alte Taschenuhr und was verraten sie euch über die Vergangenheit?

PROJEKT

Wie funktionierten ägyptische Uhren?
Probiert einmal aus, wie mit der abgebildeten Auslaufuhr die Zeit gemessen wurde:
www.klett-verlag.de/gug (Werkstatt)

Methodische Arbeitsschritte:

1. Schaut euch zuerst den Gegenstand genau an: Aus welchem Material ist er? Sind Gebrauchsspuren oder Zerstörungen zu erkennen? Notiert alles, was euch auffällt – auch Fragen!
2. Versucht herauszubekommen, wie alt der Gegenstand ist und wie er genau benutzt wurde. Befragt dazu Besitzer oder Experten. Mithilfe von Lexika, Sachbüchern und dem Internet könnt ihr zusätzliche Kenntnisse und Informationen erhalten.
3. Die Sachquellen sind unmittelbare Überreste aus der Vergangenheit. Sie müssen zeitlich eingeordnet werden: Wie haben die Menschen sie damals benutzt? Welche Bedeutung hat (oder hatte) der Gegenstand für das tägliche Leben der Menschen? War er im Alltag wichtig oder spielte er einmal bei einem konkreten Ereignis eine besondere Rolle? Natürlich ist es interessant zu fragen, welchen Wert der Gegenstand im Guten wie im Schlechten für die Menschen besaß.
4. Abschließend solltet ihr fragen: Benutzen wir heute noch den Gegenstand oder wurde er durch einen anderen, „moderneren", ersetzt? Im Vergleich mit ähnlichen Gegenständen bekommt ihr auch heraus, ob technische Entwicklungen ihn überflüssig gemacht haben.

Mögliche Antworten auf die Fragen – am Beispiel der Uhren:

Eine Sonnenuhr aus dem 6. Jh. v. Chr.:
Die abgebildete Uhr wurde im heutigen Saudi Arabien gefunden. Sonnenuhren waren die ersten Uhren und wurden bereits vor fast 5000 Jahren in China verwendet. Man nutzte die Richtung der Sonne oder ihre Höhe über dem Horizont zur Anzeige. Der Schatten wandert im Lauf der Sonne und zeigt auf einer Skala die Stunden an. Mithilfe von Sonnenuhren gelang es den Menschen, den Tag nicht nur grob in Morgen, Mittag und Abend einzuteilen, sondern genauere Zeiteinteilungen vorzunehmen und die Zeit zu messen.

Die Reste einer 3500 Jahre alten Auslaufuhr:
Die Ägypter teilten den Tag in 24 Stunden ein. Um die Tageszeit zu bestimmen, nutzten sie Sonnenuhren. Aber wie konnte die Zeit in Räumen oder nachts gemessen werden? Dazu erfand man Auslaufuhren. In ein Gefäß füllten die Ägypter Wasser, das durch eine Öffnung allmählich auslief. An einer Skala im Innern des Gefäßes konnte am Wasserstand abgelesen werden, wie viele Stunden vergangen waren. Dadurch gelang es den Menschen, Zeitspannen bzw. die Zeitdauer zu bestimmen.

Siegeszug der Taschenuhr:
„Aus Eisen macht er kleine Uhren mit vielen Rädern, die 40 Stunden anzeigen und schlagen und in der Brusttasche oder im Geldbeutel getragen werden können." Diese erstaunte Aussage stammt von einem Zeitgenossen Peter Henleins. Dieser fertigte kurz nach 1500 in Nürnberg die erste mechanische Uhr, die mithilfe einer Feder funktionierte. Solche kleinen Uhren konnten wohlhabende Bürger überall bei sich tragen. So konnten sie sich jederzeit nach der Uhrzeit richten.

Q4 **Auch Spielzeuge haben Geschichte**
Auf dieser Seite ist typisches Spielzeug eurer Eltern, Groß- und Urgroßeltern aus der Zeit zwischen 1935 und 1970 abgebildet. Von links nach rechts: Mecki, Spielauto, Sandmännchen, Sputnik, Weltraumrakete.

Fragen und Anregungen

1. Vergleicht die Uhren (Q1–3) daraufhin, wie genau sie die Zeit messen können. Überlegt, welche Vor- und Nachteile die verschiedenen Uhren hatten.
2. Neue Ideen, Entdeckungen und Erfindungen veränderten das Leben der Menschen. Schildert anhand der drei Uhren (Q1–3), wie neue Techniken und Geräte den Alltag veränderten.
3. Wendet die Arbeitsschritte zur Untersuchung von Sachquellen auf die Spielzeuge (Q4) an. Schreibt dann zu jeder Sachquelle eine kurze Erläuterung.
4. Sucht den ältesten Gegenstand, den ihr zu Hause habt. Untersucht ihn und stellt euer Ergebnis in der Klasse vor.

3. Orientierung in der Geschichte – Zeitrechnung und Epochen

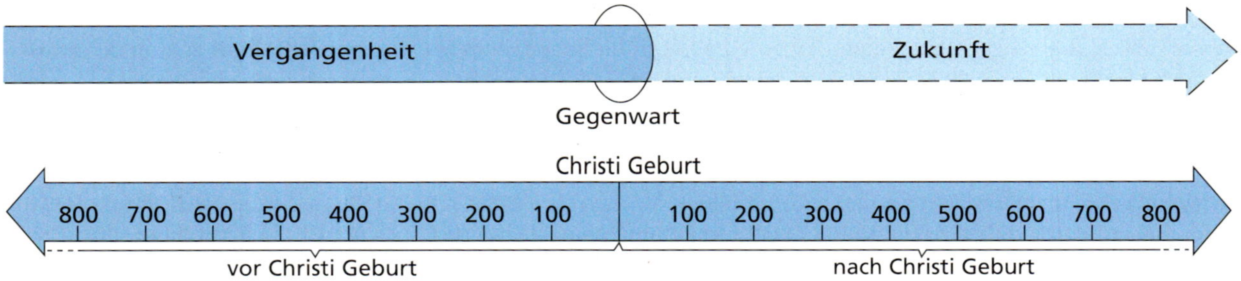

D1 **Zeitleisten zum „Strom der Zeit“ (oben) und zur christlichen Zeitrechnung (unten)**

Leben mit und in der Zeit

Heute morgen um sieben Uhr hat Sarahs Wecker geklingelt. Gleich – genau gesagt, in einer Stunde – ist sie mit ihrer Freundin verabredet. Sie wollen besprechen, was sie in den Ferien unternehmen könnten, die in drei Wochen beginnen. Die Zeit dient den Menschen als Orientierung im Alltag, aber niemand kann sie anhalten oder die Uhr zurückdrehen. Und so entscheidet sich an der Zeit, ob etwas schon Vergangenheit ist, zur Gegenwart gehört oder noch in der Zukunft liegt.

Zeitrechnung: Ordnung für die Vergangenheit

Zeit kann man messen. Aus der Beobachtung der Natur haben die Menschen eine Einteilung der Zeit in Jahre, Monate und Tage abgeleitet: Die Zeit, die vergeht, bis die Erde einmal um die Sonne gekreist ist, beträgt ein Jahr. Nach den zwölf Mondphasen wurden die Monate festgelegt – so entstand der Kalender.
Zeit- und Jahresangaben erleichtern nicht nur den Alltag, sondern auch den Überblick in der Vergangenheit: Lebte Cäsar früher oder später als Karl der Große? Wann fuhr Kolumbus Richtung Amerika – vor oder nach dem Dreißigjährigen Krieg? Was wurde eher erfunden, das Auto oder die Eisenbahn? Um vergangene Ereignisse ordnen zu können oder anzugeben, wann eine historische Person genau gelebt hat, benutzen die meisten Menschen eine Zeitrechnung, die Chronologie.
Die Zeitrechnung, die wir benutzen, beginnt mit dem Jahr, in dem Jesus Christus geboren worden sein soll. So können wir z. B. schreiben, dass der Römer Julius Cäsar im Jahr 44 vor Christus (abgekürzt 44 v.Chr.) ermordet wurde.
Für längere Zeiträume gibt es eine besondere Schreibweise: Die ersten 100 Jahre, also die Jahre 1, 2, 3 bis 100 – ein Jahr 0 gibt es nicht – werden als das erste Jahrhundert bezeichnet. Damit ist die Zeit von 101–200 das zweite Jahrhundert und das 21. Jahrhundert, in dem wir leben, umfasst die Jahre von 2001–2100.

Chronologie

(griech.: „chronos“, d. h. Zeit) ist die Lehre von der Zeitrechnung. Die Chronologie bringt eine Ordnung in die Geschichte. Mit ihrer Hilfe kann man beschreiben, in welcher zeitlichen (chronologischen) Reihenfolge geschichtliche Ereignisse passiert sind. So werden Zusammenhänge zwischen verschiedenen Entwicklungen deutlich. Zeitrechnungen unterteilen die Vergangenheit durch eine Jahreszählung. Die meisten Zeitrechnungen beginnen an einem bestimmten Zeitpunkt, von dem aus die Jahre vor und zurück gezählt werden.

Viele Kulturen – verschiedene Zeitrechnungen

Die christliche Zeitrechnung wird heute von den meisten Menschen benutzt. Doch andere Kulturen oder Religionen rechneten lange Zeit nicht vom Jahr der Geburt Christi aus, sondern nahmen andere Zeitpunkte als Ausgang ihrer Zählung.

- Die Römer der Antike, die ja vor Christi Geburt lebten, rechneten von dem Zeitpunkt aus, an dem der Sage nach die Stadt Rom gegründet wurde. Nach unserer Zeitrechnung entspricht das dem Jahr 753 v. Chr. Nach römischer Zeitrechnung wurde Cäsar also im Jahr 709 ermordet.
- Einen noch früheren Zeitpunkt nehmen die Juden als Ausgang ihrer Zeitrechnung, 3761 v. Chr. nach unserer Zeitrechnung. Für dieses Jahr hatte ein jüdischer Schriftgelehrter die Erschaffung der Welt errechnet. Der 1. Januar 2000 war nach dem jüdischen Kalender der 23. Tevet 5760.
- Die islamische Zeitrechnung beginnt erst mit dem Jahr 622 n. Chr., als der Prophet Mohammed nach Medina auswanderte. Und so schrieben Muslime am 1. Januar 2000 den 24. Ramadan 1420.
- Es gibt auch Kulturen, die gar keinen Beginn für ihre Zeitrechnung kennen. Dann kann es Zeitangaben geben wie „im 5. Jahr der Herrschaft des Königs Wiedemund“.

Historische Epochen

Seit jeher bemühen sich Historiker, die vielen verschiedenen geschichtlichen Ereignisse, Personen, Daten und Fakten nicht nur in die richtige chronologische Reihenfolge zu bringen, sondern auch in größeren Abschnitten zusammenzufassen. Europäische Historikerinnen und Historiker haben die Geschichte darum in Zeitalter eingeteilt, die historischen Epochen:

- Die **Ur- und Frühgeschichte** fängt mit der Entstehung der Welt an. In diese Epoche gehören die ersten Tiere und die ersten Menschen.
- Das **Altertum** beginnt mit dem Zeitpunkt, seit dem es die ersten schriftlichen Aufzeichnungen aus der Vergangenheit gibt (ca. 3000 v. Chr.). Zu dieser Zeit gehören die ersten Staaten, z. B. in Ägypten. Die Zeit der Griechen und Römer wird **Antike** genannt. Das Altertum (Antike) endet mit dem Zerfall des römischen Weltreiches um ca. 500 n. Chr.
- Das **Mittelalter** reicht vom Ende der Antike bis etwa zum Jahr 1500 n. Chr.

Q1 Die Zeitrechnung der Azteken im heutigen Mexiko, 15. Jahrhundert
Die Azteken glaubten, die Welt sei viermal erschaffen worden und wieder untergegangen, sie lebten im fünften Weltzeitalter. In der aztekischen Zeitrechnung bestand ein Jahrhundert aus 52 Jahren und ein Jahr aus 18 Monaten mit je 20 Tagen. Wenn ein Jahrhundert zu Ende ging, feierten die Azteken den Abschied. In Skulpturen wie diesem Zeitbündel (links) stellten sie den Tod des vergangenen Jahrhunderts dar. Die Mitte des Kalendersteins (rechts) zeigt das Gesicht ihres Sonnengottes. Um ihn herum sind in eckigen Rahmen die vier untergegangenen Welten dargestellt. Außerdem enthält der Stein Zeichen für die Tage eines Monats. Die steinerne Scheibe hat einen Durchmesser von vier Metern.

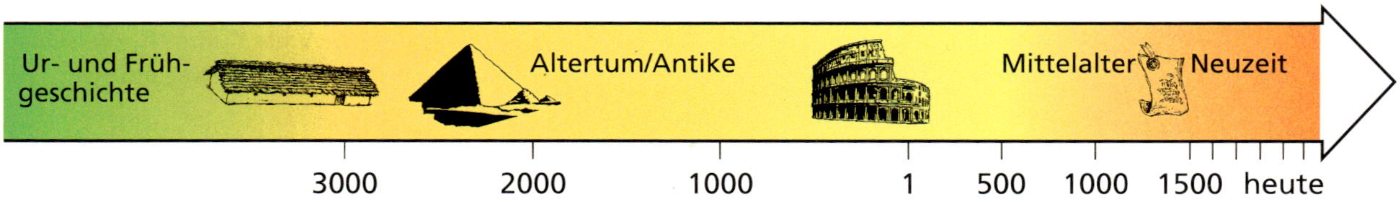

D2 Zeitleiste zu den historischen Epochen

– Dem Mittelalter schließt sich die **Neuzeit** an, die bis in die Gegenwart reicht. Die Neuzeit dauert mittlerweile schon mehr als 500 Jahre und vieles hat sich seither verändert. Daher wird sie genauer unterschieden: Etwa bis zum Jahr 1789 n. Chr., in dem die Französische Revolution begann, reicht die „Frühe Neuzeit“. Die Zeit seitdem wird „Neueste Zeit“ genannt und die Zeit, in der wir heute leben, heißt „Zeitgeschichte“.

Wann beginnt und wann endet eine Epoche?

Die Übergänge zwischen den einzelnen Epochen sind nicht immer genau festzulegen. Historikerinnen und Historiker orientieren sich darum an Ereignissen oder Entwicklungen, die den Verlauf der Geschichte besonders stark verändert haben. Dazu gehörten z. B. die Amerikafahrt von Christoph Kolumbus, die Erfindung des Buchdrucks oder die Spaltung der Christen in Katholiken und Protestanten zur Zeit von Martin Luther. Alle diese Entwicklungen ereigneten sich kurz vor oder nach dem Jahr 1500; darum meinen die meisten Historiker, dass um dieses Jahr herum das Mittelalter endete und die Frühe Neuzeit begann. Schon oft hat es Kritik an der Einteilung der Epochen gegeben und es wurden auch andere Vorschläge gemacht. Bis jetzt hat sich aber keine andere Einteilung als sinnvoll erwiesen, und so sind die meisten Historiker dabei geblieben.

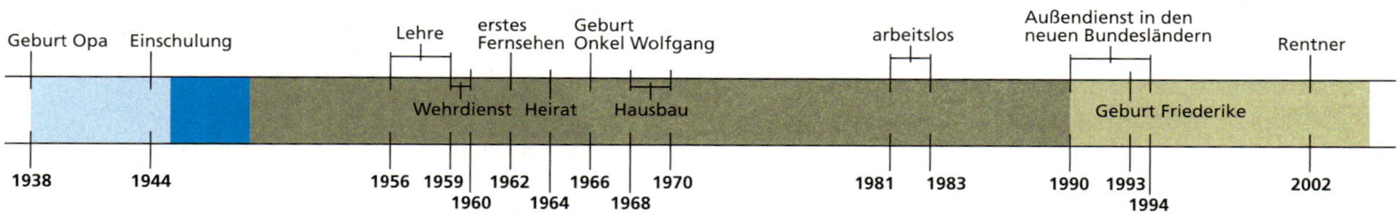

D3 Zeitleiste zur Familiengeschichte

Auch die Geschichte einer einzigen Person kann man in einer Zeitleiste darstellen. Hier wurden die wichtigsten Daten und Abschnitte im Leben des Opas eingezeichnet. Außerdem sind verschiedene Abschnitte der Neuesten Geschichte und der Zeitgeschichte farbig markiert.

Fragen und Anregungen

1. Rechnet aus, in welchem Jahr ihr nach jüdischer Zeitrechnung geboren wurdet. Die Umrechnung in die islamische Zeitrechnung ist etwas komplizierter, es gilt diese Faustformel:
islamisches Jahr = (christliches Jahr – 622) x 1,03.
2. Erklärt, welchen Einfluss der Glaube der Menschen auf die Zeitrechnung hat (VT, Q1).
3. Beschreibt, welche Bedeutung bestimmte religiöse Ereignisse und Vorstellungen für die verschiedenen Zeitrechnungen hatten (VT, Q1).
4. Zeichnet ein Bücherregal mit sechs Fächern: Vorgeschichte, Altertum (Antike), Mittelalter, Frühe Neuzeit, Neueste Zeit und Zeitgeschichte. Tragt Personen oder Ereignisse, von denen ihr schon gehört habt, in die Fächer ein. Wenn ihr nicht sicher seid, in welcher Zeit die Personen gelebt haben oder wann ein Ereignis genau stattfand, könnt ihr in einem Lexikon nachschlagen.
5. Zeichnet selbst eine kleine Zeitleiste mit den wichtigsten Daten aus eurer Familiengeschichte.

Eine Zeitleiste erstellen

Im Verlaufe des Geschichtsunterrichts werdet ihr euch mit einer Vielzahl von Ereignissen beschäftigen und eine Reihe von Personen in ihrer Zeit kennen lernen. Damit euch das Lernen im Fach Geschichte leichter fällt, solltet ihr selber Zeitleisten entwickeln.

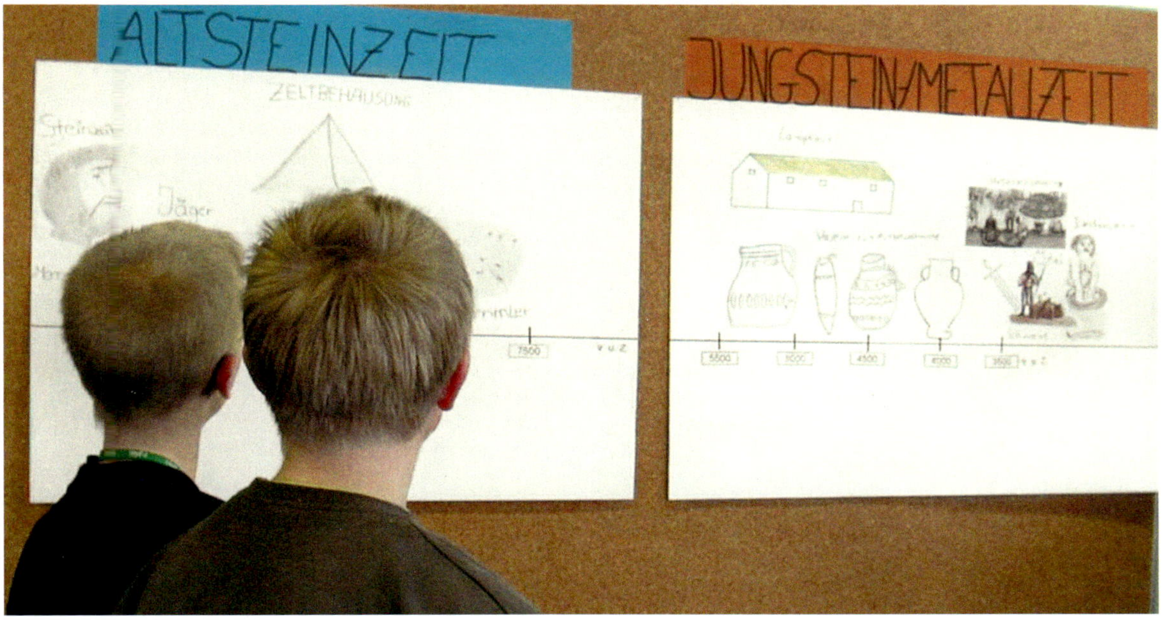

Zeitleiste der Klasse 6a des Kopernikus-Gymnasiums, Niederkassel. Foto 2002

Zeitleisten veranschaulichen den Ablauf der Zeit und dienen als Gedankenstütze. Sie können unterschiedlich aussehen. Oft zeichnet man auf ein Blatt Papier einen Pfeil von links nach rechts oder von unten nach oben und dazu schreibt man Jahreszahlen als Orientierungshilfe. Es gibt aber auch Zeitleisten auf Plakaten, als Tabellen, im Internet usw. Günstig ist, wenn ihr in einer Gruppe oder als Klasse gemeinsam eine Zeitleiste für euren Klassenraum gestaltet.

Ein Problem stellt sich bei der Entwicklung einer Zeitleiste, wie immer sie auch gestaltet sein mag: die Frage des Maßstabs. In einer Zeitleiste könnt ihr gleiche Zeiträume immer durch gleiche Abstände abbilden oder auch nicht. Ihr müsst deshalb vor Beginn der Arbeit entscheiden, bei welcher Jahreszahl eure Darstellung beginnen und wo sie enden soll. Die Zeitleiste kann nicht nur das Nacheinander von Geschichte anschaulich machen. Es ist auch möglich, das Nebeneinander festzuhalten. Wenn beispielsweise in derselben Zeitleiste dargestellt wird, was gleichzeitig in Deutschland und in China passierte, wird sichtbar, dass in denselben Zeiträumen an verschiedenen Orten ganz Unterschiedliches geschah.

Bei der Themeneinheit „Von Menschen, Zeit und Geschichte" entwickelt ihr eine Zeitleiste zu den Epochen der Menschheitsgeschichte. Eure Zeitleiste sollte bis ins Jahr 2000 gehen. Folgende Epochenbegriffe müssen vorkommen: Ur- und Frühgeschichte, Altertum (Antike), Mittelalter, Frühe Neuzeit, 19. Jahrhundert, 20. Jahrhundert. Eure Zeitleiste kann nur ausgewählte Ereignisse darstellen. Achtet darauf, dass ihr nicht ausschließlich politische Ereignisse abbildet, sondern z. B. auch wirtschaftliche oder technische Aspekte berücksichtigt. Außerdem solltet ihr noch Menschen eurer Wahl auf der Zeitleiste „einordnen". Die Zeitleiste wird sofort attraktiver, wenn ihr Bilder aufklebt oder selbst Zeichnungen anfertigt.

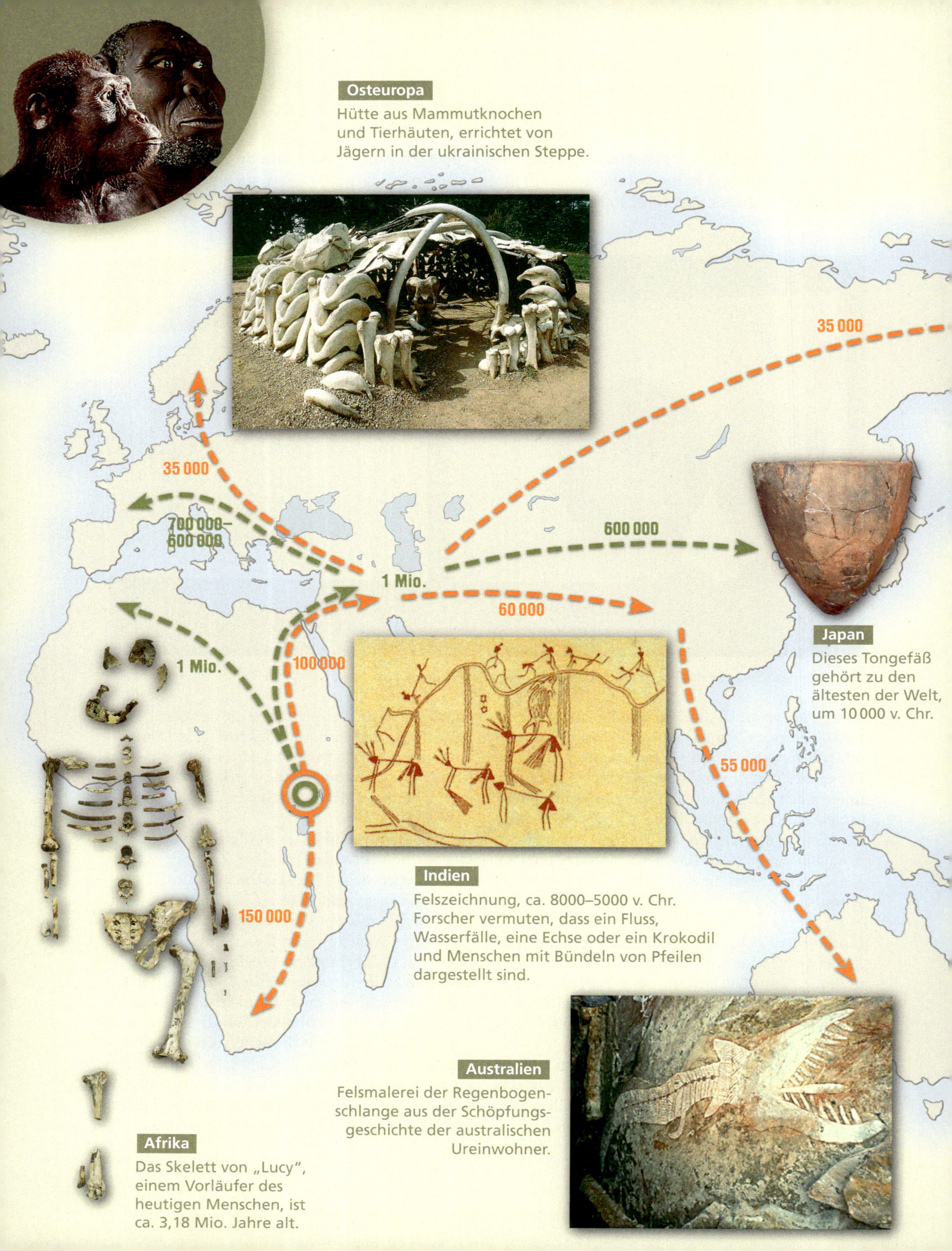

Osteuropa

Hütte aus Mammutknochen und Tierhäuten, errichtet von Jägern in der ukrainischen Steppe.

Japan

Dieses Tongefäß gehört zu den ältesten der Welt, um 10 000 v. Chr.

Indien

Felszeichnung, ca. 8000–5000 v. Chr. Forscher vermuten, dass ein Fluss, Wasserfälle, eine Echse oder ein Krokodil und Menschen mit Bündeln von Pfeilen dargestellt sind.

Afrika

Das Skelett von „Lucy“, einem Vorläufer des heutigen Menschen, ist ca. 3,18 Mio. Jahre alt.

Australien

Felsmalerei der Regenbogenschlange aus der Schöpfungsgeschichte der australischen Ureinwohner.

DIE FRÜHZEIT DES MENSCHEN

Unsere nächsten Verwandten sind die Affen. Diese Einsicht löste noch vor 150 Jahren bei den meisten Menschen einen Schock aus. Heute sehen wir unsere Herkunft gelassener. Trotzdem interessiert uns noch immer, wie sich der Mensch entwickelt hat, wie Steinzeitmenschen für ihr Überleben sorgten, welche Rolle die Natur dabei spielte, wie sich Frauen und Männer die Arbeit teilten oder wie Erfindungen das Leben verändert haben. Hier könnt ihr herausfinden, wie sich der Mensch über die Erde verbreitete, und ihr findet Hinweise auf die Lebensweise der frühen Menschen.

Nordamerika

Pfeilspitzen und Schneidwerkzeuge der Großwildjäger, um 10 000 v. Chr.

DIE UHR DES LEBENS

0 UHR	DIE ERDE ENTSTAND VOR 4,5 MILLIARDEN JAHREN ALS FEUERBALL UND KÜHLTE SICH LANGSAM AB.
1 UHR	DIE ERDE GLÜHT WEISS.
4 UHR	SIE GLÜHT GELB.
8 UHR	SIE GLÜHT ROT.
8–9 UHR	DIE ERDE BILDET ERSTE KRUSTEN.
12 UHR	KRUSTENBILDUNG BEENDET
13–14 UHR	DIE OZEANE ENTSTEHEN.
18–19 UHR	ERSTE LEBEWESEN ENTWICKELN SICH IM WASSER.
21.20 UHR	ERSTE PFLANZEN
21.30 UHR	ERSTE LANDTIERE
21.50 UHR	GLIEDERTIERE GEHEN AN LAND.
22.[illegible]0 UHR	WÄLDER VERSINKEN IM SUMPF.
22.45 UHR	ERSTE VÖGEL
22.[illegible]5–23.41 UHR	SAURIER-ZEIT
23.59 UHR	FRÜHE MENSCHEN IN AFRIKA
1 SEKUNDE VOR 24 UHR	EISZEIT: VORFAHREN DES MODERNEN MENSCHEN BESIEDELN DIE GANZE BEWOHNBARE ERDE.

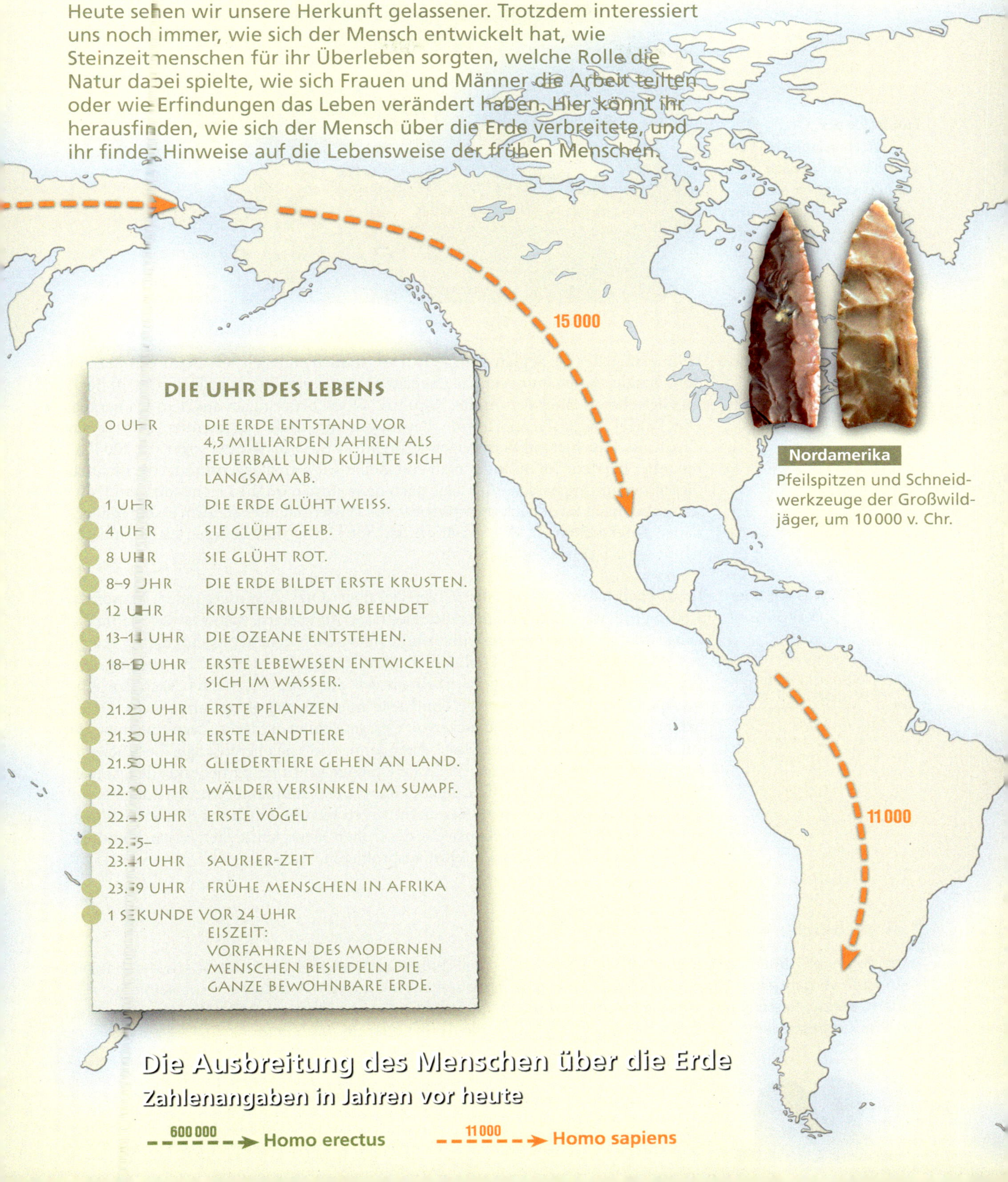

Die Ausbreitung des Menschen über die Erde

Zahlenangaben in Jahren vor heute

1. Archäologie – der Geschichte auf der Spur

Fundstelle des „Ötzi" am Hauslabjoch Q1
Schon einen Tag nach ihrer Entdeckung war die Gletschermumie bis zur Hüfte freigelegt worden. Foto vom 20. Oktober 1991, Landesgendarmeriekommando für Tirol.

Ein sensationeller Fund

Donnerstag, der 19. September 1991. „Das ist doch eine Leiche!" Beim Wandern in den Ötztaler Alpen entdeckt das Ehepaar Simon einen Toten. Er liegt 3200 m hoch im Gletschereis einer Felsmulde. Kopf und Oberkörper ragen aus dem Eis heraus. Die Polizei wird alarmiert, eine Bergungsmannschaft ausgesendet. Alle gehen davon aus, dass hier ein Bergsteiger verunglückt ist – vor 50 oder sogar vor 100 Jahren. Aber bei dem Toten findet man eine Reihe seltsamer Gegenstände, die nicht zu dieser Vermutung passen. Vier Tage nach dem Fund wird die Leiche mit dem Hubschrauber nach Innsbruck transportiert. Als Wissenschaftler sie zum ersten Mal genauer untersuchen, ist die Sensation da: „Ötzi", wie die Gletscherleiche bald genannt wird, ist etwa 5400 Jahre alt.

Was wir über „Ötzi" wissen

Inzwischen haben die Wissenschaftler viel über „Ötzi" herausgefunden. Er war ca. 1,60 m groß, wog 40 kg und hatte dunkles Haar. Als er starb, war er etwa 45 Jahre alt. Lange war die Todesursache unbekannt. Inzwischen gehen Wissenschaftler davon aus, dass „Ötzi" von einem Pfeil tödlich getroffen wurde. Aus seiner Ausrüstung lässt sich viel über seine Lebensweise erkennen, z. B. aus dem Grasmantel. Nach dem Abtransport der Leiche wurde die Fundstelle noch einmal genau untersucht. Dabei haben die Forscher drei Reststücke von Grasgeflechten entdeckt. Zuerst nahmen sie an, diese stammten von einer Matte. Aber dann stellte sich heraus, dass die Stücke zu einem aus Gras geflochtenen ärmellosen Umhang gehörten. Er bedeckte den ganzen Oberkörper. Vorne war er offen. Solche Gras- oder Strohmäntel wurden noch bis vor hundert Jahren von Hirten als Regenschutz getragen. Wie sich aus Funden Schlüsse auf das Aussehen und die Lebensweise der frühen Menschen ziehen lassen, könnt ihr mit den folgenden Materialien selbst ausprobieren.

Archäologie

Archäologinnen und Archäologen suchen nach den Überresten vergangener Zeiten. Das können Knochen, Mauern, Steine, Reste von Geräten oder sogar Körner und Pflanzenreste sein. Aus ihren Funden versuchen sie Schlüsse auf die Lebensweise der Menschen damals zu ziehen. Die meisten Archäologen spezialisieren sich auf eine bestimmte Epoche, z. B. auf die Vorgeschichte, die Antike oder das Mittelalter.

„Ötzis" Ausrüstung
Viele Gegenstände sind bei „Ötzi" gefunden worden.
Hier seht ihr eine Auswahl:

Q9

Q2

Q3

Q5

Q4

Q7

Q6

Q8

So könnte „Ötzi" ausgesehen haben. D1
Nach den Funden im Eis haben Archäologen dieses Modell angefertigt. Rekonstruktion, Südtiroler Archäologiemuseum

LITERATURTIPP

„Ötzi" – Der Mann aus dem Eis
Zahlreiche Abbildungen zeigen „Ötzis" Weg von der Fundstelle bis zur Ausstellung und Vermarktung der Mumie.
Gudrun Sulzenbacher, Die Gletschermumie. Mit „Ötzi" auf Entdeckungsreise durch die Jungsteinzeit, Wien/Bozen 2000, 64 Seiten, 300 Abbildungen.

Fragen und Anregungen

1. In der Bildlegende zu Q1 und im Verfassertext findet ihr Hinweise zu der Stelle, an der die Leiche von „Ötzi" gefunden wurde. Schlagt in einem Atlas nach.
2. Versucht die Gegenstände, die „Ötzi" bei sich hatte, zu benennen (Q2–9).
3. Erläutert, wozu „Ötzi" die Gegenstände vermutlich gebraucht hat, und überlegt, warum sie gerade aus diesen Materialien gefertigt waren.
4. Was war „Ötzi" von Beruf? Forscher vermuten, er könne Hirte, Jäger, Erzsucher oder Feuersteinhändler gewesen sein. Überprüft noch einmal seine Ausstattung. Begründet, welche Annahme ihr für die wahrscheinlichste haltet.
5. Listet auf, was ihr heute als Ausstattung für eine längere Bergwanderung in solcher Höhe mitnehmen würdet. Erörtert gemeinsam: Wie zweckmäßig war „Ötzis" Ausrüstung?

Wie Archäologen mit einem Fund umgehen

Um Genaueres über das Leben der Menschen vor mehreren hundert oder tausend Jahren zu erfahren, sind wir auf die Erkenntnisse von Archäologen angewiesen. Ihr Beruf ist das Ausgraben, Auswerten und Bewahren geschichtlicher Funde. Welche Arbeitsschritte gehören im Einzelnen zur Archäologie? Mit welchen Methoden werten die Wissenschaftler ihre Funde aus? Hier könnt ihr selbst ausprobieren, wie man als Archäologin oder Archäologe mit Funden umgeht.
Bei der Auflistung der verschiedenen Arbeitsschritte ist uns einiges durcheinander geraten.

D2 Wenn Archäologen einen Fund aus der Erde holen, müssen sie sehr vorsichtig sein, damit nichts zerbricht. Jedes Stück wird mit einer Nummer versehen und sicher verpackt.

Q9 **Ausgrabung eines römischen Kastells am Limes,** erbaut um 100 n. Chr. bei Hanau (Hessen), Foto 2001

D7 Zunächst müssen die Fundstücke gereinigt werden. Dann versuchen die Archäologen, den Gegenstand so wieder zusammenzusetzen, wie er im Original gewesen ist. Fehlende Teile kann man ergänzen. Haben Forscher nur wenige Bruchstücke gefunden, können sie in einer Zeichnung oder einem Modell zeigen, wie der Gegenstand vermutlich ausgesehen hat.

D3 Wenn die Untersuchungen abgeschlossen sind, kann der Fund ausgestellt werden, z. B. in einem Museum. Dazu wird er mit Erläuterungen versehen. Weil es aber so viele Funde gibt, werden die meisten in den Depots (Aufbewahrungsräumen) von Museen und Forschungseinrichtungen gelagert.

D4 Mit verschiedenen Untersuchungsmethoden versuchen die Forscher herauszufinden, wie alt der Fund ist, wie und wo er hergestellt wurde, wozu er gedient und wer ihn benutzt hat. Manche Antwort ergibt sich dadurch, dass man den neuen Fund mit älteren vergleicht. Zum Schluss werden alle Forschungsergebnisse zusammengefasst.

D5 Funde können – wie „Ötzi" – zufällig entdeckt werden. Oft geschieht das bei Bauarbeiten, etwa wenn die Baugrube für ein Haus ausgeschachtet wird. Man kann auch gezielt nach Funden suchen. Wälle oder Terrassen deuten darauf hin, dass an diesem Ort früher Menschen gelebt haben. Mithilfe von Luftaufnahmen lassen sich alte Grundrisse auf einer Wiese oder einem Feld erkennen – sogar unter der Oberfläche. Suchgeräte zeigen Metallgegenstände im Boden an.

D6 Ein Fund kann ganz unterschiedliche Größen haben – vom Geldstück bis zum Haus. Immer ist es wichtig, alle Teile so freizulegen, dass ihre ursprüngliche Lage erhalten bleibt. Deshalb schaufeln Archäologen nicht einfach drauflos, sondern arbeiten sehr vorsichtig. Sie tragen den Boden Schicht für Schicht ab, benutzen sehr feine Werkzeuge wie Pinsel und sieben die Erde, um auch Kleinigkeiten zu finden.

D8 Haben die Forscher den Fund erst einmal aus der Erde herausgeholt, kann keiner mehr erkennen, wo genau die einzelnen Teile gelegen haben. Deswegen müssen die Archäologen durch Messungen, Fotos und Zeichnungen genau festhalten, wo was gefunden wurde.

Archäologische Forschungsmethoden

Vergleich von Technik, Stil und Lage

Anhand von Material und Form können Wissenschaftler Fundgegenstände zeitlich einordnen. Eisenwerkzeuge z. B. gibt es erst seit ca. 750 v. Chr. Gefäße weisen Verzierungen auf, die für eine Zeit und bestimmte Orte oder Gruppen von Menschen typisch sind. Auch aus der Lage von Gegenständen können Forscher auf ihr Alter schließen. Oft werden Gegenstände in verschiedenen Schichten übereinander gefunden. Normalerweise sind die tiefer liegenden Schichten immer älter als die höheren.

Naturwissenschaftliche Untersuchungsmethoden

Mit physikalischen und chemischen Methoden wie Radiokarbonanalyse, Thermoluminiszenzdatierung, Fluortest oder Pollenanalyse kann man das Alter verschiedener Materialien bestimmen, z. B. von Knochen, Pflanzenresten, Leder oder Keramik.

Dendrochronologie (Altersbestimmung von Hölzern)

Wenn Bäume zwischen Frühjahr und Spätsommer wachsen, entstehen die so genannten Jahresringe. Ihre Breite hängt davon ab, wie viel der Baum innerhalb des Jahres gewachsen ist. Trockene Sommer ergeben schmale, feuchte Sommer breite Jahresringe. Die Reihenfolge schmalerer und breiterer Jahresringe ist bei allen Bäumen einer Gegend gleich, weil sie dem gleichen Wetter ausgesetzt sind. Wenn man eine lange Reihe immer älterer Bäume und Hölzer miteinander vergleicht, bekommt man einen lückenlosen „Baumringkalender". Jedes neu gefundene Holz, z. B. Pfähle eines alten Hauses, kann mithilfe dieses Kalenders zeitlich eingeordnet werden; denn man kann herausbekommen, wie alt der Baum war, als er gefällt wurde.

Q10 Luftbildarchäologie
Durch Luftaufnahmen kann man Reste von Bauten erkennen, auch wenn sie unter der Erdoberfläche liegen. Über Gruben oder Gräben ist der Bewuchs (Wiese, Getreide) höher, denn der tiefere Boden bietet den Pflanzen mehr Nährstoffe; bei Mauerresten ist es umgekehrt. Links seht ihr die Luftaufnahme eines römischen Gutshofes in Hessen.

Fragen und Anregungen

1. Bringt die archäologischen Arbeitsschritte (D2–8) in die richtige Reihenfolge und ordnet die Überschriften zu: Restaurierung und Rekonstruktion, Dokumentation, Freilegung, Wissenschaftliche Bearbeitung und Befund, Präsentation, Bergung.
2. Bildet Gruppen von ca. fünf Personen. Jede Gruppe vergräbt für eine andere in der Sprunggrube des Sportplatzes oder an einem anderen geeigneten Ort einen Fund (z. B. Scherben eines Blumentopfes). Der Fund kann auch unvollständig sein. Die „Forschergruppe" hat die Aufgabe, den Fund nach den einzelnen Schritten (D2–8) zu sichern.
3. Versucht auf der Luftaufnahme Haupt- und Nebengebäude sowie Mauerreste zu unterscheiden (Q10). Fertigt eine Nachzeichnung an und beschriftet sie.
4. Überlegt, welche Untersuchungsmethoden sich eignen, um Näheres über Kleidung und Ausrüstung von „Ötzi" herauszufinden. Begründet auch, welche Methoden weniger ergiebig sind.
5. „Ötzis" Alter haben Wissenschaftler mit der C14-Methode bestimmt. Findet in der Linksammlung (www.klett-verlag.de/gug) heraus, wie diese Methode funktioniert.

2. Die Entstehung des Menschen

vor ca. 4,5 Mrd. Jahren	Die Erde entsteht als glühender Gasball, der sich langsam abkühlt. 500 Mio. Jahre später bildet sich eine dünne Kruste.
vor ca. 3,5 Mrd. Jahren	In den Meeren entsteht das erste Leben.
vor ca. 400 Mio. Jahren	Auch auf dem Land gibt es Leben.
vor ca. 245 Mio. Jahren	Die Dinosaurier entwickeln sich.
vor ca. 65 Mio. Jahren	Aus nicht völlig geklärten Gründen sterben die Dinosaurier aus. Die Säugetiere entwickeln sich.
vor ca. 8 Mio. Jahren	Vorfahren des Menschen beginnen sich zu entwickeln.
vor ca. 4 Mio. Jahren	Die ersten menschenartigen Wesen gehen aufrecht.

Fußabdrücke des „Australopithecus afarensis" Q1
Zu dieser Menschengattung gehörte auch „Lucy". Die Fußabdrücke entdeckten Archäologen 1978 in Laetoli in Tansania.

„Lucy" – Mensch oder Affe?

Das erste, was sie fanden, war ein Teil des Unterarms. Als nächstes entdeckten sie den Unterkiefer. Vor lauter Begeisterung gaben sie ihrem Fund einen Namen: „Lucy" – nach einem Lied der damals berühmtesten Musikgruppe, der „Beatles". Eine amerikanisch-französische Archäologengruppe war in der Steinwüste von Hadar (Ostafrika) auf der Suche nach Überresten menschlicher Besiedlung. Am 30. November 1974 fanden sie die ersten Teile eines Skeletts, am Ende waren es etwa 40 Prozent der Knochen. „Lucy" ist eines der am besten erhaltenen und ältesten menschenartigen Wesen, die man bisher gefunden hat – 3,18 Millionen Jahre alt. War „Lucy" ein Vorläufer des heutigen Menschen? Wahrscheinlich hat sie eher wie ein Schimpanse ausgesehen. Aber sie hatte eine Besonderheit: Sie lief vorwiegend aufrecht. Darauf weisen ihr Knochenbau und erhaltene Fußspuren hin. Der aufrechte Gang war ein wichtiger Entwicklungsschritt. Dadurch hatte „Lucy" eine bessere Sicht auf Nahrung oder Bedrohung. Sie benötigte für längere Wege weniger Energie. Und sie bekam die Hände frei, um Nahrung zu sammeln oder Gegenstände zu tragen.

Afrika – Wiege der Menschheit

Dass „Lucy" gerade in Afrika gefunden wurde, ist kein Zufall. Inzwischen sind sich die Forscher weitgehend einig: Die Wurzeln menschlichen Lebens liegen in Afrika. Das warme Klima und die reiche Pflanzenwelt waren die Voraussetzung für die Entwicklung des Menschen. Vor etwa einer Million Jahren begannen dann Gruppen des Frühmenschen (Homo erectus) ihre ursprünglichen Lebensgebiete zu verlassen. Ursache dafür waren vermutlich Klimaveränderungen, die zu einer Verschlechterung des Nahrungsangebots führten. Aus dem Homo erectus hat sich in Europa und Vorderasien der Neandertaler entwickelt.

Die Ausbreitung des Menschen

Vor mehr als 100 000 Jahren hat sich dann wieder von Afrika aus eine neue Gattung des Menschen, der „Jetztmensch", auf die Wanderung gemacht und allmählich alle Erdteile besiedelt. Der Neandertaler ist vermutlich ausgestorben, weil er mit diesem „neuen" Menschen nicht konkurrieren konnte. Vielleicht hat er sich aber auch mit der „neuen" Menschenform vermischt. Alle heute lebenden Menschen gehören also zu ein und der selben Menschengattung. So unterschiedlich die Menschen heute auch aussehen: Sie alle sind sozusagen Schwestern und Brüder.

Überleben in der Kälte

In Europa hatte vor etwa zwei Millionen Jahren das Eiszeitalter begonnen. Kalt- und Warmzeiten lösten einander ab, insgesamt wurde das Klima kühler. Von Natur aus waren die Menschen für das Leben in kälteren Gebieten nicht gut eingerichtet. Sie verwendeten Hilfsmittel, um dort zu überleben: Kleidung, Behausungen, Feuer. Das war ein großer Schritt in der Entwicklung der Menschheit: Durch seine eigene Tätigkeit gelang es dem Menschen, seinen Lebensraum auszudehnen – bei den Tieren gibt es nur die biologische Anpassung an veränderte Umweltbedingungen.

Erforschung der Menschheitsgeschichte

Neue Möglichkeiten für die Erforschung der Menschheitsentwicklung bieten heute genetische Untersuchungen. Anhand kleinster Knochenüberreste können Wissenschaftler das Erbmaterial, den inneren Bauplan verschiedener Menschenarten miteinander vergleichen. Zwischen dem Neandertaler und dem Jetztmenschen haben sie deutliche Unterschiede festgestellt. Das spricht für die Annahme, dass es zwischen ihnen keine unmittelbare Verwandtschaft gibt. Größer als erwartet ist dagegen die genetische Ähnlichkeit zwischen Schimpansen und heutigen Menschen.

Schöpfungsmythen

Wie ist die Erde, wie ist das Leben auf ihr, wie sind vor allem die Menschen entstanden? Diese Fragen beschäftigen die Menschen seit tausenden von Jahren. Meist glaubten sie an eine göttliche Schöpfung. Darüber, wie sich diese Schöpfung vollzogen haben könnte, erzählten sich die Menschen Geschichten: die Schöpfungsmythen. Die Schöpfungsmythen verschiedener Völker weisen manche Ähnlichkeit, aber auch viele Unterschiede auf – je nachdem, in welchen Gegenden und unter welchen Umständen die Menschen leben.

Die Evolution

Heute wissen wir mehr darüber, wie und wann die Erde entstanden ist, wie Meere und Berge ihr Aussehen verändert und sich allmählich Pflanzen und Tiere entwickelt haben. Der Mensch hat sich über mehrere Millionen Jahre hinweg aus tierischen Vorfahren entwickelt; Biologen bezeichnen das als „Evolution". Er ist eng verwandt mit den Affen, besonders den Menschenaffen. Noch vor 200 Jahren glaubten die meisten Leute, der Mensch sei als göttliches Geschöpf in seiner heutigen Gestalt fertig entstanden und er nehme gegenüber der Natur eine völlige Sonderstellung ein – als „Krone der Schöpfung". So hatten es die Philosophie und die Religionen jahrhundertelang gelehrt. Die Grundlage für die neue Anschauung legte der britische Biologe Charles Darwin 1859 mit seinem Buch „Die Entstehung der Arten". Aber immer noch ist unser Wissen begrenzt, denn innerhalb des Weltalls (Kosmos) ist die Erde nur ein winziges Teilchen. Über die Entstehung des ganzen Kosmos können wir bis heute nur Vermutungen anstellen.

Alte Frau und Neandertalermädchen, D1
Rekonstruktion. Was könnt ihr aus der Kleidung über die Lebensweise der Neandertaler schließen?

Out-of-Africa-Theorie

Die meisten Wissenschaftler nehmen an, dass sich der Mensch in seiner heutigen Form (Homo sapiens sapiens, d.h. verständiger Mensch) vor etwa 150 000 Jahren in Afrika entwickelt und von dort über die ganze Erde verbreitet hat. Andere dort lebende Menschenarten wie den Neandertaler soll er dabei verdrängt haben.

Der Mensch in Steckbriefen

Forscher haben viele Überreste von Menschen und Vorformen des Menschen gefunden. Über die einzelnen Entwicklungsschritte gibt es unterschiedliche Vorstellungen. Hier die wichtigsten Stationen:

D7

D2 Der Neandertaler

Name: Homo sapiens neandertalensis
Alter: 220 000–27 000 Jahre
Größe: bis 1,60 m
Gewicht: bis 80 kg
Wohnort: Europa und Vorderasien
Ernährung: Pflanzen und Fleisch

Besondere Kennzeichen: H. S. N. ist sehr stark und ein guter Jäger. Seine gedrungene Gestalt macht ihn widerstandsfähig gegen Kälte. Er bestattet seine Toten. Vermutlich kann er sprechen. H. S. N. ist wahrscheinlich kein direkter Vorläufer von uns heutigen Menschen; er wird vom H. S. S. verdrängt.

D8

D9

D3 Der Urmensch

Name: Homo rudolfensis („Mensch vom Rudolfsee")
Alter: 2,5–1,8 Millionen Jahre
Größe: 1,55 m
Gewicht: etwa 40 kg
Wohnort: Afrika, vielleicht auch schon Asien
Ernährung: Pflanzen und Fleischreste

Besondere Kennzeichen: H. R. stellt einfache Steinwerkzeuge her, um damit Tierkadaver zu zerlegen.

D4 Der Jetztmensch

Name: Homo sapiens sapiens („verständiger Mensch")
Alter: 150 000 bis heute
Größe: zunächst bis 1,80 m
Gewicht: etwa 80 kg
Wohnort: zunächst Ostafrika, dann auch Asien, Europa, Amerika
Ernährung: Pflanzen und Fleisch

Besondere Kennzeichen: H. S. S. entwickelt alle Arten von Werkzeugen, Kleidung und Kunstgegenstände. Er kann sprechen und hat religiöse Vorstellungen. Die Arbeit teilt er sich mit anderen Menschen, es gibt Spezialisten für bestimmte Tätigkeiten.

D10

D11

D5 Der Vormensch

Name: Australopithecus („Südmensch")
Alter: 4,2–1,1 Millionen Jahre
Größe: 1,20–1,40 m
Gewicht: 35–80 kg
Wohnort: Ost- und Südafrika
Ernährung: Pflanzen

Besondere Kennzeichen: A. ist die älteste menschenähnliche Gattung. Er kann aufrecht gehen.

D6 Der Frühmensch

Name: Homo erectus („aufrecht gehender Mensch"; man kannte bei der Namensgebung die älteren Gattungen noch nicht)
Alter: 1,8 Millionen–40 000 Jahre
Größe: bis 1,65 m
Gewicht: bis 65 kg
Wohnort: Afrika, Asien, Europa
Ernährung: Pflanzen und Fleisch

Besondere Kennzeichen: H. E. stellt planvoll Werkzeuge her und nutzt das Feuer. Jagdbeute macht einen wachsenden Anteil seiner Ernährung aus.

Q2 Schöpfungsgeschichte der Karraru aus Australien: Nachdem die Sonne die Tiere geschaffen hatte, begannen diese einige Zeit später sich über die Gestalt und Eigenarten anderer Tiere lustig zu machen, was großes Ärgernis, heftige Streitereien und schließlich erbitterte Kämpfe zur Folge hatte. Zuletzt begannen die einzelnen Tierfamilien einander zu töten. Voller Kummer schaute die Sonnen-Mutter auf die Erde hinunter und sah, wie die Geschöpfe, die ihr Licht und die Wärme ihrer Strahlen ins Leben gerufen hatten, sich gegenseitig vernichten wollten.

Sie rief den weisen Rat des großen All-Vaters zu Hilfe. „Ich ging davon aus, einen Plan verwirklicht zu haben, der alles Leben auf der Erde ordnet und regelt. Doch unter den Pelztieren, den Vögeln, den Echsen und den Fischen fehlt diese ordnende Vernunft. Wir müssen uns ein Wesen ausdenken, das sie alle zu der ursprünglichen Ordnung zurückführt." Dann beschlossen Sonnen-Mutter und All-Vater, den Menschen als Hüter über diese Ordnung einzusetzen.

Victoria Kamp-Linfort (Hg.), Mythen von der Erschaffung der Menschen, Hamburg 1994, S. 147.

Q4 Die Schöpfungsgeschichte der Bibel hat Lucas Cranach d. Ä. in einem Gemälde aus dem Jahr 1530 erzählt. Hier seht ihr einen Ausschnitt aus dem Bild.

Q3 Eine Schöpfungsgeschichte aus Afrika: Moari (Gott) machte sich einen Menschen, der hieß Mwuetsi (Mond). (...) Die Erde war damals ganz kahl und leer. Es gab keine Gräser. Es gab keine Büsche. Es gab keine Tiere. (...) Moari gab Mwuetsi ein Mädchen, das hieß Massassi (Morgenstern). (...) Mwuetsi ging abends mit Massassi in eine Höhle. (...) Als Mwuetsi gegen Morgen aus dem Schlaf erwachte, blickte er zu Massassi hinüber. Da sah Mwuetsi, dass Massassis Leib geschwollen war. Als es Tag war, begann Massassi zu gebären. Massassi gebar Büsche. Massassi gebar Bäume. Massassi hörte nicht auf mit Gebären, bis die Erde mit Gräsern, Büschen und Bäumen bedeckt war.

(...) (Die zweite Frau Muetsis hieß Morongo.) Als es am anderen Tage gegen Morgen war, erwachte Mwuetsi. Mwuetsi sah, dass der Leib Morongos geschwollen war. Als der Tag anbrach, begann Morongo zu gebären. Morongo gebar am ersten Tag Hühner, Schafe und Ziegen. (...) Am andern Tag gebar Morongo Elenantilopen und Rinder. (...) Am vierten Tag gebar Morongo erst Knaben und dann Mädchen.

Olga Rinne (Hg.), Der neue Entwurf der Welt. Ursprungsmythen Bd. 1, Darmstadt/Neuwied 1985, S. 40–42.

Fragen und Anregungen

1. Beschreibt anhand der Karte auf der ADS die Ausbreitung des Menschen über die Erde. Nennt die Ursachen dafür und die Schwierigkeiten, mit denen er fertig werden musste. Die nötigen Informationen findet ihr im Verfassertext.
2. Bringt die Steckbriefe (D2–6) in die richtige zeitliche Reihenfolge und ordnet die Abbildungen (D7–11) den Steckbriefen zu. Nach welchen Merkmalen habt ihr euch dabei gerichtet?
3. Findet heraus, zu welchen Gattungen „Ötzi" und „Lucy" gehören. Vergleicht dazu die Informationen, die ihr im Verfassertext über sie findet, mit den Steckbriefen (VT, D2–6).
4. Vergleicht die verschiedenen Vorstellungen von der Entstehung des Menschen (Q2–4). Lest auch die biblische Schöpfungsgeschichte (1. Mose 1, 21–28). Welche Rolle spielen jeweils Gott und Götter? Welche Stellung nimmt der Mensch in der Schöpfung ein?
5. Darwins Forschungsergebnisse haben damals große Ablehnung hervorgerufen. Begründet, was die Menschen an seinen Überlegungen so empörte (VT).

3. Sammlerinnen und Jäger – die Altsteinzeit

vor ca. 2 Mio. Jahren	Die Menschen stellen einfache Steinwerkzeuge her, z. B. Faustkeile oder Schaber.
vor ca. 1,5 Mio. Jahren	Die Menschen nutzen durch Wald- oder Steppenbrände entstandenes Feuer.
vor 150–100 000 Jahren	Die Menschen lernen selber Feuer zu machen.
vor ca. 35 000 Jahren	Die Menschen fertigen sich Kleidung gegen die Kälte an.

Werkzeuge aus Stein

Ungefähr vor zwei Millionen Jahren begannen die Menschen mit der Herstellung einfacher Steinwerkzeuge. Der Faustkeil war das erste Werkzeug. Mit der Zeit gab es immer speziellere Formen zum Schlagen, Schaben, Bohren oder als Speerspitze. Viele tausend Jahre blieb Stein neben Holz das wichtigste Material, bis die Menschen etwa 4000 v. Chr. lernten, auch Metalle zu bearbeiten. Deshalb bezeichnet man diesen Abschnitt der Menschheitsgeschichte als „Steinzeit".

Immer unterwegs

Den größten Teil der Steinzeit (bis ca. 9000 v. Chr.) waren die Menschen nicht sesshaft. Sie lebten in Gruppen von 25 bis 30 Personen an wechselnden Plätzen und ernährten sich durch das Sammeln von Pflanzen und durch die Jagd. Wenn sie im Umkreis ihres Lagerplatzes nicht mehr genügend Nahrung fanden, zogen sie weiter.

Die Ernährung

Mit der Nahrungsbeschaffung verbrachten die Menschen einen großen Teil ihrer Zeit. Oft war es mühevoll, das Lebensnotwendige zu finden, manchmal gab es aber auch ein reichhaltiges Angebot. An den Lagerplätzen steinzeitlicher Jäger hat man Spuren von allen möglichen Tierarten gefunden: von Großwild wie Elefanten, Nashörnern, Auerochsen, Wildpferden, Bären oder Wildschweinen, aber auch von kleinen Säugetieren und Vögeln. Die Jagd war allerdings eine unsichere Sache: Beute musste erst gefunden und unter Mühen und Gefahren erlegt werden. Die Grundlage der Ernährung sicherte meist das Sammeln von Früchten, Beeren, Körnern, Nüssen, Pilzen, Honig, Insekten. Die regelmäßige Sammelarbeit war vor allem Aufgabe der Frauen und Kinder. Auch die Männer nahmen daran teil. Vor allem aber betätigten sie sich als Jäger. Bei der Treibjagd waren sie wiederum auf die Hilfe der Frauen angewiesen. Um die Arbeitsteilung deutlich zu machen, sprechen Wissenschaftler heute oft von „Sammlerinnen und Jägern".

Fleisch
Geweih
Haut
Knochen
Sehnen und Därme
Eingeweide

Kleidung
Nahrung
Riemen
Nähgarn
Zeltbahn
Speerspitze
Grabwerkzeug
Beil
Behälter

Jäger in der Kalahari Q1 (Botsuana, Südafrika) haben eine Antilope erlegt.

Q2 Höhlenbild in der Chauvet-Höhle in Frankreich
Die Umrisse wurden mit Feuerstein in die Wand geritzt und dann mit Farbe ausgemalt. Aus Eisenoxid (Eisen in Gestein, das durch Berührung mit der Luft rote Frabe angenommen hat), Fett, Tierblut, Ruß oder Holzkohle erzeugten die Maler die Farben Schwarz, Braun, Rot, Gelb und Ocker. Mit Pinseln aus Tierhaaren, Zweigen oder bloßen Fingern trugen sie die Farben auf. Benennt die Tiere, die ihr auf dem Bild erkennen könnt.

„Wildbeuter"

Weil diese Menschen allein vom natürlichen Angebot ihrer Umwelt lebten, nennt man sie auch Wildbeuter. Noch heute gibt es Menschen, die so leben, zum Beispiel Inuit in Nordamerika, Buschmänner in Südafrika und Ureinwohner Australiens (Aborigines). Uns erscheint diese Lebensweise heute manchmal reizvoll und abenteuerlich, aber auch primitiv. Aber die Wildbeuter der Steinzeit waren nicht „unterentwickelt". Sie waren Spezialisten in ihrer Lebensweise. Das Angebot der Natur nutzten sie gezielt und geschickt und beuteten ihre Umwelt nicht aus.

Die Zähmung des Feuers

Der Frühmensch wanderte in neue Siedlungsgebiete in Europa und Asien ein. Dort musste man sich gegen die Kälte schützen. Die „Zähmung des Feuers" vollzog sich in zwei Schritten. Wahrscheinlich schon vor 1,5 Millionen Jahren konnten die Menschen das Feuer hüten und nutzen. Aber sie kamen nur in seinen Besitz, wenn sie es irgendwo vorfanden, zum Beispiel wo ein Blitz einen Brand verursacht hatte. Erst viel später, vor 150 000 oder 100 000 Jahren, lernten die Menschen selber Feuer zu machen. Sie erzeugten durch Reibung zwischen zwei Hölzern Hitze oder durch das Aufeinanderschlagen von Steinen (Feuerstein) Funken. Ein Lagerfeuer bot Wärme und Licht, diente zum Braten oder Kochen und schreckte wilde Tiere ab.

Wohnen und Kleidung

Als Wohnungen dienten den Wildbeutern vor allem Hütten. Sie bedeckten ein Gestell aus Ästen und Zweigen mit Gras, Laub, Schilf oder Tierfellen. Auch Felsvorsprünge und Höhlen wurden als Behausungen genutzt. Kleidung haben die Menschen seit etwa 35 000 v. Chr. verwendet. Eine wichtige Erfindung war die Nähnadel. Felle und Häute bildeten das wichtigste Material. Mit Unterkleidung, Umhängen, Schuhen und Mützen konnten sich die Menschen jetzt gegen die Kälte schützen – so wie „Ötzi".

„Kunst" und Glaube

Ungefähr aus derselben Zeit stammen die ersten „Kunstwerke": Verzierungen auf Gebrauchsgegenständen, Schmuckstücke, vor allem aber die berühmten Höhlenmalereien. Mit den Höhlenmalereien wollten die Menschen vermutlich die Geister der gejagten Tiere beschwören und so ihre Jagd erleichtern. Die Menschen fingen auch an, ihre Toten sorgfältig zu bestatten und für das Jenseits auszurüsten. Sie machten sich also Gedanken über den Tod und über ein Dasein danach. Sie versuchten die Welt und ihr Leben zu verstehen und zu erklären.

Q3 Frau eines Buschmannstammes aus Südafrika
Auch heute noch gibt es Völker, die so ähnlich leben wie die Sammlerinnen und Wildbeuter der Steinzeit. Durch Beobachtungen an ihnen versuchen Forscher Informationen über die Lebensweise von Steinzeitmenschen zu gewinnen.
Erläutert, was die Frau tut. Achtet auf ihre Ausrüstung.

Altsteinzeit

Die Altsteinzeit nimmt den größten Teil der Steinzeit ein (bis etwa 9000 v. Chr.). Während dieser ganzen Zeit waren die Menschen Sammlerinnen und Jäger. Sie zogen umher und lebten an wechselnden Orten.

D1 Ein Lagerplatz von Steinzeitmenschen

1969 wurde in Bilzingsleben (Thüringen) ein Lagerplatz entdeckt. Er lag an einem See. Vor 350 000 oder 400 000 Jahren war er von Frühmenschen besiedelt. Der Leiter der Ausgrabungen, Dietrich Mania, schreibt:

(An dem Ufer des Sees) befand sich dicht neben der Quellbachmündung eine ebene Uferterrasse, die halbinselartig in das Seebecken hineinragte. Sie bildete einen idealen Siedlungsplatz, denn hier gab es freien Zugang zum lebenswichtigen Wasser; das Plateau (höher gelegene Fläche) über dem Platz bot eine gute Geländeübersicht, von der Wasserseite her war der Platz vor Raubtieren gesichert, und zusätzlich waren die Quelle, der See und das anschließende Wippertal mit seinen Altwässern und dem Fluss ein wichtiger Anziehungspunkt für das Wild. (...)

Beobachtungen (...) haben ergeben, dass der Lagerplatz von Bilzingsleben längere Zeit ohne Unterbrechung genutzt wurde. Damit erhält er den Charakter eines Basislagers in einem größeren Gebiet, dessen äußere Grenzen mindestens in der Entfernung lagen, die an einem Tage hin und zurück bewältigt werden konnte. Das sind etwa 10 bis 15 km. Somit hatte dieses Gebiet einen Durchmesser von etwa 20 bis 30 km und eine Fläche von etwa 400 bis 500 km^2. (...)

Im Zentrum des Lagers kamen die kreisförmigen bis ovalen Grundrisse von drei einfachen Wohnbauten zum Vorschein. Sie hatten 3 bis 4 m Durchmesser und bestanden aus diffusen (ungeordneten), wallartigen Anhäufungen großer Steine und Knochen. Im südöstlichen Teil, an der windabgewandten Seite, waren sie unterbrochen und ließen Eingangsbereiche erkennen. Davor lagen jeweils die Feuerstellen. Sie waren an Anhäufungen von Holzkohleresten und (...) teilweise verkohlten Hölzern sowie an Steinen mit Brandspuren zu erkennen. Die Wohnbauten selbst waren wohl ähnlich zeltartigen Stangengerüsten errichtet, wie wir das heute noch bei einfachen Naturvölkern (...) beobachten können. Die Bedeckung bestand aus organischem Material, wahrscheinlich aus Rinderstücken und Grasbüscheln, die über einem Zweiggeflecht befestigt wurden, weniger aus Tierhäuten. (...)

Es ließen sich Werkplätze zur Bearbeitung von Feuerstein und Herstellung von Spezialgeräten (...) nachweisen. Sie waren von Abschlägen und Trümmerstücken aus Feuerstein umgeben, auch die Geräte selbst kamen hier vor. (...) An anderen Werkplätzen wurden bevorzugt Geräte aus Knochen, Geweih oder auch Elfenbeinsplittern hergestellt. (...)

Am Ufer fielen zahlreiche dicht gelagerte, große Skelettteile oder große Fragmente (Teilstücke) von solchen besonders auf. Sie stammen von Nashörnern, Elefanten und Wildrindern. (...) An den Knochen (...) treten Schnittspuren und Einschläge von Hackmessern auf. Es liegt nahe, aus diesen Erscheinungen auf das Zerlegen von Tierkörpern zu schließen, eine Arbeit, die auch hier am Ufer ausgeführt wurde.

Dietrich Mania, Die ersten Menschen in Europa, Stuttgart 1998, S. 27, 37, 43, 47, 49. Bearb. d. Verf.

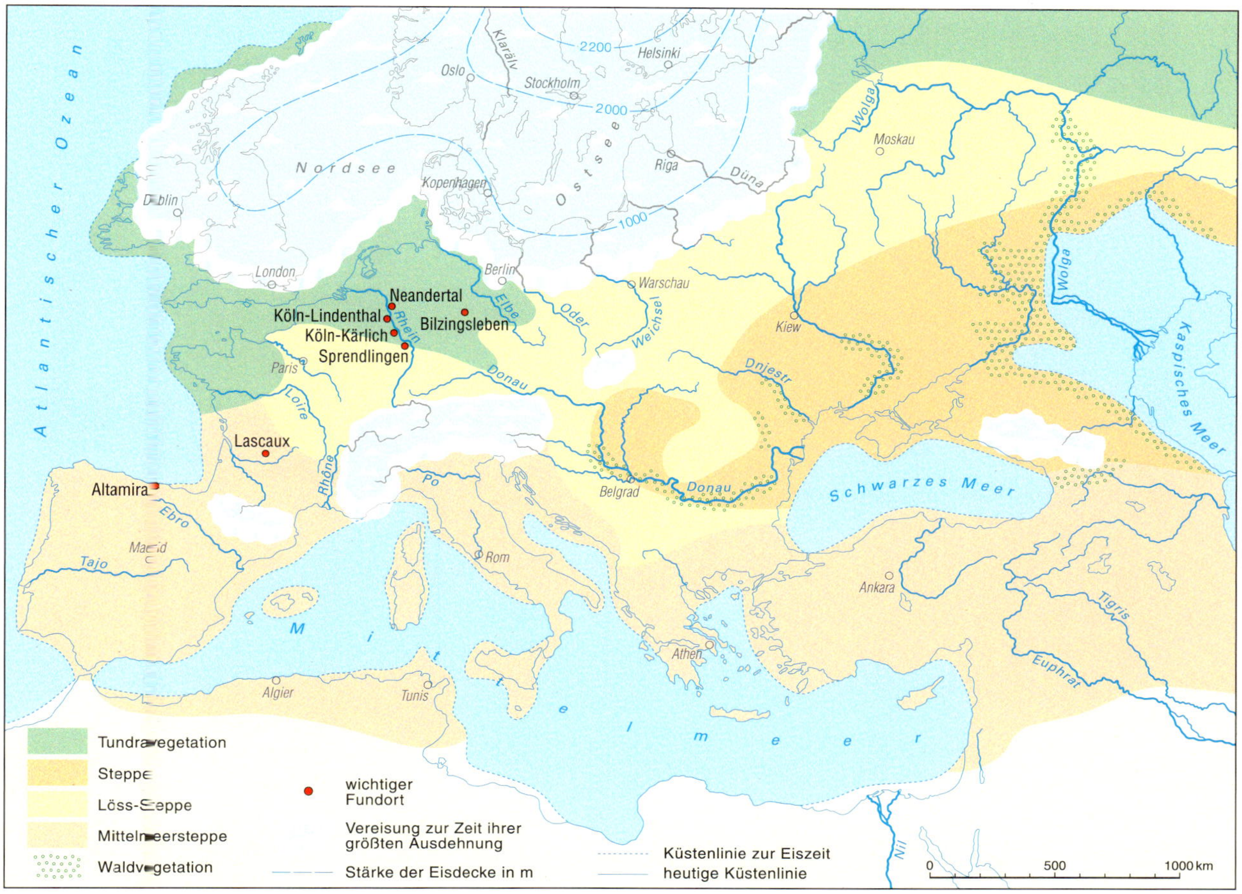

D2 Europa während der letzten Eiszeit, vor 75 000 Jahren bis vor 10 000 Jahren
Im Laufe der Eiszeit wechselten etwas mildere mit sehr kalten Perioden ab. Auf dem Höhepunkt der letzten Eiszeit waren ca. fünf Prozent aller Gewässer der Erde gefroren. Schreibt auf, welche heutigen Länder während der Eiszeit von Eis bedeckt waren.

Fragen und Anregungen

1. Zeichnet eine Zeitleiste und tragt nebeneinander ein, wann welche Erfindungen und Entwicklungen stattgefunden haben (VT). Stellt fest, in welcher Zeit sie gehäuft vorkamen.
2. Die Jäger wollen so viel wie möglich von ihrer Beute verwenden (Q1). In der linken Spalte findet ihr die Materialien, die das Tier den Jägern liefert. Rechts ist aufgelistet, welche Verwendungszwecke die Steinzeitmenschen dafür haben. Ordnet zu: Was können sie wofür gebrauchen?
3. Schreibt eine Jagdgeschichte. Verwendet die folgenden Wörter: Speere, Tal, Fackeln, Schrei, Versteck, Flucht, Beute, Bäume, Felsen, Jäger, Treiber.
4. Überlegt, welche Fähigkeiten erforderlich waren, damit Menschen gemeinschaftlich jagen konnten.
5. Zeichnet nach der Beschreibung (D1) einen Plan des Lagerplatzes und beschriftet ihn.
6. Listet auf, welche Materialien und Werkzeuge sich am Lagerplatz Bilzingsleben nachweisen lassen (D1).
7. Lange Zeit war umstritten, ob man den Frühmenschen (Homo erectus) überhaupt schon als Menschen bezeichnen sollte. Wie würdet ihr entscheiden? Nennt eure Argumente (VT, D1).

4. Bauern und Viehzüchter – die Jungsteinzeit

Webstuhl der Jungsteinzeit, D1
rekonstruiert aus Fundbruchstücken.

um 9000 v. Chr.	In Vorderasien beginnen Menschen sesshaft zu werden. Sie halten Vieh und treiben Ackerbau.
um 5000 v. Chr.	Die neue Lebensweise breitet sich auch in Mitteleuropa aus.
um 3000 v. Chr.	Die Menschen erfinden das Rad.

Die Menschen werden sesshaft

Viele tausend Jahre waren die Menschen Wildbeuter, Sammlerinnen und Jäger. Etwa seit 9000 v. Chr. begann sich das allmählich zu verändern: Sie fingen an sesshaft zu werden, Vieh zu züchten und Ackerbau zu treiben. Zuerst geschah das in Vorderasien, in der besonders fruchtbaren Gegend an Euphrat und Tigris im heutigen Irak. Von dort verbreitete sich die neue Lebensweise. Um 5000 v. Chr. hatte sie auch Mitteleuropa erreicht.

Viehzucht

Die Menschen lernten Tiere zu halten und zu züchten: Schaf, Ziege, Schwein und Rind. Zuerst nutzen sie die Tiere nur als Fleischreserve, aber bald auch wegen ihrer Milch. Sie begannen, aus der Wolle der Tiere Stoffe für Kleidung und Decken herzustellen. Spinnen und Weben waren die neuen Techniken dafür. Etwa ab 5000 v. Chr. verwendete man Rind, Esel und Pferd als Reit-, Pack- und Zugtiere. Große Bedeutung hatte die Erfindung des Rades um 3000 v. Chr.

Ackerbau und Handwerk

Q1 **Bandkeramische Tongefäße**
Gefunden bei Aschersleben in Sachsen-Anhalt (rechts) und Düren in Nordrhein-Westfalen (links).

Zugleich mit der Viehhaltung entwickelte sich auch der Ackerbau. Die Menschen begannen planvoll Aussaat, Ernte, Vorratshaltung und Getreidezüchtung zu betreiben. Neue Werkzeuge wurden eingesetzt, vor allem Hacke und Pflug. Zur Vorratshaltung und zur Nahrungszubereitung benötigte man geeignete Gefäße. Das neue Material, die Keramik, wurde aus Ton oder Lehm gebrannt. Für solche handwerklichen Verfahren brauchte man besondere Kenntnisse. Einzelne Menschen wurden zu Spezialisten dafür. So entwickelte sich die Arbeitsteilung und die Unterscheidung verschiedener Berufe. Viele, wenn nicht die meisten der neuen Erfindungen wurden von Frauen gemacht, denn sie fanden in ihren Arbeitsbereichen statt.

Um Vorräte aufzubewahren und Nahrung zuzubereiten, brauchten die Menschen in der Jungsteinzeit mehr Gefäße als früher. Einige Wissenschaftler sprechen deshalb von einer „Behälter-Revolution". Die Gefäße mussten wasserdicht und feuerfest sein. Sie konnten ein größeres Gewicht haben, denn die Menschen mussten sie nicht mehr ständig mit sich tragen. Manche Gefäße wurden mit Ziermustern versehen, die man mit den Fingernägeln, mit Knochen oder Hölzchen einritzte. Diese Ziermuster hatten oft die Form von Bändern. Sie waren so typisch, dass die Wis-

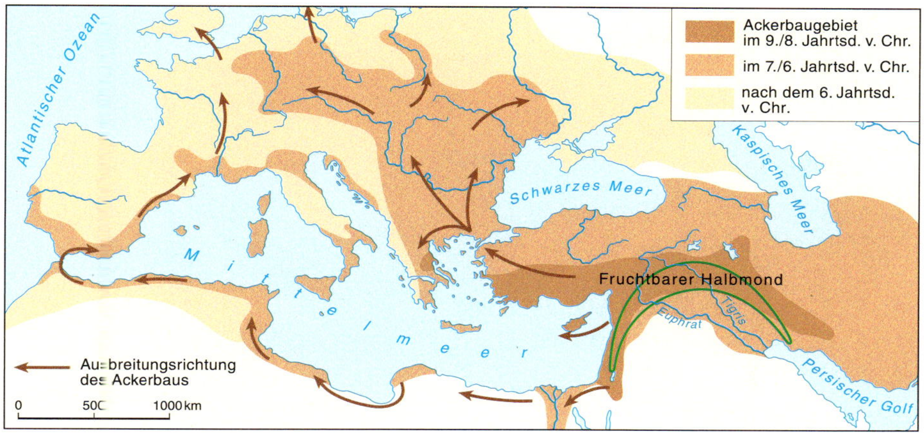

D2 Ackerbau und Viehzucht
Beschreibt, wo und auf welchem Wege sich die landwirtschaftliche Lebensweise auf der Welt ausgebreitet hat. Nennt Gründe dafür.

senschaftler danach die bäuerlichen Siedlungen in Mitteleuropa als „bandkeramische Kultur" bezeichneten. Anhand der Verzierungen lassen sich sogar einzelne Siedlungsgruppen unterscheiden und erkennen.

Das Dorf

Die Menschen siedelten sich in Dörfern an. Sie bauten festere und größere Häuser, die auch Platz zum Lagern von Vorräten boten: ein Gerüst aus Stämmen, Wände aus Flechtwerk, das mit Lehm verputzt wurde, dann auch Ziegelwerk aus Lehm. Die Bevölkerung wuchs, denn mit weniger Fläche konnten jetzt mehr Menschen ernährt werden. Ernteüberschüsse und Handwerksprodukte wurden zu Handelswaren. Unterschiedlicher Besitz konnte zu Streitigkeiten und Überfällen führen. Deshalb gingen die Menschen dazu über, ihre Dörfer zu befestigen. Wo mehr Menschen beisammen lebten, musste man auch neue Regeln finden.

Ursachen der Veränderung

Die neue Lebensweise unterschied sich so stark von der alten, dass sich dafür die Bezeichnung „neolithische Revolution" eingebürgert hat. Mit ihr begann ein neues Zeitalter, die Jungsteinzeit. Was diese Veränderung in Gang gesetzt hat, ist schwer zu sagen. Sicherlich spielten Klimaveränderungen eine Rolle. Mit dem Ende der letzten Eiszeit zogen sich in Asien und Europa die Gletscher zurück. Es wurde wärmer, Wälder begannen das Land zu bedecken. Der Boden wurde fruchtbarer, zugleich die Jagd schwieriger. Es kann auch sein, dass die Menschen zu viele wurden und sich nicht mehr auf die herkömmliche Art ernähren konnten. Vermutlich spielte aber auch eine Rolle, dass sie die Natur anders wahrnahmen als bisher: Sie beobachteten genauer, sie probierten aus. So fanden sie etwa heraus, dass dort am meisten neues Getreide wuchs, wo sie im Jahr zuvor ihre Körner gelagert hatten.

Neolithische Revolution

In der Jungsteinzeit (ab etwa 9000 v. Chr.) hat sich die Lebensweise der Menschen durchgreifend verändert. Sie wurden allmählich zu sesshaften Bauern, trieben Ackerbau und Viehzucht. Dieser Einschnitt war so tief, dass die meisten Historiker von der „neolithischen (griech., d.h. jungsteinzeitlichen) Revolution" sprechen. Allerdings darf man sich durch den Begriff „Revolution" nicht täuschen lassen. Die Veränderung geschah nicht von heute auf morgen. Die bäuerliche Lebensform setzte sich erst im Laufe von Jahrhunderten und Jahrtausenden durch. Lange Zeit gab es beide Lebensweisen nebeneinander oder Mischformen davon.

Kontro vers

Haben Frauen ein leichteres Leben?

Schon bei den Wildbeutern gab es eine Arbeitsteilung zwischen Frauen und Männern. Bei den Bauern und Viehzüchtern war das nicht anders. Wer wofür zuständig war, darüber sind sich die Forscher allerdings nicht einig. Wie stand es in der Steinzeit überhaupt mit dem Ansehen der Geschlechter? Hatten die einen mehr zu sagen als die anderen? Führte die „jungsteinzeitliche Revolution" zu Veränderungen?

D3 Bei den Wildbeutern zählt es gewöhnlich zu den Aufgaben der Frauen, die – zumeist ja nur aus leichtem Zweigwerk und Fellen zusammengesetzten – Behausungen zu errichten. Und damit verknüpfen sich eben bestimmte Besitzansprüche und Rechte: Die Frauen sind hier die Besitzer und Herrinnen des Hauses (…). Die Lage der Frauen hatte sich in den Pflanzerkulturen (…) deutlich verschlechtert. Die Beziehungen der Gruppenangehörigen untereinander waren enger, die Bewegungs- und Ausweichmöglichkeiten begrenzter geworden.

Klaus E. Müller, Die bessere und die schlechtere Hälfte. Ethnologie des Geschlechterkonflikts, Frankfurt a. M. 1984, S. 165 und 209.

D4 (Durch Feldbau und Tierhaltung) werden vor allem die Frauen von ihrer mit zunehmender Entfernung vom Lager immer gefährlicher werdenden und auch enorme Trageleistungen erzwingenden Sammeltätigkeit entlastet. Dabei ist zu beachten, dass die Mütter ihre kleineren Kinder wegen des Stillens mit sich tragen müssen. (…) Die neolithische Revolution macht vor allem zunächst den Frauen das Leben leichter. (…) Dort haben auch sie stets mehr Eigenrechte. Sie können sich jetzt stärker den Kindern widmen.

Hans-Jürgen Müller-Beck, Die Steinzeit. Der Weg des Menschen in die Geschichte, München 1998, S. 102.

D5 (Die Frauengräber aus der Bronzezeit in Europa belegen eine) allgemeine Ebenbürtigkeit von Frauen gegenüber Männern. Nicht nur, dass die Frauen in ihrem persönlichen Besitz, in der ihnen offenbar geschuldeten und erwiesenen Pietät (Ehrerbietung), und damit wohl generell ihrer sozialen Position den Männern gleichgestellt waren; sie hatten auch im selben Umfang teil an den kunsthandwerklichen Erzeugnissen, den technischen Errungenschaften, dem Reichtum und den auswärtigen Wirtschafts- und Kulturkontakten der Gemeinschaften.

Hermann Müller-Karpe, Frauen des 13. Jahrhunderts v. Chr., Mainz 1985, S. 199.

D6 Altsteinzeitlicher Lagerplatz (links) und Siedlung der Jungsteinzeit (oben)
Rekonstruktionszeichnungen, 2002.

Mithilfe einer Tabelle könnt ihr zusammenfassen, was für das Leben an einem altsteinzeitlichen Lagerplatz und in einem jungsteinzeitlichen Dorf typisch ist und worin die Unterschiede liegen. Übertragt die Tabelle in euer Heft und füllt sie vollständig aus. Die notwendigen Informationen erhaltet ihr aus dem Verfassertext und den beiden Rekonstruktionszeichnungen.

Lebensbereiche	Altsteinzeit	Jungsteinzeit
Wohnen		
Kleidung		
Ernährung/Waffen		
Werkzeuge		
Gefäße/Aufbewahrung		
Natur/Landschaft		

D7 Ein jungsteinzeitliches Dorf

Auf der Aldenhovener Platte in der Nähe von Jülich (Nordrhein-Westfalen) haben Forscher seit 1971 so genannte bandkeramische Siedlungen ausgegraben, die mehrere hundert Jahre hintereinander bewohnt waren. Der Archäologe Jens Lüning berichtet:

Die rund 160 im Merzbachtal ausgegrabenen Gebäudegrundrisse (...) konnten (...) in 14 Hausgenerationen untergliedert werden. (...) Die Besiedlung des Tales begann (...) um 5300 vor Christus mit drei Hofplätzen. (...) Die langsam wachsende Eiche lieferte vor allem das wertvolle Bauholz für die Häuser.

Das Ackerland hat aus praktischen Gründen sicher in unmittelbarer Nähe der Höfe gelegen. (...) Zur Berechnung der Anbaufläche gehen wir von der kleinsten Anzahl von Personen aus, die für die Bewirtschaftung eines Hofes denkbar ist: von einer Familie mit fünf bis sieben Bewohnern. Es ergibt sich dann für eine solche Familie eine Anbaufläche von 1,8 Hektar (18 000 Quadratmeter). (...)

Dieses zweite Jahrhundert bandkeramischer Besiedlung des Tales brachte außer der Erschließung neuer Wohnplätze auch Veränderungen in der Siedlungsweise mit sich. (...) Aus der lockeren Zeile von Einzelhöfen mit Abständen zwischen 50 und 100 Metern entstand eine geschlossene Hofgruppe – es scheint, als seien hier die ersten Dörfer entstanden. (...) Von hier aus sind offenbar (...) die kleineren Siedlungen und Einzelhöfe mit Halb- und Fertigfabrikaten aus Feuerstein versorgt worden.

Jens Lüning u. a., Siedlungen der Steinzeit. Haus – Festung – Kult, Heidelberg 1989, S. 116 f. Bearb. d. Verf.

Wagen aus der Jungsteinzeit, D8
rekonstruiert nach im Moor gefundenen Einzelteilen. Spurbreite: 1,53 m, Radhöhe: 90 cm, Länge ohne Deichsel: 2,30 m. Überlegt, wie die Erfindung von Rad, Achse und Wagen das Leben der Steinzeitmenschen verändert hat.

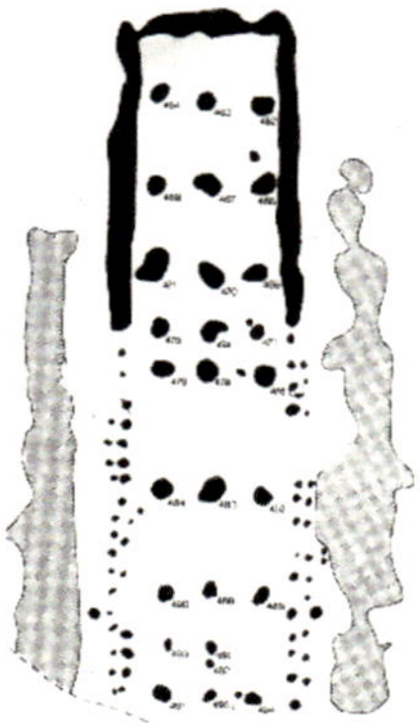

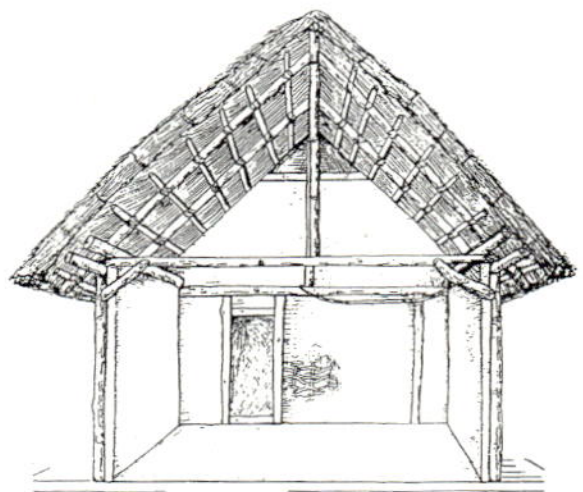

D9 **Ein Haus aus der Jungsteinzeit**
In Rosdorf (Kreis Göttingen) fanden Archäologen Überreste eines jungsteinzeitlichen Hauses. Es war ca. 26 m lang und ca. 6 m breit. Dicke Holzpfosten trugen das 6 m hohe Dach, dünnere Pfeiler stützten die 1,70 m hohen Außenwände. Die Wände wurden mit Lehm verputzt, den die Menschen aus Gruben neben dem Bauplatz entnahmen. Erklärt, was ihr aus dem Grundriss über das Aussehen und die Bauweise des Hauses ablesen könnt. Vergleicht eure Erkenntnisse mit der Zeichnung und dem nachgebauten Haus: Welche Informationen benötigt man zusätzlich zum Grundriss, um das Haus vollständig zu rekonstruieren?

LITERATURTIPP

Zusammentreffen zweier Lebensweisen
Steinzeitjäger Dilgo begegnet Mirtani, die in einem Dorf von Bauern und Viehzüchtern wohnt. Vieles am Leben des anderen kommt ihnen merkwürdig vor.

Gabriele Beyerlein/Herbert Lorenz, Die Sonne bleibt nicht stehen. Eine Erzählung aus der Jungsteinzeit, 5. Aufl. Würzburg 1997, 168 Seiten.

Fragen und Anregungen

1. Von 1 km² Land konnten sich 1 Jäger, 6 Viehzüchter und 20 Bauern ernähren. Berechnet und zeichnet selbst: Wie viel Raum braucht ein Jäger, Viehzüchter und Bauer für seine Ernährung? Geht in eurer Zeichnung für den Bauern von 1 cm² Fläche aus.
2. Schreibt die wichtigsten Merkmale der jungsteinzeitlichen Lebensweise aus dem Text heraus (D7).
3. Zu den Bildern (D6) lassen sich Geschichten erzählen. Wählt auf jedem Bild eine (möglichst ähnliche) Figur aus und schildert ihren Tagesablauf. Welche Arbeiten mussten erledigt werden, welche Aufgaben und Pflichten gab es? Wie würden die Bilder zu anderen Jahreszeiten aussehen (D6)?
4. Als Sammlerinnen und Jäger habt ihr zum ersten Mal gesehen, wie Bauern und Viehzüchter in einem Dorf leben. Vieles kommt euch ungewohnt vor, anderes reizvoll. Veranstaltet in zwei Gruppen ein Streitgespräch: Wie wollen wir leben?
5. Stellt fest, wo die Einschätzungen der Forscher einander widersprechen. Überprüft, was sie als Begründungen anführen (D3–5).
6. Formuliert eine eigene Vermutung, die euch am wahrscheinlichsten vorkommt (D3–5).
7. Nennt Ähnlichkeiten und Unterschiede in den Geschlechterrollen damals und in der Gegenwart.

5. Handwerker und Händler – die Metallzeit

ca. 4500–4200 v. Chr.	Im Vorderen Orient und auf dem Balkan beginnen die Menschen mit der Kupfergewinnung. Die Menschen entwickeln die Bronzetechnik.
4000–2200 v. Chr.	Kupferzeit in Mitteleuropa
2200–750 v. Chr.	Bronzezeit in Mitteleuropa
ca. 1200–750 v. Chr.	Die Menschen fangen an, Eisen zu verarbeiten (Eisenzeit).

Kupfer und Bronze

Auch bei den Bauern und Viehzüchtern blieb zunächst Stein das wichtigste Material zur Herstellung von Werkzeugen. Aber dann entdeckten die Menschen einen neuen Werkstoff, die Metalle. Schon im 8. Jahrtausend v. Chr. hatte man kleine Kupferklumpen verarbeitet, die man in den Flüssen finden konnte.
Um 4500 v. Chr. entwickelten die Menschen neue Verfahren zur Gewinnung und Verarbeitung von Kupfer. Sie bauten das erzhaltige Gestein ober- oder unterirdisch ab. Die ersten einfachen Bergwerke entstanden. Erst wurde das Gestein mit Feuer erhitzt, dann plötzlich mit Wasser abgekühlt. So bildeten sich Risse. Mit Schlägel und Hacke löste man die Felsstücke ganz ab. Dann wurden sie zermalen. So konnte man das Erz vom unbrauchbaren Gestein trennen. Für den eigentlichen Schmelzvorgang wurde der Ofen aus Stein oder Ton unten mit Holzkohle, darüber mit Erz gefüllt. Um das Kupfer zum Schmelzen zu bringen, waren Temperaturen von über 1000° C notwendig. Durch das Schmelzen erhielt man reine Kupferstücke. Für die Herstellung eines Geräts wurde das Kupfer noch einmal geschmolzen und dann in eine Form aus Holz, Ton oder Stein gegossen
Aus Kupfer konnte man Waffen, Geräte und Schmuck herstellen. Kupfer ist ziemlich weich. Deshalb lässt es sich gut formen, aber es ist nicht sehr widerstandsfähig. Bald fanden die Menschen heraus, dass sich ein festeres Metall ergab, wenn man Kupfer und Zinn (im Verhältnis 9 : 1) mischte: die Bronze. Sie war fast so hart wie Stein.

D1 Ein Fürstengrab
1978 wurde in Hochdorf (Baden-Württemberg) das Grab eines keltischen Fürsten gefunden. Das Volk der Kelten bewohnte das Gebiet des westlichen Deutschlands, Frankreichs und Großbritanniens. Das Grab stammt von ca. 550 v. Chr. Außen hatte es die Form eines Hügels von ca. 6 m Höhe und 62 m Durchmesser. Das Innere der Grabkammer haben Wissenschaftler rekonstruiert. Das Bild zeigt, wie sie vermutlich ausgesehen hat.

Eisen

Erst im letzten Jahrtausend v. Chr. kam ein Werkstoff auf, der wiederum der Bronze an Härte und Haltbarkeit überlegen war: das Eisen. Allerdings lösten die neuen Materialien die alten nicht schlagartig ab. Kupfer und Bronze waren wertvoll, deshalb benutzten die meisten Menschen noch immer Alltagsgeräte aus Stein.

Handwerk, Handel und Herrschaft

Geräte aus Metall wurden rasch zu einer begehrten Handelsware. Denn im Norden und Osten Europas gab es kaum Kupfervorkommen und die Techniken der Metallverarbeitung waren nicht leicht zu beherrschen. Das führte zu erneuten Veränderungen im Zusammenleben der Menschen. Es entwickelten sich besondere Berufe: Bergleute, Schmiede oder Bronzegießer waren Spezialisten für die Metallbearbeitung. Händler übernahmen den Transport und den Austausch von Geräten und Schmuck. Der Besitz der Menschen nahm zu. Es gab Reichere und Ärmere, Mächtigere und Schwächere. Immer öfter lebte man in größeren Stammesgruppen zusammen, an deren Spitze Fürsten oder Häuptlinge standen.

Eisenwerkzeuge der Kelten aus Manching in Bayern
Dort wurde ein keltischer Ort ausgegraben, der um 150 v. Chr. entstanden sein muss.

PROJEKT

Kupferschmuck selbst gemacht

Aus einem Kupferdraht könnt ihr einen Arm- oder Fußring herstellen, wie ihn die Menschen der Bronzezeit getragen haben. Ihr benötigt einen Draht von 1 Meter Länge und 1,5 Millimeter Dicke. Mit einer Rundzange biegt ihr die Drahtenden zu einem kleinen Kreis. Wickelt den Draht in der Mitte einmal um euer Handgelenk; beide Drahtenden müssen gleich lang sein. Zieht euren Arm aus dem Draht heraus. Mit der Zange dreht ihr beide Enden zu Spiralen auf. Am Ende sieht euer Schmuckstück so ähnlich aus wie dieser alte Fußring.

Bronze- und Eisenzeit

Seit ungefähr 4000 v. Chr., in Mitteleuropa etwa seit 2500 v. Chr. lernten die Menschen Geräte aus haltbarem Metall herzustellen – erst aus Kupfer, dann aus Bronze, seit etwa 750 v. Chr. schließlich aus Eisen. Metallgeräte waren jedoch kostbar. Im Alltag blieb Stein der wichtigste Werkstoff.

Fragen und Anregungen

1. Listet auf, welche besonderen Kenntnisse und Fähigkeiten die Menschen haben mussten, um Metalle wie Kupfer oder Eisen bearbeiten zu können.
2. In Manching wurden Werkzeuge und Haushaltgeräte wie Kesselhaken, Bratspieße, Gabeln und Hausschlüssel aus Eisen gefunden. Benennt die Werkzeuge (Q1–4). Vergleicht ihre Form mit der heute gebräuchlichen. Schätzt den Entwicklungsstand der Werkzeugherstellung damals ein.
3. Nennt die verschiedenen Metallgegenstände, die ihr in der Grabkammer erkennen könnt (D1).
4. Erläutert, woran man erkennen kann, dass es sich um ein Fürstengrab handelt (D1). Sucht Gründe dafür, weshalb man den Toten so bestattet hat.
5. Schmiede waren in der Eisenzeit sehr angesehen. Findet eine Begründung dafür. Nennt Sagen oder Märchen, in denen Schmiede eine Rolle spielen.
6. Fasst die Informationen von D1 und Q1–4 zusammen. Beschreibt, wie sich die Lebensweise und das Zusammenleben der Menschen verändert haben. Welche Schlüsse könnt ihr aus dem Fund von Hausschlüsseln ziehen?

6. Mensch – Natur – Technik

„Neolithische Revolution"

Die „neolithische Revolution" war ein tiefer Einschnitt in der Menschheitsgeschichte. Technik und Kultur entwickelten sich schneller als je zuvor. Die neue Lebensweise bildete die Grundlage für die Entstehung von Städten und Reichen, von Schrift, Verwaltung und Arbeitsteilung.

Der Mensch verändert seine Umwelt

Das Verhältnis des Menschen zur Natur und Umwelt wandelte sich. Bisher hatten die Menschen nur genutzt, was ihnen die Natur von sich aus bot. Nun begannen die Menschen selbst in die Natur einzugreifen und sie zu verändern. Aus der natürlichen Umwelt begann eine von Menschen gestaltete Kulturlandschaft zu entstehen: Für Siedlungen und Felder wurden mit Feuer Wälder gerodet (Brandrodung). Durch zu starke Nutzung konnte der Boden unfruchtbar werden. Das Vieh weidete man im Wald und der „Viehverbiss" konnte dort erhebliche Schäden anrichten. Einzelne Baumarten wie Ulme oder Linde wurden schon damals immer seltener. Mit der Vorratshaltung verbreiteten sich auch die Schädlinge.

Eine neue „Revolution"

Die bäuerlich-dörfliche Lebensweise ist in ihren Grundzügen fast bis in unsere Zeit erhalten geblieben. Erst die „industrielle Revolution" vor etwa 200 Jahren brachte erneut tief greifende Veränderungen mit sich: künstlich erzeugte Energie, Maschinen zur Herstellung von Gütern, schnelle Fortbewegung von Menschen, Waren oder Nachrichten über weite Entfernungen – das prägt unser Leben heute.

Entwicklung der Technik – Das Beispiel Getreideernte

Schon in der Bronzezeit verwendeten die Menschen für die Getreideernte Sicheln. Die Eisensichel blieb bis ins ausgehende Mittelalter (Ende des 15. Jahrhunderts) das übliche Erntegerät. Bis ins 12. und 13. Jahrhundert wurde das Getreide nicht direkt am Boden, sondern in der Mitte des Halms geschnitten. Denn die Körner konnten bei heftiger Erschütterung zu leicht aus den Ähren fallen. Sensen kamen zunächst für die Heuernte, etwa seit 1500 auch für die Getreideernte in Gebrauch. Im 19. Jahrhundert begann die Zeit der Maschinen. Mähmaschinen fanden in Europa etwa ab 1860 Verwendung, waren aber noch längst nicht weit verbreitet. Schon vor der Jahrhundertwende 1900 wurden auch Mähdrescher entwickelt. Selbstfahr-Mähdrescher kamen aber erst nach 1945 stärker in Gebrauch. Heute ist bei uns auch auf kleinen Höfen ihr Einsatz selbstverständlich.

Fortschritte und Gefahren

Technik und Industrie haben unser Leben erheblich erleichtert. Die Menschen arbeiten kürzer als je zuvor. Die Technik hat uns Bequemlichkeiten gebracht, von denen früher nicht einmal die reichsten Menschen träumen konnten. Ob wir allerdings heute glücklicher leben als die Menschen früher, das können wir nicht wissen. Die Ausbeutung der Natur hat seit der industriellen Revolution gewaltig zugenommen. Umweltverschmutzung und Verbrauch der natürlichen Energievorräte – zum ersten Mal in der Geschichte gefährdet die Menschheit ihre eigenen Lebensgrundlagen.

Siedlungen aus der frühen Jungsteinzeit, D1 ausgegraben im Merzbachtal (Kreis Düren, Nordrhein-Westfalen); hier ein Modell. Beschreibt, in welcher Form die Menschen in die Natur eingegriffen haben, um so zu leben.

Q1 **Getreideernte mit der Sichel**
12. Jahrhundert

Q2 **Heuernte mit der Sense**
Flandern, 16. Jahrhundert

Q3 **Werbung für eine Mähmaschine**
England, 1892

Q4 **Getreideernte mit dem Selbstfahr-Mähdrescher**
Colorado, USA

Fragen und Anregungen

1. Berechnet mithilfe des Verfassertextes, wie lange jede der dargestellten Techniken eingesetzt wurde (Q1–4). Was könnt ihr daraus ablesen?
2. Beschreibt die jeweilige Arbeitsweise unter den Gesichtspunkten: Anstrengung, Schnelligkeit, Kosten.
3. Beurteilt und begründet, was die einschneidendste Veränderung der Erntetechnik war.
4. Überlegt, welche Folgen für die Umwelt mit der Einführung der Maschinen verbunden waren. Wie muss ein Acker aussehen, der sich für den Maschineneinsatz eignet?

Mit deinem Geschichtsbuch lernen

Lesen ist eine der wichtigsten Lerntätigkeiten im Geschichtsunterricht. Einen großen Teil eures Wissens eignet ihr euch trotz Fernseher und Radio durch Lesen an. Es ist deshalb wichtig, dass ihr euer Lesen gut vorbereitet und euren Lerngewinn gezielt festhaltet.

Der Lernwürfel zur Randbemerkung „Afrika – Wiege der Menschheit"
Zeichnet zuerst eine Bauanleitung des Würfels. Diese kopiert ihr dann am besten auf leichten Karton. Beschriftet den Würfel, bevor ihr ihn zusammenbaut.

Überlegt euch vor dem Lesen immer, wie gründlich ihr lesen müsst. Manchmal wollt ihr bei einem Text nur herausfinden, worum es geht und ob euch das Thema interessiert. Dann könnt ihr überfliegend lesen und sogar einzelne Zeilen und Abschnitte überspringen. Viel häufiger müsst ihr aber im Geschichtsunterricht gründlich lesen, um einen Text genau zu verstehen. Fürs gründliche Lesen gibt es verschiedene Techniken, die ihr lernen könnt und mit „Geschichte und Geschehen" auch lernen werdet. All diesen Techniken ist gemeinsam, dass ihr den Text zuerst überfliegend lest, damit ihr ungefähr wisst, worum es geht, dass ihr danach den Text langsam und Satz für Satz durcharbeitet und dass ihr schließlich das Gelesene in irgend einer Form schriftlich festhaltet und dadurch sichtbar macht.

Eine der wichtigsten Lesehilfen bei den Verfassertexten in „Geschichte und Geschehen" sind die Randbemerkungen (Marginalien). Sie erleichtern euch das überfliegende Lesen. Bevor ihr einen Verfassertext ausführlich studiert, schaut euch immer zuerst die jeweilige Marginalie kurz an. Dann wisst ihr, wie lang der Text ist und worum es ungefähr geht. Die Randbemerkungen eignen sich natürlich auch für die Wiederholung. Ihr könnt sie herausschreiben und dann versuchen zum entsprechenden Abschnitt drei Sätze zu formulieren.

Am besten lernt man, wenn Lernen Spaß macht. Deshalb könnt ihr auch spielerisch und gemeinsam das Wichtige aus den Kapiteln festhalten. Fertigt zu einzelnen Randbemerkungen oder den Themen ganzer Kapitel Lernwürfel an: Schreibt zu den Grundbegriffen und Absätzen in einem Verfassertext drei Fragen auf und notiert diese auf drei Seiten des Lernwürfels. Passt aber auf, dass ihr die Antworten auf die Felder schreibt, die den entsprechenden Fragen gegenüber liegen. Tragt dann alle Würfel in der Klasse oder eurer Lerngruppe zusammen. „Knobelt" gemeinsam und achtet darauf, dass die Antworten bei euren Mitschülern richtig sind.

LEBEN IN FRÜHEN HOCHKULTUREN

Der Nil, der Euphrat und der Tigris – drei große Ströme der Antike – ermöglichten die Entstehung der ersten Hochkulturen der Erde: Ägypten und Mesopotamien. Bis heute geben sie uns viele Rätsel auf. Beim Betrachten dieser Seite fallen euch bestimmt Fragen dazu ein, was euch an den alten Hochkulturen genauer interessiert.

Bemaltes Holzmodell eines Kornspeichers
Arbeiter bringen Getreide und füllen es in den Speicher. Grabbeigabe, 44 cm lang, 28 cm breit, um 2000 v. Chr.

Innerer Sarg des Tutanchamun
aus Gold, Halbedelsteinen und Glas. 14. Jahrhundert v. Chr.

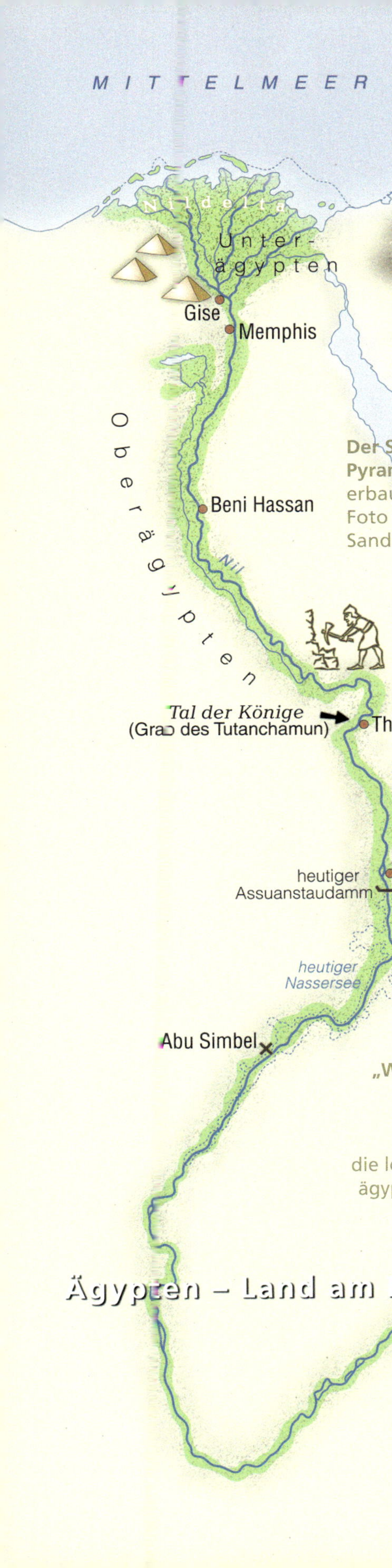

Ägypten – Land am Nil

Der Sphinx bei den Pyramiden von Gise, erbaut um 2590 v. Chr., 73 m lang, 20 m hoch. Foto vor 1875; erst später wurde der Sphinx von Sand und Schutt freigeräumt.

„Well, can you see anything?" – „Yes, wonderful things!" 1923 öffnete derbritische Ägyptologe Howard Carter die letzte Tür zur Sargkammer des ägyptischen Königs Tutanchamun (14. Jahrhundert v. Chr.).

1. Ägypten – ein Geschenk des Nils?

ca. 3000 v. Chr.	Ober- und Unterägypten werden ein gemeinsames Reich.
ca. 1600–1000 v. Chr.	Im „Neuen Reich" regieren die Pharaonen Hatschepsut, Echnaton, Tutanchamun, Ramses II. u. a.
30 v. Chr.	Nach einem Sieg über Kleopatra VII. machen die Römer Ägypten zu einer Provinz des Römischen Reiches.

Das Volk am Fluss

In die Tiefebene des Nils wanderten um 5000 v. Chr. Nomaden ein. Ihr Leben in der nordafrikanischen Steppe war wegen zunehmender Trockenheit schwierig geworden. Im Niltal wurden die Nomaden sesshaft; aus Sammlerinnen und Jägern wurden Ackerbauern und Viehzüchter. Sie fanden aber kein Paradies vor. Sumpfgebiete und Hochwasser bedrohten die Menschen. Um hier auf Dauer leben zu können, begannen sie Sümpfe von Papyruswäldern trockenzulegen und Dämme gegen Hochwasser zu bauen. Ihr Land auf beiden Seiten des Flusses nannten sie nun „Kemet", das „schwarze Land" , weil es so fruchtbar war, im Gegensatz zum „Descheret", dem „roten Land" der feindlichen Wüste.

Leben mit der Natur

Jedes Jahr im Sommer führte der Nil Hochwasser. Die Ägypter glaubten, dass der Nil ein göttlicher Fluss sei und im Reich der Götter entspringe. Seine Quelle sei unerschöpflich und bringe das Hochwasser. Ein griechischer Forscher, der im ersten Jahrhundert v. Chr. lebte, sagte aber, die Nilschwelle sei auf starke Monsunregen im Quellgebiet des Nils in Äthiopien zurückzuführen. Den genauen Zeitpunkt, an dem das Hochwasser die bewohnten Gebiete überschwemmte, kannten die Ägypter aus ihrer Beobachtung der Natur: Wenn der Stern Sirius zum ersten Mal in der Morgendämmerung am Horizont auftauchte, folgte regelmäßig die Flut. Nach dieser Beobachtung setzten die Ägypter das „Niljahr" mit 365 Tagen fest. So schufen sie sich einen genauen Kalender, der es ihnen ermöglichte, sich auf die Überschwemmungen vorzubereiten. Das Hochwasser brachte fruchtba-

Q1 Das Niltal bei Beni Hasan heute
Beschreibt den Lebensraum der Ägypter. Erklärt, warum man vom „Volk am Fluss" spricht. Foto um 1990

ren Schlamm für die Felder der Bauern mit. Deshalb erwarteten die Ägypter jedes Jahr das Wasser mit großer Hoffnung.

Wenn die Überschwemmung langsam zurückging und der fruchtbare Schlamm auf den Feldern liegen blieb, kamen Abgesandte des Königs. Sie beherrschten die Kunst, die Einteilung der Felder zu berechnen. Es waren die Feldvermesser, die den Bauern das zu bebauende Land zuteilten. Damit nach der Aussaat genügend Wasser vorhanden war, bauten die Bauern gemeinsam Dämme, Kanäle und Schöpfvorrichtungen, um das Wasser auf die höher gelegenen Felder zu transportieren. War das Getreide reif, kam der Schreiber, führte Buch über die Ernte und legte die Steuern fest. Er hielt die Angaben für Gerste in schwarzer und für Emmer, eine andere Getreideart, in roter Tinte fest, damit es keine Verwechslung gab.

Q2 Das Schaduf, ein Schöpfgerät, benutzten die Ägypter seit ca. 1400 v. Chr. Vorlage für das Aquarell war eine inzwischen zerstörte Wandmalerei im Grab des Ipui, Deir el-Medina, ca. 1240 v. Chr. Versucht anhand des Gemäldes zu erklären, wie das Schaduf funktionierte.

Der Nil stellt Aufgaben

Der Nil wurde zum Mittelpunkt des Lebens aller Ägypter; er war ihre Heimat und sie waren ein „Volk am Fluss". Sie erkannten, dass sie die Aufgaben nicht einzeln bewältigen konnten. Das ging allein nach Absprache oder in Übereinstimmung mit den anderen. Nur in der Gemeinschaft gab es für alle ein sicheres Auskommen. Jeder Einzelne hatte dabei einen Teil der gemeinsamen Aufgaben zu erfüllen.
Im Laufe der Zeit bildeten sich für bestimmte Aufgaben Spezialisten. Schon ab etwa 3300 v.Chr. gab es für die Verwaltung Beamte. Eine für alle wichtige Persönlichkeit war z. B. der „oberste Scheunenverwalter". Er war für die Versorgung der Bevölkerung zuständig und kümmerte sich darum, dass Getreide für Notfälle abgeliefert und in großen Kornkammern gelagert wurde. Ein anderer hoher Beamter war der, „der die Kanäle anlegt". Er musste neben der Aufsicht über die Bewässerungsanlagen auch Abgaben eintreiben lassen.

Q3 Getreide wird von der Spreu getrennt
Wandmalerei aus dem Grab eines Tempelastronomen in Theben, um 1400 v. Chr. Beschreibt, wie das gedroschene Korn von der Spreu getrennt wurde.

Q4 Felder nach dem Nilhochwasser
Zurück bleibt eine schwarze Schlammschicht.

Q5 Über den Nil schrieb der ägyptische Dichter Cheti *diesen Text, der auch als Übungstext in den Schulen in Ägypten verwendet wurde:*

Sei gegrüßt Nil, der aus der Erde herauskommt und herbeikommt, um Ägypten zu ernähren; von Rê (dem falkenköpfigen Gott) erschaffen, um alle Durstigen zu beleben. Der Gerste schafft und Emmer entstehen lässt. Ist er träge (bei geringer Überschwemmung), dann werden die Nasen verstopft und jedermann verarmt. Wenn er steigt, dann ist das Land in Jubel, dann ist jeder Bauch in Freuden. Herr der Hoheit, der alles Gute bringt, der den Herden das Futter bringt, der jedem Gott Schlachtopfer zukommen lässt, der die Speicher füllt und die Scheunen weit macht, der den Armen Besitz gibt. Der Bäume wachsen lässt, der das Schilf hervorbringt durch seine Kraft. Niemand weiß, wo seine Quelle ist, der zu seiner Zeit kommt, Ober- und Unterägypten zu füllen. Der Frieden schafft, einer, dem keine Grenzen gesetzt werden können. Nil, komm nach Ägypten, lass die Gesetze entstehen.

Jan Assmann (Hg.), Ägyptische Hymnen und Gebete . Zürich 1975, S. 500 ff. (Datierung ungewiss, gekürzt)

Q6 Saat und Ernte im Niltal

Der griechische Geschichtsschreiber Herodot (ca. 480–420 v. Chr.) schrieb nach einem Besuch in Ägypten:

Offenbar sind die Gebiete Ägyptens, die von Griechen besucht werden, Neuland (Schwemmland des Nils) und ein Geschenk des Stromes. (...) Die Ägypter ernten den Ertrag ihres Bodens heute recht mühelos wie kaum andere Menschen. Sie haben es nicht nötig, mühevoll mit dem Pflug Furchen zu ziehen, den Boden zu hacken oder Feldarbeiten zu tun, womit sich andere plagen. Der Strom kommt von selbst, bewässert die Äcker und fließt dann wieder ab. Dann besät jeder seinen Acker und treibt Schweine darauf. Wenn er die Tiere die Saat hat festtreten lassen, wartet er ruhig die Ernte ab. (...) Über die Natur des Flusses habe ich weder von den Priestern noch von sonst jemand etwas erfahren können. Ich hätte gern wissen wollen, warum der Fluss von der Sommersonnenwende an fast 100 Tagen so wasserreich strömt, und auch, warum er danach wieder zurückgeht.

Herodot, Historien II, 4, 5, 19, übers. v. J. Feix. München 1977, S. 203 ff.

Fragen und Anregungen

1. Erklärt, was ihr auf dem Bild Q4 erkennen könnt. Warum legten die Ägypter ihre Felder so an?
2. Der Dichter Cheti sagt, man wisse nicht, wo die Quellen des Nils seien (Q5). Verfolgt in einem Atlas den Flusslauf und sucht nach seinen Quellen.
3. Warum meint Herodot, Ägypten sei „ein Geschenk des Stromes"? (Q6) Er behauptet auch, viele Ägypter ernteten recht mühelos. Überprüft, ob ihr dieser Einschätzung zustimmen könnt. (VT, Q2–4).
4. Stellt euch vor, der Dichter Cheti nähme euch nach der Nilschwelle mit auf eine Nilfahrt. Ihr berichtet in einer Reportage für eure Heimatzeitung eure Beobachtungen und Erlebnisse (Q5).
5. Von 1960 bis 1970 wurde in Ägypten der Assuanstaudamm gebaut (s. Karte auf der ADS). Ein Ägypter sagte: „Der Staudamm hat auch seinen Preis. Aber unser Leben ist besser als vorher. Das nennen wir Fortschritt!" Erkundigt euch über den Assuandamm. Was hat der Ägypter gemeint?

2. Schule, Schrift und Schreiber

um 3000 v. Chr.	Die Ägypter entwickeln eine Schrift.
1822 n. Chr.	Der Franzose François Champollion entziffert die Hieroglyphen.

Schreiberfigur Q1
Bemalte Grabstatue aus Kalkstein
(53 cm hoch, 43 cm breit), um 2500 v. Chr.

Eine Schrift wird notwendig

Als der Dichter Duauf – er lebte im 2. Jahrtausend v. Chr. – seinen Sohn Phiops in die Schreiberschule schicken wollte, erklärte er ihm die Vorzüge seines Berufes: „Auf das Schreiben sollst du deine Gedanken richten; ich kenne keinen Beruf, der mit dem des Schreibers zu vergleichen wäre. Es gibt nichts, was über die Bücher ginge." Obwohl die meisten Ägypter weder lesen noch schreiben konnten, war Schreiben in ihrer Gesellschaft von großer Bedeutung. Schon lange vor Duauf hatten die Ägypter eine Schrift erfunden. Wozu diente sie?
Vielfältig waren die Aufgaben, die die Bewohner des Niltales zu bewältigen hatten. Sie brauchten nämlich Merkzeichen, um bedeutende Ereignisse, wie z. B. die Nilschwelle, registrieren zu können. Listen über Vorräte und Abgaben der Bauern mussten angelegt, Berichte der Beamten verfasst, Aufträge und Befehle geschrieben werden. Das gesprochene Wort reichte nicht mehr aus. Die ältesten schriftlichen Überlieferungen waren Beschriftungen für Wirtschaftsgüter, aber auch Texte, in denen sich Könige selbst darstellten. Die Erfindung der Schrift war der entscheidende Schritt für die Entwicklung zu einer „Hochkultur". So erleichterten die Ägypter nicht nur ihren Arbeitsalltag, sie konnten auch Kenntnisse und Traditionen bewahren und an nachfolgende Generationen weitergeben.

Hieroglyphen werden entziffert

Die älteste Schrift nannten die Ägypter „Gottesworte". Wir finden sie heute noch an Wänden in Grabmälern und Tempeln, in Stein gehauen oder in Holz geschnitzt. Die Griechen konnten die Schriftzeichen nicht lesen und nannten sie Hieroglyphen; das bedeutet „heilige Einritzung". Die Schrift veränderte sich im Laufe der Jahrtausende. Auch die Zahl der verwendeten Hieroglyphen schwankte zwischen etwa 1000 und mehr als 7000.
Die Hieroglyphen bestanden aus Bild-, Laut- und Deutzeichen. Bildzeichen erklärten sich selbst, also ★ = Stern und O = Sonne. Tätigkeiten ließ man durch Personen darstellen, z. B. Sitzen durch einen sitzenden Mann, Geben durch eine ausgestreckte Hand. Weniger anschauliche Begriffe wurden durch anschauliche gekenn-

Q2 **Schreibwerkzeug**
mit Farbpalette. Binsen dienten als Pinsel.

Hochkultur

Der Begriff bezeichnet ein Volk, das schon früh Schrift und Zeitrechnung, Leistungen in Kunst, Literatur und Architektur, städtische Siedlungen, eine Verwaltung und eine von den Menschen anerkannte Ordnung – wir nennen das Staat – vorzuweisen hatte. Dadurch unterscheiden sich Hochkulturen von dörflich-bäuerlichen Völkern. Eine leistungsfähige Landwirtschaft produzierte Ernteüberschüsse, mit denen man Handel treiben konnte. So entstanden immer spezialisiertere Berufe. Frühe Hochkulturen entwickelten sich oft an großen Flüssen (Nil, Euphrat und Tigris, Indus, Hwangho); dazu auf Kreta, in Kleinasien und Mittelamerika.

Q3 **Thot, der Gott der Schrift und Wissenschaften,** dargestellt als Pavian (16,5 cm hoch), 1. Jahrtausend v. Chr.

zeichnet: Ein Segel bedeutete Wind, ein Bierkrug Bier. Schriftzeichen mussten auch gesprochen werden, darum besaßen sie einen Lautwert. Eine Hand stand für „d" oder eine Hacke für „mr". Die Ägypter schrieben keine Vokale, deshalb benutzten sie Deutzeichen. Ein Beispiel aus unserer Sprache soll das erklären. Die Konsonanten „l" und „b" kommen in mehreren Wörtern vor, etwa in Lob, Liebe oder Elbe. Um deutlich zu machen, welches Wort gemeint war, wurden hinter die Zeichen „lb" Deutzeichen gesetzt. So könnte ein Orden bedeuten, dass es Lob heißt, eine Wellenlinie könnte für Elbe stehen und ein Herz für Liebe.
Lange war der Sinn der Hieroglyphen ein Rätsel. Nach vielen Versuchen gelang es dem Franzosen François Champollion im Jahre 1822 die Schrift zu entziffern. Auf einem im Niltal gefundenen Stein entdeckte er einen Text, der in Hieroglyphen und Griechisch gleich lautend geschrieben war. Champollion ging vom bekannten Text in Griechisch aus, entdeckte dort die Namen zweier Könige, Kleopatra und Ptolemäus, und fand sie im Hieroglyphentext wieder – der Schlüssel zur Lösung des Rätsels war gefunden.

Papyrus wird zu Papier

Neben den Hieroglyphen gab es für den täglichen Gebrauch eine einfachere Schrift. Dafür benötigten die Ägypter ein Material, das schnell und billig zu beschaffen war. Sie entwickelten den Papyrus, das Papier des Altertums. Die Papyruspflanze gab es im Nildelta in großen Mengen. Man schrieb mit Binsen und benutzte schwarze und rote Tinte, die man aus Ruß bzw. aus rotem Ocker gewonnen hatte.

In die Schule darf jeder

Der Dichter Duauf berichtet, dass die Schüler im Alter zwischen fünf und zehn Jahren in die Schule kamen. Sie stammten aus allen Bevölkerungsschichten. Der Besuch einer Schule war kein Vorrecht, sondern jedem Jungen gestattet. Wir kennen den Bericht eines Priesters, der sagte, er sei dank seiner Klugheit „in die Schule aufgenommen worden" und „von seiner Armut bis zum Dolmetscher für jedes Ausland aufgestiegen". Mädchen dagegen besuchten die Schule selten. Es gab aber auch Frauen, die das Schreiben beherrschten.
Neben dem Schreiben gab es die Unterrichtsfächer Lesen, Mathematik, Bildhauerei, Malerei, Geografie und Sport. Erziehung und Lernen waren für die Ägypter ein Teil der göttlichen Ordnung. Die jungen Menschen sollten erkennen, dass sie wie die Erwachsenen ein Teil der allgemeinen Ordnung seien. Die Ägypter glaubten, dass diese Ordnung nur mit strenger Disziplin zu bewahren sei.

Papyrusernte Q4
Relief aus dem Grab des Nefer, ca. 2400 v. Chr. Die Bauern schnitten die Stängel in dünne Streifen und legten sie in zwei Lagen kreuz und quer übereinander. Durch Pressen und Schlagen verklebte das aus den Stängeln austretende Mark.
Welche Tätigkeiten könnt ihr auf dem Bild erkennen?

D1 Hieroglyphen

Die Vokale nehmen Forscher als gesprochene Laute an.

Hieroglyphen	Gegenstand	Laut	Bedeutung
	Brot	t	
	"Sandalen-riemen"	anch	leben
	Schilfrohr	i	
	Brettspiel	men	bleiben
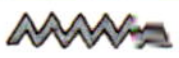	Wasser	n	
	Zepter	heka	Herrscher
	Korb	neb	Herr
	Mistkäfer	cheper	verwandeln/ Verwandlung
	Sonne	rê	Sonnengott

Q5 Schultag eines Jungen, ca. 1200 v. Chr.:

Mit einem „Wach auf, an deinen Platz!" wird der Junge geweckt. „Die Bücher liegen schon vor deinen Kameraden. Bring deine Kleider in Ordnung (der Junge schläft in seiner Kleidung) und zieh die Sandalen richtig an!", so fing der Tag an. Dann hieß es: „Du legst deine Aufgaben täglich ordnungsgemäß vor. Sei nicht faul! Man gibt auf: 3 + 3 (…). Dann fängst du an, ein Buch zu lesen, rechnest und bist dabei still. Lass keinen Laut aus deinem Mund hören! Schreibe mit deiner Hand und lies mit deinem Mund! Faulenze nie oder wehe deinen Gliedern! Suche zu verstehen, was dein Lehrer will, höre auf seine Mahnungen; werde ein Schreiber!"

Zit. nach: E. Brunner-Traut, Die Alten Ägypter, Stuttgart 1987, S. 72 f.

Q6 Der Dichter Duauf an seinen Sohn Phiops, *ca. 1250 v. Chr.:*

Ich lasse dich die Schriften mehr lieben als deine Mutter. Ich führe dir ihre Schönheit vor Augen; sie ist größer als die aller anderen Berufe und im ganzen Land gibt es nichts, was ihnen gliche. Kaum ist ein Schriftkundiger herangewachsen, wird man ihn grüßen. Der Steinmetz graviert mit dem Meißel in allerlei harten Steinen. Hat er die Arbeit vollendet, so versagen ihm seine Arme und er ist müde. Der Töpfer steckt in seinem Lehm; der beschmiert ihn mehr als ein Schwein. Wenn der Weber den Tag vollbracht hat ohne zu weben, wird er mit 50 Peitschenhieben geschlagen. Siehe, es gibt keinen Beruf, in dem einem nicht befohlen wird, außer dem des Schreibers; da ist er es, der befiehlt. Wenn du schreiben kannst, wird dir das mehr Nutzen bringen als alle Berufe, die ich dir genannt habe. Nützlich ist dir schon ein Tag in der Schule und eine Ewigkeit hält die in ihr geleistete Arbeit vor.

Zusammengestellt nach: Geschichte in Quellen, Bd. I, München 1978, S. 29 f.

Türschild von Amenophis II. (König 1436–1413 v. Chr.) Q7

Die Inschrift lautet: „Der geliebte Sohn des Rê, Amenophis, der Gott und Herrscher von Theben, wird ewig leben." In dem ovalen Rahmen, der Kartusche, steht der Königsname.

Fragen und Anregungen

1. Probiert aus, wie die Hieroglyphenschrift funktionierte, und denkt euch Deutzeichen zu Konsonanten aus (z. B. d + m: Damm, Dame, Dom).
2. Der zweite Name König Tutanchamuns lautete „Neb-cheper-rê". Findet heraus, wie das geschrieben wurde und was es bedeutete (D1).
3. Welche der Hieroglyphen auf dem Türschild (Q7) könnt ihr erkennen und „übersetzen"?
4. Der Text Q5 wurde in Schulen als Schreibübung verwendet. Überlegt, welche Wirkung er auf Schüler haben sollte. Fasst zusammen, was der Text über den Beruf des Schreibers aussagt.
5. Der Pharao hat euch zu Schreibern ernannt. Die Handwerker beschweren sich, dass nur sie hart arbeiten müssten (Q6). Wie verteidigt ihr euch?
6. Stellt euch vor, ihr lebtet zur Zeit des Phiops. Ihr hättet andere Fächer, Lehrer und Schulfreunde. Was fändet ihr gut, was nicht? (VT, Q5 und 6)

3. Der Pharao – Gott und König

Der König – Bewahrer der Weltordnung

Der griechische Geschichtsschreiber Herodot bezeichnete die Ägypter als die frömmsten aller Menschen. Sie glaubten an viele Götter. Die Welt der Götter war von der Welt der Menschen streng getrennt. Die Verbindung zwischen Göttern und Menschen war der König. Seine herausragende Stellung zeigte sich in verschiedenen Namen und Titeln. Der erste war „lebender Horus auf Erden". Damit war der König dem Himmelsgott Horus gleichgestellt, er war Stellvertreter des Gottes auf der Erde. Außerdem wurde der König als „Sohn des Rê", des Sonnengottes, oder „Herr von Ober- und Unterägypten" bezeichnet.

Er war also Herr über seine Untertanen, ihm gehörte das ganze Land mit allen Produkten. In seinem göttlichen Amt konnte der König nach Überzeugung der Ägypter niemals Fehler machen, denn er übte seine Herrschaft im Auftrag der Götter aus. Seine wichtigste Aufgabe war es, die von den Göttern festgelegte Weltordnung, die Maat, zu bewahren. Sie gab allen Ägypterinnen und Ägyptern Gerechtigkeit und Ordnung. Das Gegenteil von Maat waren Schlechtigkeit und Lüge. Diese Eigenschaften würden die Welt ins Chaos stürzen. Nur der König konnte die Maat garantieren, weil nur er als „Herr der Maat" die Ordnung festsetzen konnte. Wie wichtig die Maat für die Ägypterinnen und Ägypter war, können wir in einer Grabinschrift lesen: „Nur der Mensch bleibt bestehen, der der Maat entspricht".

Pharao – „Großes Haus"

Den Palast des Königs nannten die Ägypter „Großes Haus". In der Sprache der Ägypter hieß das „Pharao"; darum nannten sie ab etwa 1500 v. Chr. ihren König Pharao. Da diese Häuser aus Lehm und nicht wie die Pyramiden aus Stein gebaut wurden, ist von ihnen fast nichts erhalten. Von Bildern wissen wir aber, dass es großzügige Häuser mit prächtigen Gärten waren. Viele Diener standen dem Pharao zur Seite; es gab „Geheime Räte des königlichen Schmucks", „Sandalenverwalter" oder „Haarmacher". Bei wichtigen Staatsangelegenheiten trug der Pharao prächtige Kleider wie den Königsrock und Schmuck. Krummstab und Geißel (Peitsche) waren Zeichen für Macht und Würde und verliehen Kraft und Schutz der Götter. Ein göttliches Zeichen war auch der Zeremonialbart, den sich der König umbinden konnte. Nie ging er ohne Schminke, die ihn nicht nur schöner machen sollte, sondern auch gegen Ungeziefer schützte. Nur wenige Ägypterinnen und Ägypter durften den Pharao sehen. Jeder, der zu ihm vorgelassen wurde, musste sich zu Boden werfen. Zu den Pflichten des Pharaos gehörte es, Gesandtschaften zu empfangen, die Posten hoher Beamter zu besetzen und über Krieg und Frieden zu entscheiden. Wenn der Pharao starb, war er für die Ägypterinnen und Ägypter nicht tot, sondern vereinigte sich mit dem Gott der Unterwelt, Osiris. So lebte der König weiter.

Q1 **Eingeweidesarg Tutanchamuns** aus Gold, Halbedelsteinen und Glas (ca. 40 cm lang), 14. Jahrhundert v. Chr. Geier und Schlange auf der Stirn waren Zeichen seiner Herrschaft über Ober- und Unterägypten und sollten den Pharao beschützen.

Q2 „Freundlich sein ist gut"

schrieb der Pharao Meri-Ka-Rê an seinen Sohn, ca. 1480 v. Chr.:

Sei geschickt im Reden, damit du die Oberhand behältst. Reden ist erfolgreicher als Kämpfen. Ahme deine Väter nach, die vor dir gestorben sind. Sei nicht böse; freundlich sein ist gut. Zeige dich deinem Land gütig, man preist deine Güte und betet für deine Gesundheit. Mache deine Beamten vermögend, damit sie nach deinen Gesetzen handeln. Wer reich ist, ist nicht parteiisch. Sag die Wahrheit in deinem Hause, dann haben die Großen vor dir Respekt. Tu du als Pharao das Rechte, quäle keine Witwe. Hüte dich davor, ungerechterweise zu strafen. Mache keinen Unterschied zwischen dem Sohn eines Vornehmen und dem niedriger Herkunft, hole dir einen Mann wegen seiner Fähigkeiten.

Zit. nach: Geschichte in Quellen, Bd. I, München 1978, S. 24 f.

König Mykerinos (2489–2471 v. Chr.) Q3
Links und rechts von ihm stehen zwei Göttinnen. Mykerinos hat die Statuengruppe selbst in Auftrag gegeben. Sie wurde in seinem Totentempel aufgestellt.
Schieferrelief (ca. 92 cm hoch), um 2480 v. Chr.

Herrschaft

Herrscher oder Herrschergruppen üben Macht aus über Menschen, die ihnen untergeben und von ihnen abhängig sind. Herrschende sind die mächtigsten Personen in einem Staat. Sie haben das Recht, Gesetze für die Untertanen ihres Reiches zu erlassen und Befehle zu erteilen. Sie können auch einzelne Rechte an Personen übertragen, die ihnen unterstellt sind, sich aber durch besondere Fähigkeiten auszeichnen. Diese Personen üben die Herrschaft dann im Auftrag der Herrschenden aus.

Monarchie

(griech.: Alleinherrschaft) Staatsform, in der ein Einzelner, der Monarch, die Herrschaft ausübt. Monarchen sind z. B. Könige und Königinnen oder Kaiser. Sie rechtfertigen ihre Alleinherrschaft meist mit dem Willen der Götter. Monarchen herrschen ihr Leben lang, danach wird die Thronfolge an die Nachkommen vererbt oder ein Nachfolger gewählt. In Ägypten bezeichnet man die Alleinherrschaft des Pharaos als Königtum; der Begriff „Monarchie" wurde zum ersten Mal um 400 v. Chr. von griechischen Gelehrten verwendet.

Fragen und Anregungen

1. Überlegt, was der Pharao mit den Ratschlägen an seinen Sohn beabsichtigt hat (Q2).
2. Beschreibt, wie der Sargdeckel des Tutanchamun auf euch wirkt (Q1). Die Gegenstände und Symbole könnt ihr deuten, wenn ihr die Bildlegende und den Verfassertext zuhilfe nehmt.
3. Beschreibt das Standbild (Q3). Überlegt, warum sich Mykerinos mit den beiden Göttinnen hat darstellen lassen. Lest dazu im Verfassertext und in den Grundbegriffen nach.
4. Vergleicht die beiden Pharaodarstellungen (Q1 und Q3). Erklärt, was sie jeweils über die Bedeutung des Pharaos aussagen.

Informationen aus Schaubildern entnehmen

Ein Schaubild stellt geschichtliche Informationen übersichtlich dar. Es kann auch schwierige Themen auf einen Blick zusammenfassen. Schaubilder richtig zu „lesen", will jedoch gelernt sein. Hier zeigen wir euch, wie ihr ein Schaubild zum Aufbau der ägyptischen Gesellschaft verstehen und aus ihm wichtige Hinweise erhalten könnt.

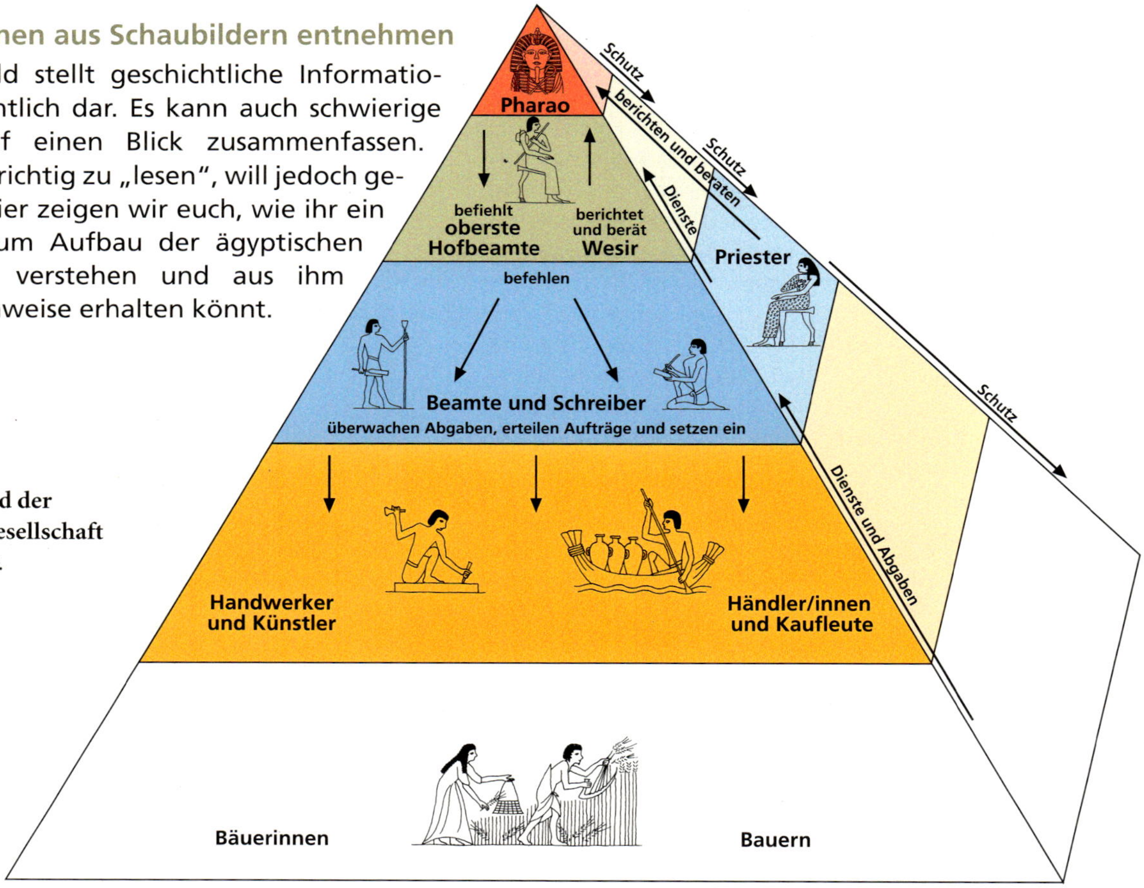

D1 Schaubild der ägyptischen Gesellschaft
um 2200 v. Chr.

Der Pharao nahm in der Rangordnung der Gesellschaft (Hierarchie) den ersten Platz ein. Darum ist er in dem Schaubild ganz oben eingesetzt. Alle wichtigen Entscheidungen traf er selbst und teilte seine Anordnungen dem Wesir, dem obersten Beamten, mit. Umgekehrt berichteten ihm der Wesir, die obersten Hofbeamten und die Priester über die Ereignisse in seinem Reich und berieten ihn. Der Pharao war dafür verantwortlich, seine Untertanen zu beschützen und für ihr Wohlergehen zu sorgen. Das Schaubild gibt auch Auskunft darüber, wie die anderen Gruppen der ägyptischen Gesellschaft miteinander zusammenhingen.

Hierarchie

(griech.: heilige Ordnung) Hierarchie bezeichnet die Rangordnung, also das Oben und Unten bzw. Nebeneinander in einer Gesellschaft. In einer Hierarchie werden oben Entscheidungen gefällt und jeweils von den nächsten Untergebenen ausgeführt. Auf welcher Stufe der Rangordnung Menschen stehen, hängt z. B. davon ab, ob sie arm oder reich sind, hohes oder niedriges Ansehen besitzen, viele oder wenige Rechte haben oder als Frau oder Mann geboren wurden.

Methodische Arbeitsschritte:

1. Stellt fest, welches Thema das Schaubild behandelt. Die Legende gibt dazu Informationen.
2. Untersucht, warum einzelne Teile des Schaubildes in verschiedenen Farben bzw. größer oder kleiner dargestellt werden.
3. Arbeitet heraus, an welchen Stellen Pfeile/Linien verwendet werden. Was sagen sie über die Beziehungen zwischen Personen und Gruppen aus?
4. Welche Form wurde gewählt (z. B. Pyramide)? Überlegt, welchen Zusammenhang es zwischen dem Thema und der Form des Schaubildes gibt.

D2 Kaufleute Mein Vater fährt im Auftrag der Verwaltung oder des Tempels mit dem Boot in ferne Länder. Er bringt Gold, Edelsteine, Weihrauch, Parfüm und Gewürze mit. Die wertvolleren Waren gehören natürlich dem Pharao. Den Rest verkauft meine Mutter auf dem Markt. Bald darf ich mit meinem Vater mitfahren.

D3 Meine Eltern gehören zu den einflussreichsten Menschen in Ägypten und beraten sogar den Pharao. Sie sorgen dafür, dass die Götter in richtiger Weise verehrt werden und bereiten den göttlichen Pharao nach seinem Tod für seine Fahrt ins Totenreich vor. Wir leben in der Tempelstadt. Im Lebenshaus erlerne ich alle heiligen Handlungen, Gebete und geheimen Künste, um später das Amt meiner Eltern zu erben.

D4 Unsere ganze Familie bestellt die Äcker des Pharaos. Unser Dorf muss den größten Teil der Ernte bei den Beamten des Pharaos abliefern. Für uns bleibt nur wenig zum Leben. Wer seine Abgaben nicht entrichtet, wird in die Kupferbergwerke geschickt. Bei Hochwasser arbeitet mein Vater im Auftrag der Beamten auf der Pyramidenbaustelle.

D5 Schreiber Mein Vater ist sehr geachtet und wichtig für den Pharao. Sein Vorgesetzter ist der Wesir. Mein Vater kann lesen und schreiben, er treibt Steuern ein, kontrolliert die Arbeit der Bauern und notiert den Bestand an Vieh und Getreide. Bei guter Arbeit kann er in der Beamtenlaufbahn aufsteigen. Wir leben sehr angenehm. Nach zwölf Jahren Schreiberschule kann auch ich den Beruf meines Vaters ausüben.

D6 Meine Mutter ist Parfümherstellerin. Duftstoffe sind in unserem Land sehr begehrt. Wir leben ganz gut, obwohl wir einen Teil des Parfüms als Steuer an die Schreiber abgeben müssen. Den Rest tauschen wir gegen Brot, Bier und manchmal Fleisch. Für eine Schreiberlehre reicht es aber nicht.

D7 Mein mächtiger Vater sorgt dafür, dass die Befehle des Pharaos ausgeführt werden. Er legt die Steuern fest und schlichtet Streitigkeiten. Bei wichtigen Entscheidungen holt der Pharao Ratschläge von meinem Vater ein. In einem Palast werde ich als sein Nachfolger von einem Privatlehrer unterrichtet.

Fragen und Anregungen

1. Ordnet die Personen und Gruppen (D2–7) in die Gesellschaftspyramide (D1) ein. Begründet eure Entscheidung.
2. Auf dieser Seite werden nur einige Berufe beschrieben. Informiert euch aus den anderen Kapiteln über weitere Personengruppen und ordnet sie in das Schaubild ein.
3. Sucht nach Gründen, warum die Personen in der Hierarchie weiter oben oder unten standen. Ihr könnt dazu die Begriffserklärung (links) lesen. Welche Rolle spielten eine Ausbildung oder die Nachfolge der Eltern?
4. Findet Zusammenhänge zwischen der Hierarchie und Armut bzw. Reichtum, hohem bzw. geringem Ansehen, vielen bzw. wenigen Rechten.
5. Entwerft ein Rollenspiel mit Personen aus verschiedenen gesellschaftlichen Gruppen. Verteilt die Rollen und denkt euch ein Thema aus, z. B.: Die Ernte in diesem Jahr war gut, deshalb fordern die Bauern eine Erhöhung der Getreidepreise.
6. Überlegt, wo euch heute Hierarchien begegnen, z. B. in der Schule. Welche Rechte und Pflichten haben die verschiedenen Personen? Diskutiert die Vor- und Nachteile einer solchen Organisation.

4. Die Frau – „Herrin des Hauses"

Das Leben der Frauen

Sicherlich ist euch aufgefallen, dass bisher meist nur von Männern die Rede war. Was aber erfahren wir über das Leben der Frauen, welche Rechte hatten sie im Vergleich zu den Männern? Wir finden viele Hinweise auf Wandmalereien in Gräbern, in Grabbeigaben und Papyrustexten. Diese Darstellungen beziehen sich aber auf das Leben im Jenseits. Es sind Wunschvorstellungen der Verstorbenen für das Leben nach dem Tod. Wie die Wirklichkeit aussah, können wir manchmal nur vermuten. Einiges verraten die Quellen aber schon.

In vielen Dingen war die Frau dem Mann rechtlich gleichgestellt. Sie durfte Verträge abschließen, vor Gericht Klage erheben und als Zeugin auftreten. Ihren eigenen Besitz durfte sie an ihre Kinder vererben. Ihre wichtigsten Aufgaben waren die Ehe, die Kinder zu erziehen und den Haushalt mit der Dienerschaft zu führen. Dazu gehörte auch die Verwaltung des Familienvermögens. In allen Quellen ist nur von verheirateten Frauen die Rede. Bei der Bestellung der Felder und bei der Ernte mussten die Frauen den Männern helfen.

Berufe ergreifen durften die Frauen in der Regel nicht. Dennoch finden wir Weberinnen, Spinnerinnen, Hebammen oder Frisörinnen. In den Quellen finden wir auch Hinweise auf eine Wesirin, eine Schatzmeisterin, auf Richterinnen, Priesterinnen und Schreiberinnen. Wie ist das zu erklären? Die Titel haben diese Frauen bekommen, weil ihre Männer diese Berufe ausübten. Es waren also keine Berufsbezeichnungen der Frauen, sondern Rangtitel. Eine Schule besuchen durften vor allem die Mädchen aus vornehmen Familien.

Q1 Müllerin bei der Arbeit
Kalksteinfigur (26 cm hoch), um 2400 v. Chr.

Eine Frau wird Pharao

Der Pharao musste nach Meinung der Ägypter immer ein Mann sein. Tapferkeit und Stärke waren männliche Eigenschaften. Einmal jedoch kam es anders. Als im Jahre 1490 v. Chr. der Pharao Thutmosis II. starb, übernahm seine Witwe Hatschepsut für den noch unmündigen Stiefsohn die Regierung. Die Königin gab die Macht dem Stiefsohn aber auch nicht zurück, als er volljährig geworden war. Damit geschah für die Ägypter etwas Unglaubliches: Eine Frau übernahm die männliche Rolle des Pharaos. Das erschien den Ägypterinnen und Ägyptern als Verstoß gegen die Weltordnung, die Maat. Hatschepsut verwaltete aber ihr Amt mit großem Erfolg. „Sie ist die Meisterin der Herrschaft, ihre Pläne sind ausgezeichnet!" Das sagte ein Ägypter über sie. Sie regierte zwanzig Jahre lang und brachte dem Land einen langen Frieden.

Q2 Holzmodell einer Weberei
aus dem Grab des Kanzlers Meketre in Theben, um 2000 v. Chr.
Viele Grabbeigaben zeigen Frauen bei der Arbeit im Haus. Allerdings wurden die meisten überlieferten Grabbeigaben verstorbenen Männern mit ins Grab gegeben; aus ihnen können wir nur ablesen, wie sich Männer die Frauenarbeit vorstellten. Ob die Arbeitsteilung zwischen Frauen und Männern wirklich so war, ist nicht klar. Versucht, verschiedene Tätigkeiten zu erkennen.

Q3 Grabstein des Sched-iti-ef und der Nefer-chau-neb
um 2100 v. Chr.

Q4 Grabstein des Nit-Ptha, um 1950 v. Chr.
Nit-Ptha und sein Sohn Antef sind an der dunklen Hautfarbe zu erkennen. Der Herrschaftsstab symbolisiert die Ämter, die ein Mann ausübt. Seni, die Ehefrau, und die Tochter Ded halten Lotusblüten in den Händen, Zeichen für das Leben.

Q5 Lehre des Schreibers Ani an seinen Sohn,
um 1500 v. Chr.

Nimm dir eine Frau, solange du jung bist. Sie soll dir einen Sohn bringen und Kinder bekommen, solange du noch ein junger Mann bist. (...) „Wer ist der da?", fragt man immer. Ämter bringen ihre Regeln mit sich. Eine verheiratete Frau wird eingestuft nach ihrem Ehemann, ein Mann wird eingestuft nach seinem Rang. (...) Du sollst nicht deine Frau in ihrem Haus beaufsichtigen, wenn du weißt, dass sie tüchtig ist. Sage nicht „Wo ist denn das? Bring es her!", wenn sie es an die richtige Stelle getan hat. Lass sie dein Auge beobachten und schweige, dann wirst du ihre Geschicklichkeit kennen lernen. Welche Freude, wenn sie dann deine Hand empfängt.

Zit. nach: Hellmut Brunner (Hg.), Altägyptische Weisheit. Lehren für das Leben, Zürich/München 1988, S. 199, 205 und 210 f.

Q6 Hatschepsut, ein weiblicher Pharao
Darstellung um 1465 v. Chr.

Fragen und Anregungen

1. Vergleicht die Darstellung von Hatschepsut (Q6) mit der des Tutanchamun (S. 56, Q1). Was fällt euch auf? Überlegt, warum sich Hatschepsut so hat darstellen lassen.
2. Der Stiefsohn von Hatschepsut hat das Andenken an seine Mutter aus allen ihm erreichbaren gemalten oder in Stein gehauenen Bildern auslöschen lassen. Versucht zu erklären, warum er das tat.
3. Stellt dar, was wir über die Rolle von Frauen in Ägypten aus den Worten des Ani (Q5) erfahren.
4. Wie ist das Verhältnis zwischen Frau und Mann dargestellt und woran erkennt ihr das (Q3)?
5. Woran könnt ihr Vater und Sohn bzw. Mutter und Tochter unterscheiden (Q4)?
6. In einem Text, der in Schulen gelesen wurde, hieß es: „Wenn du ordentlich bist, gründest du dir einen Hausstand und liebst deine Frau nach der rechten Ordnung. Sie sei ein guter Acker für ihren Herrn." Erläutert, welches Bild der Frau hier vermittelt werden sollte.

5. Deir el-Medina – ein Dorf im Alten Ägypten

Zweigeschossiges Stadthaus Q1
Dorfhäuser wie in Deir el-Medina hatten nur ein Stockwerk. Kalksteinmodell, ca. 1500–1000 v. Chr.

Das Dorf in der Wüste

Bisher war von Schreibern, Priestern, Wesiren und Pharaonen die Rede. Über ihr Leben haben wir gute Kenntnisse. Bilder und Inschriften aus ihren Grabanlagen und Tempeln geben uns Auskunft. Wer aber hat diese Bauwerke errichtet, wer hat die Bilder an den Wänden gezeichnet? Es waren Handwerker und Arbeiter. Ihre Häuser waren meist aus Materialien gebaut (Nilschlammziegel, Palmblätter, Holz, Schilf und Stroh), die die Zeit nicht überstanden haben. Erhalten sind uns aber die Grundmauern einer Siedlung, nicht weit von Theben entfernt. Die Archäologen fanden Papyrusschriften, denen wir entnehmen können, dass das Dorf ungefähr zwischen 1500 und 1000 v. Chr. bewohnt wurde. Es heißt Deir el-Medina.

Arbeit für die Dorfbewohner

Die Bewohner dieses Dorfes bauten die Grabanlagen von Pharaonen und hohen Würdenträgern. In ungefähr 70 kleinen, gleich aussehenden Häusern lebten bis zu 700 Menschen. Eine hohe Ziegelmauer schützte das Dorf gegen wilde Tiere und gegen den Sand der Wüste. Dicht neben dem Dorf lag der Friedhof des Ortes. Tag für Tag brachten die Bewohner ihren Toten Nahrungsmittel. Sie glaubten, dass die Verstorbenen im Jenseits essen und trinken müssten und dass nur die Lebenden sie versorgen könnten.

Wenn ein hoher Würdenträger oder sogar der Pharao gestorben war, gab es Arbeit für die Menschen in Deir el-Medina. Sie erhielten nämlich den Auftrag, im Tal der Könige, das nicht weit vom Dorf entfernt lag, das Grab zu bauen, es auszumalen und zu pflegen. Eine wichtige Aufgabe war auch der Schutz des Grabes vor Grabräubern. Die Handwerker und Arbeiter bekamen als Lohn hauptsächlich Lebensmittel. Einmal im Monat kam der Abgesandte des Wesirs und verteilte im Auftrag des Pharaos an die Menschen in Deir el-Medina Dinkel und Gerste. Die Archäologen fanden eine Liste, nach der der Vorarbeiter und Aufseher fünf Sack Dinkel und zwei Sack Gerste, Arbeiter und Handwerker vier Sack Dinkel und einen Sack Gerste bekamen. Wächtern und Dienern standen weniger zu. Aus Dinkel und Gerste wurde Brot gebacken, Gerste nahm man zur Herstellung von Bier. Es war das beliebteste Getränk.

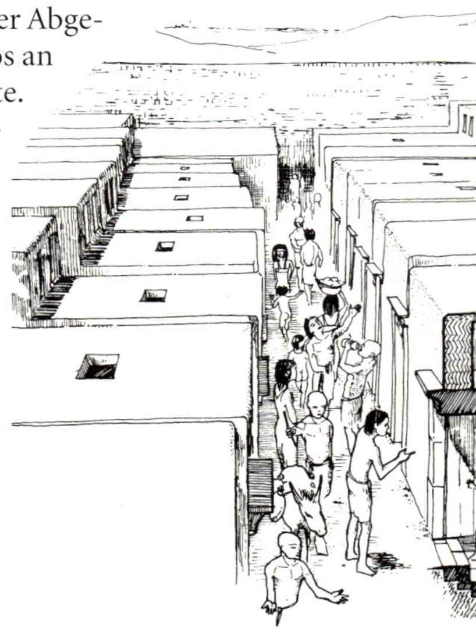

Ansicht eines Arbeiterhauses in Deir el-Medina D1
Den größten der Räume kann man mit zwei großen Schritten durchqueren. Der Fußboden besteht aus gestampftem Lehm, die Decke aus Palmzweigen. Die Wände sind mit Kalk weiß getüncht, damit man Spinnen und Skorpione besser sehen kann. Im Nebenraum und im Keller werden Haushaltsgegenstände, Werkzeuge, Kleidungsstücke und Nahrungsmittel aufbewahrt.

Außerdem erhielt jede Familie Trockenfisch, Salz, Gemüse, Datteln, Brennholz und Natron, was man als Seife benutzte. Fleisch, Wein und Honig gab es nur an Festtagen. Was die Familien nicht für die Ernährung brauchten, tauschten sie gegen Kleider, Töpfe oder andere wichtige Dinge.

In den Häusern von Deir el-Medina lebten viele Kinder. Eine Schule gab es für sie in diesem kleinen Ort nicht. Der Weg nach Theben war zu weit und zu gefährlich, er führte ein Stück durch die Wüste. Wandbilder und Grabbeigaben aus dem alten Ägypten geben uns Hinweise darauf, wie Mädchen und Jungen ihre Freizeit verbracht haben: Die Jungen trugen Wettkämpfe wie Ringen, Laufen, Springen und Stockfechten aus. Mädchen werden beim Tanzen und Balljonglieren gezeigt. Besonderen Spaß hatten die Kinder, wenn sie sich auf dem Nil mit langen Stangen aus den Booten zu stoßen versuchten. Viel Zeit zum Spielen gab es in Deir el-Medina aber nicht, denn die Kinder mussten schon früh ihren Eltern bei der Arbeit helfen.

Das ausgegrabene Deir el-Medina heute Q2
Die größeren Gebäude im Ort sind Tempelanlagen. Rechts sind die Ruinen des Friedhofs zu sehen, im Hintergrund die Überreste des Totentempels von Pharao Ramses III. Die Arbeiter von Deir el-Medina hatten ihn erbaut. Dahinter liegt das bewässerte, fruchtbare Land am Nil.

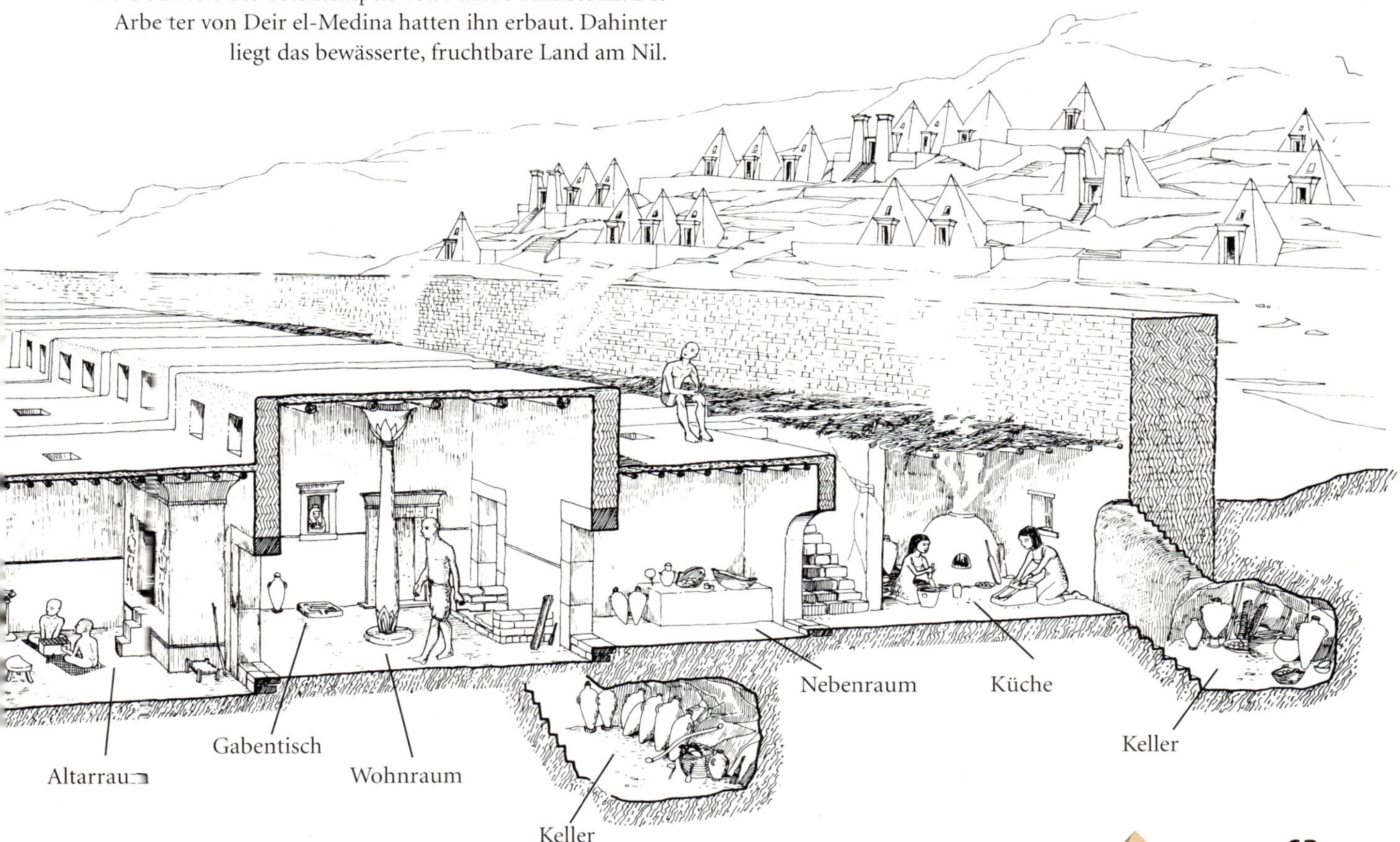

Q3 Beschwerdebrief der Arbeiter von Deir el-Medina an den Wesir Ta, um 1150 v. Chr.:

Ich teile meinem Herrn mit, dass ich an den Gräbern der Königskinder arbeite, deren Errichtung der Wesir befohlen hatte. Wir Arbeiter sind sehr elend geworden. Alle Sachen für uns, die das staatliche Schatzhaus, die Scheune und das Magazin uns liefern sollten, sind nicht verteilt worden. Nicht leicht ist das Tragen von Steinen! Man hat uns auch die 1 1/2 Sack Gerste fortgenommen, um uns stattdessen 1 1/2 Sack Dreck zu geben! Möge mein Herr handeln, sodass wir leben können, denn wir sind schon am Sterben. Wir haben kein Brot, wir haben keine Kleider. Denn man gibt uns nichts, gar nichts! Schreibt an den König, unseren Herrn, damit er uns zu leben gebe.

Die Arbeiter verweigern daraufhin die Arbeit, sie besetzen die Tempel der Stadt Theben mehrere Tage. Erst als die Lohnzahlungen endlich eintreffen, beruhigen sie sich wieder. Für die Streikaktionen wird niemand bestraft. Nach einiger Zeit jedoch wiederholt sich das Geschehen, als erneut kein Lohn gezahlt wird. Die Arbeiter beschuldigen diesmal sogar den Wesir, ihren Lohn für sich behalten zu haben. Wieder können sie ihre Forderungen durchsetzen, indem sie die Arbeit niederlegen. Angeblich handelt es sich hier um den ersten Streik in der Weltgeschichte.

Zit. nach Arne Eggebrecht, Das Alte Ägypten, München 1984, S. 219.

KLICK INS INTERNET

www.klett-verlag.de/gug
In der „Werkstatt" findet ihr eine Linkliste zu allen Themen des Buches. Schaut doch einmal nach, was ihr dort über das Alltagsleben im Alten Ägypten erfahrt!

Q4 Modell einer Viehzählung
aus dem Grab des Meketre in Theben (173 cm lang, 55,5 cm hoch), um 2000 v. Chr.

Fragen und Anregungen

1. Beschreibt, was ihr auf dem Bild der Ausgrabung von Deir el-Medina noch entdecken könnt (Q2).
2. Überlegt gemeinsam, warum die Ägypter das Dorf in die Wüste gebaut haben. Bedenkt, dass es fruchtbares Land nur am Ufer des Nils gab (Q2).
3. Fasst zusammen, worüber sich der Schreiber beschwert (Q3). Überlegt, warum er sich nicht erst an den nächsten Beamten, sondern gleich an den Wesir wendet.
4. Was fällt euch an der Bauweise der Häuser auf (Q1 und D1)? Sucht nach Gründen, warum es so wenige und so kleine Fenster gab.
5. Um euch die Größe vorstellen zu können, versucht im Klassenzimmer Räume nach der Zeichnung und der Beschreibung nachzustellen (D1).
6. Schaut euch das Modell (Q4) in seinen Einzelheiten an. Erkennt ihr, welche Aufgaben die Personen ausüben? Beschreibt die Handlung der Szene.

6. Pyramiden – Bauten für die Ewigkeit

um 2500 v. Chr.	Die Pyramiden von Gise werden gebaut.
um 1339 v. Chr.	Der Pharao Tutanchamun wird im „Tal der Könige" westlich von Theben bestattet. 1922 wird sein Grab entdeckt.

Dienerfiguren, so genannte Uschebtis, Q1
wurden dem Verstorbenen mit ins Grab gegeben. Sie sollten ihm die Pflichten abnehmen, falls ihn die Götter zur Arbeit riefen. Theben, um 1250 v. Chr., (34 cm hoch).

Rätselhafte Pyramiden?

Die bekanntesten Bauwerke in Ägypten sind die Pyramiden. Ungefähr 70 sind bis heute entdeckt und von den Archäologen erforscht. Schon im Altertum rechnete man sie zu den sieben Weltwundern. Vor einigen Jahren schrieb ein Schriftsteller, die Pyramiden seien von Außerirdischen gebaut worden. Kein Mensch hätte vor 4500 Jahren die Kenntnisse und Fähigkeiten gehabt, die Pyramiden mit solcher Genauigkeit und in der Größe zu errichten. Es hat in der Geschichte viele Versuche gegeben, den Sinn der Pyramiden zu erklären. Im Mittelalter z. B. meinten die Menschen, die Pharaonen hätten die Pyramiden als Kornspeicher erbauen lassen, um vor Hungersnöten sicher zu sein. Andere meinten, lange vor den Pharaonen hätte man die Pyramiden als Schutzbauten gegen die biblische Sintflut errichtet. Warum haben die Menschen so abenteuerliche Erklärungen gefunden? Was wissen wir wirklich?

D1 **Pyramidenbau – gerade oder umlaufende Rampen?**
Im Hintergrund seht ihr das Pyramidenfeld von Gise mit den Pyramiden der Könige Mykerinos, Chephren und Cheops (v. links n. rechts). Sie wurden in den Jahren 2510–2457 v. Chr. erbaut.
Für den Bau der Cheops-Pyramide nehmen Archäologen Rampen an, auf denen Mannschaften von Arbeitern die Steinblöcke mit Schlitten herbeischafften. Sand, Schlamm und Wasser dienten als Schmiermittel. Die Rampen wurden aus Steinen der nahen Steinbrüche und Sand gebaut. Beides konnte später als Füllmaterial im Innern der Pyramide wieder Verwendung finden. Wie die Rampen ausgesehen haben, darüber streiten sich die Forscher. Eine gerade auf die Pyramide zulaufende Rampe hätte die Ecken und Seiten der Pyramide freigelassen. So konnte ständig die richtige Neigung der Pyramide überprüft werden. Ab etwa 20 m Höhe wurde die Steigung für die Arbeiter unüberwindbar. Um die Steigung gering zu halten, hätte man die Rampe so lang bauen müssen, dass sie mehr Material verschlungen hätte als die ganze fertige Pyramide. Manche Fachleute nehmen mehrere Rampen an, die sich von unten um die Pyramide herumwanden. Auch diese Rampen wurden ab einer bestimmten Höhe zu steil. Wie die Pyramiden im oberen Teil bis zur Spitze gebaut wurden, ist unklar.
Nach neueren Erkenntnissen arbeiteten die Ägypter mit Hebeln, Walzen, Brechstangen und Schlitten; kranartige Hebewerkzeuge wie etwa Flaschenzüge und auch das Rad waren zur Zeit des Pyramidenbaus noch nicht bekannt.

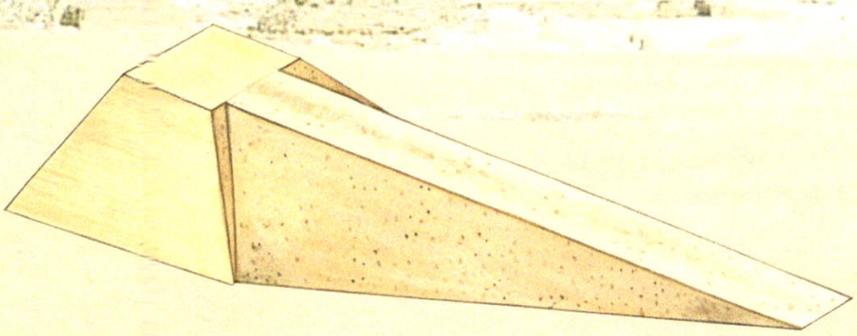

Die Cheops-Pyramide

Die größte der Pyramiden ist die des Pharaos Cheops. Sie ist 147 m hoch, eine Seite ist 230 m lang. Zum Bau benötigte man ca. 2,5 Millionen Steinblöcke, von denen jeder 2,5 Tonnen wog. Tausende von Ziegelmachern, Maurern, Zimmerleuten, Bildhauern, Malern, Steinmetzen u.a. waren auf der Baustelle beschäftigt. Den Transport der Steine leisteten Bauern in der Zeit, in der sie wegen der Nilschwelle nicht auf ihren Feldern arbeiten konnten. Den Wissenschaftlern geben die Pyramiden heute kaum noch Rätsel auf: Die Bauwerke sind Pharaonengräber, die die Mumien der verstorbenen Pharaonen in einer Grabkammer im Innern des Baus aufnehmen sollten. Die Technik, mit der die Pyramiden gebaut wurden, stellt uns allerdings vor Fragen, die noch nicht vollständig beantwortet sind. Ein „Geheimnis“ bleibt außerdem: Warum haben die Ägypter für eine Grabstätte die Form einer Pyramide gewählt?

„Häuser für das ewige Leben“

Pyramiden waren „Häuser für das ewige Leben“, denn die Ägypter waren fest davon überzeugt, dass es ein Weiterleben nach dem Tod gibt. Im Jenseits sehe das Leben nicht anders aus als bei den sterblichen Menschen. Damit es dem Toten im Jenseits an nichts fehlte, musste er durch die Angehörigen mit Lebensmitteln versorgt werden. Weil man aber nicht täglich Speisen ans Grab bringen konnte, ließ man sie an die Wände des Grabes malen. Die wichtigste Vorsorge für den Toten war die Erhaltung seines Körpers durch die Mumifizierung.

Die Mumie – ein Körper für die Ewigkeit

Wenn ein Ägypter gestorben war, begann für die Familie die Zeit der Trauer. Die Männer rasierten sich nicht mehr, die Frauen beschmierten ihr Gesicht mit Schlamm. „Klageweiber“, die von den Trauernden bezahlt wurden, liefen durch die Straßen und riefen „Wehe, das Unglück!“ Der Leichnam wurde dann zu den Einbalsamierern, die außerhalb der Siedlung arbeiteten, gebracht. Die Toten der armen Leute wurden in Binsenmatten gewickelt und in der Erde verscharrt. Für einen Pharao oder hohen Würdenträger kam nur ein Mumienbegräbnis infrage. Die Vorbereitungen dauerten bis zu 70 Tagen. Zuerst wurde dem Verstorbenen das Gehirn entfernt. Dann wurden alle Organe mit Ausnahme des Herzens aus dem Körper genommen und in besonderen Gefäßen, den Kanopenkrügen, einzeln einbalsamiert. Das Innere des Leichnams wurde mit Natron behandelt; damit wurde das Wasser dem toten Körper entzogen. Nur so konnte er vor dem Verwesen bewahrt werden. In einem weiteren Arbeitsgang wurde der Körper mit duftendem Harz gefüllt. Wenn nach ca. vierzig Tagen der Leichnam vollständig ausgetrocknet war, wurde Füllmaterial in den Körper gestopft, damit der Tote wieder die natürliche Form erhalten konnte. Zum Schluss wurde er mit langen Leinenstreifen umwickelt. Wenn er dann in einen Sarg gelegt worden war, wurde er in einem Trauerzug zum Nil getragen. Nach der Vorstellung der Ägypter fuhr er dann zum Westufer, zur Stadt der Toten. Hier wurde der Sarg ins Grab gelassen. Jetzt stand der Tote auf der Schwelle zum Jenseits. Bevor er es aber betreten durfte, musste er sich vor dem Totengericht verantworten. Das galt auch für einen verstorbenen Pharao.

Q2 **Die „Mundöffnung“** war ein Begräbnisritual wie die Berührung von Augen und Ohren. Der Tote sollte im Jenseits sprechen, sehen und hören können. Wandmalerei in einem Grab in Theben, um 1100 v. Chr.

Modellboot Q3
Solche Boote wurden den Toten mit ins Grab gelegt; sie sollten ihnen im Jenseits als Transportmittel dienen. Modell aus bemaltem Ton (55 cm lang), um 3500 v. Chr.

Q4 Über den Pyramidenbau

schrieb der griechische Geschichtsschreiber Herodot (484–425 v. Chr.) 2000 Jahre später:

Cheops [König 2545–2520 v. Chr.] hat das Land ins tiefste Unglück gestürzt. Er hat alle Ägypter gezwungen für ihn zu arbeiten. Die einen mussten aus den Steinbrüchen im arabischen Gebirge Steinblöcke bis an den Nil schleifen. (...) Andere mussten die Steine weiterschleifen bis hin zu den so genannten libyschen Bergen. (...) So wurde das Volk bedrückt und es dauerte zehn Jahre, ehe nur die Straße gebaut war, auf der die Steine dahergeschleift wurden, ein Werk, das mir fast ebenso gewaltig erscheint, wie der Bau der Pyramide selber. Denn die Straße ist 890 m lang, 18 m breit, an der höchsten Stelle 14 m hoch und aus geglätteten Steinen hergestellt, in die Tiergestalten eingemeißelt sind. (...) An der Pyramide selbst wurde zwanzig Jahre gearbeitet.

Zit. nach: Geschichte in Quellen, Bd. I, bearb. von Walter Arend, München 1965, S. 15.

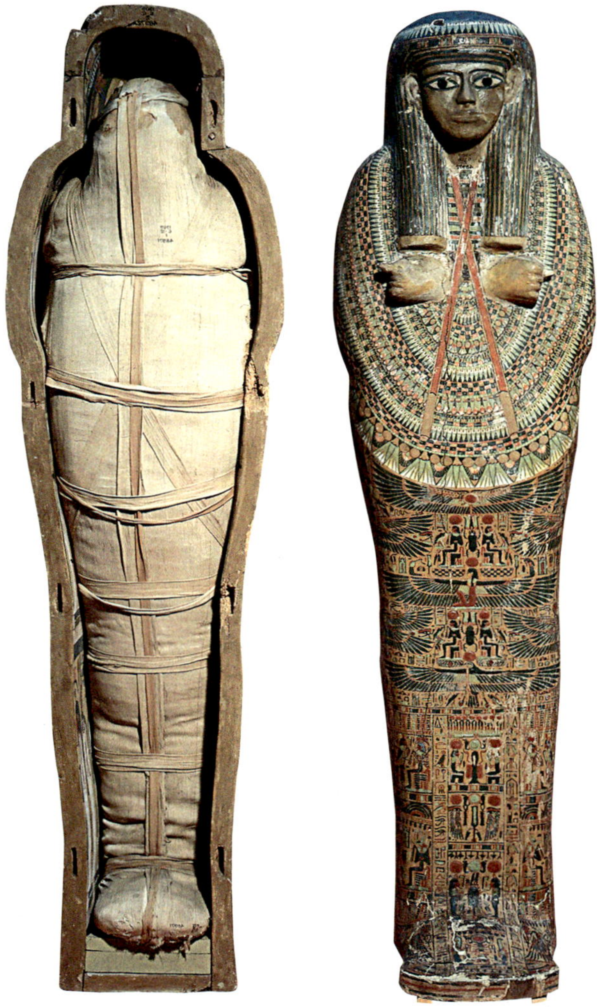

Q5 Mumie in reich bemaltem Sarg

Diese thebanische Priesterin wurde in einem Sarg in Menschengestalt bestattet (1,83 m lang), um 1000 v. Chr.

LITERATURTIPPS

Mumien und Pyramidenbau

Beide Bücher veranschaulichen ägyptische Totenrituale: Die Mumifizierung und den Pyramidenbau von der Planung über die Bautechnik und Organisation des Arbeitsheeres bis zur Grablegung des Pharaos.

James Putnam, Mumien. Das Geheimnis der konservierten Mensch- und Tierkörper, Hildesheim 1993, 64 Seiten.

David Macaulay, Wo die Pyramiden stehen, München 1986, 84 Seiten.

Fragen und Anregungen

1. Stellt die verschiedenen ägyptischen Totenrituale zusammen. Welche Informationen könnt ihr aus der Form der Begräbnisse und der Grabausstattung über die Vorstellung von einem Weiterleben im Jenseits ablesen (VT, Q1–4 und 6)?
2. Vergleicht die Höhe der Cheops-Pyramide (VT, Q2) mit dem höchsten Gebäude in eurem Wohnort. Wie oft passt eure Schule auf die Grundfläche der Pyramide? Sucht Gegenstände (z. B. Auto), die ein ähnliches Gewicht haben wie die Steinblöcke.
3. Informiert euch in Jugendbüchern oder im Internet über weitere Theorien, wie die Pyramiden gebaut worden sein könnten. Berichtet darüber und diskutiert die Vor- und Nachteile der verschiedenen, auch der hier abgebildeten Modelle (D1).
4. Herodot meint, Cheops habe mit dem Pyramidenbau „das Land ins tiefste Unglück gestürzt“ (Q4). Vergleicht diese Ansicht mit den Informationen im Verfassertext über die Bedeutung der Pyramiden für die Ägypter. Bildet euch eine eigene Meinung.
5. Stellt euch vor, eure Heimatzeitung hätte euch zum Bau der Cheops-Pyramide geschickt. Verfasst einen Bericht.
6. Die Pyramiden gehören zu den „sieben Weltwundern“. Erkundigt euch nach den anderen sechs.

Was Bilder über die Geschichte erzählen

Bilder sind wertvolle Quellen, denn sie können uns wichtige Informationen über die Vergangenheit geben. Wir erhalten auch Hinweise darüber, wie diejenigen, die die Bilder hergestellt haben, gedacht oder was sie mit ihrem Bild beabsichtigt haben. Um Bilder zum Sprechen zu bringen, müsst ihr genau hinsehen, was die Künstlerin oder der Künstler gemalt hat. Wir zeigen euch hier, welche Fragen ihr an ein Bild stellen solltet, um es zu entschlüsseln.

Das Bild wurde im Grab des Hunefer gefunden, es war nur für den Toten bestimmt. Kein Lebender konnte es sehen. Dargestellt ist der Augenblick, in dem der Verstorbene vor die Götter tritt und sich für die Taten in seinem Leben rechtfertigen muss. Er muss versichern, dass er keine Sünden begangen hat. Wenn ihm die Götter das glauben, kann er im Jenseits weiterleben.

Darstellungen vom Totengericht ähneln einander sehr. Immer ist der Verstorbene auf dem Weg zum Gericht zu sehen. Vor einer großen Zahl von Göttern bittet er – festlich gekleidet – um ein günstiges Urteil. Er wird vor eine Waage geführt. Hier wird sein Herz, dargestellt durch ein kleines Gefäß, gegen die Maat gewogen. Das Zeichen der Maat ist eine Feder. Herz und Maat müssen im Gleichgewicht sein. Ist das nicht der Fall, wird der Verstorbene von einem Ungeheuer gefressen.

Viele Götter treten auf. Sie sind meist in Menschengestalt mit Tierköpfen gezeichnet. Wichtig ist Anubis mit dem Hundekopf. Er ist der Wächter, der Aufpasser. Thot mit dem Kopf des Vogels Ibis ist der Gott der Schreiber. Der Gott Horus mit dem Falkenkopf ist der Begleiter der Toten. Der wichtigste und höchste Gott im Totengericht ist Osiris. Er ist der Gott der Unterwelt und entscheidet, ob der Verstorbene im Jenseits weiterleben darf. Meist ist er in ein Mumiengewand gekleidet und hat eine prächtige Krone auf dem Kopf. Zu ihm gehören seine Schwestern Isis und Nephthys.

Das Totengericht Q6
Ausschnitt aus dem Totenbuch des Schreibers Hunefer.
Bemalte Papyrusrolle aus Theben (39 cm hoch), um 1285 v. Chr.

Methodische Arbeitsschritte:

Einzelheiten beschreiben

1. Welche Personen, Tiere und Gegenstände sind zu sehen? Wie sind die Figuren gekleidet, was halten sie in den Händen?
2. Handelt es sich um eine realistische Darstellung? Beschreibt, woran ihr das erkennen könnt.

Zusammenhänge untersuchen

3. Was tun die einzelnen Figuren? Welche Figuren gehören zusammen und welche Verbindungen gibt es zwischen ihnen?
4. Gibt es besonders wichtige Szenen, was steht im Mittelpunkt des Bildes? Stellt dar, woraus ihr das schließen könnt (Farben, Größe usw.).
5. Erkennt ihr einen Ablauf oder eine Aktion in der Darstellung?

Erklären, warum es so dargestellt ist

6. Wenn das Bild eine Legende hat, lest sie genau durch. Für wen ist das Bild gemalt worden? Wann und zu welcher Gelegenheit ist es entstanden?
7. Überlegt, was mit dem Bild erreicht werden sollte.

D2 Umrisse der Figuren im Wandbild

F-agen und Anregungen

1. Vergrößert die Umrissskizze (D2) für euer Heft. Lest den Text über das Totengericht und beschriftet die Figuren und Gegenstände in der Zeichnung.
2. Gliedert das Bild (Q6) in einzelne Abschnitte. Formuliert für jeden Abschnitt eine Überschrift.
3. Bringt die einzelnen Figuren zum Sprechen. Erzählt aus Hunefers Sicht „euer" Erlebnis vor dem Totengericht. Ihr könnt die Szene auch nachspielen.
4. Betrachtet die Körperhaltung des Verstorbenen und der Götter. Was fällt euch auf? Versucht euch so hinzustellen wie die Figuren. Welche Körperteile kann ein Betrachter nun sehen? Euer Kunstlehrer kann euch diese Körperhaltung erklären.
5. Vergleicht den ägyptischen Glauben an das Totengericht und ein Weiterleben im Jenseits mit den Vorstellungen im Christentum und Islam.

7. Mesopotamien – das Land zwischen den Flüssen

Ziegenbock am Lebensbaum Q1
Nachbildung einer Weihgabe aus einem Königsgrab in Ur, um 2400 v. Chr.
Auf der ganzen Welt gilt die Ziege als „Rasiermesser des Waldes". Die in den Ebenen siedelnden Sumerer aber begrüßten die Entwaldung der fruchtbaren Berge durch die Ziegen. Könnt ihr euch vorstellen, warum?

ca. 7000 v. Chr.	In Mesopotamien entstehen die ersten Städte: Ur, Uruk, Lagasch.
um 3000–2300 v. Chr.	Die Sumerer schaffen eine der ersten Hochkulturen.
ca. 1700 v. Chr.	König Hammurabi macht Babylon zur Hauptstadt eines großen Reiches. Er lässt Gesetze aufzeichnen und veröffentlichen.

Leben im Lande Sumer

Die Griechen nannten das Land zwischen den Flüssen Euphrat und Tigris „Mesopotamien". Das bedeutet „das Zwischenstromland". Hier entstand etwa zur gleichen Zeit wie in Ägypten die Hochkultur des Volkes der Sumerer. Wie der Nil traten Euphrat und Tigris über die Ufer, wenn in den Quellgebieten die Schneeschmelze einsetzte. Anders als in Ägypten geschah das aber nicht regelmäßig. Daher mussten die Sumerer nicht nur Dämme und Deiche gegen das Hochwasser bauen, sondern auch die Felder in der Trockenzeit bewässern.
Die Arbeiten an den komplizierten Bewässerungsanlagen waren nur zu bewältigen, wenn viele Menschen zusammenarbeiteten. Deshalb schlossen sich die Sumerer in Siedlungen zusammen, in denen sie nach gemeinsamen Regeln und Gesetzen lebten. Hier hatten sie alle Nutzen von den Bewässerungsanlagen: Der fruchtbare Schlamm, den die Flüsse mitbrachten, düngte die überschwemmten Felder und brachten den Bewohnern reiche Ernten: Was nicht für die tägliche Ernährung gebraucht wurden, konnte man z. B. gegen Baumaterial für Häuser tauschen.

D1 Frühe Hochkulturen in Asien, Afrika und Europa (links) und in Mesopotamien (rechts).
Schaut in einem Atlas nach, in welchen Ländern diese Gebiete heute liegen.

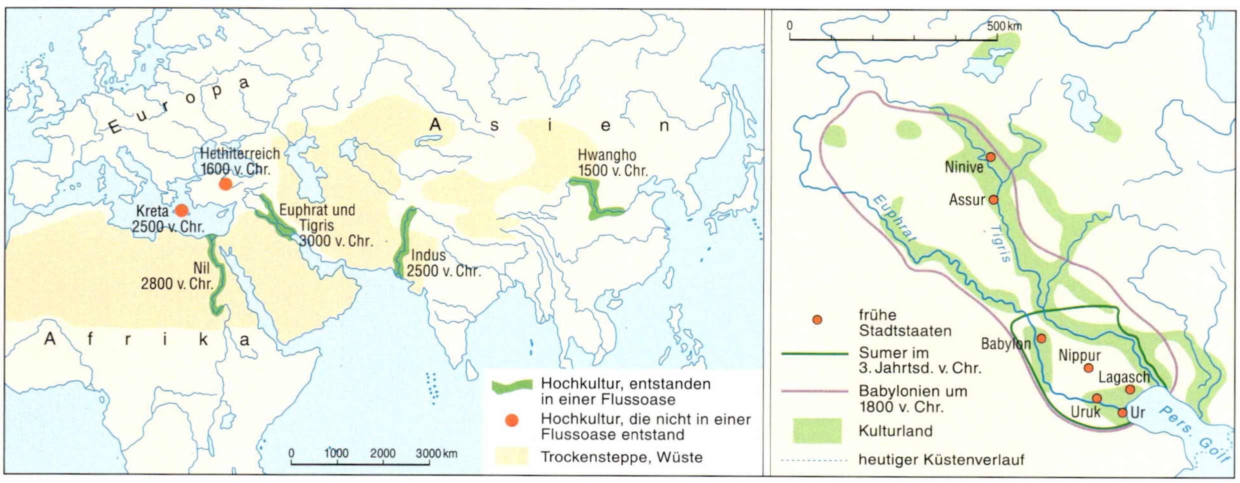

Die ersten Städte entstehen

Mit der Zeit kamen immer mehr Menschen aus den umliegenden Bergen und aus der Wüste in das fruchtbare Land. Die Siedlungen wuchsen und aus Dörfern wurden Städte, in denen Menschen mit vielerlei Berufen lebten. Um Besitz und Leben zu schützen, umgaben die Sumerer ihre Siedlungen mit festen Mauern. Im Mittelpunkt einer Stadt stand der Tempel. Hier wurden die Götter durch Opfer verehrt. Der Tempel war auch ein wirtschaftliches Zentrum. In großen Vorratsräumen sammelte und speicherte man die Ernteerträge der Bauern. Vom Tempel aus wurde die Stadt regiert und Recht gesprochen. An der Spitze der Stadt stand ein König, der zugleich auch oberster Priester war. Er verteilte das Land im Auftrag des Stadtgottes, dessen Vertreter er war, gegen eine Pachtgebühr an die Bauern. Für die Aufgaben in der Stadt entwickelten die Sumerer eine Schrift. Man nannte sie Keilschrift, weil ein kantiger Schreibgriffel aus Rohr im weichen Ton einen keilförmigen Eindruck verursachte.

Von fruchtbaren Feldern zur Salzsteppe

Wenn wir die Möglichkeit hätten, uns in einem „Time Tunnel" ungefähr 4500 Jahre in die sumerische Stadt Ur zurückversetzen zu lassen, dann könnten wir erstaunliche Dinge sehen. Vor der Stadt am Euphrat arbeiten Bauern auf ihren großen Weizen- und Gerstefeldern. Unter Schatten spendenden Dattelpalmen haben sie allerlei Gemüse angebaut. Das blühende, reiche Land ist von einem System von Kanälen und Gräben durchzogen. Die Bauern können mehrmals im Jahr ernten. Heute finden wir um die Ruinen von Ur nur unfruchtbare Wüste. Die Ackerfläche, die die Sumerer durch Bewässerung bewirtschafteten, ist heute im Irak nur noch zur Hälfte nutzbar. Was ist in Mesopotamien passiert?

Das Wasser, das die Böden fruchtbar gemacht hat, hat auch das Verderben mit sich gebracht. Im Quellgebiet von Euphrat und Tigris in der heutigen Türkei kommt im Boden Steinsalz vor, das durch starke Schmelzwasser im Frühjahr bis in die Bewässerungsgebiete getragen wurde. Im Laufe vieler Jahre stieg der Salzgehalt in den Kanälen. Verdunstung durch Sonne und Hitze beschleunigte das noch. Das Salz ließ sich aber nicht beseitigen. Als in kriegerischen Zeiten die Bewässerungsanlagen nicht sorgfältig genug gepflegt wurden, entwickelten sich große Teile der blühenden Kulturlandschaft in eine Salzsteppe. Der Forscher Karl Kreeb erklärt die Situation mit einem Vergleich: „Allein in Südmesopotamien müsste man, um wieder salzfreien Boden zu bekommen, soviel Salz entfernen, dass ein Güterzug von der dreifachen Länge des Erdumfangs damit gefüllt werden könnte. Wenn dieser Zug mit 50 km/h an einer Bahnschranke vorbeiführe, müsste man drei Jahre warten, ehe der letzte Wagen diese Strecke passiert hätte."

Mesopotamien hat in besonderer Weise „Geschichte" gemacht. Zur Geschichte gehört nämlich auch, dass eine menschliche Anstrengung zunächst sehr erfolgreich ist, schließlich aber ihr Gegenteil bewirkt. Die Kulturlandschaft der Sumerer ist für immer verschwunden.

Die Zikkurat (Tempelturm) von Nippur heute, Q2
erbaut um 2100 v. Chr. Das obere Gebäude errichteten Ausgräber in den 1890er-Jahren. Nippur, das wichtigste religiöse Zentrum Sumers, lag seinerzeit am Ufer des Euphrat. Heute liegt die Ruine ca. 65 km vom Flussbett entfernt.

Q3 König Hammurabi von Babylon

ließ die Gesetze sammeln und in Stein meißeln. In einem Nachwort zu seiner Sammlung schrieb er:

Um den Schwachen vom Starken nicht entrechten zu lassen, um der Witwe, der Waise Recht zu verschaffen, habe ich in Babylon (...) meine köstlichen Worte auf meinen Denkstein geschrieben. (...) Der Bürger, der vor Gericht steht, soll vor mein Bild, das des Königs der Gerechtigkeit, treten, sich meine beschriebene Steinsäule vorlesen lassen und meine kostbaren Worte hören. Meine Steinsäule soll ihm zeigen, wie sein Fall steht, sein Urteil soll er finden, sein Herz soll aufatmen: Hammurabi, soll er sagen, der Herr, der wie ein leiblicher Vater zu den Menschen ist, hat das Herz des Gottes Marduk erfreut, seinem Volk Wohlbefinden bereitet und dem Land Recht verschafft.

Q4 König Hammurabi wird vom Sonnengott (rechts) empfangen. Der König grüßt mit einer Handbewegung. Mit der Begegnung genehmigt der Gott die Gesetze. Oberer Teil der 2,23 m hohen Basaltsäule, um 1700 v. Chr.

Q5 Steingewicht in Form einer Ente

Das Schriftzeichen oben rechts könnt ihr mithilfe der Tabelle D3 deuten. Nun könnt ihr bestimmen, aus welcher Zeit das Gewicht stammt.

Q6 Aus den Gesetzen Hammurabis:

§ 53: Wenn ein Bürger seinen Deich nicht befestigt hat und in seinem Deich eine Öffnung entsteht, sodass der Acker vom Wasser weggeschwemmt wird, so soll der Bürger, in dessen Deich die Öffnung entstanden ist, das Getreide, das er dadurch vernichtet hat, ersetzen.

§ 54: Wenn er das Getreide nicht ersetzen kann, so verkauft man ihn und seinen Besitz; und seine Mitbürger, deren Getreide das Wasser weggeschwemmt hat, teilen den Erlös. (...)

§ 128: Wenn ein Bürger eine Ehefrau genommen, aber keine vertragliche Abmachung über sie aufgesetzt hat, so ist diese Frau keine Ehefrau. (...)

§ 138: Wenn sich ein Bürger von seiner ersten Gemahlin, die ihm keine Kinder geboren hat, scheiden lassen will, so gibt er ihr Geld in Höhe ihres Brautpreises zurück. Außerdem entschädigt er sie für die Mitgift; dann erst kann er sich von ihr scheiden lassen.

§ 139: Wenn ein Brautpreis nicht vorhanden ist, so gibt er ihr 1 Mine Silber als Trennungsgeld.

Q3 und Q6 zit. nach: Geschichte in Quellen, Bd. I, München 1978, S. 64 f., Bearb. d. Verf.

D3 Die Entwicklung einiger Keilschriftzeichen

ca. 3200	ca. 3000	ca. 2500	ca. 1800	ca. 700	Bedeutung
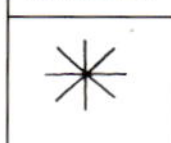	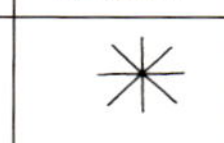	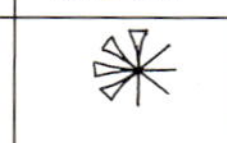	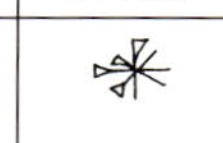	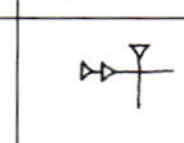	Himmel Gott
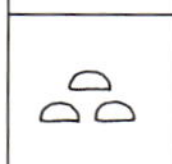	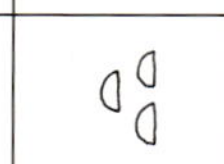	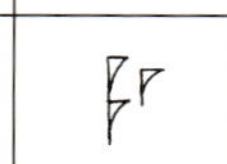	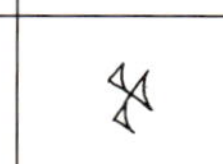	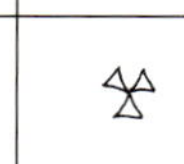	Gebirge
	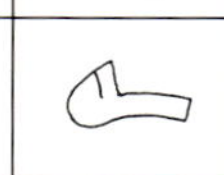	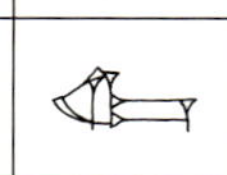	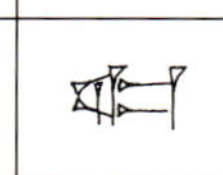	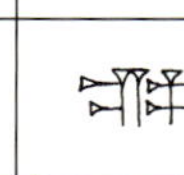	Kopf
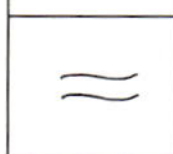	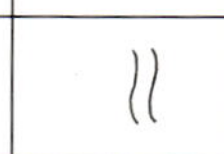	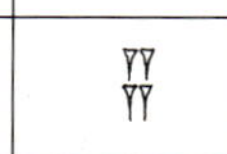	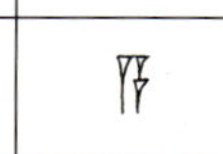	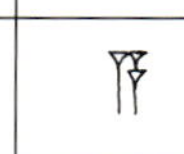	Wasser
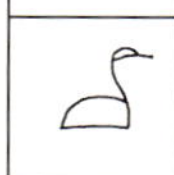	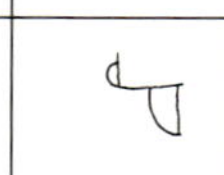	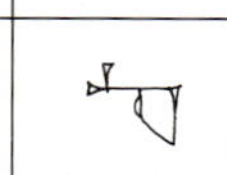	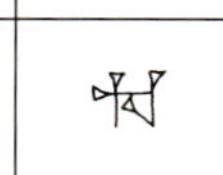	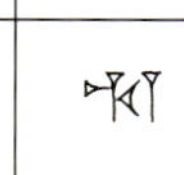	Vogel
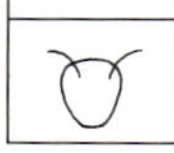	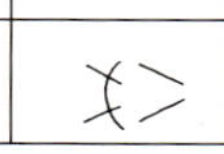	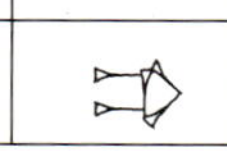	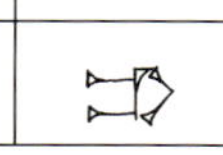	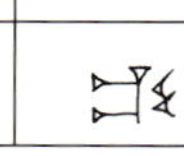	Kind

Fragen und Anregungen

1. Vergleicht die Keilschriftzeichen (D3) mit den ägyptischen Hieroglyphen (S. 55, D1). Wo entdeckt ihr Gemeinsamkeiten, wo Unterschiede?
2. Wie hat der Künstler das Verhältnis zwischen dem König und dem Gott dargestellt (Q4)?
3. Begründet, warum Hammurabi Bürger bestrafen ließ, die ihren Deich nicht geschützt hatten (Q6). Wie würde man das heute bestrafen?
4. Überlegt, was Hammurabi mit seinen Gesetzen zur Ehescheidung beabsichtigte (Q6).
5. Aufgeschriebenes Recht gehört zu den Kennzeichen antiker Hochkulturen. Erklärt, warum.
6. Erkundigt euch über die antiken Hochkulturen der Minoer auf Kreta und die der Hethiter (D1).
7. Nennt Merkmale, die die ägyptische und die mesopotamische Kultur zu Hochkulturen machten.

8. Das Volk Israel auf Wanderschaft

Q1 **Nomaden, Viehzüchter ohne feste Wohnstätte, treiben Handel in Ägypten**
Die Hieroglyphen verraten, dass es sich um Semiten handelt, eine Volksgruppe, zu der auch die Israeliten zählen. Ihre Kleidung ist aus Stoffstreifen zusammengenäht, die man auf tragbaren Webstühlen herstellen konnte. Ägyptisches Grabfresko in Beni Hassan, 19. Jahrhundert v. Chr.

um 1800 v. Chr.	Israelitische Nomadenvölker wandern nach Kanaan und dann nach Ägypten ein.
um 1250 v. Chr.	Pharao Ramses II. zwingt die Israeliten zur Sklavenarbeit. Mose führt sein Volk aus Ägypten zurück nach Kanaan.
um 1000 v. Chr.	König David einigt die israelitischen Stämme. Jerusalem wird Hauptstadt des neuen Reiches.
586 v. Chr.	Die Babylonier erobern Israel und führen einen Teil der Bevölkerung in die Gefangenschaft nach Babylonien.
70 n. Chr.	Die Römer zerstören die Heiligtümer in Jerusalem und lösen bald darauf den jüdischen Staat auf.

Ein kleines Volk mit einer großen Religion

Das Volk Israel, das sich nach dem Stamm Juda auch das jüdische Volk nannte, ist in der Geschichte kaum jemals groß oder mächtig gewesen. Es lebte als kleines Hirtenvolk, das jahrhundertelang mit seinen Herden umherzog, im Gebiet zwischen Ägypten und Mesopotamien. Im Laufe der Zeit wurden einige von ihnen sesshaft und bauten Wein und Getreide an, aus dem sie Fladenbrote backten.
Die Israeliten waren in zahlreiche Kämpfe und Streitigkeiten mit ihren Nachbarvölkern verwickelt; dabei ging es meistens um Land. Gegen die großen Reiche, vor allem das mächtige Babylonien, hatten die Israeliten kaum eine Chance. Darin unterschieden sie sich nicht von den anderen kleinen Völkern der Gegend, deren Namen wir heute kaum mehr kennen.
Sicherlich wäre auch Israel längst in Vergessenheit geraten, hätte es nicht eine Besonderheit gehabt: seine Religion. Anders als die anderen Völker der damaligen Zeit, glaubten die Juden an nur einen Gott und nicht an eine Vielzahl von Göttinnen und Göttern wie etwa die Ägypter. Die Juden waren überzeugt: Ihr Gott, Jahwe, lenkte und leitete sie durch die Geschichte; sie waren sein auserwähltes Volk. Was sie mit ihrem Gott erlebt hatten, erzählten sie von Generation zu Generation weiter. Später schrieben sie ihre Erfahrungen mit Gott auf. Diese große Sammlung der Geschichte des jüdischen Volkes ist die hebräische Bibel, Christen nennen sie „Altes Testament".

„Und die Bibel hat doch Recht"

1955 erschien in Deutschland ein Buch mit dem Titel „Und die Bibel hat doch Recht". Der Autor hatte darin Forschungsergebnisse zusammengetragen, die auf Ausgrabun-

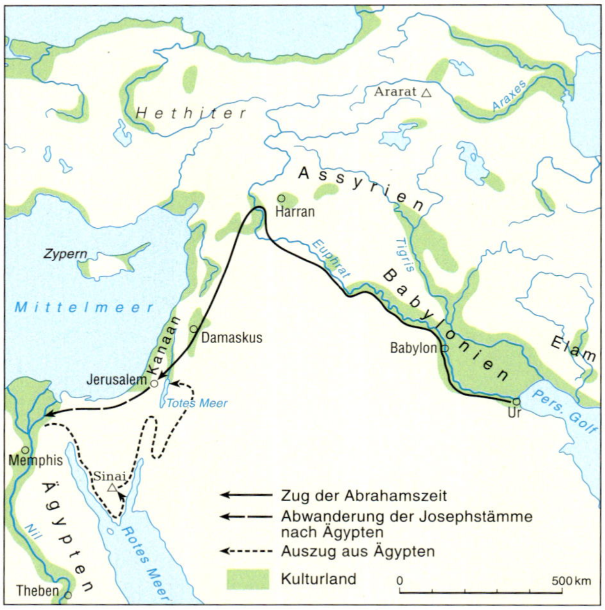

D1 Wanderungen der Israeliten im 2. Jahrtausend v. Chr. Um 1200 v. Chr. ließen sich die israelitischen Volksstämme dauerhaft in Kanaan nieder.

gen beruhten. Sie bewiesen: Die Erzählungen des Alten Testamentes haben einen geschichtlich wahren Kern. Inzwischen sind sich die Wissenschaftler einig: Die Bibel enthält unterschiedliche Erzählungen. Manche enthalten keine historisch greifbaren Tatsachen, sondern in ihnen haben die Menschen versucht, ihre persönlichen Erfahrungen mit Gott zu beschreiben; z. B. in der Geschichte von Adam und Eva im Paradies. Andere biblische Erzählungen knüpfen an wirkliche Begebenheiten an oder berichten von Personen, die tatsächlich gelebt haben. Diese Geschichten nennt man Sagen, man kann sie als Mischung aus Märchen und historischem Bericht verstehen. Dazu gehören viele Texte über die frühe Geschichte Israels. Wo die Bibel historisch „Recht" hat, ist nicht leicht herauszufinden.

Mesopotamien – Kanaan – Ägypten

So erzählt die Bibel, dass Gott dem Stammvater Abraham, der in der Gegend von Ur in Babylonien lebte, ein wunderbares, „gelobtes" Land versprochen hatte – wenn er ihm vertraue. Abraham vertraute Gott und wurde mit seiner Sippe nach Kanaan geleitet – in das heutige Israel. Historisch gesichert ist, dass seit ca. 1800 v. Chr. nach und nach israelitische Nomadenvölker nach Kanaan eingewandert sind. Vermutlich hat es auch einen Stammesführer Abraham gegeben; über ihn weiß man aber nur, was die Bibel schreibt. Die israelitischen Stämme blieben nicht in Kanaan, sondern wanderten nach Ägypten weiter. Manche flohen vor Hungersnöten ins reiche Ägypten, andere wollten Handel treiben, etliche sind wohl auch in die Sklaverei verkauft worden. Die Bibel erzählt von der Zeit in Ägypten anhand der Geschichte von Joseph, der von seinen eifersüchtigen Brüdern als Sklave nach Ägypten verkauft wurde, dort zu Macht und Reichtum gelangte und seine Geschwister nachholte. Über die Zeit der Israeliten in Ägypten wissen wir auch Bescheid, weil sie in ägyptischen Papyri erwähnt wird.

Auszug aus Ägypten

Anders als seine Vorgänger zwang Pharao Ramses II. die Israeliten zur Sklavenarbeit. Sie taten sich unter der Führung des Mose – eines gebildeten, ägyptisch erzogenen Mannes – zusammen und erhoben sich gegen die Ägypter. Nach dem Aufstand ließ sie der Pharao zurück ins Land ihrer Vorväter ziehen, nach Kanaan. Der Auszug („Exodus") aus Ägypten ist in der Erinnerung der Juden bis heute veran-

Monotheismus

(griech.: „monos", d. h. einzig, und „theos", d. h. Gott) Anhänger monotheistischer Religionen glauben an einen einzigen Gott. Das Judentum ist die älteste monotheistische Religion. Aus ihm ging im 1. Jahrhundert n. Chr. das Christentum hervor. Als dritte monotheistische Religion begründete Mohammed, der sich als Nachfolger von Mose und Jesus verstand, im 7. Jahrhundert n. Chr. den Islam. Es gibt zwei Gegenbegriffe: Polytheismus (griech.: „polys", d. h. viel) ist der Glaube an mehrere Götter, wie er z. B. bei den Ägyptern, den Griechen oder den Römern üblich war. Atheismus ist der Glaube, dass es keinen Gott gibt.

kert. Mose führte die Israeliten nach Kanaan. Dort aber siedelten bereits andere Volksstämme, u.a. die Philister, nach denen das Land später Palästina genannt wurde. In zahlreichen Kämpfen mit ihnen schlossen sich die israelitischen Stämme enger zusammen. Vereint unter der Führung ihres Königs David konnten sie um 1000 v. Chr. ihre Gegner schlagen. David errichtete einen mächtigen Staat und machte Jerusalem zur Hauptstadt. Sein Sohn Salomo erbaute hier einen prächtigen Tempel. Das große Reich hielt aber nicht lange, sondern zerfiel bald in Teile.
Der letzte selbstständige Teil, Juda, wurde 586 v. Chr. von den Babyloniern angegriffen und nach heftigen Kämpfen besiegt. Jerusalem wurde dabei vollständig zerstört. Der babylonische König nahm die jüdische Oberschicht – reiche Händler, Priester und Politiker – als Kriegsgefangene mit an den Euphrat. Im „babylonischen Exil“ lebten sie und ihre Nachkommen 50 Jahre, bis Babylon von den Persern erobert wurde und die Israeliten wieder in ihre Heimat zurückkehren konnten.

Q2 Szene aus der jüdischen Geschichte

Lest den Textabschnitt neben dem Bild. Überlegt, welches Ereignis auf dem Relief dargestellt ist. Ausschnitt vom Titusbogen in Rom, 1. Jahrhundert n. Chr.

Die Landnahme durch Abraham, der Exodus unter Mose und das babylonische Exil – alle drei Ereignisse zeigen das jüdische Volk auf der Suche nach seiner Heimat, auf der Wanderschaft. Später eroberten die Römer das ehemalige Kanaan, das sie Palästina nannten: 70 n. Chr. plünderten und zerstörten römische Soldaten den Tempel und die jüdischen Heiligtümer in Jerusalem. 135 n. Chr. zerstörten sie die Stadt vollständig und vertrieben die Juden aus ihrem Land. Nur wenige jüdische Gemeinden blieben in Palästina bestehen. Die vertriebenen oder vorher ausgewanderten Juden gründeten in den Ländern, in denen sie sich niederließen, neue Gemeinden. Gerade in Zeiten der Bedrohung und Vertreibung hielten viele Juden an ihrem Glauben und ihren Bräuchen fest. Ihre Geschichte als „auserwähltes“ Volk Israel spielte ebenso wie das „gelobte Land“ in ihrem Denken eine große Rolle. Bis heute sehen die Juden in Israel das Land, das ihnen einst von Gott zugesprochen wurde.

D2 Der Tempel Salomos, erbaut um 950 v. Chr.

Diese Rekonstruktion wurde nach biblischen Angaben gezeichnet. Bevor die Priester Tiere schlachteten, wuschen sie sich im bronzenen „Meer“. Die Tiere waren zuvor in fahrbaren Bronzebehältern gereinigt worden. Danach wurden sie auf dem Altar als Brandopfer dargebracht. Im Innern des Tempels standen, von Kerzenleuchtern umgeben, der goldene Weihrauchaltar und ein goldener Tisch, auf den jeden Sabbat (der jüdische Ruhetag, Samstag) zwölf Brote gelegt wurden. Beschriftet mithilfe der Bildlegende die einzelnen Teile des Tempels. Aus dem Bibeltext Q4 erfahrt ihr Näheres über das Allerheiligste (5 und 6).

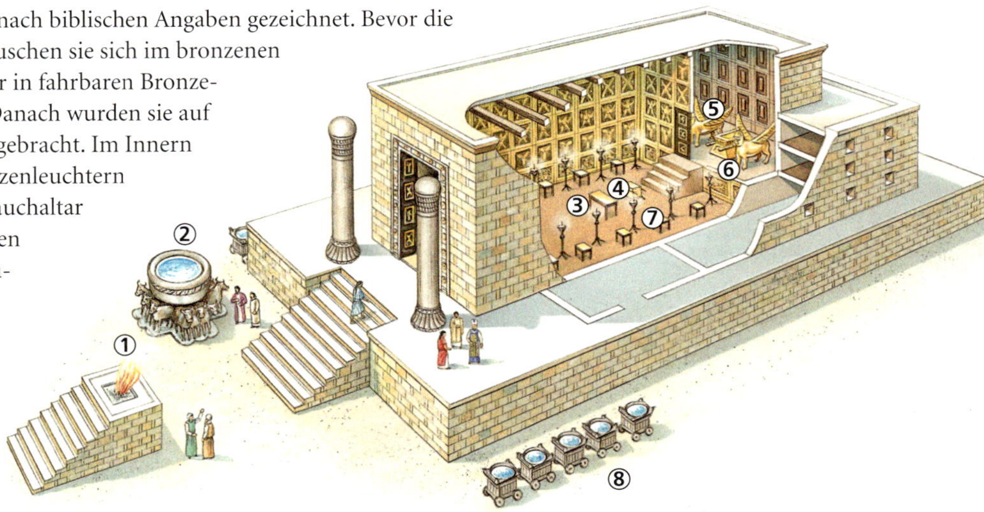

Q3 Menora vor der Knesset in Jerusalem

Der bronzene Leuchter vor dem israelischen Parlamentsgebäude ist fünf Meter hoch. 29 Szenen zeigen wichtige Stationen der jüdischen Geschichte.

Q4 Mose empfängt von Gott die Gesetze
für das Volk Israel. In der Bibel wird darüber berichtet:

Nun sagte der Herr zu Mose: „Steig zu mir auf den Berg herauf und bleib eine Zeit lang hier! Ich werde dir die Steintafeln geben, auf die ich meine Gebote geschrieben habe. Das Volk soll genau wissen, was ich von ihm verlange. (…) Die Israeliten sollen mir ein Heiligtum errichten, denn ich will unter ihnen wohnen. (…) Die Israeliten sollen eine Lade aus Akazienholz anfertigen: eineinviertel Meter lang, dreiviertel Meter breit und ebenso hoch. Außen und innen soll sie mit reinem Gold überzogen sein und ringsum mit einer Goldleiste verziert. (…) Lass eine Deckplatte aus reinem Gold herstellen, die in den Maßen genau auf die Lade passt. An den beiden seitlichen Enden der Deckplatte werden zwei geflügelte Engelfiguren aus getriebenem Gold angebracht. Sie stehen einander zugewandt, den Blick auf die Deckplatte gerichtet; ihre Flügel halten sie schirmend über der Platte ausgebreitet. In der Lade verwahrst du die zwei Tafeln mit dem Bundesgesetz und legst die Deckplatte darauf. Dort will ich dir begegnen. Von der Deckplatte aus, von der Stelle zwischen den beiden Engeln, werde ich mit dir reden und dir alle Anweisungen für das Volk Israel geben."

Zusammengestellt nach: 2. Mose Kap. 24, Vers 12 und Kap. 25, Verse 8 und 10–22. Gute Nachricht Bibel, rev. Fass., durchges. Ausg. in neuer Rechtschreibung, Stuttgart 2000. Bearb. d. Verf.

Q5 Unabhängigkeitserklärung des Staates Israel,
verkündet am 14. Mai 1948:

Im Lande Israel entstand das jüdische Volk. Hier prägte sich sein geistiges, religiöses und politisches Wesen. Hier lebte es frei und unabhängig. Hier schuf es eine nationale und universelle Kultur und schenkte der Welt das Ewige Buch der Bücher (die Bibel).

Durch Gewalt vertrieben, blieb das jüdische Volk auch in der Verbannung seiner Heimat in Treue verbunden. Nie wich seine Hoffnung. Nie verstummte sein Gebet um Heimkehr und Freiheit.

Beseelt von der Kraft der Geschichte und Überlieferung, suchten Juden aller Generationen in ihrem alten Lande wieder Fuß zu fassen. Im Laufe der letzten Jahrzehnte kamen sie in großen Scharen, Pioniere, Verteidiger und Einwanderer, (…) erweckten Einöden zum Blühen, belebten aufs Neue die hebräische Sprache.

Zit. nach: Peter Antes/Gisela Aslam-Malik (Hg.), Judentum, Stuttgart 1990, S. 55.

Fragen und Anregungen

1. Beschreibt die Karawane (Q1). Achtet auf die Gegenstände, die die Personen bei sich haben, und überlegt, welchen Zweck sie erfüllen sollten.
2. Auf dem Grabfresko ist auch ein Ägypter zu sehen (Q1). Erklärt, wie das Verhältnis zwischen ihm und den Fremden dargestellt ist.
3. Was erfahrt ihr aus dem Bibeltext (Q4) über das Verhältnis zwischen Gott und dem Volk Israel?
4. Informiert euch in drei Gruppen über je eine der Wanderungen des israelitischen Volkes (D1, VT, Bibel). Berichtet aus Sicht der Menschen damals den anderen Gruppen über „eure" Erlebnisse auf der Wanderschaft. Ihr könnt auch einzelne Szenen in einem Rollenspiel nachstellen.
5. Stellt die Argumente für die Gründung eines neuen Staates Israel aus der Unabhängigkeitserklärung zusammen (Q5). Diskutiert die Kapitelüberschrift: „Das Volk Israel auf Wanderschaft".
6. Schlagt im Lexikon die Bedeutung der Menora nach. Betrachtet noch einmal das Relief Q2. Jetzt könnt ihr sicherlich begründen, warum eine Menora vor dem israelischen Parlament steht (Q3).
7. Gestaltet selbst eine Menora mit ausgewählten Szenen aus der jüdischen Geschichte.
8. Die Geschichte der Israeliten fasziniert die Menschen seit jeher; Gemälde, Bücher und Filme beschäftigen sich damit. Informiert euch über eines der folgenden Werke und stellt es in der Klasse vor:
   - die Oper „Nabucco" von Giuseppe Verdi
   - das Gedicht „Belsazar" von Heinrich Heine
   - das Musical „Joseph" von Andrew Lloyd Webber
   - das Lied „By the Rivers of Babylon" von „Boney M".

Eine Mind Map entwickeln

Um Gelerntes übersichtlich darzustellen und zusammenzufassen, könnt ihr eine Mind Map entwickeln. Ihr erkennt eine fertige Mind Map daran, dass das Thema in der Mitte des Blattes steht und eingekreist ist. Von diesem Mittelpunkt zweigen verschiedene Äste ab.

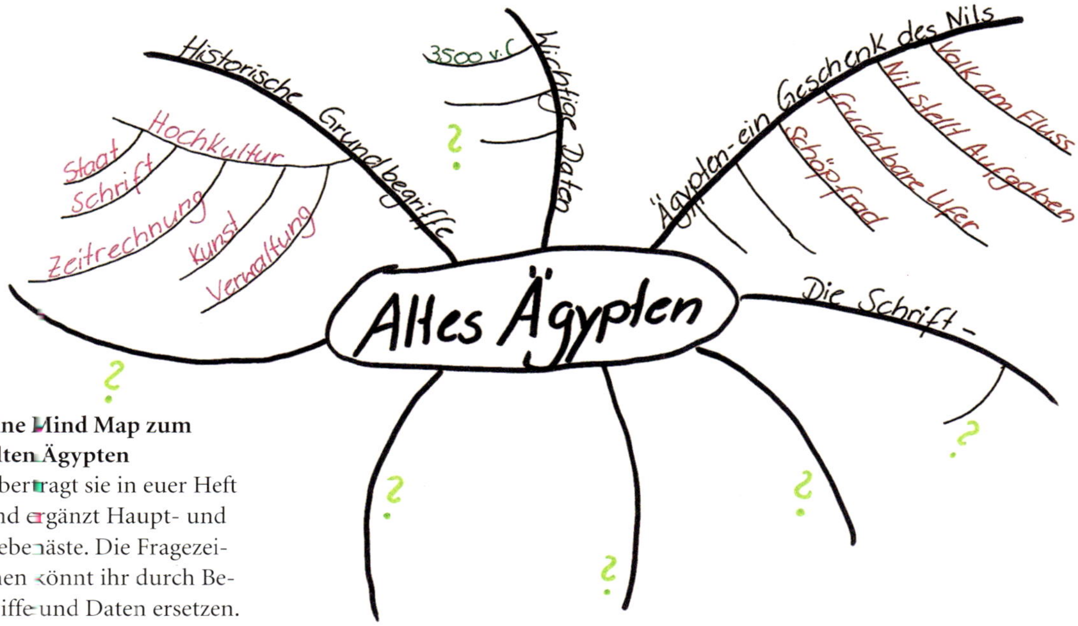

Eine Mind Map zum Alten Ägypten
Übertragt sie in euer Heft und ergänzt Haupt- und Nebenäste. Die Fragezeichen könnt ihr durch Begriffe und Daten ersetzen.

Eine Mind Map ist eine Zusammenfassung eines Themas auf einer Seite. Im Unterschied zu anderen Notiztechniken beginnt ihr beim Mind-Mapping damit, dass ihr das Thema in die Mitte des Blattes schreibt und es mit einer Linie umkreist. Von diesem Kreis aus zieht ihr gebogene Linien, die in alle Richtungen des Blattes zeigen. Diese Linien sind die Äste eurer Mind Map. Sie bezeichnen wichtige Aspekte des Themas. Ihr schreibt diese Aspekte auf die Hauptäste. Von den Ästen aus zeichnet ihr wiederum Linien. Die sind nun Zweige. Jeder Zweig steht für einen Gedanken. Ihr könnt auch kleine Skizzen einfügen. Und wenn ihr weitere Gestaltungsmittel wie Farben oder Symbole einsetzt, wird die Mind Map noch übersichtlicher.

Bei der Themeneinheit „Leben in frühen Hochkulturen" entwickelt ihr eine Mind Map zur Hochkultur in Ägypten. Achtet darauf, dass ihr nicht mehr als neun Hauptäste anlegt. Bei einer Mind Map zur Geschichte ist es oft günstig, einen separaten Hauptast „Wichtige Daten" zu berücksichtigen. Dabei helfen die Zeittafeln zu Beginn der einzelnen Kapitel. Um Überschriften für die Zweige zu finden, studiert ihr die Marginalien oder die Titel bei den Quellen und Materialien.

Wenn ihr zu einem Thema eine Mind Map selber entwickelt, habt ihr bereits einen wichtigen Lernschritt getan. Um zu überprüfen, ob ihr euch einen Lerninhalt gut angeeignet habt, erklärt ihr eure Mind Map einer anderen Person. Es sollte euch gelingen, zu jedem Stichwort zwei, drei Sätze zu formulieren. Wenn ihr das noch nicht schafft, müsst ihr noch einmal im Buch nachlesen. Bei eurer Mind Map könnt ihr auch überall etwas ergänzen oder präzisieren. Den Lerninhalt beherrscht ihr dann sicher, wenn es euch gelingt, eine reichhaltige Mind Map auswendig zu entwickeln. Diese ist dann ein Abbild dessen, was über ein bestimmtes Thema im Gehirn gespeichert ist.

DIE GRIECHISCHEN WURZELN EUROPAS

Die Geschichte Europas ist die Geschichte sehr unterschiedlicher Völker und Länder. Ihre Eigenart macht sie unverwechselbar. Und doch verbinden sie alle gemeinsame Wurzeln. Eine dieser Wurzeln führt ins antike Griechenland, das unserem Kontinent auch den Namen schenkte: Denn Europa ist in einer Sage eine Königstochter, die der griechische Gott Zeus entführte.
Mit dem antiken Griechenland verbindet uns offenbar mehr, als uns im Alltag immer bewusst ist. Auf dieser Auftaktdoppelseite bekommt ihr bereits erste Hinweise dazu.

Das griechische Alphabet

Α	α	a	Alpha
Β	β	b	Beta
Γ	γ	g	Gamma
Δ	δ	d	Delta
Ε	ε	e	Epsilon
Ζ	ζ	z	Zeta
Η	η	e	Eta
Θ	θ	th	Theta
Ι	ι	i	Iota
Κ	κ	k	Kappa
Λ	λ	l	Lambda
Μ	μ	m	My
Ν	ν	n	Ny
Ξ	ξ	x	Xi
Ο	ο	o	Omikron
Π	π	p	Pi
Ρ	ρ	r	Rho
Σ	σ, ς	s	Sigma
Τ	τ	t	Tau
Υ	υ	y	Ypsilon
Φ	φ	ph	Phi
Χ	χ	ch	Chi
Ψ	ψ	ps	Psi
Ω	ω	o	Omega

Diskuswerfer, um 450 v. Chr.
Die Römer bildeten eine Steinstatue aus Griechenland nach.

Geographie
Philosophie Demokratie
Physik Alphabet
Tyrann Geometrie

Städte griechischen Ursprungs

Die Griechen gründeten an den Küsten des Schwarzen Meeres und des Mittelmeers zahlreiche Städte, die noch heute existieren.

Die Akropolis in einer Rekonstruktionszeichnung
In Athen ragt der Tempelberg in die Höhe. Die Athener errichteten die Statuen und Tempel vor ca. 2500 Jahren. Überreste kann man noch heute besichtigen.

Das Brandenburger Tor in Berlin aus dem 19. Jahrhundert
Griechische Bauwerke dienten den später lebenden Menschen als Vorbild für eigene Bauten.

1. Spiele für die Götter

Vorbereitung zum Wettkampf Q1
Rotfigurige Malerei auf einem Krug (35 cm hoch), um 510 v. Chr.

776 v. Chr.	gilt den Griechen als Beginn der Spiele zu Ehren des Zeus in Olympia.
393 n. Chr.	Der christliche römische Kaiser Theodosius verbietet die Spiele als heidnische Unsitte.
1896	Erste Olympische Spiele der Neuzeit in Athen

Wieder Olympische Spiele

Vor über einhundert Jahren hatte der französische Baron Coubertin eine tolle Idee. Er dachte sich, wenn man junge Leute aus allen Ländern der Erde zu friedlichen sportlichen Wettkämpfen zusammenbringt, dann lernen sie sich besser kennen, werden vielleicht sogar Freunde und sorgen so dafür, dass es zwischen ihren Ländern nicht mehr so leicht zu Kriegen kommt. Als Vorbild für solche Spiele hatte der Baron die Olympischen Spiele der alten Griechen vor Augen. Denn hatte es da nicht auch die Pflicht für die Griechen gegeben, während der Spiele den Frieden zu wahren? Könnte man die Welt nicht etwas friedlicher machen, wenn man die Spiele wieder belebte? Unermüdlich warb Coubertin bei Politikern und anderen einflussreichen Personen für seine Idee. 1896 war es soweit: Die ersten Olympischen Spiele der Neuzeit wurden eröffnet – in Athen, der Hauptstadt von Griechenland.

Wettkämpfe und Götterverehrung

Tatsächlich scheint kein Volk der Antike so viel Freude an Wettkämpfen gehabt zu haben wie die Griechen. Allerdings gehörten bei ihnen Spiele und Götterverehrung eng zusammen. Das zeigte sich vor allem bei den vier großen Veranstaltungen für alle Griechen, von denen jedes Jahr mindestens eine stattfand. Denn sowohl in Olympia als auch in Delphi, Nemea und Korinth wurden sie bei einem Tempel ausgetragen zu Ehren des Gottes, dem der Tempel geweiht war. Überall waren die Spiele eine Mischung von religiösen Feiern und sportlichen Wettbewerben.

Die Wettkämpfe in Olympia

Die ältesten und berühmtesten Spiele waren die Olympischen Spiele. Sie fanden alle vier Jahre beim Tempel des Zeus in Olympia statt. Anfangs bestanden die Spiele nur aus einer Feier zu Ehren des Gottes Zeus und einem Wettlauf von der Länge eines Stadions (ca. 190 m). Das dauerte einen Tag. Später kamen immer mehr Disziplinen dazu: der doppelte Stadionlauf, Langlauf, der Fünfkampf mit Laufen, Weitsprung, Ringen, Diskus- und Speerwurf, Boxen, Pankration (Mischung aus Boxen und Ringen), Wagen- und Pferderennen. Auch die religiösen Feierlichkeiten wurden aufwändiger. So verlängerte sich die Dauer der Spiele auf fünf Tage.

Teilnahmebedingungen

Im Jahr von Olympischen Spielen reisten Gesandte des Zeus-Heiligtums, die für die Ausrichtung der Wettkämpfe zuständig waren, durch alle griechischen Städte, die es damals gab, und luden zu den Spielen ein. Wer als Sportler teilnehmen wollte, musste Grieche sein und männlich. Zuschauen durfte fast jeder, auch Nichtgriechen und Sklaven – nur keine verheirateten Frauen. Mit der Einladung verpflichteten die

Q2 **Amphore – bauchiges Vorratsgefäß mit zwei Henkeln – um 480 v. Chr.**

Amphore, 6. Jahrhundert v. Chr. Q5

Vasen aus Keramik sind für uns wichtige Quellen über das Leben in Griechenland. Viele Handwerker waren damit beschäftigt, diese Alltagsgegenstände herzustellen.

Q3 **Deckel einer Amphore, um 500 v. Chr.**

Q4 **Amphore (42 cm hoch), um 510 v. Chr.**

Q6 **Tasse (9 cm hoch), um 490 v. Chr.**

Gesandten die Städte zu einer Waffenruhe, damit die Spiele ungestört stattfinden und die Teilnehmer gefahrlos nach Olympia und wieder nach Hause reisen konnten.

Durchführung der Spiele

Die Olympischen Spiele fanden etwa in der Julimitte statt. Die Sportler mussten einen Monat vorher da sein und ihr Können den Oberschiedsrichtern vorführen. Diese nannte man „Richter der Hellenen" nach dem Namen, mit dem sich die Griechen selbst bezeichneten („Griechen", graeci, wurden sie von den Römern genannt). Nur wen die Hellenenrichter für geeignet hielten, durfte bei den Spielen auftreten. Die eigentlichen Spiele begannen mit einer großen Prozession aller Beteiligten – Sportler, Betreuer, Schiedsrichter, Zuschauer – zum Tempel des Zeus. Hier schworen die Sportler, sich an die Regeln der Spiele zu halten. Die Wettkämpfe selbst wurden mit höchster Leidenschaft ausgeführt. Nur der Sieg zählte. Jede Niederlage – auch als Zweiter oder Dritter – galt als Schmach. Unglücklich und auf Schleichpfaden, um nicht verspottet zu werden, so schreibt der Dichter Pindar (520–ca. 436 v. Chr.), kehrten die Verlierer in ihre Heimat zurück. Denn nur ein Sieg bewies nach Ansicht der Griechen, dass die Götter dem Sieger und seiner Heimatstadt wohlgesonnen waren. Am letzten Tag fand wieder im Tempel des Zeus die Siegerehrung statt. Dabei setzten die Hellenenrichter den Siegern Kränze von einem heiligen Olivenbaum auf. Für die Sieger und ihre Heimatstädte war das ein gewaltiges Ereignis. Denn es machte sie in der ganzen Welt der Griechen bekannt. Daher ehrte die Heimatstadt den zurückgekehrten Sieger mit höchsten Auszeichnungen.

Q7 **Siegreicher Athlet** mit Auszeichnungen. Amphore, um 410 v. Chr.

D1 **Das Modell von Olympia zeigt den Zustand im 5. Jahrhundert v. Chr. mit dem Tempel des Zeus.**

Q8 **Über den Wert sportlicher Übungen spricht ein Nichtgrieche mit einem Athener.**

Der griechische Schriftsteller Lukian (120–180 n. Chr.) gab seine Aussage wieder:

Weswegen tun dies bei euch die jungen Männer? Die einen umschlingen einander und stellen sich ein Bein, versuchen sich gegenseitig zu Boden zu werfen und wälzen sich wie Schweine im Kot. Zu Anfang aber salbten sie sich mit Öl und einer rieb den anderen friedlich abwechselnd ein; darauf jedoch (…) rennen sie mit geducktem Kopf aufeinander zu und schmettern die Stirn aufeinander wie die Widder. Ich möchte nun gerne wissen, wofür das alles gut sein soll.
Das Erbärmlichste ist, dass so viele Zuschauer Zeugen der Misshandlung der Athleten sind. Ich wundere mich sehr (darüber) (…), dass sie ihre wichtigen Geschäfte beiseite lassen und für derartige Darbietungen Zeit finden. Ich kann nicht begreifen, dass es ihnen Vergnügen bereiten soll, Menschen zu sehen, die sich stoßen und boxen und sich zu Boden schmettern.

Zit. nach: Lukian, Anacharsis 1–5, Übers. u. Bearb. d. Verf.

Q9 **Ein Lob auf die Spiele**

Der griechische Redner Isokrates (436–338 v. Chr.) sagte in einer Festrede für die Olympischen Spiele:

Zu Recht loben wir die Gründer unserer großen Festspiele. Denn sie haben uns die Sitte überliefert, an einem Ort zusammenzukommen, nachdem Frieden verkündet worden ist und wir unsere Streitigkeiten beigelegt haben. Wenn wir an diesem Ort dann gemeinsam beten und opfern, werden wir daran erinnert, dass wir miteinander verwandt sind. Wir bekommen freundlichere Gefühle füreinander, machen alte Freundschaften wieder lebendig, knüpfen neue für die Zukunft. Weder Zuschauer noch Athleten verbringen ihre Zeit umsonst und nutzlos. Athleten können im Wettstreit der Hellenen ihre Höchstleistungen zeigen; Zuschauer können miterleben, wie sie miteinander wetteifern. Jeder findet etwas Interessantes am Festspiel und alle etwas, was ihrem Stolz schmeichelt: die Zuschauer, wenn sie sehen, wie sich die Athleten für sie anstrengen, und die Athleten, wenn sie daran denken, dass die ganze Welt gekommen ist, um sie zu bestaunen.

Isokrates, Panegyrikos 43–44, Übers. und Bearb. d. Verf.

Q10 **Wettlauf von Frauen, die eigene Spiele zu Ehren der Göttin Hera in Olympia hatten.**
Amphore aus dem 5. Jahrhundert v. Chr.

Fragen und Anregungen

1. Beschreibt, was ihr auf den Vasen (Q1–6) erkennt, und listet auf, welche Diziplinen bei den griechischen Wettkämpfen ausgetragen wurden.
2. Stellt euch vor, ein Grieche von früher erlebt die heutigen Olympischen Spiele. Was käme ihm bekannt, was fremd vor?
3. Gebt genau an, worin Isokrates die Bedeutung der Wettkämpfe für die Hellenen sieht (Q9).
4. Vergleicht die Auffassung über die Wettkämpfe von Isokrates mit der bei Lukian (Q8 und Q9).
5. Nehmt Stellung: Könnt ihr die Einstellung der Griechen zu Sieg und Niederlage teilen?

2. Götter und Helden – Vorbilder für das Leben?

Götterverehrung

„Zeus regnet“, sagten die Griechen. Was in der Natur geschah, war für sie das Werk der Götter, und auch in die Menschenwelt griffen die Götter ein. Wer sie zornig machte, den bestraften sie – und manchmal auch seine Mitmenschen. Man musste daher die Götter freundlich stimmen: Alle Mahlzeiten begannen mit einem Opfer für die Götter. Jede Stadt verehrte ihre Götter in großen Festen und für alle Einwohner bestand die Pflicht teilzunehmen. Das war keine Privatangelegenheit wie bei uns. Wenn man etwas vorhatte, ging man zuerst zu Sehern, Traumdeutern oder Orakeln, um den Willen der Götter zu erkunden.

Olympische Götter und Heroen

Überall in der griechischen Welt wurden als Hauptgottheiten die olympischen Götter verehrt. Die Griechen stellten sie sich als Menschen vor, nur dass sie unsterblich und übermächtig waren. Auch glaubten sie, die Götter hätten sich wie Menschen durch Fortpflanzung vermehrt, sodass sie eine große Familie bildeten. Ihr Oberhaupt sei der Göttervater Zeus und ihr Wohnsitz der Götterberg Olymp. Von hier aus regiere Zeus Götter und Menschen und wache über Recht und Ordnung.
Fast wie Götter wurden an vielen Orten Heroen verehrt. Das waren meist sagenhafte Helden der Vergangenheit, die sich durch ihre Taten ausgezeichnet hatten.

Homer und Hesiod

Woher hatten die Griechen ihre gemeinsamen Ansichten über die Götter? Der griechische Geschichtserzähler Herodot (ca. 480–420 v. Chr.) führte sie auf die beiden Dichter Homer und Hesiod zurück. Sie lebten um 700 v. Chr. und ihre Werke sind die ältesten bekannten Dichtungen der Griechen – und Europas.
Homer werden die beiden Erzählungen „Ilias“ und „Odyssee“ zugeschrieben. In ihnen erzählte er vom Krieg der Fürsten Griechenlands gegen die Stadt Troja und von der abenteuerlichen Rückreise des Helden Odysseus von Troja. Dabei schilderte er, wie die Götter immer wieder in das Geschehen eingriffen und letzten Endes bestimmten, welches Schicksal die Menschen ereilte.

Die olympische Götterfamilie D1
Die römischen Namen für die Götter stehen in Klammern.

Hesiod belehrte in seinen Werken darüber, wie die olympische Götterfamilie mit Zeus an der Spitze entstanden war und wie sich die Menschen auf der Erde nach dem Willen der Götter zu verhalten hatten. Homer und Hesiod stützten sich für ihre Erzählungen auf Überlieferungen, die lange vor ihnen entstanden und mündlich weitergegeben worden waren.

„Immer der Beste sein"

Bei Homer und Hesiod fanden die Griechen auch Ratschläge und Beispiele dafür, wie man sich im Leben so verhielt, dass es einem Anerkennung und Erfolg einbrachte. Besonders einflussreich wurde Homer mit den Vorbildern, die seine Helden aus Griechenland und Troja lieferten. Sie gehörten zum Adel, zur Aristokratie. Darin steckt das griechische Wort aristoi, die „Besten", „Tüchtigsten". So verstanden sich die Helden auch und wollten es durch ihr Verhalten zeigen. Homer ließ das einen von ihnen so erklären: „Immer der Beste sein und hervorzuragen vor anderen, um nicht die Vorfahren zu entehren, die auch schon die Besten waren." Das imponierte den Griechen, und sie fanden es nachahmenswert. Homers adlige Helden bewiesen ihre Tüchtigkeit vor allem im Kampf, wo sie lieber mutig das Leben als feige die Ehre verloren. Hesiod dagegen zeigte den Griechen an vielen Beispielen, dass es auch anders möglich war, zu den Besten und Tüchtigsten zu gehören, auch im Alltag und auch für den einfachen Mann. So wurde das Streben nach besonderer Tüchtigkeit durch Homer und Hesiod zu einem ganz wichtigen Grundsatz für die Griechen. Freilich hatte das auch eine Schattenseite. Denn wo es Sieger gab, musste es da nicht auch Verlierer geben?

Q1 Ein berühmtes Ereignis im Krieg um Troja
Darstellung auf einer Amphore (1,34 m hoch), um 670 v. Chr.

LITERATURTIPP

Ilias und Odyssee
Das Buch erzählt packend die Taten der griechischen und trojanischen Helden.
Ilias und Odyssee nacherzählt von Walter Jens, Ravensburg 2002, 19. Aufl., 96 Seiten, 27 Zeichnungen.

Aristokratie

(griech.: „aristoi", d.h. die Besten, Tüchtigsten) Als „Aristoi" bezeichneten sich die Griechen, die sich durch kriegerischen Erfolg, Besitz und vornehme Geburt von anderen unterschieden. Wenn in einer Staatsform diese Gruppe der Gesellschaft herrscht, nennen wir sie Aristokratie. Später ging die Bezeichnung auf die Personen über, die man als Aristokraten oder zusammenfassend als Aristokratie bezeichnete. Wir sprechen heute eher von Adel, Adligen und Adelsherrschaft.

Mythos (Mehrzahl: Mythen)

(griech.: Sage, Dichtung) Mythen sind Geschichten aus einer meist fernen Vergangenheit, in denen Götter, gute und böse Mächte, sagenhafte Helden und große Persönlichkeiten eine Rolle spielen. Häufig kommen sie in den Lehren von Religionen vor. Mythen geben dem Menschen Antworten auf Fragen, auf die er mit dem Verstand allein keine Antworten findet, z. B. warum es überhaupt Menschen gibt oder wovon das Schicksal des einzelnen Menschen abhängt.

Q2 Kampf zwischen dem Griechen Ajax und dem Trojaner Hektor – links steht Athene, rechts Apollon.
Vasenbild aus Athen (Ø 26 cm), um 480 v. Chr.

Q3 Das letzte Treffen des trojanischen Königssohns und Heerführers mit seiner Frau

Dialog zwischen Hektor und Andromache nach Homer:
Andromache flehte tränenüberströmt:
„Ich begreife dich nicht! Vernichten wird dich dein Übermut! Du kennst weder Erbarmen mit deinem kleinen Kind noch mit mir! Ich Unglückliche, ich bin bald deine Witwe, denn bald werden dich die Griechen erschlagen. (...) So erbarme dich doch und bleib hier auf dem Turm, dass du dein Kind nicht zur Waise machst und mich nicht zur Witwe!"(...)
Da sagte zu ihr der große Hektor mit dem funkelnden Helm: „Ja, an all das denke auch ich, Frau. Aber zu furchtbar schäme ich mich vor den Trojanern, wenn ich mich wie ein schlechter Mann vom Kampfe fernhalte. Das verbietet mir mein Mut, weil ich lernte, immer ein Edler zu sein und unter den vordersten Trojanern zu kämpfen, um des Vaters großen Ruhm und meinen eigenen zu bewahren. Doch eines weiß ich gewiss in meinem Innersten: Es wird der Tag kommen, an dem das heilige Troja, mein Vater Priamos selbst und das Volk der Trojaner untergehen." (...)
Er streichelte sie und sagte: „Dem Schicksal ist noch keiner der Männer entkommen, egal, ob er nun gering oder edel von Geburt war. Doch du geh ins Haus und kümmere dich um deine Arbeit: Webstuhl und Spindel, und befiehl den Dienerinnen an ihre Arbeit zu gehen. Der Krieg ist Sache der Männer, aller, und besonders die meine, die wir aus Troja stammen."

Homer, Ilias VI, 405–493, Übers. u. Bearb. d. Verf.

Fragen und Anregungen

1. Erkundigt euch über die einzelnen Götter (D1) in einem Lexikon und erklärt dann, durch was sie auf den Zeichnungen charakterisiert sind.
2. Vergleicht die Göttervorstellungen der Griechen mit denen der Ägypter. Was fällt euch auf? (VT)
3. Beschreibt das Vasenbild (Q2) und erläutert, was ihr über das Wirken der Götter und über das Verhältnis von Menschen und Göttern erfahrt.
4. Entnehmt der Quelle Informationen darüber, welche Rollen Hektor und Andromache einzunehmen haben (Q3). Überlegt die Folgen für die Männer, wenn sie sich alle Hektor zum Vorbild nehmen würden.
5. Neben den Olympischen Spielen und der griechischen Sprache waren auch Homer und Hesiod für das griechische Gemeinschaftsgefühl wichtig. Begründet die Aussage.

3. Wie entstand die griechische Staatenwelt?

1600–1200 v. Chr.	Zeitalter der mykenischen Palastkultur
750–550 v. Chr.	Griechen gründen an den Küsten des Mittelmeeres und des Schwarzen Meeres neue Städte.

Ungewisse Anfänge

Die Griechen betrachteten den Kampf um Troja, von dem Homer erzählte, als tatsächliches Ereignis ihrer Vergangenheit. Wir wissen immerhin, dass es die Stadt Troja an der Nordwestküste der heutigen Türkei gegeben hat. Ob aber tatsächlich ein großer „Trojanischer Krieg" stattgefunden hat, lässt sich nicht sagen.
In Griechenland selbst bestand zwischen 1600 und 1200 v. Chr. die so genannte „mykenische Palastkultur", die nach dem Ort Mykene benannt ist. Dort und anderswo gab es große Palastanlagen, die meist auf Anhöhen errichtet und von starken Mauern umgeben waren. Sie lassen darauf schließen, dass damals mächtige Fürstengeschlechter das Land beherrschten. Um 1200 v. Chr. wurden die meisten der Paläste zerstört – übrigens auch die Stadt Troja. Einige Forscher sehen darin den historischen Kern der Erzählungen Homers. Wie es zu all dem kam, wissen wir nicht: vielleicht durch kriegerische Eindringlinge von außen, Naturereignisse wie Erdbeben oder Kriege zwischen den Machthabern.

D1 Griechenland und Kleinasien
Geschichtskarte zum Siedlungsraum der Griechen bis 750 v. Chr.

Polis (Mehrzahl: Poleis)

(griech.: Burg, Stadt) Bezeichnung für den typischen griechischen Stadtstaat mit eigenem Gebiet, eigener Bevölkerung, eigenen politischen Einrichtungen. Es gab mehrere Hundert Poleis. Die meisten waren sehr klein (4–6 km im Umkreis, 2000–3000 Bewohner). Große Poleis wie Athen, Sparta oder Korinth bildeten Ausnahmen. Vom Wort „Polis" stammt unser Wort „Politik" (das, was alle angeht!).

Entstehung der Polis

Danach lebten die Menschen zunächst in kleinen, eher dörflichen Siedlungen zusammen, oft in der Nähe der verfallenen Palastruinen. Erst allmählich entstanden aus diesen Siedlungen Städte (Poleis). Es gab Hunderte davon. Dass die meisten sehr klein waren, lag nicht zuletzt an der Landschaft Griechenlands mit ihren hohen Gebirgszügen und engen Tälern. Sie setzten den Poleis natürliche Grenzen. Jede Polis, auch die kleinste, war ein Staat für sich. Darin wurden die Dinge, die alle angingen, von den Bürgern gemeinsam geregelt. Dafür gab es überall eine Bürgerversammlung. Zu den Bürgern zählte man nur die erwachsenen männlichen Einwohner (keine Frauen) mit Haus, Land und Familie. Die Führungsämter in den Poleis hatten Adlige inne, die sich durch ihre Tüchtigkeit bei der Verteidigung oder beim Schlichten von Streitfällen für die Gemeinschaft hervorgetan hatten. Sicher war ihre Stellung aber nicht. Sie mussten immer wieder beweisen, dass sie tüchtiger waren als andere Adlige, die nur darauf warteten ihre Stellung einzunehmen.

Zwischen 750–550 v. Chr. wanderten viele Griechen aus Griechenland aus, um anderswo eine neue Heimat zu suchen. Gründe dafür gab es viele: Bevölkerungswachstum in der Heimatpolis und die Suche nach neuem Siedlungs- und Ackerland, die Gründung von Handelsniederlassungen oder auch einfach Abenteuerlust. Durch die Kolonisation wurde die Welt der Griechen beträchtlich größer.

D2 Geschichtskarte zur Kolonisation

Bürger einer Polis („Mutterstadt") gründeten eine selbstständige Kolonie („Tochterstadt") mit eigener Regierung. Tochterstädte gründeten oft weitere Kolonien und wurden größer als die Mutterstädte.

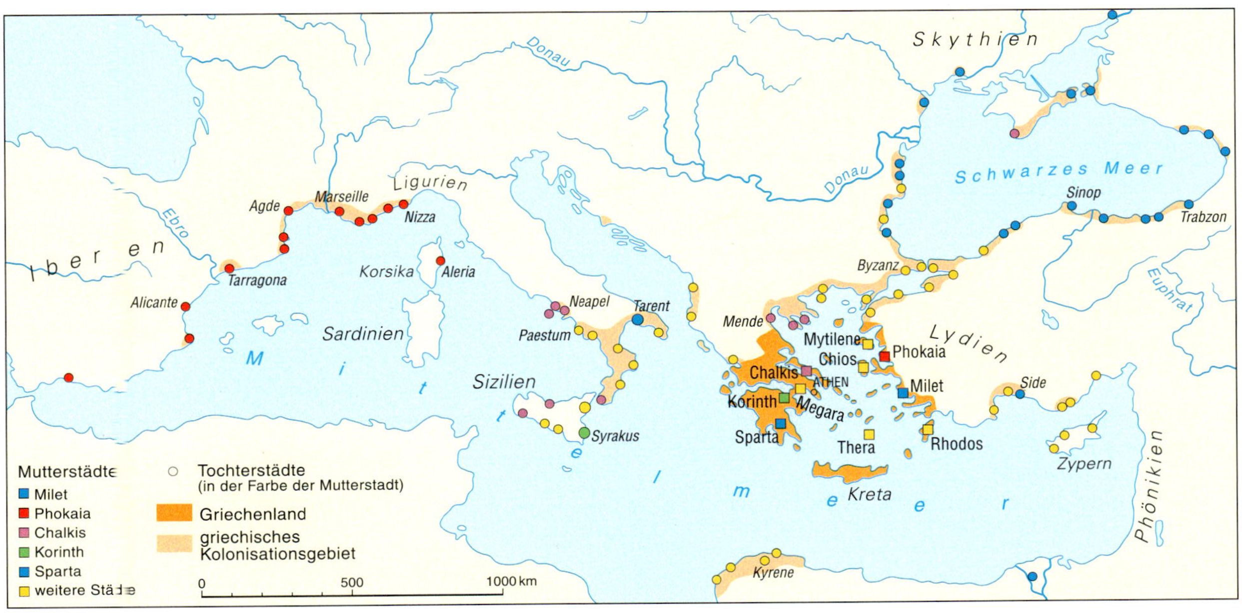

Der Umgang mit Textquellen

Wenn Geschichtsforscher Textquellen untersuchen, gehen sie oft in bestimmten Schritten vor. Etwas Ähnliches solltet ihr auch machen, um möglichst viel aus einer Quelle „herauszuholen". An einem Bericht des griechischen Geschichtsschreibers Herodot über die Gründung der Kolonie Kyrene (630 v. Chr.) wird euch das einmal gezeigt.

Die Pythia Q2
Das Orakel von Delphi war eine Priesterin, durch deren Mund der Gott Apollon weissagte, wie man glaubte. Trinkschale aus dem 5. Jh. v. Chr.

Q1 Herodot (ca. 480–420 v. Chr.) berichtet, wie sich die Bürger von Thera erinnern:

Grinnos, der König der Insel Thera, reiste nach Delphi zum Orakel des Gottes Apollon. Bei ihm waren einige Bürger von Thera, darunter ein junger Mann namens Battos. Als Grinnos das Orakel befragte, gab ihm die Pythia eine ganz andere Antwort als die erwartete, indem sie ihn aufforderte, in Libyen eine Stadt zu gründen. Grinnos antwortete: „Herr! Ich bin zu alt dafür. Fordere doch einen Jüngeren auf." Dabei zeigte er auf Battos. Aber es geschah weiter nichts. Und als die Theraier heimgekehrt waren, beachteten sie den Orakelspruch nicht mehr. Denn sie wussten nicht, wo in aller Welt Libyen liegt, und sie wollten es nicht wagen, Siedler ins Ungewisse zu schicken. (...)

Nun blieb aber sieben Jahre lang der Regen in Thera aus und alle Bäume außer einem verdorrten auf der Insel. Da befragten die Theraier wieder das Orakel und die Pythia erinnerte sie an das Gebot des Gottes Apollon, in Libyen eine Kolonie zu gründen. (...) Es segelten nun einige Männer von Thera los, um Libyen auszukundschaften. Sie besetzten die Insel Platea vor der libyschen Küste und meldeten dies nach Thera. Die Theraier beschlossen, dass in allen sieben Gemeinden der Insel immer einer von jeweils zwei Brüdern auswandern sollte, wobei das Los entschied, wen es traf. Anführer und König der Auswanderer sollte Battos sein. In zwei Fünfzigruderern machten sich die Auswanderer auf den Weg nach Platea.

Herodot, Historien IV, 150–154. Übers. u. Bearb. d. Verf.

Methodische Arbeitsschritte:

1. Lest den Text sehr genau, am besten auch einmal laut, und stellt dabei zunächst fest, worum es überhaupt geht. Beachtet dabei, welche Orte, Personen oder Gruppen genannt werden.
2. Klärt alle euch unbekannten oder nicht verständlichen Wörter und Wendungen. Benutzt dafür ein Wörterbuch oder fragt eure Lehrerin/euren Lehrer.
3. Unterteilt den Text in Sinnabschnitte, die jeweils einen einzelnen Gedanken ausdrücken. Schreibt für jeden Abschnitt eine kurze Überschrift.
4. Fasst mit euren eigenen Worten zusammen, was in dem Text mitgeteilt wird.

Jetzt wisst ihr, was in dem Text steht. Es könnte natürlich sein, dass der Verfasser des Textes wenig Wissen hatte oder seine Leser zu einer bestimmten Ansicht bringen wollte. Deshalb müsst ihr auch etwas über den Verfasser wissen. Gute Nachschlagewerke helfen euch dabei. Bei Informationen aus dem Internet ist große Vorsicht geboten, weil sie oft nicht stimmen und man meist nicht weiß, von wem sie kommen.

5. Stellt fest, wer den Text verfasst hat (Autor) und an wen er sich damit wandte (Publikum). Ist erkennbar, warum er geschrieben hat?
6. Klärt, mit welchem zeitlichen Abstand vom Geschehen der Autor schrieb und woher er seine Kenntnisse darüber hatte.
7. Sucht im Text selbst und in eurem Wissen über den Autor nach Hinweisen dafür, ob dieser sehr einseitig schrieb oder persönliche Wertungen deutlich zur Geltung brachte. Hilfreich ist es, den Text mit anderen Quellen zu vergleichen.
8. Abschließend muss die Quelle in den größeren Zusammenhang eingeordnet werden. Dafür solltet ihr euch im Verfassertext oder in anderen Darstellungen informieren .

Die Kolonisation förderte den Handel Q3
Schale aus der Kolonie Kyrene (Ø 29 cm),
Mitte des 6. Jahrhunderts v. Chr.

Eine mögliche Antwort auf die Arbeitsschritte:

1. Es soll erklärt werden, warum die Theraier in Libyen eine Kolonie gründeten. Dabei spielte das Apollonorakel von Delphi eine besondere Rolle (Q2). Die Rede ist von Delphi, Thera und Libyen sowie der Pythia, Bewohnern von Thera, besonders dem König Grinnos und dem jungen Battos.
2. Die Orte findet ihr auf den Karten auf den Seiten 86 und 87. Die Pythia ist die Priesterin im Apollontempel in Delphi (siehe Q2).
3. Zeile 1–4: König Grinnos von Thera mit Gefolge in Delphi.
   Zeile 4–9: Das Orakel fordert die Gründung einer Kolonie in Libyen.
   Zeile 9–13: Die Theraier vergessen den Spruch.
   Zeile 14–16: Dürrezeit auf Thera.
   Zeile 16–18: Das Orakel wiederholt seine Forderung.
   Zeile 18–25: Besiedlung von Platea vor der libyschen Küste mit Battos als König.
   Zeile 25–27: Auswahl der Kolonisten und Aufbruch nach Libyen.
4. Die Zusammenfassung dürfte euch jetzt nicht schwer fallen. Sie könnte beginnen: „Einmal reiste König Grinnos von Thera…"
5. Diesen Punkt könnt ihr mit den Angaben zu Herodot (Q4) selbst ergänzen.
6. Den Abstand zwischen der Gründung der libyschen Kolonie Kyrene und Herodots Lebenszeit könnt ihr leicht ausrechnen. Und wie er an sein Wissen gekommen ist, erfahrt ihr in Q4.
7. Wenn ihr Quelle 5 auf Seite 90 hinzunehmt, bemerkt ihr, dass Herodot zwei Gründungsberichte hatte, einen der Theraier und einen der Kyrener, die sich etwas voneinander unterschieden. Er teilt beide mit und überlässt es dem Leser, darüber nachzudenken. Er ist also nicht einseitig.
8. Die Quelle gibt uns wichtige Hinweise darüber, wie die Griechen die Küsten rund um das Mittelmeer besiedelten. Die Karte auf Seite 87 erläutert das genauer.

Q4 **Herodot, Porträtbüste aus dem 4. Jh. v. Chr.**
Der Grieche Herodot (ca. 480–420 v. Chr.) gilt als „Vater der Geschichtsschreibung". Sein Wissen sammelte er auf seinen weiten Reisen, die ihn nach Italien, Asien und Afrika führten. Überall ließ er sich von den Menschen berichten, was sie über ihre Vergangenheit wussten. Das schrieb er auf. Denn er wollte, dass die wichtigen Ereignisse nicht vergessen würden. Ab und zu hielt er interessierten Zuhörern auch Vorträge darüber. 425 v. Chr. veröffentlichte er seine Schriften unter dem Titel „Historien" (Erkundungen).

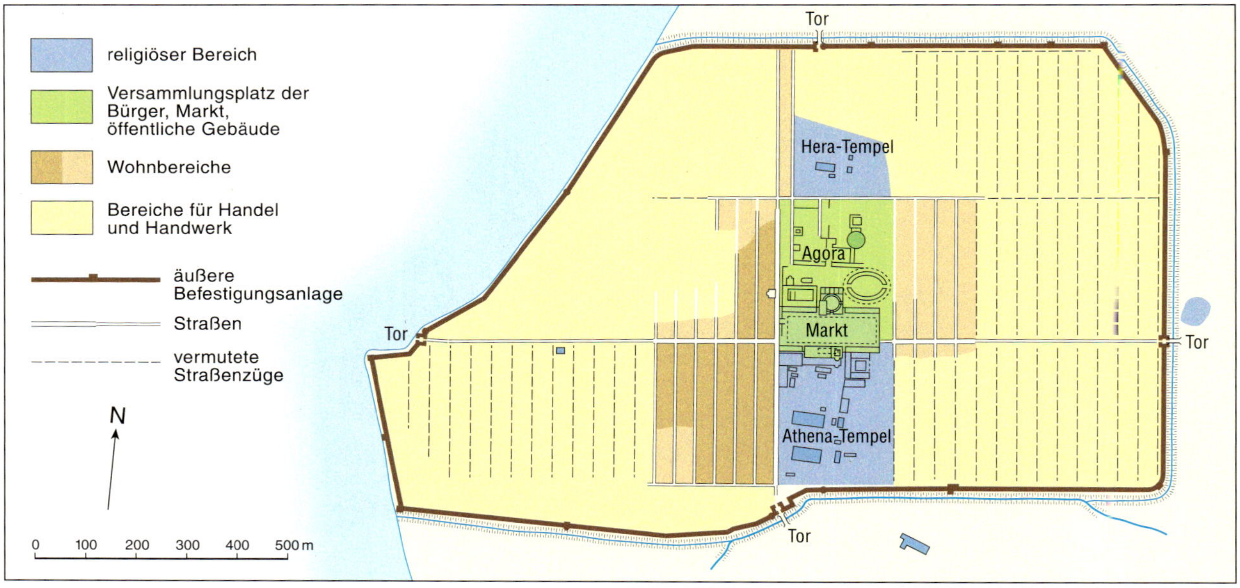

D3 Stadtplan der griechischen Kolonie Poseidonia

Poseidonia wurde um 550 v. Chr. gegründet und ist heute als Ruinenstadt Paestum südlich von Neapel bekannt.

Q5 Wie sich die Kyrener erinnern

Bei den Bürgern der Kolonie Kyrene hörte Herodot noch etwas mehr über die Gründung der Kolonie:

Die Theraier schickten also Battos mit zwei Fünfzigruderern fort. Doch als die Männer sich keinen Rat mehr wussten, kehrten sie wieder nach Thera zurück. Die Theraier aber schossen auf sie und ließen sie nicht an Land. Gezwungenermaßen fuhren sie zur libyschen Küste zurück und besiedelten dort zunächst die Insel Platea. Hier wohnten sie zwei Jahre. Aber es ging ihnen dort nicht gut. So ließen sie einen Mann zurück, die anderen fuhren nach Delphi. Dort berichteten sie dem Orakel, sie hätten alles wie befohlen getan, dennoch gehe es ihnen schlecht. Aber die Pythia hielt ihnen vor, sie seien noch gar nicht in Libyen gewesen. Darauf fuhren sie zurück und ließen sich auf dem Festland gegenüber von Platea nieder. (…)

Hier blieben sie sechs Jahre. Dann boten ihnen die Libyer an, sie zu einer besseren Stelle zu führen. Sie verließen die Küste, und die Libyer führten sie nach Westen (…) an eine Quelle und sagten: „Hier, Griechen, ist der richtige Platz für eure Kolonie."

Herodot, Historien IV, 156–158, Übers. u. Bearb. d. Verf.

Fragen und Anregungen

1. Überlegt, was die Griechen daran gehindert haben könnte, einen Gesamtstaat für alle Griechen Griechenlands zu bilden (VT, D1).
2. Untersucht den Stadtplan (D3). Stellt euch dann vor, ihr würdet als Bewohner der Polis nun auch eine Tochterstadt gründen wollen. Was müsstet ihr als Anführer der Kolonisten bei der Errichtung einer ähnlichen Stadt beachten?
3. Bearbeitet Quelle 5, wie es euch auf Seite 88/89 vorgemacht worden ist. Stellt anschließend in einer Liste die Ereignisse gegenüber, an die sich die Theraier besser als die Kyrener erinnerten und umgekehrt. Findet Gründe heraus.
4. Ein Gelehrter im alten Griechenland hat einmal gesagt: „Die Griechen sitzen um das Mittelmeer herum wie die Frösche um einen Teich." Erläutert mithilfe der Kolonisationskarte (D2), was er wohl gemeint hat.

4. Sparta – ein Militärstaat?

ca. 730–710 v. Chr.	Sparta erobert Messenien.
ca. 620 v. Chr.	Sieg Spartas über die aufständischen Messenier; endgültige Einrichtung des Militärstaats.
371 v. Chr.	Niederlage Spartas gegen Theben; Sparta verliert den Ruf der Unbesiegbarkeit.

Spartanischer Krieger Q1
Bronzefigur aus dem 6. Jahrhundert v. Chr.

„Der lebt ja richtig spartanisch!" Vielleicht hast du das schon einmal über jemanden gehört. Das hat etwas mit den alten Spartanern zu tun. Weißt du auch, was? Du findest es sicher heraus.

Die Eroberung von Messenien

Die spartanische Bevölkerung wohnte in fünf Dörfern am Fluss Eurotas auf dem Peloponnes. Im Laufe des Krieges gegen das griechische Nachbarvolk der Messenier schloss sie sich zur Polis Sparta zusammen. Der Krieg begann ca. 730 v. Chr. mit spartanischen Überfällen auf die wohlhabenden Nachbarn. Die Spartaner eroberten zwar Messenien, aber die Messenier gaben sich auch danach noch nicht geschlagen. Schließlich konnten die Spartaner sie nur durch den Einsatz einer neuen Kampfesweise besiegen, der Phalanx (Walze). Dafür stellten sich die Krieger in bis zu 16 Reihen hintereinander auf. So rückten sie auch vor und kämpften. Wenn der Vordermann fiel, musste der Hintermann sofort aufrücken. Jeder musste sich ganz auf den anderen verlassen können. Dafür „walzte" die Phalanx ungeübte Gegner auch einfach nieder.
Die Eroberungspolitik hatte Folgen für die Spartaner. Sie mussten vor den Unterworfenen auf der Hut sein. Daher richteten sie die gesamte Ordnung ihres Staates und ihr alltägliches Leben darauf ein, anderen militärisch überlegen zu sein.

Die Spartiaten

Vom siebten Lebensjahr an übernahm der Staat die Erziehung der spartanischen Jungen. Von nun an lebten sie in Kasernen und wurden für ihren Kriegerberuf gedrillt. Dieses Leben dauerte auch an, wenn der Spartaner mit 20 Jahren Vollbürger (Spartiat) geworden war. Erst mit 30 Jahren konnte er an Ehe und Familie denken. Doch auch dann hielt er sich meistens noch in der Kaserne auf. Da war die Ordnung, die er kannte, und hier traf er die Männer, die so dachten und fühlten wie er. Gemeinschaftsgefühl zu wecken war ein wichtiges Ziel der spartanischen Ausbildung. Daher zählte in Sparta nicht die vornehme Abstammung, sondern nur der persönliche Einsatz für den Staat. Keiner sollte sich durch Luxus hervortun können. Deshalb war Eisengeld, für das man keine Luxusartikel kaufen konnte, Hauptwährung in Sparta. Und alle mussten ihr Leben lang an gemeinsamen Mahlzeiten in der Kaserne teilnehmen, bei denen es für alle die gleichen einfachen Speisen gab. Auch hatte jeder aus den Eroberungen den gleichen Landanteil erhalten. Damit niemand am Sinn dieses Lebens zweifelte, sah man Auslandsreisen von Spartanern nicht gern – und Fremde in Sparta auch nicht.
Die Gemeinschaft der Spartiaten bestimmte auch die Politik. Sie bildete die Volksversammlung, die regelmäßig tagte. Sie wählte den Rat der Alten und die fünf Aufseher des Staates (Ephoren) aus ihren Reihen. Nur die beiden Könige hatten ihre

Ämter als Oberpriester und Feldherren durch ihre Abstammung. Sie konnten mitunter eigene politische Vorstellungen auch gegen die Ephoren durchsetzen.

Periöken und Heloten

Die Periöken und Heloten besorgten die Geschäfte und Arbeiten in der Polis Sparta, wofür die Spartiaten nichts übrig hatten. Periöken („Umwohner"), das waren die Bewohner der um Sparta herumliegenden Dörfer, ca. 40 000–60 000 Menschen. Sie standen unter dem Schutz der Spartaner. Meist betätigten sie sich als Handwerker und Händler und stellten im Krieg Hilfstruppen.
Zu den Heloten (Kriegsgefangene), ca. 200 000 Menschen, gehörten vor allem die besiegten Messenier. Sie wurden von den Spartanern wie Sklaven behandelt. Ihr Land, das die Spartaner als Eigentum betrachteten, durften sie zwar weiter bewohnen und bearbeiten, aber die Hälfte der Ernte mussten sie den Spartanern abliefern.

Spartanische Mädchen und Frauen

Für spartanische Mädchen gab es zwar nicht die gleiche Gemeinschaftserziehung wie für die Jungen, aber sie wurden auch durch Laufen, Ringen, Diskus- und Speerwurf fit gemacht. Denn sie sollten dem Staat viele gesunde Kinder gebären. Das galt für die Frau als höchste Ehre. Eine Frau, die bei der Geburt ihres Kindes starb, bekam genauso einen Grabstein mit ihrem Namen wie ein in der Schlacht gefallener Krieger. Alle anderen Verstorbenen bekamen Grabsteine ohne Namen. Durch die häufige Abwesenheit ihrer Männer mussten sich die Spartanerinnen mehr um die Alltagsdinge, besonders die Verwaltung des Familienvermögens, kümmern als Frauen in anderen Poleis. Dafür galten sie aber auch als selbstständiger und einflussreicher als andere griechische Frauen.

Q2 **Angreifender Hoplit**
Bronzestatue (12,8 cm hoch), um 510 v. Chr.

Q3 **Schlachtenreihe (Phalanx)**
mit schwer bewaffneten Fußsoldaten (Hopliten), Ausschnitt einer Kanne (26 cm hoch), um 650 v. Chr.

Q4 Eine junge Spartanerin
Bronzefigur, um 530 v. Chr.

Q5 „Spartanische“ Erziehung für Mädchen

Der griechische Gelehrte Plutarch (ca. 46–120 n. Chr.) erzählt über den sagenhaften Gesetzgeber Lykurg:

Lykurg hat auch die Lebensführung der Frauen sorgfältig geregelt. Er sorgte dafür, dass die Körper der Mädchen durch Laufen, Ringen und Speerwerfen gekräftigt wurden. Denn er sagte sich, dass Frauen mit kräftigen Körpern auch kräftige Kinder gebären würden. Und auch bei der Geburt selbst hätten sie keine Schwierigkeiten. Weichlichkeit, Verzärtelung und alles, was er abfällig „weibisch“ nannte, verbannte er. Er gewöhnte die Mädchen daran, wie die Knaben nackt ihre Aufzüge zu halten und bei bestimmten Festen zu tanzen und zu singen, und das vor den Augen junger Männer. Dass die Mädchen sich entblößten, hatte übrigens nichts Peinliches an sich. Denn es war Scham dabei und keine ungehörige Schaulust. So gewöhnten sie sich an Einfachheit und strebten nach wohl gestalteter Körperbeschaffenheit. Auch gab das der Frau Sinn und Geschmack für das stolze Selbstgefühl, dass auch sie nicht weniger als der Mann Anteil haben sollte am Streben nach Tapferkeit und Ruhm.

Zuweilen griffen die Mädchen bei ihren Umzügen durch Spottverse Leute an, die sich etwas hatten zu Schulden kommen lassen, oder sie sangen Loblieder auf würdige Personen und erweckten so den Ehrgeiz und Wetteifer unter den jungen Männern.

Plutarch, Lykurg, 14, Bearb. d. Verf. nach: Plutarch, Große Griechen und Römer, Bd. 1, übertragen, eingeleitet und erläutert von Konrad Ziegler, München 1979, S. 142.

Q6 „Spartanische“ Erziehung für die Jungen nach Plutarch:

Der Vater durfte nicht entscheiden, ob er ein neugeborenes Kind aufziehen konnte. Er musste es zu der Sprechhalle bringen, dem Ort, wo die Ältesten saßen und das Kind untersuchten. Wenn es wohl gebaut und kräftig war, ordneten sie seine Erziehung an. War es aber schwächlich und missgestaltet, so ließen sie es zur so genannten „Ablage“ bringen, einem Felsabgrund am Taÿgetosgebirge. Sie meinten, für einen Menschen, der nicht von Anfang an gesund und kräftig heranwachsen könne, sei es besser nicht zu leben, sowohl um seiner selbst wie um des Staates willen.

Die Ammen erzogen die Säuglinge dazu, das vorgesetzte Essen zu sich zu nehmen, alleine oder im Dunkeln keine Angst zu haben, nicht zu weinen und nicht launisch zu sein. (...) Niemand durfte seinen Sohn bei sich behalten und nach seinem Willen erziehen, sondern man teilte die Jungen, sobald sie sieben Jahre alt waren, in Gruppen ein, in denen sie miteinander aufwuchsen. So wurden sie erzogen und daran gewöhnt, dass sie beim Spiel und bei ernster Beschäftigung immer beisammen waren. Zum Führer der Horde wählten sie denjenigen, der sich durch Klugheit und Mut im Kampf auszeichnete. Ihn bewunderten sie, hörten auf seine Befehle und unterwarfen sich seinen Strafen. So bestand die Erziehung vor allem darin, Gehorsam einzuüben. Lesen und Schreiben lernten sie nur so viel, wie sie brauchten. Die übrige Erziehung war darauf gerichtet, dass sie lernten eifrig zu gehorchen, Anstrengungen zu ertragen und im Kampf zu siegen.

Sobald sie zwölf Jahre alt waren, gingen sie stets ohne Unterkleidung, bekamen nur einen Mantel im Jahr, waren am ganzen Körper schmutzbedeckt und durften weder baden noch sich salben. Sie schliefen zusammen in Gruppen auf aufgeschütteten Strohstückchen, die sie selbst zusammentrugen, indem sie die Spitzen des am Flusse Eurotas wachsenden Schilfs mit bloßen Händen, ohne Messer, abbrachen.

Plutarch, Lykurg, 14 und 16, Übers. u. Bearb. d. Verf.

Fragen und Anregungen

1. Beschreibt die „Arbeitsteilung“ von Männern und Frauen. Welche Vorteile ergaben sich daraus für die Spartaner (VT)?
2. Erläutert mithilfe des Verfassertextes, warum sich die Spartaner als „homoioi“ (die sich gleichenden Männer) bezeichneten.
3. Nennt die Grundsätze, nach denen in Sparta die Jungen und Mädchen erzogen wurden (Q5 und 6) und sucht nach einer Begründung dafür.
4. Die Spartaner fanden bei den Griechen Bewunderer und Kritiker. Begründet, zu welcher Gruppe ihr gezählt hättet. Wie äußert sich Plutarch?

5. Athen auf dem Weg zur Polisgemeinschaft

Das Leben der Adligen Q1
Das Vasenbild zeigt oben ein Trinkgelage (Symposion) der Aristokraten. Weinmischkrug (46 cm hoch), um 600 v. Chr.

um 620 v. Chr.	Drakon setzt Gerichte bei Tötungsfällen ein.
um 590/570 v. Chr.	Solon versucht durch Gesetze und Aufrufe den Zusammenhalt der Athener zu stärken.
565–510 v. Chr.	Adlige Alleinherrscher (Tyrannen) regieren Athen.
510–507 v. Chr.	Kleisthenes setzt durch, dass alle Bürger gleiche politische Rechte haben und mitentscheiden können.

Not der Bauern und Wettbewerb der Adligen

Vom Beginn der Geschichte Athens gibt es keine verlässlichen Nachrichten. Die Athener selbst erzählten sich Mythen über die Gründung ihrer Polis, in denen der Held Theseus und die Göttin Athene eine wichtige Rolle spielten.
Die ersten Bruchstücke glaubwürdiger Überlieferung zeigen Athen seit etwa 700 v. Chr. in den gleichen Schwierigkeiten wie viele andere griechische Gemeinden. Dürrezeiten und die geringe Größe ihrer Felder machten den Kleinbauern schwer zu schaffen. Wer hingegen wagemutig und rücksichtslos war, konnte reich werden, indem er etwa Handel und Piraterie betrieb. Diese Erfolgreichen zeigten ihre Überlegenheit durch eine aufwändige Lebensführung: Pferdezucht, teure Waffen und gutes Essen mit ihren Freunden. Sie nannten sich aristoi – „die Besten“. Ihre Vorbilder waren die Helden Homers: Jeder, der sich zur Aristokratie zählte, also zu den Reichsten und Kriegstüchtigsten, wollte die anderen übertrumpfen. Dazu musste er seinen Landbesitz vermehren und Arbeitskräfte erwerben. Dabei machte man sich die Not der Bauern zunutze. Diese mussten die Aristokraten um Hilfe bitten, um Werkzeuge, Saatgut und auch Schutz. Da sie meist keine Gegenleistung erbringen konnten, mussten sie längere Zeit oder gar für immer auf den Feldern und Höfen der Adligen arbeiten (Schuldknechtschaft). Viele wurden gar als Sklaven verkauft oder flohen aus Attika. Hilfe konnten sie nirgendwo finden, denn es gab weder einen König noch überhaupt starke Amtsträger oder Gerichte.

Bauern ernten Oliven Q2
Vasenmalerei, 7. Jh. v. Chr.

Erste Streitregelungen

Auch der Wettbewerb unter den Adligen wurde immer schärfer und führte zu vielen Gewalttaten, die dann neue Gewalt hervorriefen. Einen ersten Schritt zu einer öffentlichen Ordnung machte der Adlige Drakon. Er zwang die Angehörigen von Getöteten, zunächst vor ein Gericht zu gehen, anstatt gleich zurückzuschlagen. Damit war der unkontrollierten Rache eine erste Grenze gesetzt.

Solon macht alle Athener frei

Die Not der Bauern war damit aber nicht behoben. Viele Adlige erkannten nun, dass es so nicht mehr weitergehen konnte. Sie fürchteten, einer von ihnen könnte reich und mächtig genug werden, um die anderen dauerhaft beiseite zu schieben und sich zum Alleinherrscher aufzuschwingen. So wurde der angesehene Solon zum Schiedsrichter bestellt. Er schaffte die Schuldknechtschaft ab und bemühte sich, die verkauften oder geflohenen Athener zurückzuholen. Reiche und Ärmere

gab es natürlich auch weiterhin, aber wenigstens als freie Bürger der Polis waren sie nun alle gleich. Sie durften an der Volksversammlung teilnehmen und die jährlich wechselnden Amtsträger (Archonten) aus dem Kreis der Aristokraten wählen. Vor einem neu geschaffenen Gerichtshof konnte jeder Bürger Klage führen.

Ein Adliger setzt sich durch – die Tyrannis

Der Adel war jedoch nicht dauerhaft befriedet und so gingen die Machtkämpfe weiter. Mit Tricks und Gewalt, als Wohltäter der einfachen Leute und im Bündnis mit anderen Adligen konnte schließlich Peisistratos eine Alleinherrschaft (Tyrannis) errichten. Ämter und Gesetze blieben bestehen, aber nichts geschah gegen den Willen des Tyrannen. Wie Alleinherrscher das häufig tun, verschönerten Peisistratos und seine Söhne die Stadt durch Bauten und eine Wasserleitung. Zugleich nahm der Einfluss der anderen Adligen ab. Interessant ist, wie sich die Erinnerung der Athener an die Tyrannis in späterer Zeit immer mehr verdüsterte. Der Tyrann galt dann als schlechter Alleinherrscher, der sich nicht beherrschen konnte und keine Rücksicht auf das Recht nahm. Doch manche Athener behielten Peisistratos auch in gutem Gedenken, weil er viel für die Stadt getan hatte.

Eine Ordnung der Gleichheit und Teilhabe aller Bürger

Nach dem Sturz der Tyrannis im Jahre 510 v. Chr. flammten die Adelskämpfe wieder auf. Aber die Athener wollten sich nicht länger herumstoßen lassen. Sie folgten daher dem Adligen Kleisthenes, der eine grundlegende Neuordnung vorschlug. Die Versammlung aller erwachsenen freien Männer, die unter den Tyrannen verkümmert war, sollte künftig alle Entscheidungen treffen. Neu eingerichtet wurde ein Rat aus 500 Bürgern. Sie waren jeweils für ein Jahr im Amt und sollten die Volksversammlungen vorbereiten sowie die laufenden Geschäfte führen. Durch ein ausgeklügeltes System wurde sicher gestellt, dass alle Teile Attikas, auch die weit entfernten Siedlungen, in diesem Rat vertreten (repräsentiert) waren. Dadurch wuchs im Laufe der Zeit ein Gemeinschaftsgefühl. Persönliche Bindungen an einzelne Adlige spielten dagegen keine so große Rolle mehr. Athen war dabei, zum Staat seiner Bürger zu werden.

D1 Die Halbinsel Attika bildete das Gebiet der Polis Athen. Mit 2250 Quadratkilometern war sie etwa so groß wie das Saarland heute. Im 5. Jahrhundert v. Chr. lebten hier etwa 250 000 Menschen, davon etwa 40 000 männliche Bürger mit politischen Rechten. Mit Frauen und Kindern gab es insgesamt vielleicht 120 000 athenische Bürger. Hinzu kamen etwa 30 000 dauerhaft ansässige Ausländer (Metöken). Die Zahl der unfreien Arbeitskräfte (Sklaven) mag bei 100 000 gelegen haben.

Q3 Wie die Athener ihren Tyrannen loswurden

Nach dem Tode des Peisistratos fiel einer seiner Söhne einem Mordanschlag zum Opfer. Der ältere Sohn Hippias blieb unversehrt und herrschte allein weiter:

Nach diesem Attentat wurde die Tyrannis viel drückender. Hippias ließ viele Gegner hinrichten oder aus Athen vertreiben und er wurde immer misstrauischer und bitterer. Als er gerade dabei war, sich in dem Ort Munychia eine Herrscherfestung zu bauen, wurde er von dem Spartanerkönig Kleomenes vertrieben. Die Spartaner hatten vorher viele Orakelsprüche (in Delphi) erhalten mit dem Auftrag, die Tyrannis in Athen zu stürzen. Das hatte folgenden Grund: Die aus Athen Verbannten, angeführt von der Familie der Alkmaioniden, konnten aus eigenen Kräften ihre Rückkehr nach Athen nicht erzwingen. Deshalb brachten sie Geld zusammen, um in Delphi einen Tempel zu bauen. Die Priesterin dort forderte die Spartaner nun jedes Mal, wenn sie irgendeine Auskunft haben wollten, dazu auf, Athen zu befreien. Schließlich hatte sie Erfolg, obwohl die Spartaner mit dem Haus des Peisistratos durch alte Gastfreundschaft verbunden waren. Zur Entscheidung der Spartaner hat sicher auch beigetragen, dass zwischen den Peisistratiden und der Stadt Argos, einem mächtigen Feind Spartas, eine freundschaftliche Bindung bestand.

Aristoteles, Der Staat der Athener 19,1–4. Übers. und Bearb. d. Verf.

Q4 Freiheit macht stark

Der Geschichtsschreiber Herodot (ca. 480–420 v. Chr.) berichtet über die ersten Kämpfe Athens nach dem Sturz der Tyrannen und urteilt dann:

Das Mitspracherecht ist in jeder Hinsicht eine wichtige Sache. Denn solange die Athener von ihren Tyrannen regiert wurden, waren sie keinem ihrer Nachbarn im Krieg überlegen. Als sie die Tyrannen aber los waren, wurden sie weitaus die Ersten. Das zeigt, dass sie sich als Untertanen absichtlich nicht anstrengten, da sie ja für einen Herrscher arbeiteten. Nachdem sie aber befreit worden waren, war jeder einzelne Bürger darauf bedacht, sich ganz einzusetzen, da es für ihn selber war.

Herodot, Historien V, 78, übers. v. W. Marg. Bd. 1, München 1991, S. 440, Bearb. d. Verf.

Die Ermordung des Hipparchos Q5
Hipparchos, der jüngere Sohn des Tyrannen Peisistratos, wurde von zwei Athenern ermordet, weil er seine Macht missbraucht und das Ansehen der beiden in der Polis beschmutzt hatte. Vase, um 470 v. Chr.

Fragen und Anregungen

1. Adel und Bauern in Athen: Schildert die Lebensbedingungen und das Verhältnis zueinander im 6. Jahrhundert v. Chr. (VT).
2. Spielt eine kleine Dialogszene: Ein athenischer Kleinbauer hat seinen Besitz verloren und tritt um 590 v. Chr. als Soldat in den Dienst des Pharaos. Dort schildert er einem ägyptischen Bauern die Lage der Bauern in Griechenland und vergleicht sie mit der Situation in Ägypten.
3. Gebt die Gründe an, die Herodot (Q4) für das Erstarken Athens nach dem Ende der Tyrannis nennt.
4. Die Athener stellten nicht nur Vasen (Q5) her, auf denen die Mörder des Hipparchos zu sehen waren. Auf dem Marktplatz errichten sie ihnen auch ein Denkmal. Überlegt, warum die Athener das taten.

6. Perser und Griechen – meist feindliche Nachbarn

Griechen und Perser im Kampf Q1
Schale, 5. Jahrhundert v. Chr.

seit 550 v. Chr.	Die Perser erobern Teile Asiens sowie Ägypten.
490 und 480/479 v. Chr.	Persische Angriffe auf Griechenland scheitern.
478–411 v. Chr.	Durch die Seeherrschaft Athens werden die Perser auch in Kleinasien zurückgedrängt.
330 v. Chr.	Alexander der Große erobert das Perserreich und begründet ein Weltreich.

Das persische Weltreich

Öfter in der Geschichte hat es Reitervölker gegeben, die unter Führung tatkräftiger Könige große Gebiete erobert und unter ihre Herrschaft gebracht haben. Eines dieser Völker waren die Perser, die aus dem kargen Hochland des heutigen Iran stammten. Ihr Reich erstreckte sich nach kurzer Zeit von Indien bis zur Mittelmeerküste und umfasste mit Mesopotamien, Palästina und Ägypten die alten Hochkulturen. Man kann deshalb mit Recht von einem Weltreich sprechen.
Der persische Großkönig beließ den unterworfenen Völkern ihre Religionen und Sitten. In der geschichtlichen Erinnerung der Juden haben die Perser sogar einen Ehrenplatz, weil sie die lange Zwangsumsiedlung nach Babylon beendeten und ihnen erlaubten, in Jerusalem den Tempel wieder aufzubauen (Seite 73 ff.). Alle Völker mussten freilich regelmäßig Abgaben zahlen und Krieger stellen, wenn der Perserkönig dazu aufforderte. Im versammelten Heeresaufgebot wurde das Reich in seiner ganzen Größe sichtbar, im erfolgreichen Kriegszug zeigte sich die Unbesiegbarkeit des Königs. Wegen der großen Entfernungen und der begrenzten Möglichkeiten zur direkten Kontrolle setzte der Großkönig für die einzelnen Gebiete Stellvertreter ein; sie wurden Satrapen genannt. Natürlich konnte es der Perserkönig nicht dulden, wenn sich Teile seines Reiches selbstständig machten.

Q2 **Felsrelief von König Dareios**
Bisutun, ca. 520 v. Chr.
An der alten Karawanenstraße von Mesopotamien nach Ekbatana ließ König Dareios ein Bild nach einem Sieg über aufständische Fürsten in den Felsen hauen. Das Flügelwesen in der Mitte stellt den höchsten iranischen Gott, Ahura Mazda, dar.

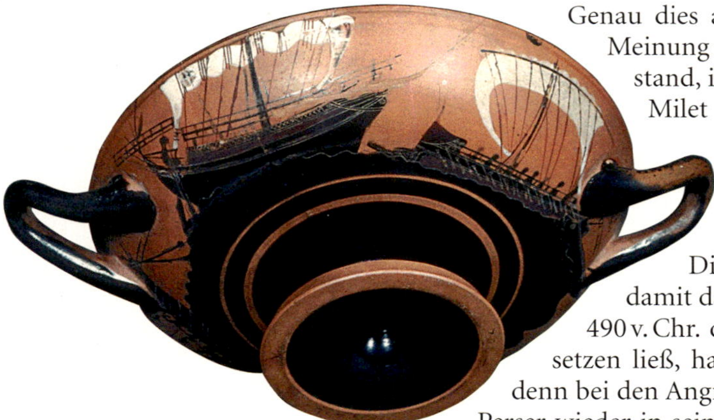

Genau dies aber hatten die Griechen in Kleinasien seiner Meinung nach getan, als sie aus Gründen, die er nicht verstand, im Jahre 500 v. Chr. unter der Führung der Stadt Milet einen Aufstand unternahmen. Es war für den Perserkönig undenkbar, diese streitsüchtigen Griechen gewähren zu lassen. Im Jahr 494 v. Chr. wurde Milet zerstört.

Die Athener hatten den Aufstand unterstützt und damit das Weltreich herausgefordert. Als König Dareios 490 v. Chr. deshalb ein nicht sehr großes Heer übers Meer setzen ließ, hatte Athen keine andere Wahl als zu kämpfen, denn bei den Angreifern war der frühere Tyrann Hippias, den die Perser wieder in seine Herrschaft einsetzen wollten. In der Schlacht von Marathon waren die athenischen Krieger siegreich. Nun war der große Krieg endgültig unvermeidbar.

Q3 Griechische Schiffe
Trinkschale, 5. Jh. v. Chr.

Dareios' Sohn Xerxes unternahm daher 480 v. Chr. einen besser vorbereiteten Angriff auf ganz Griechenland mit vielleicht 100 000 Soldaten und etwa 1000 Schiffen. Viele Staaten in Nord- und Mittelgriechenland unterwarfen sich notgedrungen oder freiwillig, nicht aber ein von Sparta geführtes Kampfbündnis, zu dem auch Athen mit seiner Flotte aus 200 neuen Kriegsschiffen gehörte. Die Spartaner mussten um ihre Vormachtstellung in Griechenland fürchten und waren, wie die Athener, zum äußersten Widerstand entschlossen. Ein erster Versuch, die Perser an den Thermopylen, einem Engpass zwischen Gebirge und Meer aufzuhalten, brachte 300 Spartanern zwar einen ruhmvollen Tod, hielt die Perser aber nicht auf. Damit war der Weg nach Athen frei. Dort setzte man alles auf eine Karte, brachte die Bevölkerung aus der Stadt und hoffte auf einen Sieg der Flotte. Die Perser eroberten und plünderten das unverteidigte Athen. Die Zerstörung der wichtigsten Tempel gaben sie als Rache für eine ähnliche Tat der aufständischen Griechen seinerzeit aus.

Q4 Der Feldherr Themistokles
Er galt als „Vater" der athenischen Flotte und hatte am Sieg von Salamis maßgeblichen Anteil.
Porträt, um 450 v. Chr.

Doch entschieden wurde der Krieg in zwei großen Schlachten. Zuerst besiegten die Griechen mit Geschick und Glück die zahlenmäßig überlegene Flotte der Feinde in der Meerenge bei der Insel Salamis. Xerxes verließ Griechenland. Sein Landheer konnte zwar 479 v. Chr. noch einmal Athen verwüsten, wurde dann aber bei Plataiai von den Spartanern und einigen Verbündeten vernichtend geschlagen.

Athen als neue Großmacht

Die Griechen trugen nun den Krieg hinüber nach Kleinasien und waren erneut siegreich. Nun wollten die Griechenstädte dort dauerhaft von der persischen Herrschaft befreit werden und baten die Athener um Hilfe. Denen kam das gelegen, denn sie wollten im Gefühl ihrer neuen Stärke von Sparta als gleichrangig anerkannt werden. In dem 477 v. Chr. zur Fortführung des Krieges gegründeten „Attischen Seebund" stellten sie die meisten Schiffe und trafen allein die Entscheidungen. Die Perser wurden tatsächlich immer weiter zurückgedrängt. Doch bald zeigte sich, dass der Seebund in erster Linie Athen dazu diente, seine Interessen durchzusetzen. Mit den jährlichen Zahlungen der Verbündeten finanzierte Athen seine Flotte und führte an vielen Orten Krieg gegen die Perser.

Die Perser – Barbaren?

Das griechische Wort „Barbar" bezeichnete eigentlich jemanden, der nicht griechisch und deshalb unverständlich spricht. Als die Perser immer mehr zurückgedrängt wurden, verbreitete sich aber die Ansicht, diese seien nicht nur anders als die Griechen, sondern auch von Natur aus minderwertige Menschen. Sie wurden als Feinde angesehen, die man gleichzeitig verachtete und fürchtete.

D1 Die Schlacht von Salamis
Rekonstruktionszeichnung einer möglichen Kriegsszene mit so genannten Trieren (Dreiruderern).

Blick in eine Triere D2

Q5 Athens Anteil am Sieg der Griechen

Die Griechen stritten darüber, wer am meisten zum Sieg über die Perser beigetragen habe. Als Herodot dazu die folgenden Überlegungen anstellte, waren die Athener wegen ihrer Herrschaft im Seebund schon bei vielen Griechen verhasst:

An dieser Stelle muss ich nun offen eine Meinung darlegen, die zwar bei den meisten Leuten auf Ablehnung stoßen wird, die ich aber dennoch, wie es mir der Wahrheit zu entsprechen scheint, nicht zurückhalten will. Hätten die Athener in Angst und Schrecken vor der nahenden Gefahr ihre Heimat verlassen oder wären sie dageblieben und hätten sich dem Xerxes ergeben, dann hätte zur See niemand versucht, dem König Widerstand zu leisten. Hätte nun niemand Xerxes zur See Widerstand geleistet, dann wäre es auf dem Land gewiss etwa so gekommen: Mochten die Spartaner sich bei Korinth mit noch so vielen Mauern gepanzert haben, so wären sie doch von den Bundesgenossen im Stich gelassen worden, nicht aus freien Stücken, sondern aus Zwang, da eine Stadt nach der andern der Seemacht der Perser zum Opfer gefallen wäre, und so wären sie schließlich allein übrig geblieben. Verlassen und allein hätten sie zwar bestimmt Großes vollbracht und einen ehrenvollen Tod gefunden. Oder aber sie wären schon vorher, als sie sahen, wie auch die anderen Hellenen zum Feind übergingen, zu einer Übereinkunft mit Xerxes gekommen. Und so wäre in beiden Fällen Griechenland unter persische Herrschaft gekommen. (...) Recht hat also, wer sagt, die Athener seien die Retter von ganz Griechenland gewesen. Denn auf welche Seite sie sich schlugen, da musste die Waage sinken. Sie aber wählten Griechenlands Überleben in Freiheit.

Herodot, Historien VII,139, übers. v. W. Marg. Bd. 2, München 1991, S. 131, Bearb. d. Verf.

Fragen und Anregungen

1. Beschreibt die Szene im Felsrelief (Q2) und überlegt, was sie darstellen könnte.
2. Stellt zusammen, wie die Perser ihr Reich regierten, und nennt die Gründe für den Ausbruch des Krieges zwischen den Griechen und Persern.
3. Schildert die Rolle und die Folgen, die die Kriege mit den Persern für Athen hatten (VT).
4. Nach dem Sieg über die Perser war bei den siegreichen Griechen umstritten, wer den größten Anteil am Sieg hatte. Gebt die Position Herodots (Q5) dazu wieder und vergleicht sie mit den Informationen aus dem Verfassertext.
5. Vergleicht die Kriegsschiffe auf der Vase (Q3) mit der Rekonstruktionszeichnung (D1). Beschreibt ihren Aufbau und den Einsatz im Kampf.

Orientierung in der Geschichte

Karten helfen nicht nur zur Orientierung im Alltag, sondern erleichtern auch das Verständnis der Geschichte. Aus einer Geschichtskarte kann man schnell und anschaulich Information darüber bekommen, in welchem Raum der Welt, an welchem Ort und zu welcher Zeit sich Ereignisse, Entwicklungen und Beziehungen abspielten.

Genauso wie eine geografische Karte lässt die Geschichtskarte viele Einzelheiten weg und sie informiert nur über einen bestimmten Zeitabschnitt. Aus der Vielfalt der Geschehnisse wählt sie Informationen zu einem bestimmten Thema aus. Deshalb vereinfacht eine Geschichtskarte immer auch.

Am Beispiel des Verlaufs des Krieges zwischen Griechen und dem Perserreich 480/479 v. Chr. könnt ihr lernen, wie man eine Karte schnell erschließen und welche Informationen man daraus gewinnen kann.

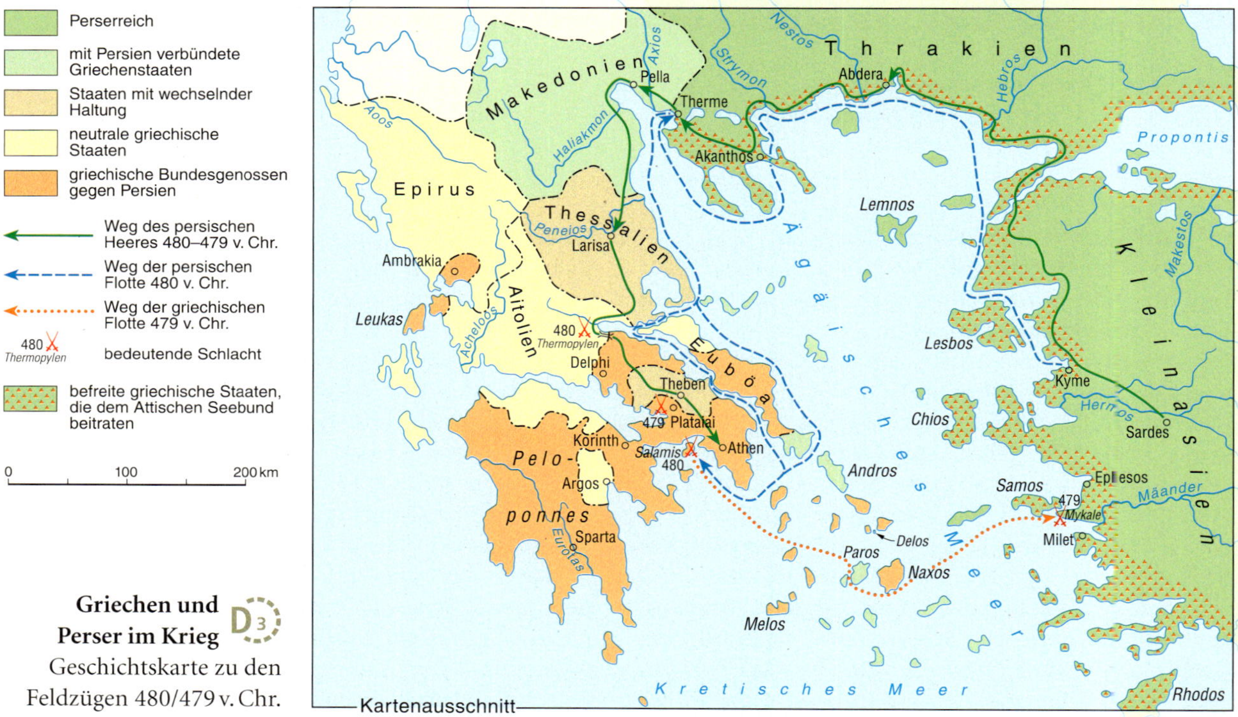

Griechen und Perser im Krieg D3

Geschichtskarte zu den Feldzügen 480/479 v. Chr.

Methodische Arbeitsschritte:

1. Über welches Thema informiert die Karte? Beachtet dabei die Unterschrift und die Legende.
2. Welcher Raum wird dargestellt? Welche Orte werden hervorgehoben? Vergleicht mit dem Geografie-Atlas, um welches heutige Gebiet es sich handelt.
3. Stellt fest, wie die Karte zeitlich eingeordnet ist. Bezieht sie sich auf ein bestimmtes Jahr, auf einen kurzen oder langen Zeitabschnitt? Werden unterschiedliche Zeitstufen dargestellt?
4. Macht euch sorgfältig mit der Legende vertraut. Welche besonderen Bedeutungen haben die Farben und Zeichen der Karte?
5. Sucht einige der Zeichen auf der Karte und stellt fest, welche Informationen ihr zur historischen Situation erhalten könnt.

Hinweise zur Arbeit mit Geschichtskarten
Geschichtskarten sind leichter verständlich, wenn man ihre besondere Zeichensprache kennt. Diese muss entschlüsselt werden, damit man die Karte lesen kann. Hierzu dient die Legende. Sie erläutert die Bedeutung der in der Karte verwendeten Farben und Zeichen sowie den Maßstab.

Abbildung Maßstab
0 100 200 km

Mithilfe des Maßstabes könnt ihr die Entfernung zwischen Orten, die Ausdehnung von Ländern und Gebieten oder die Wegstrecke von Handelslinien, Wanderungen und Kriegszügen bestimmen. Gebt einmal die Entfernung auf dem Landweg von Sardes zu den Thermopylen an.

Ausschnitt oder Ganzes

Die Karte, die auf dieser Doppelseite abgebildet ist, zeigt nur den Ausschnitt des riesigen Perserreiches, wo die Kriege von 480/479 v. Chr. stattfanden. Die gesamte Größe des Perserreiches könnt ihr der Karte auf Seite 123 entnehmen.

Perserreich
neutrale griechische Staaten
griechische Bundesgenossen gegen Persien

Verschiedene Farben und Namen kennzeichnen Gebiete oder Staaten. Hier sind die einzelnen griechischen Staaten nicht gekennzeichnet, sondern nur die für dieses Thema wichtigen. Die Farben geben an, in welchem Verhältnis die Staaten zueinander standen. Gebt die zu einer Farbe gehörenden Gebiete an.

Weg des persischen Heeres 480–479 v. Chr.
Weg der persischen Flotte 480 v. Chr.
Weg der griechischen Flotte 479 v. Chr.

Farbige Linien und Pfeile zeigen die Wege von Heeren und Flotten zu unterschiedlichen Zeiten. Wenn ihr die Vormarschwege der Perser betrachtet, könnt ihr vermuten, wie ihre militärische Planung (Strategie) aussah.

480 *Thermopylen* bedeutende Schlacht

Symbole kennzeichnen bedeutende Städte und die Orte, an denen sich Land- und Seeschlachten ereignet haben. Warum die Schlacht gerade bei den Thermopylen stattgefunden hat, kann man nur erkennen, wenn man auf einer geografischen Karte sieht, dass dort der Vormarsch der Perser durch einen Engpass zwischen Meeresküste und Gebirge verlief. Über den Verlauf und den Ausgang der anderen Schlachten gibt die Karte keine Auskunft. Informiert euch darüber im Verfassertext.

Thrakien

Die Namen auf der Karte sind nicht so neutral, wie man meinen sollte, sondern legen oft schon eine bestimmte Sichtweise (Perspektive) fest. So könnte „Kleinasien" auch mit dem Namen der persischen Provinz (Satrapie) „Sparda" bezeichnet werden. Statt des griechischen Namens „Thrakien" könnte das persische „Skudra" auf der Karte stehen.

Fragen und Anregungen

1. Bereitet in einer Kleingruppe einen Vortrag zur Karte vor. Wendet dabei die „Methodischen Arbeitsschritte" an und nehmt auch die „Hinweise zur Arbeit mit Geschichtskarten" hinzu.
   Stellt sicher, dass eure Zuhörer Antworten auf folgende Punkte erhalten:
   – die politische Lage vor dem Feldzug
   – Verlauf und Orte des Krieges
   – Ergebnis der Auseinandersetzung.

2. Ordnet nun die Karte in den historischen Zusammenhang ein. Dazu müsst ihr euch über das Verhältnis der Griechen und Perser im Verfassertext erkundigen: Erläutert die Ursachen und die Folgen der Perserkriege.

7. Sosibros – ein Hausherr in Athen

Frau mit Kleinkind Q1
Innenbild einer Schale (Ø 4,38 cm), um 450 v. Chr.

Haus und Familie von Sosibros

In den folgenden drei Kapiteln lernt ihr Sosibros kennen und mit ihm das Leben in Athen um das Jahr 450 v. Chr. Sosibros ist eine erfundene Gestalt, seine Geschichte ist aber kein Märchen. Denn alles, was in der Erzählung geschildert wird, haben Geschichtsforscher herausgefunden.

Q2 **Frauen am Brunnen**
Da in Athen die einzelnen Häuser keinen Wasseranschluss hatten, mussten die Frauen das gesamte Trinkwasser für den Haushalt von den öffentlichen Brunnen nach Hause schleppen. Wasserkrug (45,9 cm hoch), um 500 v. Chr.

Sosibros wohnt am Stadtrand von Athen, an der Straße nach Marathon, in einem einfachen, hübschen Haus. Um einen kleinen Innenhof liegen in zwei Stockwerken die verschiedenen Räume. Am wichtigsten für Sosibros ist der einfach eingerichtete Speiseraum, wo er sich öfter am Abend mit seinen Freunden trifft, Wein trinkt, sich unterhält und Lieder singt. Ansonsten ist er nur selten zu Hause. Wenn er nicht gerade arbeitet oder zur Volksversammlung geht, treibt er Sport oder steht mit Bekannten zusammen, um zu diskutieren. Sosibros hat ziemlich spät geheiratet. Seine Frau Kalliope war damals erst 16 Jahre alt, er schon 33. Aber das war nicht ungewöhnlich. Kalliopes Vater hatte ihr seinerzeit Geld, Kleidung und eine Dienerin als Mitgift gegeben, die sie in den Besitz des Sosibros einbrachte. Mittlerweile ist er Vater von zwei kleinen Kindern, die meist im Haus spielen.
Kalliope verlässt das Haus selten. Sie bewohnt einen Raum im zweiten Stock, wo kein männlicher Besucher zugelassen ist. Wenn sie zum Einkaufen geht, Verwandte besucht oder an einem religiösen Fest teilnimmt, wird sie meist von einer Dienerin begleitet. Im Haus bestimmt sie die täglichen Abläufe. Sie überwacht die Arbeit der Sklaven, sorgt für das Essen, achtet auf die Vorräte und erzieht die Kinder. Viel Zeit verbringt sie damit, Stoffe und Kleidungsstücke herzustellen.
Sosibros ist froh, dass er seiner Frau ein so zurückgezogenes und behütetes Leben zu Hause ermöglichen kann. In vielen anderen Familien müssen die Frauen auf dem Feld mitarbeiten oder auf dem Markt Waren verkaufen. Kalliope hat ihm zwei prächtige Kinder geboren, geht sparsam mit dem Geld um und hält den Haushalt in Ordnung. Das ist, wie Sosibros weiß, eine schwierige Aufgabe, die viel Zeit und Umsicht erfordert. Vor allem aber steht Kalliope in einem tadellosen Ruf. Selten nur wird über sie gesprochen, und wenn doch, dann nur Gutes.

Lebender Hausrat – die Sklaven

Außer seiner Frau und den beiden Kindern leben noch der Sklave Skythos und die Sklavin Hermione im Haus. Sie sind das Eigentum von Sosibros, er hat sie gekauft wie das Haus und die Möbel. Mit ihnen spricht er nicht viel, außer wenn er ihnen etwas befiehlt oder sie tadelt. Beide wurden schon als Sklaven geboren; ihre Eltern waren vor langer Zeit als Kriegsbeute nach Athen gekommen. Im Haus verrichten beide die anfallenden Arbeiten. Wenn wenig zu tun ist, nimmt Skythos eine Arbeit auf dem Markt oder im Hafen an. Was er verdient, muss er bei Sosibros abgeben, manchmal aber darf er einen kleinen Teil behalten.

Q3 **Frauen bei der Arbeit im Haus,** Vasenmalerei, 6. Jh. v. Chr.

Skythos kann sich nicht beklagen. Weil er geschickt mit den Händen ist, fällt ihm jede Arbeit leicht. Andere Sklaven haben es, das weiß er, sehr viel schwerer. Unter der sengenden Sonne auf dem Feld arbeiten zu müssen, das würde ihm gar nicht gefallen. Viel schlechter aber noch ergeht es den Sklaven, die in den Silberbergwerken schuften müssen. In niedrigen Gängen bauen sie bei flackerndem Lampenlicht das wertvolle Erz ab, ständig bedroht vom Einsturz der Decke des Stollens. Zehn Stunden am Tag, bei 35 Grad Hitze und feuchter Luft. Im Gegensatz zu diesen armen Teufeln hat Skythos wenigstens die Aussicht alt zu werden und vielleicht sogar von Sosibros freigelassen zu werden. Dann könnte er für sich selbst arbeiten, eine Familie gründen und hätte die gleichen Rechte wie die in Athen ansässigen Ausländer (Metöken).

Viele Ausländer wohnen in Athen

Von ihnen kennt Skythos viele. Sie arbeiten als Händler und Handwerker oder verrichten einfache Dienstleistungen. Athen führt über seinen Hafen Piräus viele Waren ein und aus und mit den Abgaben der Verbündeten kommt viel Geld in die Stadt. So gibt es immer viel Arbeit. Regelmäßig müssen die Metöken eine Steuer zahlen und manchmal auch Militärdienst leisten; zur Volksversammlung sind sie aber nicht zugelassen.

D1 **Rekonstruktionszeichnung eines athenischen Hauses**

Q4 Frauen arbeiten außerhalb ihres Hauses

Vor Gericht in Athen musste ein Angeklagter auch seine Herkunft und seine Lebensweise in einem möglichst guten Licht erscheinen lassen. Hier spricht der Athener Euxitheos, dem unter anderem vorgeworfen worden war, dass seine Mutter früher auf dem Markt Schnüre verkauft habe.

Außerdem hat der Ankläger meine Mutter beschuldigt, sie habe früher als Amme in Diensten gestanden. Ich bestreite nicht, dass das so war, in einer Zeit, als sich wegen des Krieges der Staat im Unglück und jedermann in Not befand. Aber denkt dabei nichts Schlimmes, ihr Bürger von Athen: Auch jetzt noch gibt es genug Bürgerfrauen, die solche Ammendienste tun und die ich euch mit Namen nennen kann. Wenn wir alle reich wären, würden wir weder mit Schnüren handeln noch so kümmerlich leben. Aber was hat das alles mit unserer Herkunft zu tun? Nichts, meiner Meinung nach.

Demosthenes, Rede gegen Euboulides 57, Kap. 36. Übers. u. Bearb. d. Verf.

Q5 Die Ehe, wie sie sein sollte?

Ein griechischer Autor sagt im 4. oder 3. Jh. v. Chr., wie Mann und Frau im Haus am besten zusammenwirken:

Was wäre wohl heiliger und erstrebenswerter, als mit der besten und wertvollsten Frau Kinder zu haben? Diese stützen die Eltern im Alter am besten, beschützen sie und erhalten das Haus. (…) Deshalb muss man der Ehefrau sagen, wie sie die Kinder zu erziehen hat, damit beide Eltern eng zusammenwirken und so die besten Kinder hinterlassen. (…)

Die größte Ehre für eine tüchtige Frau ist es zu wissen, dass der Mann ihr die Treue hält, an keine andere Frau denkt und immer weiß, dass die eigene Frau seine beste und treueste Freundin ist. Und auf nichts hat die Frau so sehr Anspruch wie auf treue Gemeinschaft mit ihrem Mann. (…) Er soll sie mit Respekt, Mäßigung und Zurückhaltung behandeln, soll sie loben, wenn sie etwas recht und ordentlich gemacht hat, soll Freundlichkeit und Vertrauen zeigen und kleine Fehler übersehen. Er soll weder gleichgültig noch übermäßig streng sein.

[Aristoteles], Über Haushaltung 3,69 ff., 94 ff., Übers. u. Bearb. d. Verf.

Q6 Eine Frau beurteilt ihr Leben

In seinem Theaterstück „Medea" lässt der Dichter Euripides (etwa 480–406 v. Chr.) die Hauptperson über das Leben einer Frau klagen. Obwohl Medea eine mythische Figur und keine Griechin ist, waren die Verhältnisse, von denen sie spricht, den athenischen Zuschauern aus ihrem Alltag vertraut. In dem 431 v. Chr. erstmals aufgeführten Stück ist Medea von ihrem Mann Jason, für den sie alles aufgegeben hatte, sitzen gelassen worden.

Denn er, in dem ich all mein Glück erkennen durfte,
mein Ehemann, wurde zum schändlichsten Verbrecher.
Von allem, was beseelt ist und Verstand besitzt,
sind doch wir Frauen das erbärmlichste Geschöpf.
Erst müssen durch ein Übermaß an Geld den Mann
wir kaufen – und den Herrn gewinnen über Leben
und Leib. Der Kernpunkt dann: Ist schlecht, ist gut, den
wir bekommen?
Sich scheiden lassen, bringt ja einer Frau nur Schande,
und einen Gatten abzulehnen, ist nicht möglich.
In eine neue Lebensführung tritt die Frau.
Gelingt uns das und lebt der Mann mit uns zusammen
und trägt das Ehejoch geduldig, spricht man von
beneidenswertem Leben. Sonst bleibt uns der Tod!
Und fällt dem Manne lästig der Familienkreis,
geht er hinaus und macht sein Herz vom Kummer frei.
Wir aber dürfen nur auf eine Seele schauen.
Sie sagen, ein gefahrloses Leben führten wir
im Hause, sie dagegen kämpften mit der Waffe.
Diese Dummköpfe! Dreimal möchte ich mich lieber
stellen
in Reih und Glied als einmal nur ein Kind zu gebären!

Euripides, Medea, Vers 228–251, aus: Euripides: Werke in drei Bänden. Aus dem Griechischen übertragen und herausgegeben von Dietrich Ebener. 2. durchgesehene und ergänzte Auflage. Berlin, Weimar 1979, Bd. 1, S. 54–55. Bearb. d. Verf.

Q7 Frauen beim Brotbacken

Tonfiguren.
Auf einfachen Herden wurde das Essen für die Familie zubereitet. Die Athener nahmen ihre tägliche Hauptmahlzeit am Abend ein; sie bestand aus Getreidebrei und Brot, Oliven, Knoblauch und Zwiebeln, Feigen oder anderem Obst. Auch Käse wurde gern gegessen. Guter Fisch galt als besonderer Leckerbissen. Fleisch gab es selten und meist nur dann, wenn ein Tier als Opfer für die Götter geschlachtet worden war. Den Durst löschte man mit Wein, der mit Wasser vermischt war.

Q8 Junges Mädchen als Dienerin
Gut gekleidete junge Frauen, so genannte Hetären („Gefährtinnen"), hatten sich darauf spezialisiert, Männer bei Festgelagen durch Musizieren, Tanzen und kluge Bemerkungen zu unterhalten. Oft lebten sie auch über längere Zeit mit einem Mann zusammen und waren so etwas wie dessen zweite Frau. Für ihre Dienste erhielten sie Geld und Geschenke, aber sie achteten darauf, nicht als Prostituierte (Frauen, die körperliche Liebe für Geld anbieten) betrachtet zu werden. – Auf dem Bild könnte auch eine Sklavin dargestellt sein, die ihrem betrunkenen Herrn behilflich ist. Sklavinnen mussten alles tun, was von ihnen verlangt wurde. Trinkschale (Ø 32 cm), um 480 v. Chr.

Q9 Arbeit im Bergwerk
Zu sehen sind Sklaven oder Tagelöhner, die möglicherweise in Tongruben arbeiten. Terrakotta, um 650 v. Chr.

Sklaven

In fast allen Staaten der Antike gab es Menschen, die persönlich unfrei und Eigentum eines anderen Menschen waren. Im 5. Jahrhundert v. Chr. kamen griechische Sklaven vor allem aus Ländern außerhalb Griechenlands; sie wurden auf Märkten wie Waren verkauft. Auch die Bewohner einer eroberten Stadt konnten in die Sklaverei verkauft werden. Die Kinder von Sklaven waren wiederum Sklaven. Sklaven hatten nur sehr wenige Rechte und mussten tun, was ihnen befohlen wurde. Sie wurden überall eingesetzt: im Haus, in der Landwirtschaft, im Handwerk und im Handel.

Fragen und Anregungen

1. Legt eine Tabelle an und tragt in die einzelnen Spalten die Bewohner ein, die im Haushalt des Sosibros leben (VT). Listet dort dann die genannten Tätigkeiten auf. Stellt anschließend Unterschiede in einem Haushalt heute und früher zusammen.
2. Schildert, wie sich der griechische Autor das Zusammenleben von Mann und Frau vorstellt (Q5). Vergleicht diese Aussage mit den Äußerungen Medeas (Q6).
3. Beschreibt das griechische Haus und seine Einrichtung (D1) mithilfe der Informationen aus dem Verfassertext.
4. Beschreibt das Aussehen des Brunnens (Q2). Überlegt dann, warum die athenischen Frauen gern zum Brunnen gingen, obwohl das Schleppen der vollen Wasserkrüge schwere Arbeit war. Spielt eine kleine Szene: Frauen treffen sich beim Wasserholen. Benutzt dazu auch die Informationen aus Q5 und 6.
5. Ein Verwandter von Skythos arbeitet in einem Bergwerk (VT). Er schlägt vor, gemeinsam wegzulaufen. Was antwortet Skythos? Spielt eine Szene.

8. Sosibros – vom Stolz des Handwerkers

Auf dem Weg zur Arbeit

Früh am Morgen bricht Sosibros mit Stock und Lederranzen zur Arbeit auf. Sosibros ist Handwerker, aber anders als viele seiner Kollegen arbeitet er nicht in einer Werkstatt, die sich in seinem Haus befindet. Vielmehr muss er ein ganzes Stück gehen, um zur Erzgießerei von Lysias zu kommen.

In der Bronzegießerei

Morgens ist es in der Werkstatt noch angenehm. Aber wenn der Schmelzofen erst einmal richtig angeheizt ist, wenn die Blasebälge Luft in die Glut drücken, um sie noch heißer zu machen, und wenn das Metall flüssig genug ist, um es zu gießen, dann herrscht eine mörderische Hitze, trotz der großen Öffnungen ins Freie. Die Luft ist von Qualm und stinkenden Gasen erfüllt, und die Wände hallen wider von den Rufen und dem Keuchen der schwitzenden Männer. Alle müssen sehr aufpassen, denn mit flüssigem Metall umzugehen ist nicht ungefährlich. Sosibros begrüßt die anderen Männer, die schon in der Werkstatt sind. Sie sind zu sechst: Sosibros ist Gießmeister und der „zweite Chef" im Betrieb; Laches ist Formenmacher, Kallikles ist für das Zusammensetzen und die Endfertigung der Figuren verantwortlich. Sie alle werden für ihre Arbeit bezahlt. Zwei Sklaven sind für den Schmelzofen zuständig, ein Gehilfe hat die Aufgabe, die fertigen Figuren auf Hochglanz zu polieren. Mit den Sklaven würde Sosibros nie über seine Familie sprechen oder über politische Fragen. Sie sind eben doch nur Sklaven, Arbeitsgeräte mit Händen und Füßen und einer Stimme. Aber von ihrer Arbeit verstehen sie etwas, das erkennt er an. Lysias, der Besitzer der Gießerei, kommt oft vorbei, um die Arbeit zu kontrollieren. Manchmal bringt er auch Kunden mit, die eine fertige Figur ansehen wollen oder eine neue bestellen. Bei großen Aufträgen mietet Lysias noch zusätzliche Sklaven für ein paar Tage.

„Wir schaffen großartige Figuren!"

In diesen Tagen freut sich Sosibros noch mehr als sonst auf seine Arbeit. Lysias hat nämlich einen besonderen Auftrag hereingeholt: Im Auftrag der Volksversammlung von Athen soll er eine große Figur aus Bronze herstellen. Zwei Meter groß soll

Q1 Bronzegießerei
Die beiden Abbildungen zeigen die Außenseiten einer Trinkschale (Ø 30,5 cm), 490–480 v. Chr. Auf ihr sind verschiedene Arbeitsschritte in einer Bronzegießerei zu sehen.

sie sein und den Gott Apollon darstellen. Es ist vorgesehen, die Lippen und Brustwarzen aus Kupfer, den Bogen aus Silber, die Augen aber aus edlen Steinen zu machen. Schon seit Tagen ist Laches mit den Sklaven dabei, Gießformen aus Ton für die einzelnen Teile der Figur zu bauen. Heute sind die Beine dran. Die Form steht bereit: Um einen Kern aus Holz und Ton ist eine Schicht aus Wachs aufgetragen und so geformt, wie später das Bein außen aussehen soll. Lange hat Laches an den Muskeln, Sehnen und der Kniescheibe herumgeknetet. Schließlich wurde auf die Wachsschicht wieder eine dicke Tonschicht aufgelegt und durch Stege mit der inneren Tonschicht verbunden. Der Ton musste trocknen und wurde dann gebrannt. Dabei schmolz das Wachs und floss heraus. Übrig blieb ein Hohlraum, in den nun die Bronze gegossen wird.
Sosibros ist ganz bei der Sache. Die flüssige Bronze muss genau die richtige Temperatur haben und in der richtigen Geschwindigkeit aus dem Schmelztiegel in die Form fließen. Zu schnell oder zu langsam – und der Guss misslingt. Viel Zeit wäre dann verloren und viel teure Holzkohle umsonst verfeuert. Doch Sosibros ist zuversichtlich, denn er hat viel Erfahrung.

Der Guss der beiden Beine ist Sosibros gleich gelungen. Nachdem das Metall abgekühlt ist, brechen die Sklaven vorsichtig die äußere Tonschicht ab. Das Metall kommt zum Vorschein. Noch ist es unansehnlich und mit einigen Löchern von den Stegen versehen. Aber wenn es nachbehandelt und poliert ist, wird es wie Gold in der Sonne funkeln. Schon sucht Kallikles sein Werkzeug und das Material zusammen, um die einzelnen Teile zusammenzufügen. Später wird niemand mehr sehen, dass die Figur aus einzelnen Teilen gefertigt ist. Sosibros hat gehört, dass der Apollon ein Geschenk der Athener an die Götter sein und auf der Akropolis aufgestellt werden soll. Griechen aus vielen Städten werden kommen und ihn bestaunen und bewundern. Sie werden voller Neid sagen: „Die Athener machen eben doch die schönsten Bronzefiguren. Niemand kann das so gut wie sie.“ Sosibros freut sich und ist stolz auf seine Arbeit, obwohl sie sehr hart und ziemlich schmutzig ist. Denn es gibt nichts Schöneres, als auf seinem Gebiet der Beste zu sein und von vielen Menschen geachtet zu werden.

Q2 Der fertige Apollon
Die meisten antiken Bronzefiguren kennen wir nur durch Kopien in Stein aus der Römerzeit, so auch den „Kasseler Apollon“, um 450 v. Chr. Diese Nachbildung in Originalgröße (ca. 1,90 m) zeigt, wie die werkstattfrische Figur ausgesehen hat.

Q3 Vorbau eines Tempels auf der Akropolis

Warum sind einige Figuren nackt?

Wenn du das Bild der Figur unten betrachtest, fällt dir sicher als erstes auf, dass sie ganz nackt ist. Wahrscheinlich findest du das seltsam oder du lachst darüber. Die Griechen fanden das aber ganz normal und lachten auch nicht. Zunächst einmal: Die Götter besaßen natürlich Kleidung. Auch die Handwerker in der Gießerei trugen mindestens einen Lendenschurz, sahen also nicht wirklich so aus wie die Männer, die du auf dem Vasenbild (Q1) siehst. Aber die Figur und das Vasenbild sind deshalb doch nicht „falsch". Die Griechen wollten einfach den Menschen oder auch einen jungen Gott (in Gestalt eines Menschen) in seiner schönsten Form. Ihn so zu zeigen bedeutete so viel wie: ihn zu rühmen. Er sollte den Leuten gefallen. Sie sollten wissen: Diese Figur stellt einen vollkommenen Unsterblichen oder einen sehr tüchtigen Krieger dar, oder: Diese Handwerker verstehen ihr Geschäft besonders gut. Ihre Klasse wird durch die Nacktheit hervorgehoben. Göttinnen und „normale" Frauen wurden übrigens fast immer bekleidet dargestellt. Nackt waren auf Vasenbildern meist nur Frauen, die dem Vergnügen von Männern dienten.

Q4 Bei dem athenischen Schriftsteller Xenophon (etwa 430–355 v. Chr.) lesen wir:

Die Handwerksarbeit hat einen schlechten Ruf und wird in den Städten mit Recht verachtet. Sie fügt den Arbeitern und Aufsehern körperliche Schäden zu, weil sie dazu zwingt zu sitzen und ohne Tageslicht zu arbeiten. Einige Handwerker müssen sogar den ganzen Tag vor dem Feuer zubringen. Wenn aber die Körper dadurch geschwächt worden sind, dann nimmt auch die Seele Schaden. Außerdem haben solche Leute keine Zeit mehr sich um ihre Freunde und ihre Stadt zu kümmern. Man sagt deshalb, sie sind nicht fähig Freunde zu haben und für ihre Vaterstadt einzutreten.

Xenophon, Von der guten Führung eines Haushaltes 4, 2–3. Übers. d. Verf.

Krieger von Riace Q5
Bronzestatue (ca. 2 m hoch), um 460/50 v. Chr.

Fragen und Anregungen

1. Versetzt euch in die Lage von Sosibros. Er will einen Sklaven anlernen. Dazu erklärt er ihm die Herstellung einer Statue anhand der Erzgießereischale (Q1). Vorher solltet ihr die Bildquelle gründlich auswerten. Informiert euch nochmals auf Seite 68, wie man Bildquellen bearbeitet.
2. Erklärt, warum Sosibros die ganze Figur nicht allein macht (VT).
3. Klärt, welche Einstellung Xenophon zur Handarbeit hat (Q4). Wie wird er wohl sein Geld verdient haben?
4. Ein Freund von Sosibros, der Weinhändler Patrokles, ärgert ihn immer mit dem Satz: „Deine Arbeit ist Knochenarbeit, macht dreckig und findet im Dunkeln statt. Sie ist nichts wert!" Was würdet ihr Patrokles anstelle des Sosibros entgegnen?

9. Sosibros – Bürger und Soldat

In der Volksversammlung

An diesem Morgen geht Sosibros nicht zur Arbeit. Denn heute findet eine Volksversammlung statt. Sosibros weiß, dass eine wichtige Entscheidung gefällt werden soll. Deshalb verzichtet er für diesen Tag auf seinen Arbeitslohn und nimmt als Bürger an der Volksversammlung teil. Sosibros geht natürlich nicht zu jeder der mehr als 40 Versammlungen im Jahr; manchmal lässt er sich auch von seinen Freunden und Nachbarn berichten, worum es ging, und er spricht vorher mit ihnen darüber, wie sie wohl am besten abstimmen. Es fällt ihm leicht, öfter zur Versammlung zu gehen, denn er wohnt in der Stadt und muss nicht wie viele Bauern in Attika 30 oder 40 Kilometer laufen, um teilnehmen zu können.

Eine Flotte nach Ägypten?

Aber das Thema heute ist wichtig: Soll Athen einen großen Teil seiner mächtigen Flotte nach Ägypten schicken oder nicht? Seit über 30 Jahren führt Athen Krieg gegen das Perserreich. Nun ist in Ägypten, das auch zum Perserreich gehört, ein Aufstand ausgebrochen. Es erscheint möglich, den verhassten Feind endlich entscheidend besiegen zu können. Dazu müsste Athen die Aufständischen unterstützen.

Q1 **Foto des Versammlungsplatzes,** der so genannten Pnyx. Die halbrunde Fläche der Pnyx war im 5. Jh. v. Chr. etwa 2500 Quadratmeter groß. Das Foto zeigt den Ausbauzustand des 4. Jahrhunderts v. Chr. Klärt, wie viele Personen auf einem Quadratmeter Platz finden. Rechnet aus, wie viele Athener auf die Pnyx ungefähr passten, und vergleicht euer Ergebnis mit der Gesamtzahl der attischen Bürger (Seite 95).

Auf dem Versammlungsplatz, der Pnyx, ist es schon ziemlich voll. Sosibros schätzt, dass heute mindestens 7000 Bürger zusammenkommen. Für Ruhe und Ordnung sorgen Polizeisklaven aus dem fernen Skythenland. Mit ihren typischen Bogen sind sie leicht zu erkennen. Wie alle anderen Sklaven in Athen dürfen sie an der Versammlung selbst natürlich nicht teilnehmen.

Sosibros sieht viele Freunde und Bekannte und begrüßt sie herzlich. Dann geht es los. Nach dem üblichen Tieropfer sagt ein Mitglied des Rats der 500 noch einmal, worum es heute geht. Sosibros war vor ein paar Jahren selbst schon einmal Mitglied in diesem Rat gewesen. Seine Mitglieder sitzen in einem runden Gebäude, dem Tholos. Dort werden alle politischen Entscheidungen vorbereitet und auch Gäste aus dem Ausland empfangen. Jeder Athener kann in seinem Leben zwei Mal Mitglied im Rat werden. Dazu wird man nicht gewählt, sondern nach einem ausgeklügelten Verfahren gelost. Jeder Bürger soll die gleiche Chance haben. Die Athener wollen auch nicht, dass nur reiche Leute, die nicht arbeiten müssen, sich zur Auslosung stellen. Um dies zu erreichen, hat man beschlossen, den Ratsmitgliedern ihren Verdienstausfall mit einer kleinen Geldsumme zu ersetzen.

Q2 **Heutiger Zustand der Rednerbühne**

Der Sprecher des Rates trägt den Antrag vor, den der Rat kurz zuvor besprochen hat: Die ranghöchsten Beauftragten des Volkes – sie heißen Strategen – sollten rasch eine schlagkräftige Flotte mit vielen Kämpfern ausrüsten und sie nach Ägypten

Bürger und Politik in Athen D1
Schaubild zur politischen Mitwirkung eines Bürgers und zu seinen Pflichten

Der Bürger konnte Ämter übernehmen und Amtsträger wählen und überwachen.

Der Bürger entschied in der Volksversammlung über
- Krieg und Frieden
- Gesetze
- Ausgaben des Staates
- Sicherung der Getreideversorgung
- und vieles andere.

Der Bürger leistete Militärdienst als Hoplit mit Rüstung oder als Ruderer auf einem Kriegsschiff.

Der Bürger saß als ausgeloster Geschworener im Volksgericht.

Q3 **Göttin Athene,** vielleicht beim Betrachten einer Liste wie Q4. Relief (54 cm hoch), um 400 v. Chr.

führen. Die versammelten Männer hören aufmerksam dem Sprecher des Rates zu. Oft, vor allem bei weniger wichtigen Angelegenheiten, wird gleich abgestimmt. Heute ist das anders, heute wird lange und heftig diskutiert, obwohl es sehr heiß ist und es unter freiem Himmel keinen Schutz vor der Sonne gibt. Einige sprechen leidenschaftlich für das große Unternehmen und schwärmen vom sagenhaften Reichtum Ägyptens, andere malen die Gefahren in düsteren Farben aus. Sosibros findet das gut. Er ist überzeugt, dass sich in der Diskussion schon herausstellen wird, welche Seite die besseren Argumente hat. Denn das Leben vieler Athener steht auf dem Spiel. Sosibros hat vor Jahren einen Bruder im Krieg verloren und einer seiner Neffen verrichtet Ruderdienst auf einem Kriegsschiff. Auch Sosibros hat zu Hause eine Hoplitenrüstung, und wenn er seinen Namen auf der großen Tafel des militärischen Aufgebots liest, legt er sie an und zieht zusammen mit seinen Mitbürgern in den Kampf. Für Sosibros ist das ganz selbstverständlich: Alle freien und erwachsenen Männer müssen, wenn es nötig ist, für ihre Stadt in den Krieg ziehen. Ebenso selbstverständlich ist für ihn, dass die Athener sich selbst regieren und alle ihre politischen Entscheidungen gemeinsam treffen. Auch diejenigen, die von der Mehrheit überstimmt werden, tragen die Entscheidung mit, denn sie können hoffen, das nächste Mal zur Mehrheit zu gehören.

„Unsere Ordnung, die Demokratie"

Sosibros ist stolz auf die Art und Weise, wie die Athener diese Dinge handhaben. Keine andere griechische Stadt macht das so. Nicht wenige reiche und mächtige Leute haben das Sagen, sondern das ganze Volk. Ganz folgerichtig sprechen die Athener denn auch von der „Herrschaft des Volkes", auf griechisch: Demokratie. Schließlich stimmt die große Mehrheit dafür, den Ägyptern mit einer Flotte zu helfen. Auch Sosibros hat so gestimmt. War den Athenern bisher nicht alles gelungen, was sie angefangen hatten? Fürchtete man ihre große Flotte nicht überall? Musste man nicht gerade jetzt Mut und Stärke zeigen? Mithilfe der Götter wird es schon gelingen, wird Athen erneut großen Ruhm erwerben. Sosibros ist bereit, seinen Beitrag zu leisten.

Nachbemerkung: 454 v. Chr. scheiterte die Ägyptenexpedition. Etwa 20 000 Kämpfer aus Athen und anderen Seebundstädten kehrten nicht nach Hause zurück.

Q4 Liste von Gefallenen

Die Bürgerschaft Athens war in zehn Unterabteilungen gegliedert, die so genannten Phylen. Mitglieder einer Phyle arbeiteten im Rat der 500 zusammen und sie leisteten auch gemeinsam Militärdienst. Die folgende, hier nur in Auszügen wiedergegebene, zudem nicht vollständig überlieferte Liste verzeichnet in drei Spalten mit Namen die Gefallenen der Phyle Erechtheis aus einem einzigen Kriegsjahr, wahrscheinlich 459/58 v. Chr.:

Von (der Phyle) Erechtheis fanden Folgende den Tod im Krieg in Zypern, in Ägypten, in Phönikien, bei Halieis, bei Aigina und bei Megara im Verlauf desselben Jahres: Von den Heerführern Phrynichos. Pantatelon, Polystratos, Drakontides (es folgen 52 weitere Namen). (Der) Stratege Hippodamas, Euthymachos, Eumelos, Androsthenes; Bogenschützen: Phynos, Tauros, Theodoros, Aleximachos. Phanyllos (es folgen 55 weitere Namen). In Ägypten: Telenikos (der) Seher. Akryptos, Timokrates, Archelas (es folgen 53 weitere Namen).

Zit. nach: Kai Brodersen/Wolfgang Günther/Hatto Schmitt, Historische Griechische Inschriften in Übersetzung, Bd. I, Darmstadt 1992, Nr. 53.

Q5 Der Abschied des Kriegers

Das Bild auf einem Weinkrug (44 cm hoch) aus der Zeit um 430 v. Chr. zeigt den Moment, in dem ein Krieger Haus und Familie verlässt, um in den Krieg zu ziehen. Aus der flachen Schale wurde kurz zuvor ein Trankopfer gespendet: Verbunden mit einem Gebet wurde eine kleine Menge Wein für die Götter auf den Boden gegossen.

Demokratie – damals und heute

In Athen gab es eine direkte Demokratie: Alle Bürger – allerdings nur Männer – fassten in der Volksversammlung Beschlüsse und konnten eines der zahlreichen Ämter bekleiden. Sie waren, wie man damals sagte, Herrscher und Beherrschte zugleich.

Heute haben wir eine andere Form von Demokratie. Die vielen Millionen Bürger, Männer und Frauen, können nicht immerzu in einer Volksversammlung über die zahlreichen und komplizierten Gesetze und Beschlüsse abstimmen. Sie wählen daher Abgeordnete als ihre Vertreter in ein Parlament; bei uns ist das der Deutsche Bundestag. Politiker ist heute ein Beruf, der viel Spezialwissen erfordert, anders als in Athen.

Fragen und Anregungen

1. Versetzt euch in die Lage eines ausländischen Besuchers. Berichtet nach eurer Heimkehr, wie die Athener politische Entscheidungen treffen (VT).
2. Alle öffentlichen Ämter wurden in Athen zum Teil durch Wahlen (VT und D1), meistens aber durch Auslosung und immer nur für ein Jahr besetzt. Nennt mögliche Gründe dafür und diskutiert Vor- und Nachteile dieses Verfahrens.
3. Bestimmt die Personen auf dem Weinkrug (Q5). Betrachtet auch die Gesichter der Figuren genau und überlegt, in welcher Stimmung sie sich befinden. Welche anderen Gefühlsregungen wären in diesem Moment auch möglich?
4. Eine Phyle umfasste ungefähr 4000 Bürger. Zählt die Toten auf der Gefallenenliste (Q4) und berechnet aus beiden Zahlen den Anteil der Gefallenen an der Gesamtzahl der Phylenmitglieder in diesem Jahr.
5. Ihr habt bereits gelernt, wie man ein Schaubild auswertet (Seite 58). Entwickelt nun mit der Hilfe eures Lehrers selbst ein Schaubild, wie die Athener Beschlüsse fassten. Ein Tipp: Berücksichtigt die Bevölkerung, die Volksversammlung, die Amtsträger, den Rat der 500 und die Gerichte.
6. Nehmt Stellung: Die Demokratie in Athen – Herrschaft der Mehrheit oder einer Minderheit?

10. Freiheit durch Herrschaft über andere?

Münzen aus Athen Q1
trugen den Kopf der Göttin Athene und ihr „Wappentier“, die Eule. Die Buchstaben „Athe“ stehen kurz für „(Münze der) Athe(ner)“. Die Athener sorgten dafür, dass ihre Münzen im ganzen Gebiet des Seebundes verwendet wurden.

Athen wird Großmacht

Durch den Sieg gegen die Perser und die Gründung des Attischen Seebundes im Jahre 477 v. Chr. hatten die Athener großes Selbstvertrauen gewonnen und ihre Polis war zu einer geachteten und gefürchteten Großmacht geworden.

Athens Nutzen aus der Großmachtstellung

Fast alle Bürger waren dafür, die für den Krieg gebaute Flotte zu erhalten und einzusetzen, denn jede Gruppe hatte Vorteile davon. Bauernsöhne, die in Attika nur noch kleine Höfe besaßen, konnten in einer Kolonie ein größeres Stück Land bekommen. Händler und Handwerker hatten reichlich zu tun, denn über den neuen Hafen Piräus führte Athen von überall her Nahrungsmittel, Sklaven und Bauholz ein, während Wein, Olivenöl, Tongefäße und Waffen ausgeführt wurden. Die Ärmeren, die kein eigenes Land besaßen, fanden immer Arbeit, oft auch bei den großen Bauprojekten: Stadtmauern, Schiffshäuser, Tempel und andere öffentliche Gebäude wurden errichtet. Vor allem aber ruderten die Ärmeren die Kriegsschiffe, denen Athen Macht und Wohlstand verdankte. Kein Wunder, dass sie deshalb auch in der Volksversammlung selbstbewusst ihre Meinung vertraten. Die reichen Bürger mussten zwar mit ihrem Vermögen die Schiffe ausstatten oder Theateraufführungen finanzieren. Dafür hatten sie im Wirtschaftsraum des Seebundes viele Möglichkeiten Geld zu verdienen.

Die Adligen in der Demokratie

Aus diesem Grund fanden auch die meisten Adligen ihren Platz in der Demokratie. Und ihr altes Ziel, Ruhm, Ehre und Macht für sich zu gewinnen, konnten sie immer noch erreichen. In der Volksversammlung machten sie Vorschläge und versuchten die Zustimmung der Mehrheit zu gewinnen. Vor allem aber bewarben sie sich um das höchste Amt, das die Volksversammlung durch Wahl zu vergeben hatte: das Amt des Heerführers (Strategen). Erfolgreich konnten sie auf Dauer nur sein, wenn sie das Vertrauen der Bürgerschaft besaßen, denn sie hatten in erster Linie auszuführen, was das Volk beschloss. Natürlich konnten sie versuchen, die Ansichten der Bürger ein wenig zu steuern. Doch über die Grundlinien bestand Einigkeit: Die demokratische Ordnung sollte gesichert und ausgebaut werden, ebenso die Vor-

Hegemonie

(griech.: „hegemonía“, d. h. Führerschaft) meint die politische, militärische und oft auch wirtschaftliche Vormachtstellung eines Staates über andere. Meist wird dieses Verhältnis durch Verträge festgeschrieben. Bei den Griechen stand ein solches ungleiches Bündnisverhältnis in einem starken Gegensatz zur Autonomie einer jeden Polis, d. h. ihrer Selbstbestimmung und Unabhängigkeit. Das galt zumal dann, wenn die Vormacht direkt in innere Angelegenheiten der Verbündeten eingriff und ihnen z. B. eine bestimmte Regierungsform vorschrieb.

herrschaft (Hegemonie) im Seebund. Um die bisherige Vormacht Sparta zu übertrumpfen, kämpfte Athen zeitweise sogar in Griechenland gegen seine Nachbarn. Adlige, die als Strategen erfolgreich waren, genossen großes Ansehen und wurden immer wieder gewählt. Das galt etwa für Kimon, der nach 477 v. Chr. den Kampf gegen die Perser weiterführte, oder für Perikles, der 439 v. Chr. einen Aufstand der Seebundstadt Samos blutig beendete. Wenn diese Männer jedoch das Vertrauen des Volkes verloren, stürzten sie tief. So wurde Kimon durch das so genannte Scherbengericht verbannt, als er sich gegen eine von der Mehrheit gewünschte Stärkung des Rates der 500 und der Volksversammlung wandte. Perikles wurde als Stratege abgesetzt und zu einer hohen Geldstrafe verurteilt, als der große Krieg gegen Sparta für Athen schlecht lief. Später verurteilten die Athener einige Strategen sogar zum Tode, weil sie leichtfertig waren oder angeblich den Feind unterstützt hatten.

Q2 Bildnis des Perikles
Perikles hat wohl nicht so ausgesehen. Der Helm des Strategen verweist auf das Amt, das dem Staatsmann zwischen 450 und 430 v. Chr. seinen Einfluss sicherte. Römische Kopie einer Statue um 430 v. Chr.

D1 Athen als Großmacht
Geschichtskarte zu Bündnissen nach 477 v. Chr.

Seit 431 v. Chr. gab es Krieg zwischen Athen und Sparta. Perikles und mit ihm die meisten Athener glaubten durch einen Sieg die endgültige Vorherrschaft in Griechenland erringen zu können, denn Athen hatte die Flotte und viel Geld. Die Spartaner hatten keines von beiden, verkündeten aber ein zündendes Kriegsziel: Alle Griechen sollten frei und unabhängig sein. Das kam gut an, denn die athenische Herrschaft im Seebund war trotz aller Vorteile, die sie auch gebracht hatte, doch für viele Städte drückend geworden. Weil beide Seiten viele Verbündete hatten und unbedingt siegen wollten, waren bald fast alle Griechen in ein langes und blutiges Ringen verwickelt. Schließlich taten sich die Spartaner sogar mit den Persern zusammen, um eine Flotte zu bauen. In Athen fielen kurz nach Kriegsbeginn viele Menschen einer Seuche zum Opfer. Danach wechselten sich Siege und Niederlagen ab. Schließlich besiegte Sparta Athen zur See. Die Stadt wurde ausgehungert und musste sich im Jahre 404 v. Chr. ergeben. Danach gab es weitere Kriege um die Hegemonie, und die Perser gewannen die Küste Kleinasiens zurück. Sparta konnte seine neue Vormachtstellung in Griechenland nur mit Gewalt und nicht auf Dauer behaupten. Die Athener aber bewahrten ihre demokratische Ordnung, ohne jedoch die alte Macht zurückgewinnen zu können.

Wie kam es zum Peloponnesischen Krieg?

Kontro vers

Wie kam es zum Peloponnesischen Krieg?

Der Ausbruch des Krieges zwischen Athen und Sparta (431–404 v. Chr.) ließ die Zeitgenossen nach den Ursachen fragen. Sie kamen zu verschiedenen Antworten:

Q3 *Der athenische Dichter Aristophanes spielt in diesem Abschnitt aus seinem Bühnenstück „Die Acharner" auf einen Volksbeschluss der Athener vor dem großen Krieg an, der sich gegen die benachbarte Polis Megara richtete. Das Stück wurde 425 v. Chr. aufgeführt. Es spricht Dikaiopolis („die gerechte Polis"), ein Athener vom Lande, der den Krieg satt hat:*

Perikles, als wäre er Zeus, warf im Zorn mit Blitz und Donner Griechenland durcheinander, erließ Gesetze, die sich wie Trinklieder lesen: „Die Megarer sollen ausgeschlossen sein vom Land und vom Markt, vom Meer und vom Himmel." Die Megarer schwanden nun hungernd Stück um Stück dahin und suchten Hilfe in Sparta gegen dieses Verbot. Man bat uns oft, aber wir hörten nicht. Kein Wunder, gab's am Ende Schildgerassel. (…) Dreihundert Schiffe stachen schnell ins Meer, und welch Getümmel in der Stadt, Matrosen und Soldaten, Rufe nach den Schiffskapitänen. Man hörte nichts als: (…) Löhnung! Zur Halle! Korn gemessen, Schläuche, Gefäße, Tonnen, Ruderriemen, Körbe, Knoblauch, Oliven, Netze voller Zwiebeln, Sardellen, Kränze, Flötenmädchen, Prügel. Die Schiffswerft dröhnte vom Konzert der Säge, des Bohrers, Hobels, Hammers, Beils, vom Fluchen, Befehlen, Pfeifen, Trällern, Flötenblasen! So würdet ihr es immer wieder machen!

Aristophanes, Die Acharner 530–540, 544–554. Übers. u. Bearb. d. Verf.

Q4 *Zu den Ursachen des Krieges äußert sich der Geschichtsschreiber Thukydides (ca. 460–400 v. Chr.). Er war in Athen Stratege, wurde aber wegen eines fehlgeschlagenen Feldzuges vom Volk verbannt:*

Warum die Athener und die Spartaner den dreißigjährigen Friedensvertrag (von 446 v. Chr.) aufhoben und was sie sich gegenseitig öffentlich vorwarfen, darüber schreibe ich vorweg, damit nicht später einer fragt, woher denn ein solcher Krieg in Griechenland ausbrach. Den wahrsten Grund aber, zugleich den am meisten verschwiegenen, sehe ich im Wachstum von Athens Macht. Das zwang die erschreckten Spartaner zum Kriege.

Thukydides, Geschichte des Peloponnesischen Krieges, 1,23,4–6; Übers. u. Bearb. d. Verf.

Q5 **Tonscherbe als Stimmzettel**
(5. Jahrhundert v. Chr.)
Die Scherbe nennt einen Mann, der Sohn des Xanthippos war (2. Zeile). Wenn ihr die letzten vier Buchstaben der ersten Zeile entziffert, kommt ihr sicherlich auf den Namen.

Ein griechischer Historiker schreibt dazu:

Das Volk stimmt jedes Jahr ab, ob das Scherbengericht überhaupt stattfinden soll. Wenn das beschlossen ist, wird der Versammlungsplatz mit einer Schranke eingezäunt und es werden zehn Eingänge gelassen, durch welche man, nach Phylen geordnet, hineingeht und die Scherben abgibt, und zwar mit verdeckter Aufschrift. Den Vorsitz führen die neun Archonten und der Rat. Nur wenn mehr als 6000 Stimmen abgegeben wurden, zählen sie aus, wer die meisten Stimmen erhalten hat. Dieser muss seine privaten Angelegenheiten innerhalb von zehn Tagen regeln und die Stadt für zehn Jahre verlassen (später waren es fünf), darf sein Vermögen weiter nutzen, jedoch die Höhe von Geraistos auf Euboia nicht überschreiten.

Philochorus Fragment 30, in: F. Jacoby (Hg.), Die Fragmente der griechischen Historiker, Bd. III B, Leiden 1950, Nr. 328. Übers. u. Bearb. d. Verf.

Fragen und Anregungen

1. Im 6. Jahrhundert v. Chr. hatten die Adligen die Führungsrolle inne. Schildert, was sich verändert hat, und erläutert, wie sich die Aristokraten in der Mitte des 5. Jahrhunderts betätigen konnten.
2. Wertet Quelle 3 aus und klärt folgende Fragen: Wie wird Perikles charakterisiert? Wie wird die Einstellung der Athener zum Krieg beschrieben?
3. Warum kam es zum Krieg zwischen Athen und Sparta? Vergleicht die Begründung von Aristophanes mit der Meinung von Thukydides (Q3 und 4).
4. Klärt, welchen Sinn das Scherbengericht hatte (Q5 und VT), und diskutiert, ob ihr es für ein sinnvolles Verfahren haltet.

11. Die Griechen und ihre natürliche Umwelt

Q1 Um einen Furcht erregenden Eber zur Strecke zu bringen, mussten nach einer Sage gleich mehrere Helden zusammenarbeiten. Ausschnitt aus einem Vasenbild (Fries ca. 8 cm hoch), um 570 v. Chr.

In Ägypten, dem „Land am Fluss“, war das Leben der Menschen vor allem durch den Nil bestimmt. Man konnte die jährliche Überschwemmung voraussehen und in gemeinschaftlicher Anstrengung ausnutzen. Die Natur trat den Ägyptern meist in einer geordneten und überschaubaren Form entgegen.

Ein gefährdetes Leben

Anders sah es in Griechenland aus. Das Land war vielgestaltiger. Es gab hohe Gebirgsketten, Küstenebenen, Hügelland und fruchtbare Flusstäler. Im Sommer war es trocken und heiß, im Winter regnete es bei meist milden Temperaturen. Doch immer wieder drohten lange Dürreperioden oder starke Regenfälle mit Überschwemmungen die Bemühungen der Menschen zunichte zu machen. Die freie Natur wurde nicht als angenehmer Ort angesehen, den man gern aufsuchte. Vielmehr lauerten hier viele Gefahren. Tückisch, wild und drohend erschienen Tiere, Wälder, Gebirge, Flüsse und das Meer. Immer wieder mussten die Gottheiten der Natur durch Opfer, Beschwörungen und Tänze beschwichtigt werden. Einen anderen Weg schlugen Gelehrte ein, die sich bemühten, Naturereignisse mit den Mitteln des Verstandes zu erklären. Ärzte fanden heraus, welchen Einfluss die Lage einer Stadt, die Windrichtung, die Wasserqualität und die Bodenbeschaffenheit auf die Gesundheit der Einwohner haben.

Keine Sehnsucht nach „schöner Natur“

Die Umwelt war dazu da, gebändigt und genutzt zu werden. Nicht zufällig haben Helden wie Herakles oder Theseus in den Mythengeschichten zahllose monsterhafte Tiere getötet, um die Welt ein wenig sicherer zu machen. In der Wahrnehmung der Griechen stellte sich der Lebensraum wie eine Zwiebel mit mehreren Schalen dar: Den Kern bildeten die bewohnten Städte. Um sie herum lag das intensiv bebaute Ackerland, das man gestaltete und pflegte, indem etwa Terrassen und Feldmauern angelegt wurden. Daran schloss sich ein Grenzgebiet an, in dem Hirten mit ihren wehrhaften Hunden und halbwilden Ziegen umherzogen. Dahinter begann die Wildnis. In manchen griechischen Städten verließen heranwachsende Jungen für eine gewisse Zeit den sicheren Raum der Zivilisation und streiften durch Berge und Wälder, um zu jagen und zu überleben. Damit überschritten sie sozusagen die Schwelle zum Erwachsensein.

Q2 Der „Holzhunger“ der Griechen
Viel Holz verbrauchten die Griechen für den Schiffbau und als Energielieferant. Tontäfelchen, 6. Jh. v. Chr.

Dem Idealbild einer friedlichen, unberührten Natur huldigten nur einige Dichter. Für die meisten Griechen aber war erstrebenswert, was der Schriftsteller Tertullian im 2. Jh. n. Chr. einmal über seine Heimat Nordafrika sagte: „Früher berüchtigte Einöden haben sich in schöne Güter verwandelt. Kornfelder haben die Wälder verdrängt, zahme Tiere die wilden. Wüsten wurden bepflanzt, Felsen wurden durchbrochen, Sümpfe trockengelegt. Überall gibt es Anbau, Menschen, staatliche Ordnung, Leben.“

Q3 Foto einer heutigen griechischen Landschaft

Q4 Im 4. Jh. v. Chr. waren der Landschaft Attika die Spuren der Nutzung schon deutlich anzusehen.

Der Philosoph Platon (428–348 v. Chr.) beschreibt die Veränderungen:

So sind im Vergleich zu dem damaligen Land heute wie bei einem durch Krankheit dahingeschwundenen Körper nur noch die Knochen übrig geblieben. Die Erde, soweit sie fett und weich war, ist ringsherum abgeflossen und nur das magere Gerippe des Landes blieb zurück. Damals aber, als es noch unversehrt war, waren Attikas Berge mit Erde bedeckt, und ebenso waren die Ebenen, welche jetzt als Steinboden bezeichnet werden, voll fetter Erde. Auch fand sich viel Gehölz auf den Bergen, von dem es auch jetzt noch deutliche Spuren gibt. (…) Es ist noch nicht gar lange Zeit her, als noch Dächer, welche aus dem Holz der dort gefällten Bäume gefertigt waren, unversehrt dastanden. Es gab aber auch noch andere hohe Bäume, und zwar Fruchtbäume, und für die Herden brachte das Land unglaublich reiche Weide hervor. Ferner wurde es von Zeus bewässert, und verlor das Wasser auch nicht wieder, wie jetzt, wo es von dem dünnen Fruchtboden ins Meer abfließt. Damals sog der Boden den Regen in sich ein und bewahrte ihn in einer Umschließung von Tonerde auf, indem er das gespeicherte Wasser von den Höhen in die Tiefen hinabfließen ließ, und ließ so an allen Orten reichhaltige Quellen und Flüsse sprudeln, von denen auch noch jetzt dort, wo einst ihre Ursprünge waren, heilige Merkzeichen für die Wahrheit meiner Erzählung über unser Land geblieben sind.

Platon, Kritias 111a–e. Übers.: Franz Susemihl; zit. nach: Ludwig Goldschneider (Hg.), Platons Sämtliche Werke in zwei Bänden, Wien 1922, Bd. II, S. 497, Bearb. d. Verf.

Q5 **Trinkschale (Ø 19,5 cm) aus Athen**
6. Jahrhundert v. Chr.

Fragen und Anregungen

1. Schildert, wie die Griechen die Umwelt wahrnahmen (VT). Vergleicht eure Ergebnisse mit euren Vorstellungen von Umwelt und Natur.
2. Heutzutage herrscht in Griechenland eine „Karstlandschaft" vor (Q3). Erkundigt euch bei eurem Geografielehrer bzw. eurer -lehrerin danach, was man darunter versteht.
3. Stellt die Veränderungen der Landschaft zusammen, von denen Platon berichtet (Q4). Prüft dann, ob er die Veränderung bewertet.
4. Der Lebensraum als Zwiebel (VT)? Beschreibt die Abbildung auf der Schale (Q5) genau und überlegt, inwiefern sie die Umwelt der Griechen zeigt.

12. Griechenland – die Wiege unserer Kultur?

Q1 Schulszene mit Lehrer, Schüler und Unterrichtsmaterialien für einzelne Schulfächer

Auf eine gute Erziehung legten die Athener großen Wert. Vom siebten Lebensjahr an besuchten die Jungen den Unterricht bei privaten Lehrern. Dort lernten sie Lesen, Schreiben und Rechnen; auch Musik und Dichtung spielten eine große Rolle. Mädchen gingen nicht zur Schule, aber manche lernten zu Hause Lesen und Schreiben. Die Söhne der Reichen hatten einen Erzieher, einen „Paidagogos". Er war meistens ein Sklave.
Schale aus Athen (Ø 29 cm), um 480 v. Chr.

Erklären mit dem Verstand

Im Jahr 585 v. Chr. fand eine Sonnenfinsternis statt. Sie machte den Gelehrten Thales von Milet (ca. 624–545 v. Chr.) mit einem Schlag berühmt. Denn er hatte sie exakt berechnet und vorhergesagt. Was war daran so Besonderes? Thales ist der erste uns bekannte griechische Philosoph (Freund der Weisheit). Mit ihm begann etwas ganz Neues: Thales führte die Naturereignisse nicht mehr einfach auf das Wirken der Götter zurück, sondern er suchte nach Erklärungen dafür, die man mit dem Verstand begreifen konnte. So funktioniert Wissenschaft bis heute.
Bis heute wird auch an manchen Gymnasien in Deutschland Griechisch gelernt, und zwar Altgriechisch, eine Sprache, die vor rund 2500 Jahren gesprochen wurde. Warum? Früher sagte man gern, Griechenland sei „die Wiege" unserer Kultur, d. h.: Die Griechen haben unsere Sicht der Welt mit ihrem Denken, ihrer Kunst und ihrer Literatur stark beeinflusst. Besonders deutlich wird das bei der Wissenschaft, der Politik, der Philosophie und beim Theater.

Die Philosophen als Lehrer

Im 5. Jahrhundert v. Chr. entwickelten die Athener eine neue politische Lebensform, die Demokratie. Jeder Bürger durfte nun mitentscheiden, musste sich aber auch informieren und verschiedene Meinungen sorgsam abwägen. Wer Einfluss ausüben wollte, musste darüber hinaus gut reden können. Manche Philosophen machten daraus ein einträgliches Geschäft. An belebten Orten wie Marktplätzen oder Gymnasien (damals Sportstätten) verkauften sie ihr Wissen an junge Männer, die reich genug waren und etwas werden wollten. Dabei ging es nicht mehr um Na-

turereignisse und ihre Erklärung, sondern um den Menschen und sein Handeln. Fragen nach einer gerechten Staatsform, nach einem guten und richtigen Leben standen im Mittelpunkt und erregten die Gemüter.

Der beste Staat? Monarchie – Aristokratie – Demokratie

Unter den Philosophen bestand keine Einigkeit darüber, welche Staatsform die beste ist. War es die Demokratie, auf die die Athener so stolz waren? Die meisten Athener hätten die Frage wohl bejaht. Denn in der Demokratie hatte jeder Bürger eine Stimme, jeder zählte gleich viel, die Mehrheit entschied. Das war gerecht. Trotzdem hatten manche Bedenken: Bewährte, gebildete Menschen müssten mehr zu sagen haben als unerfahrene Nichtskönner, meinten sie. Sie bevorzugten die Aristokratie, die Herrschaft des Adels, weil hier die Besten die Politik bestimmten. Es gab auch Befürworter der Monarchie, der Königsherrschaft: Da gebe es klare Entscheidungen, keinen Streit und jeder könne in Ruhe seiner Arbeit nachgehen.
Der Philosoph Aristoteles (384–322 v. Chr.) meinte, dass jede dieser Staatsformen ihre Vorzüge und Nachteile habe. Jede sei gut, solange auf das Wohl aller geachtet werde. Wenn das aber nicht der Fall sei, werde jede eine schlechte Staatsform: Wenn der König nur auf seinen Vorteil bedacht sei, werde aus der Monarchie die gewissenlose Tyrannei eines Einzelnen. Wenn die Adligen nur an sich, ihren Reichtum und ihre Macht dächten, werde die Aristokratie zur Herrschaft einer egoistischen Gruppe. Wenn das Volk immer mehr wolle, neidisch auf die Reichen sei und nicht auf die Vernünftigen höre, werde aus der Demokratie eine „Pöbelherrschaft".

Q2 Büste des Aristoteles

Sokrates

Der bekannteste Philosoph Athens war Sokrates (470–399 v. Chr.). Er zog durch Athen, verwickelte die Menschen in Diskussionen und versuchte sie zum gründlichen Nachdenken anzuregen. Vor allem interessierte er sich dafür, was das richtige Handeln ist. Besonders die Jugendlichen wollte er dazu erziehen, sich auf die Suche nach der Wahrheit und nach dem guten Leben zu begeben. In hohem Alter noch wurde Sokrates angeklagt und zum Tode verurteilt, weil er die Jugend durch seine Fragerei verunsichert und „verführt" habe. Obwohl er hätte fliehen können, blieb er. Es sei richtig, den Gesetzen des Staates zu gehorchen, in dem man freiwillig gelebt habe, meinte er. So trank er den Giftbecher, mit dem damals die Todesstrafe vollstreckt wurde, gelassen aus.

Das Theater

Nie wieder in der Weltgeschichte spielte Theater eine so große Rolle wie in Athen im 5. Jahrhundert. Organisiert war es ganz anders als heute: Es fand nur einmal im Jahr zum Fest des Gottes Dionysos statt, aber dann war es ein wahrer Aufführungsmarathon, der mehrere Tage von früh bis spät dauerte. Das riesige Theater fasste etwa 14000 Zuschauer; Frauen waren wahrscheinlich nicht zugelassen. Auf jeden Fall waren die Schauspieler männlich, auch Frauenrollen wurden von Männern gespielt. Alle Schauspieler trugen eine Maske, die einen bestimmten Gesichtsausdruck zeigte, z. B. „Zorn und Wut". Bei der Größe des Theaters konnte man so vermutlich besser sehen, was gerade geschah. Man sah ernste Stücke (so genannte Tragödien) und Werke zur Aufheiterung und Entspannung (Komödien). Der Dichter der besten Tragödie wurde mit einem Preis geehrt. Die hohen Kosten für das Theaterfest übernahmen reiche Athener Bürger, die Zuschauer brauchten keinen Eintritt zu zahlen, sondern bekamen, wenn sie arm waren, sogar ein Tagegeld. Die Festspiele nahmen einen zentralen Platz im Athener Kalender ein; schon lange vorher fieberte man dem Großereignis entgegen. Theater war für die Athener aber mehr als eine wunderbare Unterhaltung, es regte zum Nachdenken an und half ihnen, ihre eigenen Probleme in der Stadt besser zu bewältigen. In den Tragödien wurde die Frage diskutiert und „durchgespielt", wie sich ein Mensch in schwierigen Situationen verhalten solle.

Q3 Büste des Sokrates

Das Dionysostheater in Athen wurde im 4. Jahrhundert v. Chr. in den Hang der Akropolis gebaut. Q4
Später gestalteten die Römer es um:
1) Marmorsitze für die Vornehmen; 2) Platz für den Chor;
3) Bühne für die Schauspieler; 4) Bühnenwand.
Foto des heutigen Zustands

Q5 Die Antigone des Sophokles (497–406 v. Chr.)

In der Tragödie „Antigone" verbietet Kreon, der König von Theben, bei Todesstrafe, dass die Leiche seines Neffen Polyneikes, der einen Aufstand gegen ihn angezettelt hat, beerdigt wird. So aber kann die Seele des Toten keinen Frieden finden. Antigone, Polyneikes' Schwester, begräbt ihren Bruder trotz des Verbotes, wird dabei gefasst und soll sterben. Hier wird die gefangene Antigone vor Kreon geführt:

Kreon (zu Antigone): Dich frag ich nun, du senkst den
Blick zu Boden: Gestehst du oder leugnest du die Tat?
Antigone: Ich sage, dass ich's tat, und leugne nicht.
Kreon: Du aber sag mir – ohne Umschweif, kurz:
Hast du gewusst, dass es verboten war?
Antigone: Ich wusst es, allerdings, es war doch klar!
Kreon: Und wagtest, mein Gesetz zu übertreten?
Antigone: Der das verkündete, war ja nicht Zeus! (…)
So groß schien dein Befehl mir nicht, der sterbliche,
dass er die ungeschriebnen Gottgebote,
die wandellosen, konnte übertreffen.
Sie stammen nicht von heute oder gestern,
sie leben immer, keiner weiß, seit wann.
An ihnen wollt ich nicht, weil Menschenstolz
mich schreckte, schuldig werden vor den Göttern.

Sophokles, Antigone. Tragödie, übersetzt von Wilhelm Kuchenmüller, Stuttgart 1955, Ausg. 2000, Verse 446–450, 453–460.

Q6 Schauspieler bereiten eine Aufführung vor
Vasenmalerei (75 cm hoch), um 400 v. Chr.

Philosophie

(griech.: Liebe zur Weisheit) Seit dem 6. Jahrhundert v. Chr. versuchten gelehrte Griechen, mit dieser Wissenschaft Naturerscheinungen nicht mehr nur aus dem Wirken der Götter, sondern mithilfe der Vernunft zu erklären. Die Philosophen diskutieren grundlegende Fragen der Menschen und ihre Probleme:

- Wie verhält sich der Mensch im Leben richtig?
- Wie soll ein Staat organisiert werden?
- Wie entsteht Wissen?

Wichtige griechische Philosophen sind Sokrates, Platon und Aristoteles.

Tragödie – Komödie

In den Theatern der Griechen spielte man ernste Stücke, so genannte *Tragödien*. Behandelt werden Stoffe aus den griechischen Sagen. Helden und Heldinnen, aber auch Götter treten auf und greifen in das Geschehen ein. Häufig verstoßen Menschen gegen die göttliche oder allgemeine Ordnung und erleiden ein schreckliches Schicksal. Die Stücke dienten nicht nur der Unterhaltung, sie regten auch zum Nachdenken an. *Komödien* sind dagegen heitere Spiele, in denen man sich über die Schwäche der Mitmenschen lustig macht. Kritik an den Mächtigen wird auch geübt, indem man sie der Lächerlichkeit preisgibt.

Staats- und Herrschaftsformen D1

Das Schaubild zeigt antike Vorstellungen über die Ordnung von Staaten. Sie unterscheiden sich darin, wer jeweils regiert und wer welche Rechte hat. Rot ist die Gruppe von Personen, die jeweils die Herrschaft ausübt.

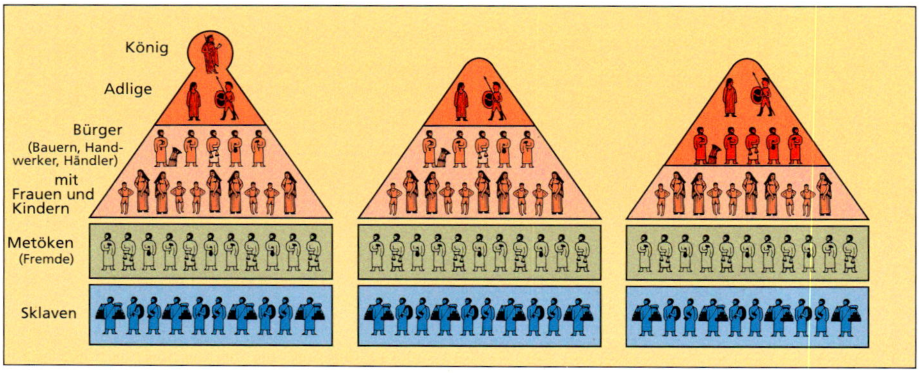

Q7 Was ist die beste Staatsform und wer soll im Staat entscheiden?

Die Philosophen lehrten ihre Schüler auch, in Rede und Gegenrede für und gegen eine Sache zu sprechen. Der Geschichtsschreiber Herodot hat in diesem Sinn ein Gespräch persischer Adliger über Staatsformen erfunden:

Otanes setzte sich für die Herrschaft des ganzen Volkes, für die Demokratie, ein und sagte: „Auch der Edelste wird, wenn er zur Herrschaft gelangt, überheblich, aber auch neidisch auf das Gut der anderen werden. Er verlangt Schmeichelei und setzt das Recht außer Kraft. Die Herrschaft des Volkes aber bringt erstens gleiches Recht für alle. Zweitens aber tut sie nichts von all dem, was ein Alleinherrscher tut. Sie bestimmt die Regierung durch das Los, und diese Regierung ist dem Volke verantwortlich."

Ein zweiter, Megabyzos, spricht für die Herrschaft der Adligen, für die Oligarchie [eigentlich: „Herrschaft Weniger"; steht hier für Aristokratie]: „Woher sollte vom Volk Vernunft kommen? Ohne Sinn und Verstand, wie ein Strom im Frühling, stürzt es sich auf die Staatslenkung. (...) Wir sollten vielmehr einem Ausschuss von Männern des höchsten Adels die Regierung übertragen. Es ist doch klar, dass von den Edelsten auch die edelsten Entschlüsse ausgehen."

Dareios dagegen wünscht die Herrschaft eines Einzelnen, die Monarchie: „Es gibt nichts Besseres, als wenn der Beste regiert. Er wird untadelig für sein Volk sorgen und Beschlüsse gegen Feinde des Volkes werden am besten geheim gehalten werden. In der Oligarchie (...) will jeder der Erste sein und seine Meinung durchsetzen. Daher pflegt es zu heftigen Kämpfen der Adligen untereinander zu kommen. Herrscht dagegen das Volk, so kann es nicht ausbleiben, dass Schlechtigkeit und Gemeinheit sich einstellen!"

nach: Herodot, Historien III, 80 ff. Bearb. d. Verf.

Fragen und Anregungen

1. Erklärt, welche Entscheidung Antigone zu treffen hat (Q5). Wie begründet sie ihr Verhalten? Diskutiert, ob Antigone richtig gehandelt hat. Überlegt, ob es auch heute noch Entscheidungen gibt, die uns vor ein vergleichbares Problem stellen.
2. Stellt euch vor, ein griechischer Schauspieler des 5. Jahrhunderts v. Chr. besucht für einen Abend ein heutiges Theaterstück und redet anschließend mit der Hauptdarstellerin über das Theater (VT, Q4 und 5). Wie könnte das Gespräch verlaufen?
3. Beschreibt die drei Schaubilder (D1) und nennt Unterschiede. Welche Staatsform ist jeweils dargestellt? Entwerft nun selbst ein Schaubild zu einer Staatsform, die euren heutigen Vorstellungen entspricht und die Bevölkerungsgruppen in Deutschland berücksichtigt.
4. Legt eine Tabelle an und tragt in die entsprechende Spalte die Vor- und Nachteile jeweils einer Staatsform ein (Q7). Begründet dann, welche Argumente euch überzeugen.

	Vorteile	Nachteile
Demokratie		
Aristokratie		
Monarchie		

5. Griechenland – die Wiege unserer Kultur? Nennt Beispiele, die diese Auffassung belegen.

13. Alexander der Große erobert ein Weltreich

Q1 Alexander siegreich zu Pferd
Kampfszene mit Alexander auf einem steinernen Sarg aus Sidon (Fries ca. 60 cm hoch).
Beschreibt das Bild. Was soll es wohl ausdrücken?

Die Zähmung eines wilden Pferdes

Es war einmal ein kriegerischer König, der hatte einen Sohn mit Namen Alexander. Eines Tages brachte man dem König ein prachtvolles und edles Pferd. Der König hätte das Pferd gern gekauft, aber es warf jeden ab, der es zu reiten versuchte. „Das Pferd ist ganz nutzlos", sagte der König ärgerlich. Da trat Alexander vor und sagte: „Schade, dass ein so schönes Pferd verloren geht, weil deine Reiter alle zusammen ängstlich und unfähig sind." Über diese kühnen Worte des Jungen war der König zuerst wütend, sagte aber dann: „Du bekommst das Pferd, wenn du es zu reiten verstehst." Darauf hatte Alexander nur gewartet. Er nahm das Pferd beim Zügel und drehte es mit den Augen zur Sonne. Als einziger hatte er nämlich bemerkt, dass das Pferd vor seinem eigenen Schatten scheute. Dann streichelte er es beruhigend, schwang sich auf den Rücken und zog die Zügel scharf an. Das Pferd versuchte nur kurz, die leichte Last auf seinem Rücken abzuwerfen, gehorchte aber dann dem Druck der Schenkel. Alexander ließ es galoppieren und brachte das lammfromm gewordene Tier schließlich zurück. Alle waren sehr erstaunt, aber Alexanders Vater sagte bewundernd: „Mein Reich ist für dich zu klein, mein Sohn. Gehe hinaus und erobere dir ein größeres!" Der Sohn tat dies und man nannte ihn bald „den Großen".

Alexander – keine Märchenfigur

„Es war einmal ...": Mit diesen Worten beginnen Märchen. Ihr wisst, dass Märchen erfundene Geschichten sind. In ihnen kommen zwar Menschen wie Könige, Prinzessinnen, mutige Helden und böse Stiefmütter vor, aber diese Figuren haben nie gelebt. Auch die Geschichte von Alexander und dem wilden Pferd ist wahrscheinlich erfunden. Dennoch ist sie kein Märchen. Denn Alexander hat wirklich gelebt, und wir wissen ziemlich viel von ihm, was sicher stimmt. Wir kennen sogar den Namen des Pferdes in der Geschichte. Es hieß Bukephalos und hat Alexander viele Jahre lang treu gedient. Wenn ihr mehr über Alexander erfahren habt, werdet ihr verstehen, warum nicht nur seine wirklichen – wir sagen: historischen – Taten und Leistungen überliefert wurden, sondern auch so viele erfundene Geschichten und warum er sogar als Gott verehrt wurde.

Auf der Jagd nach dem Ruhm

Alexander war der Sohn des Königs Philipp von Makedonien. Dieser hatte die nach dem Peloponnesischen Krieg zerstrittenen und geschwächten griechischen Poleis besiegt und gezwungen seine Verbündeten zu werden. Als er im Jahre 336 v. Chr. er-

D 1 Das Weltbild der Griechen nach dem Alexanderzug

Im 3. Jh. v. Chr. schrieb der Gelehrte Eratosthenes ein Buch mit dem Titel „Erdbeschreibung". Darin waren die Erkenntnisse aus dem Alexanderzug berücksichtigt. Die Skizze zeigt, wie er sich die Welt in etwa vorstellte. Ob es im Altertum Landkarten nach Art der heutigen gab, ist umstritten.

mordet wurde, übernahm Alexander den Thron. Er war damals gerade 20 Jahre alt. Er war ein Krieger wie sein Vater und sein Ziel war es, Ruhm zu erwerben, es den Helden Homers gleichzutun und niemals von den Menschen vergessen zu werden. Um dies zu erreichen, griff er mit seinem Heer von etwa 35 000 Mann das Perserreich an, das sich in dieser Zeit immer noch von Ägypten bis nach Indien erstreckte. Alexander scheute keine Gefahren und war ein sehr ideenreicher Feldherr.

Weltreich und Grenzen

In drei großen Schlachten besiegte er die Heere des Perserkönigs: 334 v. Chr. am Fluss Granikos, 333 bei Issos und 331 bei Gaugamela. Kurz danach wurde er der neue Herrscher über das Persische Reich. Doch sein unstillbarer Ehrgeiz trieb ihn immer weiter voran, zu immer neuen Eroberungen, zu den äußersten Grenzen der Welt. Aber nach fast zehn Jahren Krieg, nach unmenschlichen Mühen und Gefahren auf dem fast 20 000 Kilometer langen Marsch durch weite Ebenen, Wüsten und Gebirge verweigerten die überlebenden Soldaten im Jahre 326 v. Chr. am Fluss Indus den Gehorsam. Als Herrscher des größten Reiches, das die Welt bis dahin gesehen hatte, kehrte Alexander zurück. Für einen kurzen Moment waren Griechen, Perser und viele andere Völker unter einem König vereint. Doch Alexander starb im Jahre 323 v. Chr. in Babylon an einem Fieber, noch nicht 33 Jahre alt. Sein Reich hatte nicht lange Bestand und zerfiel in mehrere kleinere Staaten, die von Feldherren und Freunden Alexanders regiert und später zu selbstständigen Königreichen erhoben wurden.

Münze Alexanders des Großen Q 2

Dargestellt ist der Halbgott Herakles mit den Gesichtszügen Alexanders. Herakles war ein Sohn des Zeus. Auch Alexander betrachtete den höchsten griechischen Gott als seinen Vater. Während seines Eroberungszuges in Ägypten machte er einen Abstecher zur Oase Siwa, wo sich ein altes und auch von den Griechen anerkanntes Orakel des ägyptischen Gottes Amun-Rê befand, den die Griechen Zeus Ammon nannten. Dort wurde Alexander von den Priestern als Sohn dieses Gottes angesprochen. Nach dieser Anerkennung konnte der König verlangen, von den Griechen als Gott verehrt zu werden.

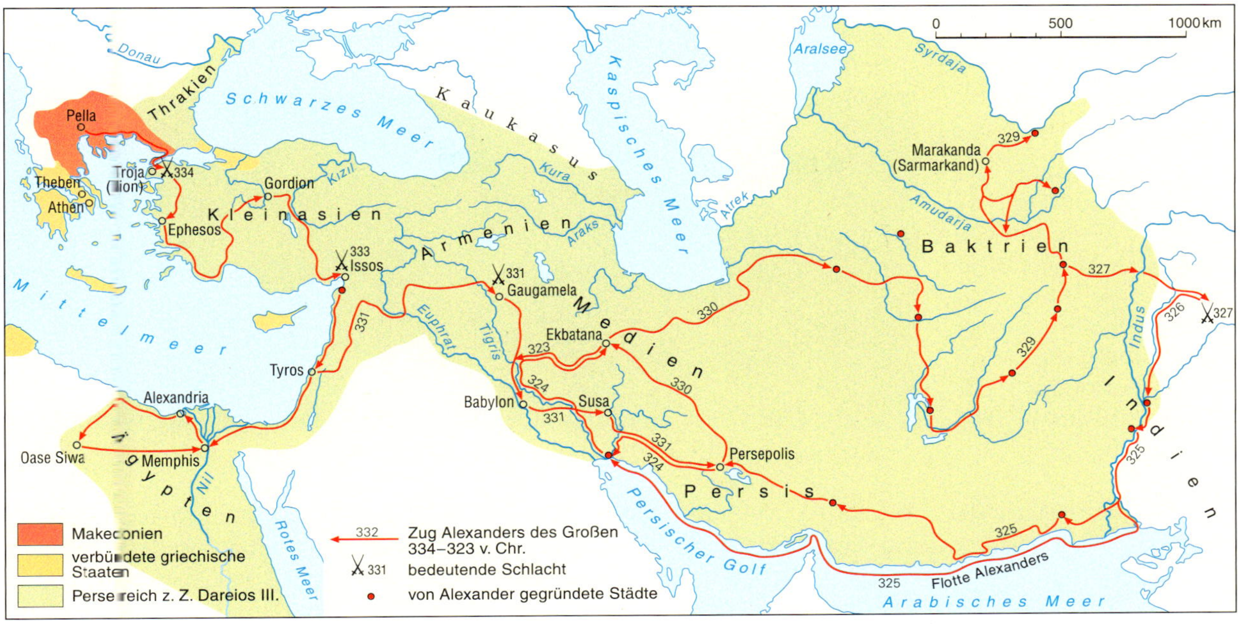

D2 Geschichtskarte zum Alexanderreich

Der asiatische Teil des Alexanderreiches reichte im Norden und Osten noch etwas über das alte Perserreich hinaus. Beschreibt anhand der Karte den Alexanderfeldzug. Findet heraus, durch welche heutigen Länder Alexander mit seinem Heer gezogen ist.

LITERATURTIPP

Alexander der Große

Das anschaulich geschriebene Buch informiert über Alexanders Leben und den großen Eroberungszug. Dieses Buch ist vergriffen, sucht es in einer Bibliothek.

Pierre Briant, Alexander der Große, Ravensburg 1985.

Q3 Der Gordische Knoten

Als Alexander die Stadt Gordion erobert hatte, die angeblich einst Sitz des Königs Midas war, sah er den viel beredeten Wagen und hörte die mit diesem verbundene, von den Einwohnern fest geglaubte Sage: Derjenige, der den Knoten löse, werde König der ganzen bewohnten Welt sein. Die meisten Autoren sagen nun dies: Da die Enden des Knotens nicht sichtbar, sondern mehrfach in vielfältigen Windungen ineinander verschlungen waren, habe Alexander, weil er die Verknotung nicht lösen konnte, sie mit seinem Schwert durchhauen, und dadurch seien viele Enden zum Vorschein gekommen. Der Geschichtsschreiber Aristobul dagegen sagt, die Auflösung sei ihm ganz leicht geworden dadurch, dass er den Pflock, mit dem der Jochriemen festgehalten wurde, aus der Deichsel herauszog und so das Joch von dem Wagen löste.

Plutarch, Alexander 18; Übers. u. Bearb. d. Verf.

Fragen und Anregungen

1. „Alexander der Große erobert ein Weltreich" heißt dieses Kapitel. Vergleicht die beiden Karten (D1 und 2) und beurteilt, inwiefern diese Aussage stimmt.
2. Begründet, warum die Menschen die Geschichte mit der Zähmung des Pferdes gern geglaubt haben (VT). Achtet besonders auf das Ende.
3. Erkundigt euch in einem Buch über griechische Sagen oder einem Lexikon, wer Herakles war und was er getan hat. Erklärt dann, warum sich Alexander als Herakles abbilden ließ (Q2).
4. Schreibt heraus, mit welchen Worten oder Wendungen der Autor Plutarch einzelne Aussagen in der Gordion-Geschichte als nicht sicher oder strittig bezeichnet (Q3). Klärt dann, was das Zerhauen des Gordischen Knotens im Unterschied zu der von Aristobul geschilderten Lösung über Alexander aussagt.

14. Hellenismus – wird die Welt griechisch?

Das versunkene Alexandria entdeckt Q1
3600 Stücke – viele davon tonnenschwer – hat man in den Jahren 1995 bis 2000 bereits gefunden: Statuen, Säulenteile und sogar ein antikes Schiff.
Foto von 1995

Suche nach Alexandria

Alexandria, eine der schönsten Städte der Antike, ist buchstäblich versunken. Es war eine Stadt der Superlative, aber von ihren prachtvollen Bauwerken ist nichts mehr zu sehen. Alexandria, am Meer gelegen, wurde durch Erdbeben zerstört und verschwand unter Wasser, Sand und Schlick. Mit modernsten Methoden erforschen Meeresarchäologen seit einigen Jahren die ägyptische Küste auf der Suche nach dem antiken Alexandria. Die Ergebnisse der hoch komplizierten Unterwasser-Ausgrabungen sind sensationell: Stück für Stück wird die legendäre Stadt dem Schlamm entrissen! Wie müssen wir uns diese Stadt in ihrer Blütezeit vorstellen?

Hellenismus

Die Makedonen und Griechen, die mit Alexander durch Asien und Ägypten gezogen waren, hatten zahlreiche Städte gegründet und sich dort angesiedelt, so auch in Alexandria. Dort lebten sie gemeinsam mit den Einheimischen, mit Syrern, Ägyptern oder Persern. Gleichberechtigt waren die Menschen unterschiedlicher Kulturen allerdings nicht: Die Könige und die Mitglieder der Oberschicht waren fast ausschließlich Griechen oder Makedonen. Trotzdem lebte man recht friedlich und tolerant zusammen; jeder durfte seine Religion frei ausüben und seine Traditionen beibehalten. Die griechische Lebensart aber galt als besonders vornehm und modern. Das Griechische wurde zur Weltsprache, die jeder Gebildete oder Händler beherrschen musste. Neben der Sprache setzten sich auch die griechische Kunst, die Wissenschaft und die Philosophie durch. Wir nennen daher die ersten drei Jahrhunderte nach Alexanders Tod die Zeit des Hellenismus, weil sie stark von der Kultur der Griechen beeinflusst war.
Die griechische Kultur setzte sich aber nicht völlig durch, denn die anderen Völker prägten wiederum die Griechen: Sie übernahmen den Glauben an ägyptische Götter und Göttinnen. Von den Babyloniern lernten sie die Astronomie, die erstaunlich genaue Berechnung der Sternenbahnen, und die Astrologie, die Deutung der Sterne.

Q2 **Ein Fund wird vermessen**

Die Bildung macht den Griechen

Durch das alltägliche Mit- und Nebeneinander unterschiedlicher Völker begannen einige Gelehrte die Unterscheidung von Hellenen und Barbaren aufzugeben. Wichtig sollte nicht mehr die Herkunft der Menschen sein, sondern ihre Bildung, ihre Tüchtigkeit und Anständigkeit.

Alexandria als Zentrum der Wissenschaften

Als Treffpunkt zwischen Ost und West spielte Alexandria, die Hauptstadt des Königreiches Ägypten, eine Schlüsselrolle. Alexandria war eine reiche Weltstadt mit einer halben Million Einwohner: Ägyptern, Griechen und Juden. Berühmt war die Stadt für ihren Leuchtturm, den höchsten, der wohl jemals gebaut wurde, und für

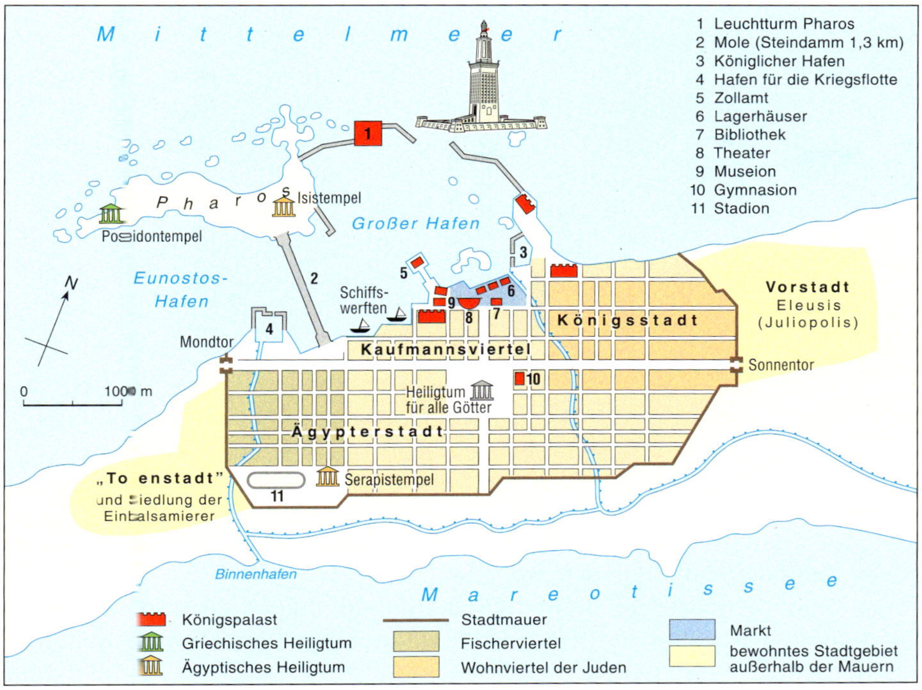

D1 Alexandria, 331 v. Chr. von Alexander gegründet, ist eine „geplante" Stadt; das lässt sich am Stadtplan gut erkennen. Der große Hafen machte die Stadt zum wichtigsten Handelsplatz der damaligen Welt.
Überlegt, was eine geplante von einer gewachsenen Stadt unterscheidet. Nennt Vor- und Nachteile beider Stadtformen.

ihr Museion, ihre Hochschule. Sie hatte die größte Bibliothek der damaligen Zeit: Über 700 000 Bände hatte man gesammelt. Durch das Museion wurde Alexandria zum Zentrum für Bildung und Wissenschaft; hier forschten die besten Mediziner, Geografen, Astronomen und Mathematiker. Die Geografen rechneten bereits sehr genau den Erdumfang aus und diskutierten über die Frage, ob sich die Erde um die Sonne dreht. Eines aber ist erstaunlich: Obwohl es der Stand der Technik erlaubt hätte, wurden kaum Arbeit sparende Maschinen gebaut. Wahrscheinlich gab es gar keinen Grund dafür, denn die Arbeit wurde ja von den Sklaven erledigt.

Archimedes

Archimedes (282–212 v. Chr.) war der bekannteste Mathematiker und Ingenieur, der am Museion studierte. Er hat viele Gesetze der Mathematik und Physik entdeckt, so z. B. die Methode, Umfang und Inhalt eines Kreises zu errechnen. Schon seine Zeitgenossen waren fasziniert von dem genialen, aber kauzigen Mann und erzählten sich großartige, manchmal witzige Begebenheiten aus seinem Leben. Wir wissen nicht immer genau, was davon historische Wahrheit und was liebevoll ausgeschmückte Legende ist.

Der Leuchtturm von Pharos, D2 vor Alexandria gelegen, wurde zu den „sieben Weltwundern" gezählt. Er war 120 m hoch und konnte in mindestens 50 km Entfernung gesehen werden. Wahrscheinlich brachte ein Aufzug das Brennmaterial für das Leuchtfeuer nach oben. Ob es sich dabei um eine Brennflüssigkeit oder um harzgetränktes Holz handelte, ist ungewiss. Wir kennen den Leuchtturm nur aus alten Berichten; er wurde vollständig zerstört. Das Bild ist eine Rekonstruktionszeichnung.

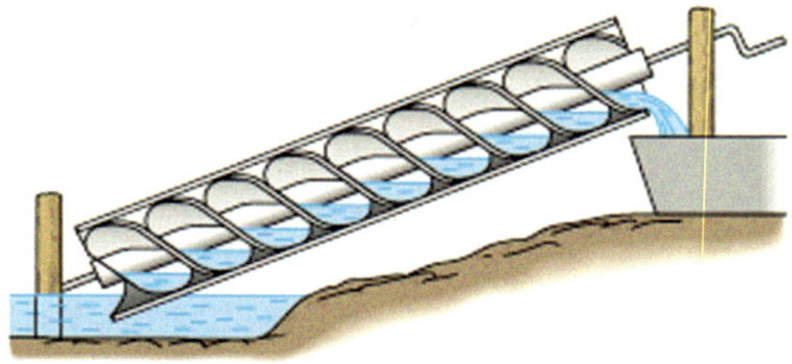

D3 Erfindungen aus der Zeit des Hellenismus
links: „Wunderaltar" des Heron. Wenn das Altarfeuer angezündet wurde, öffnete sich die Tempeltür: Eine Göttin zeigte sich. Das Brennmaterial (z. B. „heiliges" Öl) konnten die Gläubigen von den Priestern kaufen.
rechts: die „archimedische Schraube"

Q3 Das Menschenbild des Geografen Eratosthenes

Strabon um Christi Geburt über dessen Ansichten:

Am Ende seines Werkes hat Eratosthenes kein Wort der Billigung für jene, die die ganze Menschheit in zwei Teile, Hellenen und Barbaren, teilen, noch auch für jene anderen, die Alexander rieten, die Griechen als Freunde zu behandeln und die Barbaren als Feinde. Es sei besser, so sagte er, die Trennung nach Tüchtigkeit und Schlechtigkeit zu vollziehen; es gebe nämlich auch unter den Griechen viele Schlechte und unter den Barbaren sehr anständige Leute, wie etwa die Inder und die Arier (Perser) und auch die Römer und Karthager, die so bewunderswerte Staatswesen hätten.

Strabon, Geographie 1, 4, 9. Übers. d. Verf.

Q4 Der Schriftsteller Vitruv erzählt ca. 25 v. Chr. das „Badewannenerlebnis" des Archimedes:

In Syrakus, der Heimatstadt des Archimedes, hatte der König Hieron beschlossen, den Göttern einen Kranz aus purem Gold zu weihen. Er beauftragte einen Goldschmied mit der Arbeit und gab ihm das genau abgewogene Gold dafür:

Dieser legte zur gegebenen Zeit das schön handgearbeitete Werkstück zur Abnahme vor, und er schien das Gewicht des Kranzes genau abgeliefert zu haben.
Später wurde Anzeige erstattet, es sei Gold weggenommen und dem Kranz ebenso viel Silber beigemischt worden. Da Hieron, erbost über den Betrug, nicht herausbekam, wie er die Unterschlagung nachweisen konnte, bat er Archimedes, den Fall zu übernehmen. Während dieser darüber nachdachte, ging er zufällig in eine Badestube und als er dort in die Badewanne stieg, bemerkte er, dass ebenso viel wie er von seinem Körper in die Wanne eintauchte, an Wasser aus der Wanne herausfloss. Weil dieser Vorgang einen Weg für die Lösung der Aufgabe gezeigt hatte, hielt er sich daher nicht weiter auf, sondern sprang voller Freude aus der Badewanne, lief nackt nach Hause und rief mit lauter Stimme, er habe das gefunden, was er suche. Im Laufen rief er nämlich immer wieder griechisch: "Heureka! Heureka!" [Ich hab´s gefunden! Ich hab´s gefunden!]

Zit nach: Vitruv, De architectura 9, 9–10, Übers. v. C. Fensterbusch, Darmstadt 1964, Bearb. d. Verf.

Fragen und Anregungen

1. Stell euch vor, ihr arbeitet als Taucher oder Taucherin bei der Erforschung Alexandrias. Seht euch dazu den Stadtplan an (D1). Welcher Fund würde euch besonders reizen?
2. Erklärt, weshalb Archimedes nach seinem Erlebnis nun den Goldschmied überführen kann (Q4). Dazu müsst ihr wissen, dass Silber viel leichter ist als Gold, d. h. man braucht eine größere Menge Silber, um das gleiche Gewicht zu erzielen. Wenn der Kranz also einen Kern aus Silber hätte und bloß vergoldet wäre, müsste sie größer sein als ein reiner Goldkranz. Hältst du die Geschichte für glaubwürdig oder ist sie eher eine Legende?
3. Erläutert, welches Menschenbild Eratosthenes hat (Q3). Was ist daran neu? Auf welchen Erfahrungen beruht seine Meinung?

Eine Lernkartei anlegen

Damit euch Vergangenes hilft, euer Leben heute und in Zukunft zu gestalten, braucht ihr Kenntnisse zur Geschichte. Das ist die Grundlage für historisches Verstehen und Urteilen. Kenntnisse erarbeitet ihr am besten mit einer gut organisierten Lernkartei.

Ein voller Karteikasten am Ende der 10. Klasse

Auch diese Karteikarten solltet ihr ab und zu wiederholen. Wenn ihr mit der Erklärung noch Probleme habt, steckt die Karte wieder in Fach A. Alle übrigen können nun in den Aufbewahrungsteil D.

In Fach B befinden sich die Karteikarten, deren Inhalt ihr schon kennt. Natürlich solltet ihr die Übung nach einigen Tagen wiederholen. Könnt ihr immer noch alles erklären, wandert die Karteikarte in Fach C, wenn nicht, steckt sie in Fach A zurück.

In Fach A steckt ihr alle neuen Karteikarten und übt im ersten Durchgang, wie unten im Text beschrieben.

Zu einer Lernkartei gehört ein Karteikasten mit mindestens vier Fächern und Karteikarten, die ihr selber auf der Vorder- und der Rückseite beschriftet. Karteikasten und Karteikarten könnt ihr leicht selber herstellen oder auch kaufen. Auf die Vorderseite der Karten schreibt ihr ein Stichwort oder eine Frage. Auf der Rückseite erklärt ihr das Stichwort oder ihr beantwortet die gestellte Frage. Nun stellt ihr alle neu beschrifteten Karten ins vorderste Fach (A). Dann nehmt ihr die erste Karte heraus, lest das Stichwort und versucht auswendig dazu eine Erklärung zu geben. Danach lest ihr die Erklärung auf der Rückseite. Wenn ihr es auswendig richtig erklärt habt, stellt ihr die Karte ins zweite Fach (B). Im anderen Fall bleibt sie im ersten Fach, aber neu an hinterster Stelle. Auf diese Weise arbeitet ihr mit den Karten im ersten Fach weiter, bis alle im zweiten Fach sind. So geht es weiter bis zum letzten Fach (D). Auf einmal solltet ihr nicht mehr als 20 Karten lernen, weil ihr euer Gedächtnis sonst überfordert.

Gerade die Themeneinheit „Welt der Griechen“ eignet sich gut, um eine Lernkartei zu entwickeln, weil ihr hier wichtige Begriffe lernt. Als Erstes sucht ihr die historischen Grundbegriffe heraus. Nehmt am besten farbige Karteikarten, damit ihr sie sogleich als Grundbegriffe erkennt. Es lohnt sich, auch die Grundbegriffe der anderen Themeneinheiten auf Karteikarten festzuhalten. Zur Beschriftung der weiteren Karteikarten helfen euch die Randbemerkungen. So könnt ihr beispielsweise zur Randbemerkung „Wie entstand die griechische Staatenwelt?“ drei wichtige Sätze aufschreiben und dann lernen. Wenn ihr die Lernkartei seriös anlegt und gewissenhaft weiterführt, erarbeitet ihr euch ein geschichtliches Grundwissen, das euer Geschichtslernen auf Dauer erleichtert und verbessert.

VOM DORF ZUM WELTREICH – LEBEN IM RÖMISCHEN REICH

Römerinnen und Römer sahen Rom im 1. Jahrhundert als den Mittelpunkt der Welt an.
Ihre Stadt war von einem Dorf am Tiber innerhalb weniger Jahrhunderte zur Hauptstadt eines Weltreichs aufgestiegen. Natürlich fragten sich schon die Zeitgenossen, wie es dazu kommen konnte. Wer waren diese Römer und wie lebten sie?

Soldaten beim Lagerbau
Kaiser Trajan (98–117 n. Chr.) ließ über 100 Einzelszenen als Relief auf einer Säule befestigen.

Der römische Historiker Sallust (86–34 v. Chr.) überliefert eine Aussage von König Mithridates VI., der von den Römern besiegt worden war:
Die Römer haben ein einziges und uraltes Motiv dafür, mit allen Nationen und Völkern und Königen Krieg anzufangen: unermessliche Begierde nach Herrschaft und Reichtum. (…) Die Römer führten ihre Waffen gegen alle Völker, die schärfsten gegen die, deren Niederlage die meiste Waffenbeute einbringt; durch (…) Täuschen und dadurch, dass sie Krieg an Krieg reihen, sind sie groß geworden. Und so werden sie alles vernichten und selbst zugrunde gehen.
Sallust, Historien 4, 69; zit. nach: Geschichte in Quellen, Altertum, München 1989, S. 505f.

Der römische Schriftsteller Diodor (1. Jahrhundert v. Chr.):
Die Römer errichteten ihre Weltherrschaft durch die Tapferkeit ihrer Heere und brachten sie zur größten Ausdehnung durch die überaus anständige Behandlung der Unterworfenen. Und sie blieben so sehr frei von aller Grausamkeit und Rachsucht den Unterworfenen gegenüber, dass man hätte glauben können, sie kämen zu ihnen nicht wie zu Feinden, sondern gleichsam zu Männern, die sich um sie verdient gemacht hätten, und zu Freunden.
Diodor 32, 4, 4; zit. nach: Geschichte in Quellen, Altertum, München 1989, S. 456.

Gladiatorenmosaik
Einen Kampf auf Leben und Tod tragen die Gladiatoren – meist Sklaven – aus.

Vor der Hochzeit
Die Mutter und Dienerinnen bereiten eine Braut zur Hochzeit vor. (Wandgemälde aus Pompeji)

Beim Metzger
Eine Dame wartet auf ihre Ware.
(Ausschnitt aus einem Grabrelief, Rom, 2. Jahrhundert n. Chr.)

Ein römischer Feldherr und seine Legionäre
(Relief, 2. Jahrhundert n. Chr.)

Das Gebiet des Römischen Reiches im Jahr 117 n. Chr.

Leben auf dem Land
Römer oder Sklaven bei der Arbeit
(Mosaik, um 350 n. Chr.)

Sieger und Besiegte
Teil eines Schmuckanhängers aus Edelstein
(nach 15 n. Chr.)

1. Rom – eine Stadt entsteht

Die Wölfin – das Wahrzeichen der Stadt Rom Q1

Das Bronzestandbild (75 cm hoch) stammt aus dem 5. Jh. v. Chr. Es stand ursprünglich in einem Tempel, vielleicht des Kriegesgottes Mars. Die Wölfin war das heilige Tier des Kriegsgottes. Die Zwillinge wurden erst um 1500 n. Chr. hinzugefügt.

753 v. Chr.	Nach der Sage soll Rom in diesem Jahr gegründet worden sein.
700–500 v. Chr.	Könige regieren Rom, das sich zu einer der größten Städte Italiens entwickelt.

Warum gibt es das Wahrzeichen?

Länder, Städte oder auch Vereine haben häufig eigene Wahrzeichen. Das Wahrzeichen der Stadt Rom war eine Wölfin. Sie erinnerte die Menschen an den Anfang ihrer Stadt. Auch viele Jahrhunderte später, als aus einem Dorf ein Weltreich geworden war, wurden die Römer an ihren gemeinsamen Ursprung erinnert. Hättet ihr sie nach ihrem Wahrzeichen gefragt, so hätten die Römer wahrscheinlich mit Stolz folgende Geschichte erzählt:

Was die Sage erzählt

„Eigentlich lag der Ursprung Roms gar nicht in Italien. Denn einer unserer Stammväter war Aeneas aus Troja. Seine Mutter war die Göttin Aphrodite – wir nennen sie Venus. Als die Griechen seine Stadt eroberten, konnte er mit Angehörigen und Freunden auf Schiffen fliehen. Viele Jahre lang suchten die Flüchtlinge nach einer neuen Heimat. Schließlich gelangten die Heimatlosen nach Italien. Sie landeten am Unterlauf des Tibers, in Latium. Hier wollten sich die Trojaner niederlassen, doch zunächst kam es zu Kämpfen mit einigen dort ansässigen Stämmen. Am Ende wurde Frieden geschlossen und Aeneas heiratete die Tochter des Königs von Latium. Ihr gemeinsamer Sohn gründete später eine Stadt und wurde deren König. Auch seine Nachfahren beherrschten diese Stadt.
Nach zwölf Generationen kam es zum Streit zwischen zwei Königssöhnen. Der eine war der rechtmäßige König geworden. Er wurde von seinem eigenen Bruder vertrieben, der selbst König werden wollte. Aus Angst tötete der neue König die Söhne seines Bruders. Seine Nichte, Rhea Silvea, musste eine Priesterin werden, die nicht heiraten durfte und kinderlos bleiben sollte. Doch alles kam anders, als es sich der grausame König gedacht hatte: Rhea Silvea wurde schwanger und brachte schon bald die Zwillinge Romulus und Remus zur Welt. Ihr Vater war unser Kriegsgott Mars. Auch diese Kinder versuchte der unrechtmäßige König loszuwerden. Er befahl, die Zwillinge im Tiber zu ertränken. Doch ein Diener hatte Mitleid und setzte die beiden Kinder in einem Körbchen auf dem Tiber aus.
Wiederum geschah etwas Unerwartetes. Das Körbchen wurde am Hügel Palatin ans Ufer geschwemmt. Vom Geschrei der Zwillinge wurde eine Wölfin angelockt. Die Wölfin nahm sich der beiden an. Schließlich entdeckte ein Hirte Romulus und Remus. Er zog die beiden als Hirten auf. Als die jungen Männer von ihrer Herkunft erfuhren, töteten sie den König und brachten ihren Großvater wieder auf den Thron. Als Hirten hatten Romulus und Remus bereits eine große Gefolgschaft gesammelt. Deshalb entschlossen sie sich auf dem Palatin eine Stadt zu gründen. Doch wer von beiden sollte über die neue Stadt herrschen? Sie einigten sich darauf den Flug der Vögel zu beobachten. Der Wille der Götter sollte sich auf diese Weise zeigen. Jeder

Q2 **Aeneas bei seiner Flucht aus Troja**

Er trägt seinen gelähmten Vater Anchises. Statue aus der etruskischen Stadt Veji (um 500 v. Chr).

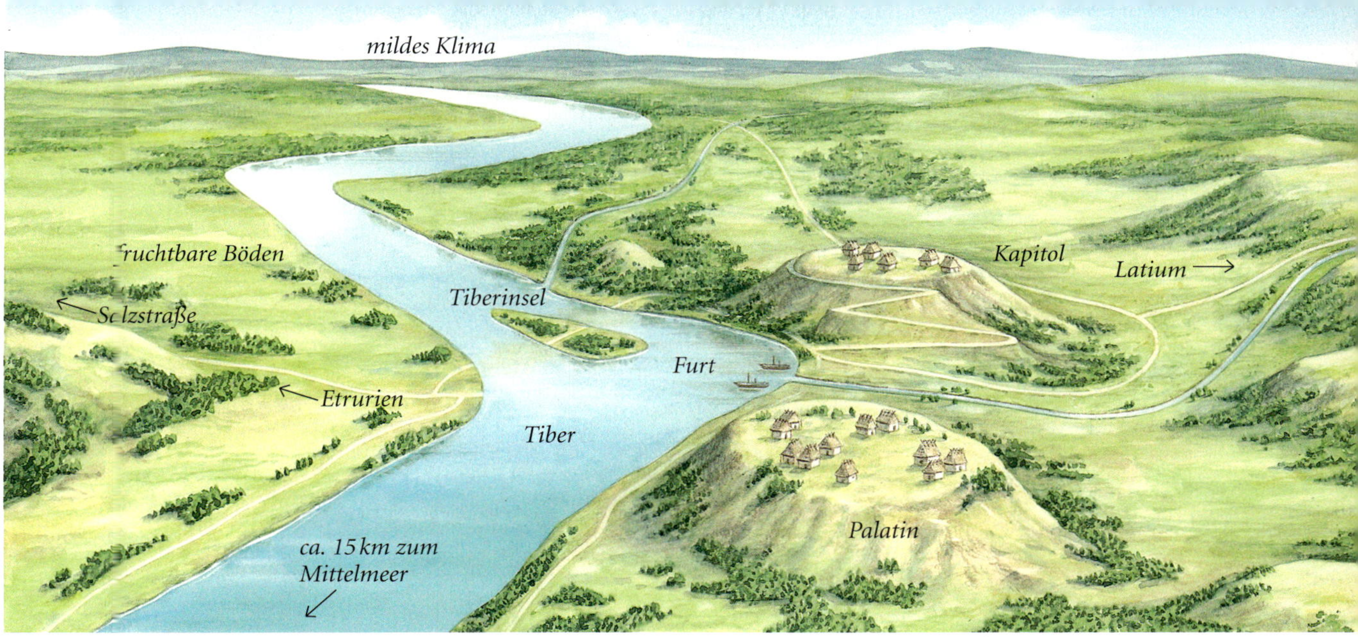

D1 Rom vor ca. 2700 Jahren
Die Zeichnung zeigt den Platz, an dem Rom entstand. An dem Ort gab es die erste Furt, wenn man vom Mittelmeer kam.

blickte auf einen bestimmten Bereich des Himmels. Wer innerhalb eines bestimmten Zeitraums die meisten Adler vorbeifliegen sah, sollte Herrscher werden. Romulus erblickte zwölf, Remus nur sechs. Als Herrscher der neuen Stadt begann Romulus mit dem Bau einer Mauer. Um seinen Bruder zu verspotten, übersprang Remus die Mauer. Voll Zorn erschlug Romulus daraufhin seinen Bruder. Er schrie: ‚So soll es jedem ergehen, der die Mauern übersteigt.' So gründete Romulus unsere Stadt, die er dann nach sich selbst benannte: Rom."

Was wir heute wissen

Vielleicht ist dir beim Lesen schon etwas aufgefallen, was es nur in Sagen gibt und so wahrscheinlich nicht passiert sein kann. Wie entstand Rom tatsächlich? Was wissen wir darüber? Heute zeichnen Wissenschaftler von den Anfängen Roms ein anderes Bild, als es die Sage vermittelt:
Archäologen haben herausgefunden, dass sich um das Jahr 1000 v. Chr. der Stamm der Latiner am Unterlauf des Tibers ansiedelte. Auf dem Palatin, einem Hügel, wurden Überreste der Siedlungen der Latiner gefunden. Auch die anderen Hügel in der Nähe waren besiedelt. Auf dem fruchtbaren Land am Tiber konnten die Latiner ihr Vieh weiden lassen und anbauen, was sie zum Leben brauchten. Um das Jahr 700 v.Chr. hatte sich in Etrurien das Volk der Etrusker gebildet. Sie bauten Städte mit Häusern aus Steinen und Ziegeln. Unter ihnen waren auch Handwerker, Künstler, Kaufleute und Baumeister. Zu dieser Zeit entstand am Tiber aus den Siedlungen von sieben Hügeln eine Stadt. Sie wurde nicht in einem bestimmten Jahr gegründet, sondern die vorhandenen Siedlungen wuchsen allmählich zusammen. Die Stadt wurde mit Mauern und Wällen befestigt. Aus der etruskischen Sprache kommt vermutlich der Name der neuen Stadt: Ruma. Regiert wurde Rom zu dieser Zeit von einem König. Vermutlich haben mächtige adelige Etrusker über die Stadt als Könige geherrscht. Die Königswürde wurde nicht vererbt. Nach Rom zogen auch etruskische Handwerker. Mit dem Wissen und dem Können der Etrusker gelang es Sümpfe zwischen den Hügeln Stück für Stück trocken zu legen. Ein Kanalsystem zur Entwässerung wurde gebaut. So entstand der Raum für einen großen öffentlichen Platz. Hier, auf dem Forum Romanum, versammelten sich die Bürger und hier wurde auch Handel getrieben. Am Forum lagen auch Tempel. Die römischen Priester beobachten wie die Etrusker den Flug der Vögel vor wichtigen Entscheidungen.

D2 Roms Anfang
Archäologen haben mit ihren Kenntnissen über die Entstehung der römischen Siedlung dieses Modell geschaffen.

Aschenurne aus Ton Q3
Nach Meinung von Archäologen gibt die Urne (ca. aus dem 9. Jahrhundert v. Chr.) Hinweise auf die Bauweise der Römer auf dem Palatin.

Q4 Spuren einer Hütte im Felsboden des Palatin (9. Jahrhundert v. Chr.)

Fragen und Anregungen

1. „Das Altertum hat schon immer Göttliches und Menschliches verbunden und damit die Anfänge der Stadt geehrt." Das behauptete der römische Geschichtsschreiber Livius, der von 59 v. Chr. bis 17 n. Chr lebte. Was meinte er damit? Sucht nach Beispielen für die Verbindung von Göttlichem und Menschlichem innerhalb der Sage (VT) und erläutert, inwiefern das Rom „ehrt".
2. Die römischen Gelehrten gingen später davon aus, Rom sei im Jahr 753 v. Chr. gegründet worden. Wann wäre dann Aeneas nach Italien gekommen (VT), wenn man für eine Generation 25 Jahre rechnen würde? Sucht auch nach Hinweisen bei den Kapiteln zu Griechenland.
3. Vergleicht die Sage von der Gründung Roms mit dem, was wir heute vor allem durch die Archäologie von der Entstehung Roms (VT) wissen. Nennt die Gemeinsamkeiten.
4. Beschreibt die Lage Roms und überlegt, was die Stadtentstehung an dieser Stelle begünstigte (D1).
5. Beschreibt das Modell und die Überreste (Q3 und 4, D2). Findet heraus, welchen Zusammenhang es für die Archäologen zwischen den Überresten und ihrem Modell gibt.

2. Rom wird Republik

um 500 v. Chr.	Die Herrschaft der Könige endet und die Römer gründen eine Republik.
500–272 v. Chr.	Die Römer führen zunächst Kriege mit ihren Nachbarn und erobern dann Stück für Stück Mittel- und Süditalien. Gleichzeitig kommt es in Rom zu Konflikten zwischen Patriziern und Plebejern (Ständekämpfe).
287 v. Chr.	Ende der Ständekämpfe: Beschlüsse der Plebejer-Versammlung gelten als Gesetze.

Der Adel gründet eine Republik

Um das Jahr 500 vertrieben Adlige den letzten etruskischen König aus Rom. Damit endete die Herrschaft der Könige über die Stadt. Die Macht übernahmen jetzt die römischen Adligen, die Patrizier. Erst mit der Zeit entstanden Regeln, durch die die Macht im Staat aufgeteilt wurde:

Die Magistrate

Anstelle des Königs leiteten zwei höchste Beamte, die Konsuln, den römischen Staat und führten im Krieg das römische Heer. Die Konsuln durften nur für ein Jahr ihr Amt ausüben (Prinzip der Annuität – „annus" heißt Jahr). Ferner mussten sie sich in ihrem Handeln einig sein. Denn der eine Konsul konnte Handlungen des anderen verbieten (Prinzip der Kollegialität – du kennst das Wort Kollege). Diese Regeln galten auch für alle anderen Beamten, die immer zu zweit ihr Amt ausüben. Die Beamten wurden in Rom Magistrate genannt.

Der Senat

Auch wenn sie sich einig waren, konnten die beiden Konsuln nicht unabhängig Entscheidungen treffen. Neben den Magistraten gab es den Senat, der in Rom die Politik bestimmte. Die Magistrate mussten genau darauf achten, was der Senat sagte und wozu er riet. Denn die Mitglieder des Senats, die Senatoren, waren alle einflussreiche Patrizier und waren in der Regel selbst schon einmal Magistrate gewesen. Zusammen besaßen die Senatoren neben ihrem enormen Einfluss hohe Autorität und viel Erfahrung.

Die Volksversammlung

Gewählt wurden die Magistrate in den Volksversammlungen, an denen alle männlichen erwachsenen römischen Bürger teilnahmen. Doch die Stimmen der reicheren, vor allem der Patrizier, zählten in den Abstimmungen mehr als die der ärmeren Bürger. Viele Ärmere waren zudem abhängig von den Patriziern. Neben der Wahl der Magistrate waren die Volksversammlungen dafür zuständig, die Gesetze zu beschließen. Dabei wurde nicht diskutiert, sondern nur abgelehnt oder angenommen, was die Konsuln – in Abstimmung mit dem Senat – als Gesetz vorschlugen.

Republik

Die Römer bezeichneten ihren Staat als „res publica": das heißt als gemeinsame, öffentliche Sache, die alle angeht – im Gegensatz zur „res privata", der Sache des Einzelnen. Wir verstehen heute unter Republik einen Staat, in dem das Volk oder zumindest ein Teil des Volkes (zum Beispiel der Adel) die Herrschaft ausübt. Das Gegenteil ist die Monarchie: Hier herrscht der König. Das Beispiel der römischen Republik zeigt, dass nicht jede Republik eine Demokratie ist. Heute führen viele moderne Staaten das Wort Republik in ihrem Namen: so etwa „Bundesrepublik Deutschland", „Republique Française" oder „Repubblica Italiana".

D1 Das römische Heer der frühen Republik
Alle Bürger mit Besitz zwischen 17 und 49 Jahren konnten im Kriegsfall einberufen werden. Die Ausrüstung entsprach etwa dem Vermögen der einzelnen Soldaten. Die Patrizier kämpften im Krieg als Reiter. Die Ärmsten waren nur mit Steinen und Ackergeräten bewaffnet.

Römische Soldaten – Legionäre – am Ende der Ständekämpfe (Zeichnung) D2

Die Plebs/Plebejer

„Res publica", eine öffentliche, gemeinsame Sache aller sollte Rom nach dem Sturz der Monarchie sein, behaupteten die Patrizier. Doch die Wirklichkeit sah anders aus: Die gesamte Macht lag beim Adel. Viele ärmere Römer hatten sich den Patriziern angeschlossen, gehorchten ihnen und wurden im Gegenzug beschützt und unterstützt. Daneben gab es reichere Bauern und Grundbesitzer, Handwerker und Händler, die wirtschaftlich unabhängiger waren. Im Heer jedoch waren die nichtadligen Römer unentbehrlich, denn sie „füllten" als Fußtruppen die Schlachtreihen. Vom lateinischen Wort „füllen" (plere) leitete sich dann auch ihre Bezeichnung Plebs (Menge) ab. Die reicheren unter ihnen stellten ihre Rüstung selbst und kämpften als Schwerbewaffnete, die ärmeren dienten als leicht bewaffnete Hilfstruppen. Sie konnten sich Brustpanzer, Helm, Schild und die Wurfspeere der Legionäre nicht leisten. Die meisten Römer lebten gar nicht in der Stadt, sondern im Umland von Rom. Sie waren Bauern und ihre Höfe waren häufig so klein, dass sie gerade das zum Leben Notwendige für eine Familie abwarfen. Manchmal aber auch weniger, wenn es zum Beispiel eine Missernte gab. Dann mussten sich viele bei den Adligen und reichen Bürgern verschulden (Schuldknechtschaft).

Auszug der Plebs

Zu Beginn des 5. Jahrhunderts v. Chr. war Rom nicht nur eine der größten Städte Italiens, sondern auch ein wichtiges Handelszentrum. Mit den Nachbarstädten gab es Konflikte und wirtschaftliche Konkurrenz. Von den Bergen der Apenninen her bedrohten zudem Bergvölker die Städte in der Ebene. Immer wieder zogen die Römer in den Krieg. Das versuchten die Plebejer für sich zu nutzen:
Das Leben armer Bauern, gut verdienender Handwerker oder reicher Händler sah sehr unterschiedlich aus. Trotzdem besaß die römische Plebs ein Gefühl der Zusammengehörigkeit, vor allem wenn es gegen den Adel ging. Denn die Patrizier schlossen alle Plebejer von der politischen Herrschaft aus, besaßen das meiste Land und waren vielfach die Gläubiger der armen Bauern. Schon wenige Jahre nach der Vertreibung der Könige schufen sich die Plebejer daher eine eigene Versammlung und wählten eigene Vertreter, die Volkstribunen. Diese sollten die Mitglieder der Plebs vor allem gegen Übergriffe adliger Magistrate schützen. Die römischen Geschichtsschreiber erzählen, wie mitten im Krieg die Plebs in den Streik trat und die Stadt verließ. Mit einem Schwur verpflichteten sich die Plebejer gegenseitig, die Volkstribunen zu schützen.

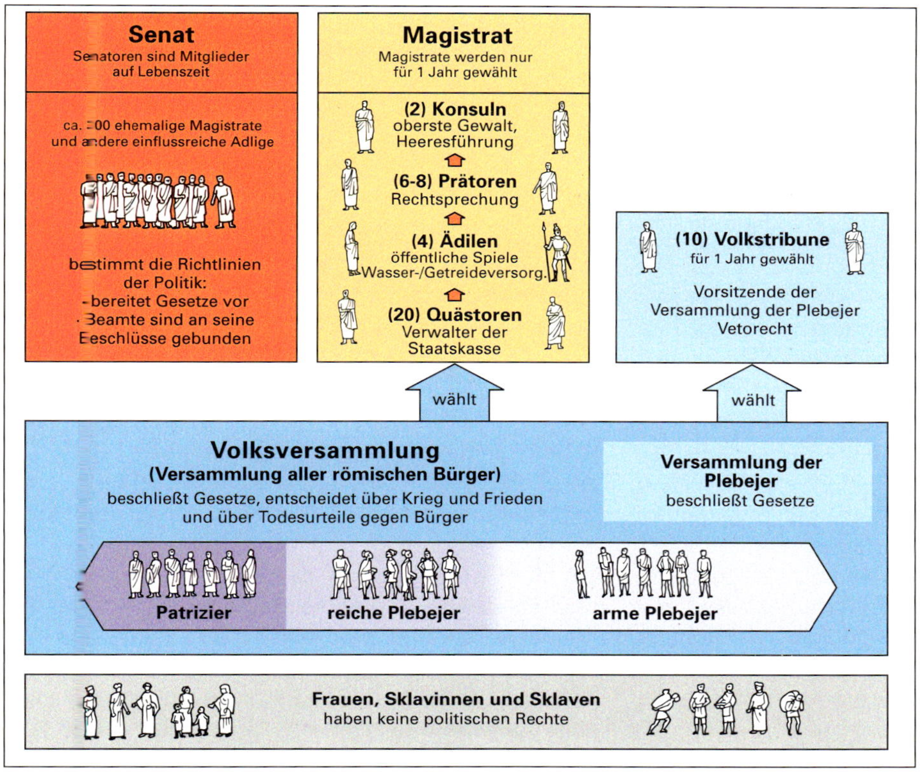

D3 Die römische Verfassung

Politiker begannen ihre Karriere als Quästor und schlossen sie vielleicht als Konsul ab.
Schaubild zur Verfassung nach 287 v. Chr.

Besondere Ämter: Zensor und Diktator
Die Aufgaben der zwei Zensoren waren, das Vermögen der Bürger zu schützen und über die Einhaltung der Sitten zu wachen. Sie entschieden, wer in den Senat aufgenommen wurde. Zum Zensor wurden ehemalige Konsuln für 18 Monate gewählt. In Notzeiten – meistens im Krieg – konnte der Senat auch jemanden zum Diktator ernennen. Der Diktator besaß Monate lang die unumschränkte Macht.

Volksversammlung
Ihr gehörten alle freien Bürger an, aber nicht alle mit gleichem Stimmrecht: Patrizier und reiche Plebejer besaßen mehr als die Hälfte aller Stimmen und konnten die weitaus größere Zahl der übrigen Bürger überstimmen.
Die Plebejer hielten auch eigene Versammlungen ab, in denen sie Gesetze und Gerichtsurteile beschlossen und die Volkstribunen wählten.

Zeit der Ständekämpfe

In den folgenden 200 Jahren setzten die Plebejer die Kriegsdienstverweigerung immer wieder als Druckmittel im Konflikt mit dem Adel ein. Da Rom fast andauernd im Krieg mit seinem Nachbarn lag, mussten die Patrizier häufig Kompromisse eingehen. Am Ende der Ständekämpfe hatten die Plebejer wichtige wirtschaftliche und politische Zugeständnisse erreicht. Was die Versammlung der Plebejer beschloss, wurde als Gesetz anerkannt. Und die Volkstribune galten jetzt offiziell als Beamte. Sie hatten nun das Recht, Maßnahmen der Magistrate – etwa die Bestrafung eines Plebejers – zu verbieten (veto: ich verbiete). Die reichen Mitglieder der Plebs konnten nicht nur in den Senat aufsteigen, sondern auch Konsuln werden. Ihre Familien und die der Patrizier bildeten zusammen schon bald eine neue Adelsschicht: die Nobilität. Entspannt hatte sich die Situation für viele ärmere Bauern. Bis zum Beginn des 3. Jahrhunderts v. Chr. war Rom zur führenden Macht in Italien geworden. Aus zahlreichen gewonnenen Kriegen hatten die Soldaten häufig Beute und Sold mit nach Hause gebracht. Aufgrund der militärischen Erfolge konnte auch erobertes Land unter die Bauern verteilt und verpachtet werden. Viele ärmere Bauern siedelten sich in den neu gegründeten Kolonien an.

Q1 Rom ohne Soldaten

Der römische Geschichtsschreiber Livius (59 v. Chr. bis 17 n. Chr.) berichtete, wie im Jahr 494 v. Chr. der Senat beschloss, das römische Heer in den Krieg zu schicken. Doch die breite Masse der nicht-adligen Römer, die Plebs, weigerte sich. Schließlich verließen die plebejischen Soldaten Rom, um auf den Heiligen Berg hinauszuziehen:

Hier schlugen sie ohne Anführer ein festes Lager mit Wall und Graben auf. Mehrere Tage hielten sie sich ruhig dort auf, wurden von niemandem angegriffen und griffen auch selbst keinen an und nahmen sich nichts als nur das Nötigste zum Lebensunterhalt.

In der Stadt herrschte gewaltiger Schrecken; alles schwebte in gegenseitiger Furcht. Die Plebejer fürchteten, da sie von ihren Angehörigen (den plebejischen Soldaten) verlassen worden waren, die Anwendung von Gewalt durch die Väter (die Senatoren). Die Väter fürchteten sich vor den in der Stadt zurückgebliebenen Plebejern. Die Väter wussten nicht, was sie lieber wollten: Sollten die in der Stadt gebliebenen Plebejer bleiben oder auch abziehen? Wie lange jedoch würde die Volksmenge, wenn sie fortgezogen war, sich ruhig verhalten? Was würde geschehen, wenn dann ein Krieg ausbrechen sollte?

Livius, Römische Geschichte 2,32. Zit. nach: Titus Livius, Ab urbe condita liber II. Römische Geschichte 2. Buch. Lateinisch-Deutsch, übersetzt und herausgegeben von Marion Giebel, Stuttgart 1987, S. 95.

494 v. Chr.	Die Plebejer halten eigene Versammlungen ab und wählen Volkstribunen.
um 450 v. Chr. § §	Erstmals werden Gesetze auf zwölf Tafeln veröffentlicht und die Plebs kann sich darauf berufen.
445 v. Chr.	Ehen zwischen Plebejern und Patriziern sind erlaubt.
367 v. Chr.	Auch Plebejer dürfen Konsuln und Magistrate werden.
326 v. Chr.	Die Schuldknechtschaft wird verboten, die Schulden aber nicht erlassen.
287 v. Chr. § §	In den Versammlungen der Plebejer dürfen Gesetze beschlossen werden.

D4 Schaubild zur Entwicklung der Ständekämpfe

Nach und nach erhielten die Plebejer mehr Rechte.

Q2 Die Anfänge der Auseinandersetzungen zwischen Plebejern und Patriziern

Der römische Geschichtsschreiber Livius (59 v. Chr. bis 17. n. Chr.) schrieb darüber, was dem Auszug der Plebejer vorausgegangen sein soll:

Es drohte Krieg mit den Volskern und gleichzeitig war die Bürgerschaft in sich gespalten: Hass herrschte zwischen den Vätern und dem Volk, besonders, weil Plebejer wegen ihrer Schulden (beim Adel) zu unfreien Knechten geworden waren. Die Plebejer empörten sich darüber, dass sie auf dem Schlachtfeld für die Freiheit und Herrschaft Roms ihr Leben auf das Spiel setzten, zu Hause aber von Mitbürgern verhaftet und unterdrückt würden. Die Freiheit des Volkes sei im Krieg sicherer als im Frieden, sie sei sicherer unter Feinden als unter Mitbürgern. Der schon schwelende Hass wuchs durch das unglaubliche Schicksal eines einzelnen Mannes zur Empörung:

Ein alter Mann kam auf das Forum gestürzt, er trug unübersehbare Zeichen seines Unglücks (schmutzige Kleider, sein Körper war abgemagert, Haare und Bart lang und ungepflegt). (...) Trotz seines entstellten Äußeren erkannten ihn die Leute; es hieß, er sei Hauptmann gewesen. (...) Der alte Mann selbst zeigte Narben auf seiner Brust als Zeichen seiner ehrenhaften Kämpfe. Inzwischen hatte sich eine Menschenmenge wie bei einer Volksversammlung um ihn versammelt. Auf die Frage, warum er so heruntergekommen und entstellt sei, antwortete er, er sei Soldat im Krieg gegen die Sabiner gewesen. Weil seine Felder verwüstet worden seien, habe er die Ernte verloren, noch dazu sei sein Hof in Brand gesetzt und alles geplündert worden. Zu diesem ungünstigen Zeitpunkt sei die Steuer erhoben worden. Da habe er Schulden machen müssen. Die Zinsen hätten die Schulden erhöht. Zuerst habe er das vom Vater und Großvater geerbte Land, am Ende all sein Hab und Gut verkaufen müssen. Es sei gewesen wie bei einer (sich ausbreitenden) Seuche, von der man schließlich selbst am eigenen Leib befallen wird: Von seinem Gläubiger sei er (...) ins Arbeitshaus gesteckt und gefoltert worden. Er zeigte die noch blutenden Spuren der Schläge auf seinem übel zugerichteten Rücken.

(Danach kam es, so berichtet Livius weiter, in der ganzen Stadt zu einem Aufruhr. Von allen Seiten strömten die Menschen auf das Forum, darunter auch andere Römer, die in der Schuldknechtschaft waren und ihre Mitbürger jetzt um Hilfe baten. Beinahe wäre die Menge handgreiflich gegen die Adligen geworden. Schließlich wurde eine Senatssitzung erzwungen.)

Livius, Römische Geschichte 2,23. Übers. u. Bearb. d. Verf.

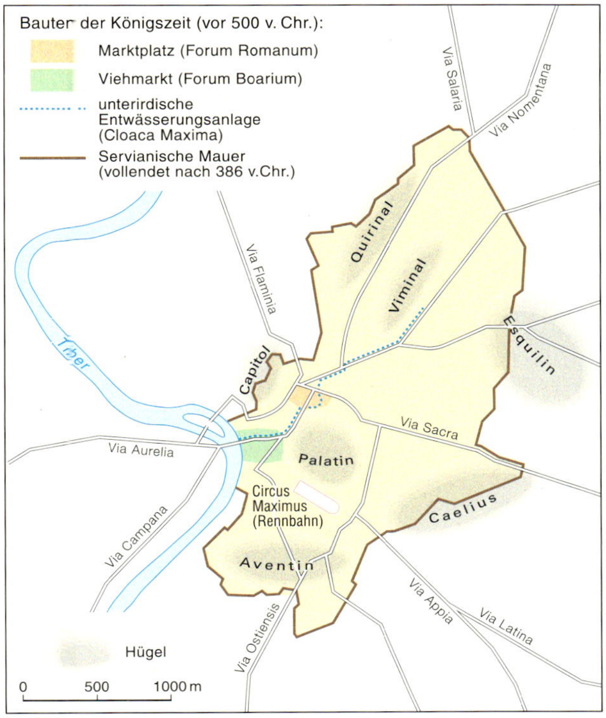

D5 **Die Siebenhügelstadt Rom**
Aus dem Dorf wurde nach und nach eine Stadt.

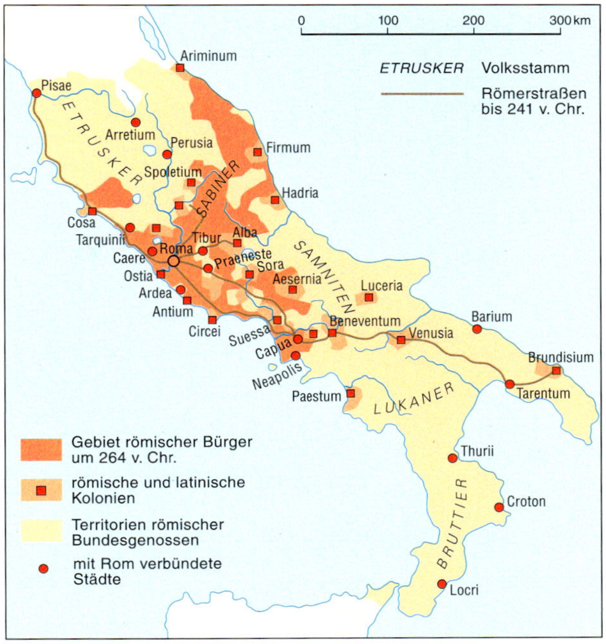

D6 **Roms Herrschaft in Italien bis 241 v. Chr.**
Wie erweiterten und sicherten die Römer ihre Herrschaft? Ein Teil des eroberten Gebietes wurde dem römischen Staatsland einverleibt, hier lebten römische Bürger. Manche Städte blieben selbstständig und erhielten das römische Bürgerrecht. Mit vielen Städten schlossen die Römer lediglich Bündnisse: Sie behielten auch ihre Selbstständigkeit und mussten die Römer als „Bundesgenossen“ im Kriegsfall unterstützen. In unsicheren Gebieten wurden häufig Kolonien gegründet. Die Kolonien waren befestigte Städte, die zum Teil als Wachposten an den Küsten und zum Teil auch an den Grenzen des römischen Gebietes gegründet worden waren. Sie dienten als Schutz wie auch als Mittel, um die Bundesgenossen zu kontrollieren.

Fragen und Anregungen

1. Beschreibt mit eigenen Worten die 494 v.Chr. entstandene Situation (Q1). Informationen zu den Patriziern und den Plebejern findet ihr im VT.
2. Wahr oder falsch? Überprüft folgende Aussagen (D3, VT) und stellt sie gegebenenfalls richtig: In Rom bestimmte die Volksversammlung die Politik. – Die drei Konsuln sind die obersten Beamten, verwalten die Staatskasse und werden für sechs Monate gewählt. – Die Römer, die nicht Patrizier sind, dürfen in einer eigenen Versammlung Gesetze beschließen und eigene Vertreter wählen. – Die Armen und die Sklaven haben zusammen die meisten Stimmen in der Volksversammlung.
3. Auch vielen anderen Plebejern scheint es kaum anders gegangen zu sein als dem alten Mann (Q2). Stellt euch vor, ihr wäret als Gesandtschaft aller Plebejer zum Senat geschickt worden. Schreibt eine Rede. Berücksichtigt darin die Forderungen, die ihr dem Senat überbracht hättet.
4. Vergleicht eure Forderungen mit den tatsächlich erreichten Erfolgen der Plebejer (D4).
5. In Rom übten immer mindestens zwei Beamte wichtige Ämter (D2) aus. Sie wurden nach nur einem Jahr abgelöst. Diskutiert die Vor- und Nachteile dieser Regelung.

3. Ein Tag an der Seite eines Senators

Vom Kind zum jungen Mann

Es wurde gerade hell. Schnell warf Lucius seine Tunika über. Er war aufgeregt. Heute würde er zum ersten Mal einen ganzen Tag lang den Senator, einen Freund seines Vaters, begleiten. Es war ein Patrizier um die fünfzig Jahre alt, ein berühmter Redner. Lucius' Vater war ein reicher Plebejer und als erster in der Verwandtschaft in den Senat aufgenommen worden. Lucius selbst war gerade sechzehn Jahre alt und volljährig geworden. Während eines großen Familienfests hatte er auf dem Hausaltar seine Kindertoga abgelegt. Verwandte und Freunde der Familie hatten ihn auf das Forum begleitet, wo er in die Bürgerliste eingeschrieben wurde. Lucius durfte jetzt bei der Volksversammlung mit abstimmen. Lucius' Vater und der Senator hatten vereinbart, dass Lucius den Senator ein Jahr lang begleiten solle. Dieses Jahr war für einen jungen Adligen wie Lucius eine Art Lehrjahr. Er musste z. B. lernen vor einem großen Publikum zu sprechen. Gleichzeitig wurden die jungen Männer auch für den Krieg vorbereitet. Fast täglich trainierte Lucius das Fechten.

Morgendlicher Empfang

Nach dem Waschen und dem Frühstück ging Lucius los. Als er beim Haus des Senators ankam, fand dort gerade die so genannte Begrüßung statt. Bereits im Eingangsbereich des großen Gebäudes warteten einige Menschen. Im Innenhof sprach der Senator gerade mit einem Mann. An seiner Kleidung konnte man erkennen, dass es ein ärmerer Bauer vom Land war. Lucius begrüßte kurz die Anwesenden, stellte sich neben eine Säule und beobachtete genau, was jetzt geschah. Der Bauer hatte gerade erst angefangen zu sprechen. Er schien niedergeschlagen zu sein. Er sagte, er sei nach Rom gekommen, weil ihm von seinem Nachbarn ein Stück Land weggenommen worden sei. Allein könne er es nicht zurückbekommen. Der Nachbar sei ein reicher und mächtiger Mann. Er brauche Hilfe. Schon seine Vorfahren seien Klienten des Senators gewesen.

Klient und Patron auf dem Weg zum Senat

Lucius war jetzt gespannt auf die Antwort des Senators. Wie ein Vater mit seinem Sohn spricht, so hörte es sich an, als der Senator zu reden begann: „Du bist ein guter Klient. Bei meiner Wahl zum Ädil bist du den weiten Weg nach Rom gekommen und hast, wie ich sehen konnte, in der Volksversammlung für mich gestimmt. Ich bin dein Patron und werde mich für dich einsetzen. Dein Land wirst du zurückbekommen, notfalls werde ich deinen Nachbarn vor den Prätor bringen."
Nach dem Bauern sprachen weitere Klienten beim Senator vor. Es dauerte einige Stunden. Lucius hörte genau zu. Wie sich ein Klient verhalten musste und was ein Patron zu tun hatte, das wusste Lucius bereits in etwa. Sein Vater war selbst Patron und hatte einige Klienten. Dieser Senator jedoch besaß angeblich sechzig. Lucius

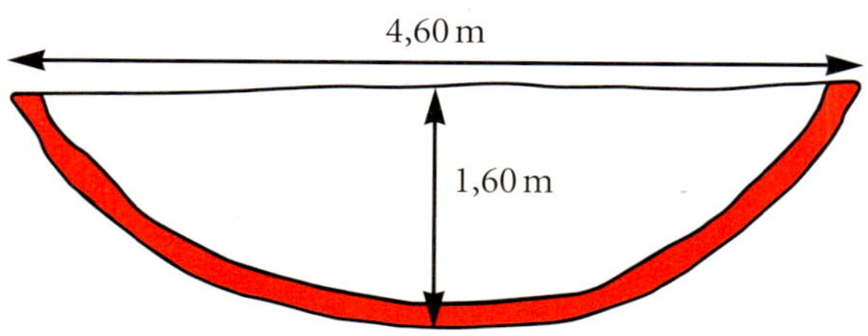

D1 Kleidung für einen Senator
Alle Römer trugen eine Tunika. Reiche Römer trugen darüber noch eine Toga. Nur die Toga eines Senators durfte mit einem purpurroten Streifen geschmückt werden. Das Anlegen einer Toga war keine leichte Angelegenheit.

achtete darauf, wie der Senator auftrat. Seine Gesten versuchte er sich genau einzuprägen. Am Ende des Empfangs bat ihn der Senator mit ihm zu essen.

Nach dem Essen begleitete Lucius zusammen mit einigen Klienten den Senator zum Senat. Lucius achtete beim Gehen genau auf seine Bewegungen. Nicht zu langsam, nicht zu schnell, würdevoll, diszipliniert – so sollte das Auftreten eines Adligen in der Öffentlichkeit sein. Das war nicht so einfach. Allein auf die Toga musste man gut aufpassen, sie durfte kein bisschen verrutschen. Sonst hielten die Leute einen für einen liederlichen Charakter, dachte Lucius. Nur nicht mit jemanden in den engen Straßen zusammenstoßen! Doch die Menschen auf der Straße machten Platz. Am roten Purpurstreifen und an den roten Sandalen erkannten sie den Senator. Lucius hatte das Gefühl, dass alle auf ihn schauten. Kurz vor dem Senatsgebäude gingen Lucius und der Senator selbst zur Seite. Einer der beiden Konsuln kam aus einer Seitenstraße auf sie zu. Vor ihm gingen zwölf Männer, jeder mit einem Beil in einem Rutenbündel.

Beim Senatsgebäude angekommen, blieb Lucius bei anderen Senatorensöhnen am Eingang stehen. Von dort aus sahen sie, wie im Senat über einen Antrag der Konsuln abgestimmt wurde. Sollten die Römer in diesem Sommer Krieg gegen die Gallier im Norden führen? Der Senat hatte zu entscheiden. Die Volksversammlung würde nichts anderes beschließen. Lucius war aufgeregt, es wäre sein erster Feldzug. Die Reihenfolge der Redner lag genau fest: Zunächst durften die ehemaligen Zensoren ihre Meinung sagen, dann ehemalige Konsuln, darauf ehemalige Prätoren usw. – abgestuft je nach Amt, das die einzelnen Senatoren erreicht hatten. Am Ende stellten sich die übrigen Senatoren zu den einzelnen Meinungsführern. Gewonnen hatte die Meinung eines ehemaligen Konsuls; zu ihm hatten sich die meisten Senatoren gestellt, darunter auch der Vater von Lucius. Es sollte dieses Jahr noch kein Krieg gegen die Gallier geführt werden.

Lucius wusste nicht, ob er erleichtert sein sollte oder traurig. Über den Kampf im Krieg wurde viel erzählt. Nach der Senatssitzung ging Lucius noch mit zum Haus des Senators zurück. Morgen sollte es auf das Forum gehen. Am Nachmittag sollte eine große Begräbnisprozession stattfinden.

Q1 Ein Senator
Bronzestatue eines Redners (1,85 m hoch), um 80 v. Chr. angefertigt.

D2 Klienten und Patron
Lucius ist ganz durcheinander nach dem Tag beim Senator. Ihm gehen viele Begriffe durch den Kopf:
Wahlstimme, viel Zeit, Vertretung vor Gericht, Gehorsam, Hilfe in Notlagen.
Helft ihm Ordnung zu schaffen. Zeichnet das Schaubild in euer Heft und schreibt die Begriffe an den jeweils richtigen Pfeil.

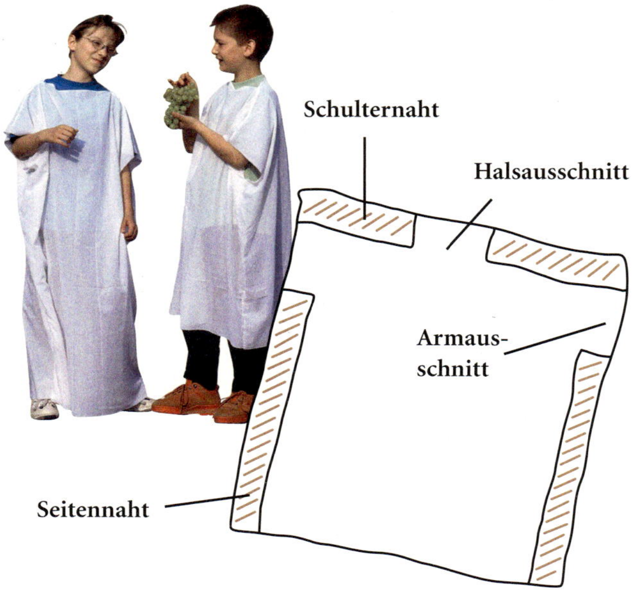

PROJEKT

Wir schneidern eine Tunika.

Das typische Kleidungsstück war die Tunika. Die trugen alle – egal ob Mann oder Frau, alt oder jung, arm oder reich. Ihr braucht dazu jeweils zwei rechteckige Stoffbahnen. Dafür könnt ihr alte Bettlaken verwenden.

1. Maß nehmen und zuschneiden: Für die Mädchen-Tunika müssen die Stoffbahnen etwa 80 cm breit sein, für die Jungen-Tunika etwa 70 cm. Die Länge richtet sich nach der Körpergröße. Die Mädchen messen vom Hals bis zum Knöchel, die Jungen vom Hals bis an die Wade.

2. Zusammennähen: Legt die Stoffbahnen übereinander und näht sie an den Schultern und an den Seiten zusammen.

D3 **Was lernte ein junger adliger Römer darüber, wie man sich im Krieg zu verhalten hatte?**

Antworten gaben beispielhafte Taten von berühmten Adligen aus der Vergangenheit:

Im Jahr 360 v. Chr. zog der junge Patrizier Titus Manlius zusammen mit seinem Vater in den Krieg gegen die Gallier. Der Vater als Konsul und Feldherr, Titus als einfacher Soldat. Als es zur Schlacht kam, forderten die Gallier zunächst einen Zweikampf. Ein riesiger Kämpfer trat aus den Reihen der Gegner hervor und verlangte, der tapferste Römer solle sich ihm zum Kampf stellen. Lange Zeit traute sich kein Römer gegen diesen Riesen anzutreten. Da entschloss sich Titus zum Kampf. Doch zuerst wandte er sich an seinen Vater: „Niemals würde ich es wagen, Feldherr, ohne deinen Befehl zu kämpfen, auch nicht, wenn ich sähe, dass der Sieg sicher wäre. Wenn du es erlaubst, werde ich gegen diesen Mann kämpfen." Da sagte der Vater: „Bewundernswert ist deine Tapferkeit, mein Sohn, und deine Liebe zum Vaterland und zum Vater. Gehe jetzt und erweise mithilfe der Götter den römischen Namen als unbesiegbar." Darauf machte sich Titus zum Zweikampf bereit. Zur Überraschung aller konnte er dann seinen Gegner überwältigen und töten. Diese Tat wurde von den Römern gefeiert und man erinnert sich lange daran.

Zwanzig Jahre später zog Titus wieder in den Krieg, er war nun selbst Feldherr des römischen Heeres. Vor der Schlacht gab er den Befehl an alle Soldaten aus, keiner solle es wagen, außer Reih und Glied den Kampf ohne Befehl zu beginnen. Vor der Schlacht wurde eine Abteilung der Reiter ausgeschickt. Ihr Anführer war der Sohn des Titus. Die römischen Reiter stießen schon bald auf die Kundschafter der Gegner. Der gegnerische Anführer forderte einen der Römer zum Zweikampf heraus. Der Sohn des Titus zögerte keinen Moment und vergaß dabei den Befehl der Vaters. Im Kampf konnte er wie einst sein Vater seinen Gegner bezwingen. Stolz und von seinen Kameraden gefeiert, ritt er zum Lager der Römer zurück. Als der Titus seinen Sohn kommen sah, versteinerte sich sein Gesicht und er ließ die Heeresversammlung zusammenrufen. Vor den Augen aller römischen Soldaten sprach er dann: „Du, mein Sohn, hast sowohl den Befehl des Feldherrn als auch die Autorität des Vaters missachtet: Entgegen unserer Anordnung hast du außerhalb der Schlachtreihe gekämpft. Du hast die militärische Disziplin, auf der unser Staat beruht, untergraben. Ich muss mich jetzt entscheiden: Entweder nimmt der Staat Schaden oder unsere Familie. Wir werden der Jugend ein trauriges, aber für die Zukunft heilsames Beispiel sein. Ich liebe dich, wie es jeder Vater tut, aber jetzt stehe ich vor der Entscheidung. Wenn du unbestraft bleibst, wird ein für alle Mal die Befehlsgewalt der Feldherren zerstört. Die Alternative kann nur dein Tod sein. Wenn nur etwas von dem Blut unserer Familie in dir ist, dann wirst du dich nicht weigern, die durch dich verletzte Disziplin durch deine Bestrafung wieder herzustellen. Geht, bindet ihn an den Pfahl!"

Erzählung nach Livius, Römische Geschichte 7,10 und 8,7. Übers. d. Verf.

Q2 Leichenrede auf einen römischen Adligen

Was in einer Rede für einen toten Adligen gesagt wurde, zeigt das folgende Beispiel. Quintus Metellus gehörte zu einer berühmten Adelsfamilie. Er war im Jahr 206 v. Chr. zum Konsul gewählt worden. Sein Vater Lucius war zweimal Konsul und auch Diktator gewesen. Nachdem sein Vater gestorben war, soll Quintus folgende Leichenrede gehalten haben:

Sein Vater habe die zehn wichtigsten und höchsten Ziele, nach denen weise Männer ihr Leben lang strebten, auf vollkommene Weise erreicht: Denn sein Wunsch sei gewesen, der erste Krieger, der beste Redner und der tapferste Feldherr zu sein, (ferner) dass unter seiner Leitung die bedeutendsten Taten vollbracht würden, (dann) sich der höchsten Ehren zu erfreuen, die größte Weisheit zu besitzen, das größte Ansehen im Senat zu erreichen, zu einem großen Vermögen auf anständige Weise zu kommen, viele Kinder zu hinterlassen und der berühmteste Mann im Staat zu sein. Das alles sei ihm – und sonst niemandem seit der Gründung Roms – geglückt.

Plinius der Ältere, Naturgeschichte 8, 140. Übers. d. Verf.

Q3 Adliger Römer mit den Büsten seiner Vorfahren
Marmorstatue (1,65 m hoch), 1. Jahrhundert n. Chr.

PROJEKT

Was trugen wohlhabende Römerinnen?
Sie trugen über ihre Tunika weitere Gewänder. Die Frau eines Senators kleidete eine Stola. Wenn ihr eine Stola schneidern wollt, findet ihr unter www.klett-verlag.de/gug (Werkstatt) eine Anleitung.

Fragen und Anregungen

1. Der Verfassertext ist eine erfundene Geschichte. Sie enthält aber genaue Informationen darüber, wie wir uns die Lehrjahre eines jungen Adligen vorstellen müssen. Um ein guter Patron zu sein und Senator zu werden, muss Lucius viele unterschiedliche Dinge beherrschen können. Schaut euch den ersten Tag an der Seite des Senators noch einmal genau an und schreibt auf, was Lucius für beide Rollen alles können muss.
2. Auf der Straße oder im Senat – überall waren Regeln zu beachten (VT). Für die Römer waren sie ganz selbstverständlich, sie nannten sie „Sitten". Welche Sitten erkennt ihr? Notiert sie und überlegt, welcher Sinn dahintersteckt. Vergleicht die Art und Weise, wie Lucius erwachsen wird und seine Ausbildung beginnt, mit dem Leben heutiger junger Erwachsener.
3. Wozu dient eine historische Modenschau? Probiert die Kleidung der Senatoren am eigenen Körper aus und schildert, wie man darin geht, redet und handelt.
4. Beschreibt, wie sich der junge Adlige Titus Manlius beim Zweikampf verhielt (D3). Was tat in der gleichen Situation zwanzig Jahre später sein Sohn? Erklärt die Reaktion des Titus im zweiten Fall.
5. Stellt euch vor, Lucius hätte am nächsten Tag die Rede (Q2) bei dem Begräbnis gehört. Welche Ziele hätte er sich vornehmen können?

4. Wie wird Rom eine Großmacht?

Elefanten im Kriegsdienst – „Panzer der Antike" Q1
Im zweiten von drei Punischen Kriegen setzten die Karthager, auch Punier genannt, gegen die Römer diese neue Waffe ein.
Statue eines Kampfelefanten aus Terrakotta, Pompeji.

264–146 v. Chr.	Rom gewinnt in drei langen Kriegen gegen Karthago die Vorherrschaft im westlichen Mittelmeerraum.
200–133 v. Chr.	Rom wird die führende Macht im östlichen Mittelmeergebiet.

Cannae

216 v. Chr. – Die Nachricht muss die römischen Frauen wie ein Schlag getroffen haben: Die Schlacht war verloren. 50 000 Männer tot. Wer hatte überlebt? Fast jede Familie musste mit dem Tod eines Angehörigen rechnen. Nie zuvor in der Geschichte Roms war es zu einer solchen Katastrophe gekommen wie jetzt bei Cannae. 80 000 Soldaten hatten die Römer ins Feld geschickt, die Karthager unter dem Feldherrn Hannibal nur 50 000. Im Moment gab es in Italien kein römisches Heer, das Rom schützen konnte. Aus Angst vor dem Angriff der Karthager auf ihre Stadt rissen die Römer die Brücken über den Tiber ein. Rom schien am Ende und der Krieg verloren zu sein. Trotzdem waren die Römer entschlossen nicht aufzugeben. Wie war es zu dieser Katastrophe gekommen? Wie sollte es weitergehen?

Rom und Karthago vor den Punischen Kriegen

Am Beginn des 3. Jahrhunderts v. Chr. hatte Rom die Vorherrschaft über Italien erlangt. Mit einzelnen Städten und Stämmen – auch wenn sie Gegner Roms gewesen waren – hatten die Römer Bündnisse geschlossen. Diese „Bundesgenos-

D1 **Der 1. und 2. Punische Krieg. Geschichtskarte**

sen“ mussten Rom im Kriegsfall mit Soldaten, Material oder Schiffen unterstützen. Dafür wurden sie an der Kriegsbeute beteiligt. Die Politik nach außen bestimmten die Römer, die inneren Angelegenheiten regelten die Bundesgenossen weiterhin selbst.
Im Bereich des westlichen Mittelmeers gab es zu dieser Zeit nur eine einzige weitere Macht, die mit Rom vergleichbar war, die Stadt Karthago. Als Kolonie war Karthago von den Phöniziern auf dem Gebiet des heutigen Tunesien gegründet worden. Die Karthager waren ein Volk von Seefahrern und Händlern. Sie hatten ihren Machtbereich auf das gesamte westliche Mittelmeer ausgedehnt. Mit Rom hatte Karthago zunächst gute Beziehungen gepflegt: Gegenseitige Verträge waren geschlossen worden. Zwischen beiden Städten bestand auch ein reger Handel.

Der 1. Punische Krieg

Im Jahr 264 v. Chr. rief die von Griechen bewohnte Stadt Messena im Westen Siziliens im Streit mit ihrer Nachbarstadt Syrakus zunächst die Karthager, dann die Römer zu Hilfe. Rom schickte ein Heer nach Sizilien. Aus einem auf einen Ort begrenzten Konflikt entwickelte sich bald ein Krieg zwischen Römern und Karthagern; er dauerte über zwanzig Jahre und wurde von beiden Seiten erbittert geführt. Wie kam es dazu? Sizilien war ein reiches Getreideanbaugebiet und eine „Brücke“ nach Afrika. Die Karthager betrachteten Sizilien schon lange als ihren Einflussbereich. Die Römer sahen die Gelegenheit gekommen ihren Machtbereich in Unteritalien zu sichern und nach Sizilien hin auszudehnen. Zudem schienen Beute und Ruhm schnell erreichbar zu sein und eine Niederlage vor den Augen der Bundesgenossen konnten sich die Römer nicht leisten. Ihre Herrschaft in Italien wäre geschwächt worden. Sieger in diesem Krieg waren im Jahr 241 v. Chr. die Römer. Ihre Friedensbedingungen waren hart: Die Karthager mussten Rom Sizilien überlassen, dazu noch 80 Tonnen Silber zahlen. Schließlich zwang Rom die Karthager auch noch Korsika und Sardinien abzutreten.

Der 2. Punische Krieg

Dreißig Jahre später, 218 v. Chr., kam es zwischen Karthago und Rom erneut zum Krieg. In Spanien hatten die Karthager die Stadt Sagunt erobert. Die Römer sagten, die Stadt sei mit ihnen verbündet gewesen, was die Karthager abstritten. Ei-

D2 **Das römische Territorium 200–133 v. Chr. Geschichtskarte**

Q2 Hannibal
Der karthagische Feldherr floh vor der Rache der Römer und nahm sich 183 v. Chr. in Syrien das Leben. Marmorbüste, nach 183 v. Chr.

gentlich ging es um mehr: Karthago hatte sich in Spanien eine neue Machtbasis geschaffen. Darin sahen die Römer eine Bedrohung. Beide Seiten waren vermutlich von Anfang an auf einen umfassenden Krieg aus. Er wurde an verschiedenen Orten rund um das westliche Mittelmeer geführt. Die Römer und ihre Bundesgenossen waren den Karthagern an Menschen und Mitteln eigentlich überlegen. Doch die Karthager besaßen einen äußerst begabten Feldherrn: Hannibal. Mit Kriegselefanten, der Reiterei und seinem ganzen Heer überquerte er von Spanien kommend die Alpen und drang in Italien ein. Durch eine geschickte Kriegsführung schlug er mehrmals römische Armeen. Sein größter Erfolg war die Schlacht bei Cannae. Hannibal hatte gehofft, dass sich jetzt die Bundesgenossen Roms ihm, dem Stärkeren, anschließen würden. Doch die meisten Verbündeten hielten den Römern die Treue.
Obwohl Hannibal bis jetzt alle Schlachten gewonnen hatte, verlor er dennoch den Krieg. Denn die Römer vermieden weitere Kämpfe direkt mit Hannibals Truppen, besiegten die Karthager schließlich auf Sizilien und in Spanien und setzten mit einem Heer nach Afrika über. Bei der Stadt Zama verlor Hannibal die letzte Schlacht. Mit den Siegern mussten die Karthager im Jahr 202 v.Chr. einen äußerst harten Friedensvertrag schließen: Karthago hatte an Rom seine spanischen Gebiete abzutreten, 260 Tonnen Silber zu zahlen und durfte von den 500 Kriegsschiffen nur zehn behalten. Ferner war es den Karthagern nur noch erlaubt in Afrika und mit Zustimmung Roms Krieg zu führen.

Der 3. Punische Krieg

Fünfzig Jahre später, 149 v. Chr., mussten sich die Karthager gegen ein benachbartes Volk verteidigen. Da sie die Römer nicht um Zustimmung gefragt hatten, landete ein römisches Heer in Afrika. Die Karthager wollten sich unterwerfen: Sie stellten Geiseln und gaben ihre Waffen ab. Doch die Konsuln forderten die Karthager auf ihre Stadt zu verlassen. Karthago solle zerstört werden, so eine verbreitete Meinung in Rom. Doch die Karthager waren nicht bereit ihre Stadt aufzugeben. Sie verschanzten sich in der Stadt. Nach dreijähriger Belagerung wurde Karthago dem Erdboden gleich gemacht und die überlebenden Karthager in die Sklaverei verkauft. Die Gründe dafür, warum die Römer das bereits geschwächte Karthago auf so brutale Weise zerstörten, sind heute noch umstritten. Das Land der Karthager wurde zu einer römischen Provinz.

Siege auch im Osten des Mittelmeeres

Mit den Punischen Kriegen war Rom eine Großmacht geworden. Auch im östlichen Mittelmeerraum besaßen die Römer jetzt Verbündete. Dort wurden sie in Streitigkeiten hineingezogen oder griffen von sich aus ein. Nach siebzig Jahren waren auch ganz Griechenland und der westliche Teil der heutigen Türkei römische Provinzen.

Provinz

Als Provinzen bezeichneten die Römer die Länder bzw. Gebiete, die sie außerhalb Italiens erobert hatten. Sizilien war die erste römische Provinz. Die Verwaltung der Provinzen übernahmen Statthalter, römische Adlige, die häufig zuvor Konsuln gewesen waren. Ihre Macht war unumschränkt, sie besaßen auch den Oberfehl über die in den Provinzen stationierten Soldaten. Praktisch waren sie aber auf die Zusammenarbeit mit den führenden Schichten vor Ort angewiesen, denn die Statthalter verwalteten die Provinzen mit einem kleinen Stab von Beratern und Schreibern. Die Einwohner der Provinzen mussten an Rom Steuern (Geld oder einen Teil der Ernte) zahlen, besaßen aber nicht das Bürgerrecht. Oft beuteten die Statthalter und die von den Römern beauftragten Steuereinnehmer die Provinzen zur eigenen Bereicherung aus.

Einen kriegerischen Konflikt untersuchen

Viele Jahreszahlen, viele Orte, viele Fakten – über hundert Jahre immer wieder Krieg. Ihr könnt die Kriege zwischen Römern und Karthagern und anschließend auch andere Kriege bis heute besser verstehen, wenn ihr sie nach einem Schema untersucht. Dafür solltet ihr euch am besten in Gruppen aufteilen und jeweils nur einen Krieg untersuchen. Füllt die Tabelle mithilfe des Verfassertextes und der Karten (D1 und D2) aus. Hilfreich ist dabei, wenn ihr die Seiten kopiert und Textstellen mit verschiedenen Farben unterstreicht.

Stellt am Ende eure Ergebnisse vor und vergleicht die drei Kriege: Welche Unterschiede und Gemeinsamkeiten lassen sich feststellen?

Kriterien	**1. Punischer Krieg**	**2. Punischer Krieg**	**3. Punischer Krieg**
Verlauf/Ereignisse			
Ursachen			
Anlässe			
Ziele der Römer			
Ziele der Karthager			
Ergebnisse			
Folgen			

D3 Ein römisches Kriegsschiff (bis zu 50 m lang und 7 m breit)

Ein Historiker meinte später, die Römer hätten aus dem Seekrieg einen Landkrieg gemacht. Erklärt diese Aussage mithilfe der Rekonstruktionszeichnungen.

Q3 Die Gegner unterscheiden sich

Der Grieche Polybios lebte um die Mitte des 2. Jahrhunderts v. Chr. als Geisel in Rom. Er arbeitete als Erzieher bei einer Adelsfamilie. Polybios schrieb in einer Weltgeschichte über die Punischen Kriege:

Um auf das Einzelne zu kommen und gleich bei dem Kriegswesen anzufangen, so sind die Karthager zur See besser geübt und gerüstet, da sie auf diesem Gebiet eine lange Erfahrung haben und mehr als irgendjemand sonst ein Seefahrervolk sind. Die Römer sind zu Lande weit überlegen. Denn sie wenden dem Heer ihre ganze Sorge zu, die Karthager dagegen vernachlässigen es vollständig und schenken nur der Kavallerie einige Aufmerksamkeit. Das liegt daran, dass sie fremde Söldnertruppen verwenden, während das römische Heer aus Landeskindern und Bürgern besteht. Auch insofern also verdient das römische Staatswesen größeres Lob als das karthagische. Denn hier hängt die Freiheit der Stadt an dem Mut von Söldnern, dort beruht sie auf der eigenen Tapferkeit und dem Beistand der Bundesgenossen.

Polybios, Römische Geschichte 6,52, Gesamtausgabe in zwei Bänden. Eing. u. übers. v. Hans Drexler, Zürich-Stuttgart 1961, S. 577, 134.

Q4 Wie verhielten sich die Römer nach Niederlagen?

Der römische Historiker Livius (1. Jh. v. Chr.) schrieb über ihre Reaktion nach der Schlacht von Cannae:

Doch führten die Niederlagen (...) nicht dazu, dass irgendwo das Wort Frieden bei den Römern fiel, weder vor der Ankunft des Konsuls in Rom, noch als er nach seiner Rückkehr die Erinnerung an die erlittene Niederlage auffrischte. Ja, gerade in dieser Zeit war die Bürgerschaft von einer so hohen Gesinnung beseelt, dass dem Konsul bei seiner Rückkehr von der im hohen Maße selbst verschuldeten Niederlage zahlreiche Angehörige aller Stände entgegenzogen und ihm dafür Dank gesagt wurde, dass er an dem Gemeinwesen nicht verzweifelt sei.

Livius, Römische Geschichte 22, 61, 10 ff. Übers. d. Verf.

Q5 Urteile über die Zerstörung Karthagos

Die Vernichtung Karthagos beurteilten schon die Zeitgenossen unterschiedlich. Polybios berichtete, welche Meinungen es in Griechenland gab:

Einige billigten die Handlungsweise der Römer und behaupteten, diese hätten verständig und wirkungsvoll die Interessen ihrer Herrschaft verfolgt; dass sie die ihnen drohende Gefahr und die Stadt, die oft mit ihnen um die Vorherrschaft gerungen hätte und auch jetzt noch bei passender Gelegenheit dazu imstande sei, beseitigt hätten und dadurch ihrem Lande die Herrschaft gesichert hätten, zeuge nur von ihrer Einsicht und ihrem Weitblick. Andere widersprachen dem: Die Römer blieben nicht bei den Grundsätzen, mit denen sie ihre Vorherrschaft gewonnen hätten. (...) Denn früher hätten sie alle ihre Kriege nur so lange geführt, bis sie gesiegt und ihre Gegner zu der Erkenntnis gezwungen hätten, man müsse ihnen gehorchen und ihre Befehle ausführen. (...) Ohne dass etwas Schwerwiegendes vonseiten der Karthager geschehen sei, hätten sie die schwersten und härtesten Maßnahmen gegen diese beschlossen, obwohl die Karthager alle ihre Bedingungen annahmen und bereit waren, alle ihre Befehle auszuführen.

Polybios, Römische Geschichte 34,9–10, Gesamtausgabe in zwei Bänden. Eing. u. übers. v. Hans Drexler, Zürich/Stuttgart 1961, S. 1295.

Q7 Reste punischer Häuser in Karthago

146 v. Chr. eroberten die Römer Karthago und machten die Stadt dem Erdboden gleich. An dieser Stelle sollte nie wieder eine Stadt entstehen.

Q6 Gibt es gerechte Kriege?

Der römische Politiker und Philosoph Cicero (1. Jahrhundert v. Chr) stellte später über Kriege fest:

Solche Kriege sind ungerecht, die ohne Grund unternommen werden. Denn ein gerechter Krieg kann nur aus dem Grund geführt werden sich zu rächen oder die Feinde zurückzuschlagen. Ein Krieg kann nur als gerecht gelten, wenn er angesagt und erklärt wurde und vorher das (vom Gegner geraubte) Gut zurückgefordert wurde.

Cicero, Vom Staat, 3, 35. Übers. d. Verf.

Q8 Wie beurteilen wir heute Kriege?

Der Begriff Krieg wird in einem Jugendlexikon folgendermaßen erklärt:

Krieg, organisierter, mit Waffengewalt ausgetragener Machtkonflikt zwischen Staaten oder zwischen verschiedenen Bevölkerungsgruppen eines Staates (Bürgerkrieg) zur Durchsetzung politischer, wirtschaftlicher, ideologischer und militärischer Interessen.

Der Jugend-Brockhaus, Bd. 2, 4., völlig neu bearb. Aufl., Leipzig/Mannheim 2001.

Fragen und Anregungen

1. Nennt die wichtigsten Unterschiede zwischen Karthagern und Römern nach Polybios (Q3) .
2. Entnehmt dem Text (Q4), wie die Römer auf die Niederlage reagierten. Überlegt, wie dieses Verhalten erklärt werden kann.
3. Vergleicht die Meinungen der Zeitgenossen (Q5) über die Zerstörung Karthagos. Bildet euch ein eigenes Urteil.
4. Für die Mehrheit der Römer stand fest, dass sie nur gerechte Kriege führten. Überlegt: Was wäre für Cicero ein ungerechter Krieg (Q6)?
5. Um die Mitte des 2. Jhs. v. Chr. war Rom die einzige Großmacht im Mittelmeerraum. War das das Ergebnis einer bestimmten Politik? Diskutiert, wie es zum Aufstieg Roms kam. Bezieht euch auf die beiden Quellen auf der Auftaktdoppelseite (S. 128).

5. Wie verändern die Kriege Rom?

D1 **Landschaftsbild Italiens im 2. Jh. v. Chr.**
Zeichnung

Das Leben der Bauernfamilien

Krieg war für die Römerinnen und Römer ein Stück Alltag. Männer konnten fast jedes Jahr zum Krieg eingezogen werden. Meistens waren es kurze Sommerfeldzüge. Das Risiko war für die Soldaten hoch. Von denen, die einen Feldzug überlebten, kehrten nicht wenige als Krüppel zurück. Die Bauernhöfe vieler Soldaten waren so klein, dass sich eine Familie gerade davon ernähren konnte. Was die Soldaten aus dem Krieg an Sold und Beute mitbrachten, war für die kleinen Höfe wie ein Nebenerwerb. Seit dem Ende des 3. Jahrhunderts v. Chr. führte Rom jedoch Kriege immer häufiger außerhalb Italiens. Viele Bauern blieben jetzt deutlich länger im Krieg. Sie fehlten manchmal Jahre auf ihren Höfen und viele Familien gerieten in Not.

Kleinbauern und Großgrundbesitzer

Eine weitere Folge der Kriege war, dass Hunderttausende von Menschen aus den neu eroberten Gebieten als Sklaven nach Italien gebracht wurden. Großgrundbesitzer nutzten die Gelegenheit: Sie kauften viele Sklaven und setzten sie auf ihren Gütern ein. Gewinne brachten vor allem der Anbau von Oliven, Wein und die Viehwirtschaft. Wolle, Leder und Fleisch ließen sich an das römische Heer verkaufen. Zur Viehzucht brauchte man jedoch viel Land. Die Grundbesitzer pachteten deshalb im großen Stil Gebiete des Staatslandes und errichteten große Gutsbetriebe (Latifundien). Durch ein Stück von dem eroberten Land, das dem römischen Staat gehörte, konnten auch ärmere Bauern die Situation ihrer Höfe verbessern. Doch wurde es immer üblicher, dass die reichen Großgrundbesitzer die anderen Bauern unter Druck setzten, nicht selten auch bedrohten. Viele ärmere Bauernfamilien gaben deshalb auf und verkauften sogar ihren eigenen ererbten Landbesitz.

Q1 **Ein Landhaus am Meer**
Nicht nur in Rom, sondern auch auf dem Land entstanden Prachtbauten, die sich eine kleine Gruppe von Römern leisten konnte. Fresko aus dem Haus des Meander in Pompeji.

Ein Bauer auf dem Weg zum Markt Q2
Relieftafel aus dem 1. Jahrhundert n. Chr.
Beschreibt die Abbildung und überlegt, was sie uns über das Leben eines Kleinbauern verrät.

Reichtum und Armut in den Städten

Die Hoffnungen der ärmeren Bauern richteten sich häufig auf die Städte: Vielleicht konnte man ja dort sein Geld als Handwerker verdienen. Denn besonders in Rom war der neue Reichtum unübersehbar. Von dem Wohlstand profitierten auch einige Bürger, die nicht zum Senatorenstand gehörten. Man nannte sie Ritter. In den Provinzen zogen sie Abgaben und Pachten ein. Sie betrieben Handel und handwerkliche Großbetriebe und führten große Staatsaufträge etwa im Bauwesen aus. Die Ritter bildeten eine eigene Schicht der römischen Gesellschaft.
Trotz des neuen Reichtums der Städte blieb die Lebenssituation der armen Zuwanderer vom Land in der Regel schlecht. Häufig mussten sie Gelegenheitsarbeit annehmen. Es gab zu wenig Wohnraum und die Mieten waren teuer. Besonders in der Großstadt Rom wuchs die Schicht der verarmten Bürger – die Proletarier.

Die Ackergesetze der Gracchen

Viele Adlige erkannten die neu entstandenen Probleme. Wenn die Truppen für einen neuen Krieg ausgehoben wurden, war es nicht mehr zu übersehen: Es gab immer weniger Bauern, die auf eigene Kosten ausgerüstet in den Krieg ziehen konnten. Das war eine ernsthafte Gefahr für den römischen Staat. Der Volkstribun Tiberius Gracchus schlug deshalb im Jahr 133 v. Chr. dem Senat vor, große Gebiete des Staatslandes an ärmere Bauern zu verteilen. Manche Adlige unterstützten ihn. Doch die Senatsmehrheit lehnte den Plan ab. Dennoch wurde auf Antrag des Tiberius von der Versammlung der Plebejer ein Gesetz beschlossen, demzufolge große Gebiete des Staatslandes neu verteilt werden sollten. Rom war gespalten in Anhänger und Gegner des Tiberius Gracchus. Als er versuchte sich gegen die Regeln der Verfassung im darauf folgenden Jahr direkt ein zweites Mal zum Volkstribunen wählen zu lassen, wurde Tiberius zusammen mit 300 Anhängern getötet. Einige Senatoren beteiligten sich selbst an dem Blutbad.
Zehn Jahre später unternahm Tiberius' Bruder Gaius noch einmal den Versuch, die Verteilung von Land, das dem römischen Staat gehörte, neu zu regeln. Auch er scheiterte und fand den Tod. Gegen 3000 seiner Anhänger wurden Todesurteile verhängt.

Q3 Der Mann pflügt – und die Frauen?
Was bedeuteten die langen Kriege für das Leben der Frauen? Daraus erfahren wir wenig aus den Quellen. Sicher ist aber, dass die Mehrheit der einfachen Frauen sehr unter den Kriegsfolgen litt. Schließlich mussten Frauen in Kriegszeiten die Arbeit der Männer übernehmen. Wie bewirtschafteten sie in der Abwesenheit ihres Mannes die Höfe? Wurden sie dadurch unabhängiger oder waren sie vielen Gefahren ausgesetzt? Drohten ihnen ohne einen Schutz des Ehemanns Übergriffe und Enteignungen durch Nachbarn? Historiker können diese Fragen kaum beantworten. – Bronzeplastik aus republikanischer Zeit.

Q4 Die Situation auf dem Land

In allen eroberten Gebieten gab es römisches „Staatsland". Eigentlich sollte es allgemein an Interessenten verkauft oder verpachtet werden. Der Geschichtsschreiber Appian, der im 1. Jh. n. Chr. lebte, beschrieb, was im 2. Jh. v. Chr. häufig mit dem Staatsland geschah:
Die Reichen nämlich nahmen sich vom noch nicht verteilten (Staats-)Land den Großteil; mit der Zeit verließen sie sich dann darauf, dass ihnen dies niemand mehr wegnehmen werde. Sie übernahmen die ganzen anderen Güter, nämlich die den ihren nahe gelegenen kleinen Anwesen der Armen, indem sie diese teils zum Verkauf überredeten, teils mit Gewalt vertrieben. Schließlich konnten sie somit große Ländereien statt einzelner Güter bearbeiten lassen, wozu sie Sklaven als Landarbeiter und Hirten einsetzten. (...) So also wurden die Mächtigen vollends reich und die Sklaven vermehrten sich im Land; die Einwohner Italiens verloren an Bevölkerung und Stärke, aufgerieben von Armut, Abgaben und Kriegsdienst. Und selbst wenn sie davor einmal Ruhe hatten, blieb ihnen nur völlige Untätigkeit, denn das Land war im Besitz der Reichen, die Sklaven statt freier Männer als Landarbeiter einsetzten.

Appian, Bürgerkriege 1,7; Zit. nach: M. Crawford, Die römische Republik, München 1994, S. 120. Bearb. d. Verf.

Q5 Die Römer – Leben sie wie die Herren der Welt?

Der griechische Geschichtsschreiber Plutarch (ca. 46 bis 120 n. Chr.) berichtete, wie Tiberius Gracchus die Lebensbedingungen vieler Römer beschrieb:
Die wilden Tiere, die Italien bevölkern, haben ihre Höhlen und kennen ihre Lagerstätte, ihren Schlupfwinkel. Die Männer aber, die für Italien kämpfen und sterben, haben nichts als Luft und Licht; und unstet, ohne Haus und Heim, ziehen sie mit Weib und Kind im Lande umher. Die Feldherren lügen, wenn sie in der Schlacht ihre Soldaten aufrufen, Gräber und Heiligtümer gegen die Feinde zu verteidigen. Denn keiner von diesen armen Römern hat einen Altar von seinen Vätern geerbt, keiner eine Grabstätte seiner Vorfahren. Für Wohlleben und Reichtum anderer setzen sie im Krieg ihr Leben ein. Herren der Welt werden sie genannt: In Wirklichkeit aber besitzen sie nicht das kleinste Stückchen Land.

Plutarch, Tiberius Gracchus, 9; Zit nach: Wilhelm Ax, Plutarch. Römische Heldenleben, Coriolan, Die Gracchen, Sulla, Pompeius, Caesar, Cicero, Stuttgart 1953, S. 47. Bearb. d. Verf.

Proletarier

(lat.: „proles", d. h. Nachkommen) Als Proletarier bezeichnet man in Rom Menschen, die außer ihren Nachkommen nichts besaßen und auf öffentliche Versorgung angewiesen waren. Ihre Zahl nahm im 2. Jahrhundert n. Chr. stetig zu. Den Proletariern fehlte es häufig an Arbeit und sie wohnten in elenden Massenquartieren. Seit dem 19. Jahrhundert werden auch Industriearbeiter, die in sehr erbärmlichen Verhältnissen leben müssen, als Proletarier bezeichnet.

Fragen und Anregungen

1. Was wir heute über die Zeit um die Mitte des 2. Jhs v. Chr. wissen, hat der Zeichner in dem Bild (D1) zusammengetragen. Was erkennt ihr darin?
2. Beschreibt, wie sich die Situation der Kleinbauern im 2. Jh. v. Chr. veränderte (Q4), und stellt dar, welche Folgen das Vorgehen der reichen Großgrundbesitzer hatte (VT). Berücksichtigt auch D1.
3. Der Historiker Plutarch behauptete, dass es niemand so gut und geschickt zu reden verstanden hätte wie Tiberius Gracchus. Ihr habt bereits die Situation vieler ärmerer Bauern kennen gelernt. Zeigt, wie Tiberius Gracchus ihr Leben und ihren Alltag darstellt (Q5). Welchen Vergleich stellt er an? Welche Gefühle möchte er wecken?

6. Krieg zwischen den Römern

88–79 v. Chr. In Rom wütet der Bürgerkrieg, aus dem Sulla als Diktator hervorgeht.

Römischer Soldat zur Zeit des Marius D1
Alle Legionäre besaßen die gleiche Ausrüstung. Was sie zum Leben im Krieg benötigten, trugen sie bei sich. Dazu gehörten Kettenhemd, Helm, Schild sowie die Waffen: Schwert, Dolch und Wurfspeere. Jeden Abend errichteten die Legionäre ein Lager. Um es zu befestigen, brauchten sie ein Holzgestänge und Werkzeuge: Hacken, Körbe für Erdarbeiten, Rasenstecher, Äxte und angespitzte Pfosten. Außerdem trug jeder Proviant, Kochgeräte und einen Wasserkessel. Alles zusammen wog bis zu 40 kg.

Konkurrenz unter Adligen

Die Kriege und die Erfolge veränderten auch den römischen Adel selbst. Vielen Adligen gelang es als Feldherr oder Statthalter einer Provinz große Reichtümer zu erwerben. Gerade die Feldzüge in den reichen griechischen Osten des Mittelmeers eröffneten ganz neue Möglichkeiten. Einmal reich geworden, konnte ein Adliger seine finanziellen Mittel dafür einsetzen, in der Öffentlichkeit für sich zu werben. So konnte er wieder zum Feldherrn werden oder erneut die Verwaltung einer Provinz erreichen. Vielen Adligen war dazu fast jedes Mittel recht. Die Konkurrenz unter den Adligen nahm neue, bis dahin unbekannte Formen an.

Populare und Optimaten

Am Ende des 2. Jahrhunderts v. Chr. waren die Konflikte nicht mehr zu übersehen. Es gab jetzt zwei verschiedene politische Richtungen unter den Senatoren:
Einige Adlige setzten sich für die Belange und Interessen der ärmeren Bauern und der Proletarier in Rom ein. Man nannte sie Populare (lat.: „populus“, d. h. Volk). Ohne Unterstützung, ja häufig gegen den Willen der Mehrheit der anderen Senatoren machten die Popularen mithilfe der Konsuln oder Volkstribunen eigene Gesetzesvorschläge. So konnten sie oft ihre Ziele am Senat vorbei durchsetzen.
Ihre Gegner, die Optimaten, lehnten große Zugeständnisse an die ärmeren Bevölkerungsgruppen ab. Der Senat, die Versammlung der Besten (lat.: „optimus“, d. h. der Beste), sollte seine unumschränkte Macht behalten.

Die Heeresreform des Marius

Die Situation spitzte sich zu, als die Römer im letzten Jahrzehnt des 2. Jahrhunderts v. Chr. gleich an mehreren Fronten militärisch unter Druck gerieten. Im Norden schlugen zwei germanische Völker, die Kimbern und Teutonen, mehrmals römische Armeen. Jetzt fehlten Soldaten. Marius, ein Feldherr, den die Popularen unterstützten, führte daraufhin eine Reform des römischen Heeres durch: Auch Proletarier konnten jetzt Soldaten werden. Ihre Ausrüstung bezahlte der römische Staat. Militärisch hatte die von Marius umgeformte römische Armee Erfolg. Gut trainiert und mit neuer Taktik besiegten Marius' Soldaten Kimbern und Teutonen. Jedoch war ein neues Problem entstanden: Diese Soldaten gehorchten vor allem ihrem Feldherrn. Gerade Soldaten ohne Besitz erwarteten von ihm Unterstützung und Versorgung nach ihrer Entlassung. Dafür kämpften sie auch gegen die politischen Gegner ihres Feldherrn.

Die Diktatur Sullas

Das zeigte sich im Jahr 88 v. Chr., als einer der beiden Konsuln, der Optimat Sulla, seine Soldaten gegen Marius und die Popularen nach Rom marschieren ließ. Ein mehrjähriger Bürgerkrieg folgte und Sulla blieb Sieger. Marius war während des Bürgerkriegs gestorben und viele der Popularen waren getötet worden. Sulla ließ jedoch auch noch in der Zeit danach viele Gegner verfolgen und ächten: Jedermann durfte sie straflos ermorden. Gleichzeitig versuchte er die alte Ordnung wiederherzustellen. Sulla beschränkte die Macht der Volkstribunen. Er selbst ließ sich im Jahr 82 v. Chr. zum Diktator ernennen. Nach drei Jahren unumschränkter Macht legte er die Diktatur nieder, zog sich auf sein Landgut zurück und starb bald. Für kurze Zeit schien die alte Einheit des Staates wiederhergestellt.

Q1 Jedes Jahr durften drei Adlige Münzen prägen und so für das Ansehen ihrer Familien werben. Münzen erzählen also eine Geschichte:

Münze von 131 v. Chr. mit dem Kriegsgott Mars: Auf einem vierspännigen Wagen fuhren in Rom auch die Feldherren während eines Triumphzugs. Als Sieger auf Münzen dargestellt wurden jedoch nur Gottheiten. In seiner linken Hand hält Mars Speer, Schild und Zügel, in seiner Rechten Waffen der Sieger. Unten steht der Name des adligen Münzmeisters Lucius Postumius Albinus (L POST AL B).

Etwas Neues zeigt sich auf der Münze in der Mitte aus dem Jahr 101 v. Chr.: Der Münzmeister Gaius Fundanius (C FUNDAN) hat Gaius Marius als siegreichen Feldherren mit Lorbeerzweig in der linken und Zepter in der rechten Hand darstellen lassen. Auf dem Pferd sitzt der Sohn des Marius.

Aus dem Jahr 82 v. Chr. stammt die rechte Münze, auf der Sulla als triumphierender Feldherr gezeigt wird. Über ihm schwebt eine Siegesgöttin, die einen Lorbeerkranz hält. Unten steht – wiederum eine Neuerung – sein Name Lucius Sulla Imperator (L SULLA IM). Die Bezeichnung „Imperator“ (Befehlshaber) war ein Ehrentitel.
Der Name des Münzmeisters steht auf der nicht abgebildeten Vorderseite.

Diktatur

Ursprünglich war die Diktatur in Rom ein Amt, das in Notzeiten für höchstens sechs Monate verliehen wurde (vgl. Seite 135). Ein Diktator hatte den Auftrag, den Staat vor Gefahren – meistens militärischen Bedrohungen – zu schützen. Seit Sulla (82 v. Chr.) herrschte ein Diktator allein, uneingeschränkt und zeitlich unbegrenzt. Heute wird mit dem Begriff Diktatur in der Regel eine Herrschaft bezeichnet, bei der die Macht bei einer einzigen politischen Person oder Gruppe (z. B. bei einer Partei) liegt. Die Bürger besitzen nur wenige Rechte und keine politische Mitsprache.

D2 Gaius Marius (156–86 v. Chr.)

Marius war sieben Mal Konsul. Er wurde vier Mal direkt hintereinander zum Konsul gewählt, was die Verfassung eigentlich nicht erlaubte. Im Jahr 88 v. Chr. ließ er seinem Gegner, dem Optimaten Sulla, den Oberfehl über eine Armee wegnehmen und auf sich übertragen. Sulla war zu dieser Zeit Konsul und marschierte mit seinen Soldaten nach Rom. Marius floh und wurde später geächtet. Als sich Sulla dann mit seinem Heer auf einem Feldzug in Kleinasien befand, versuchte Marius zusammen mit seinen Anhängern die Macht in Rom wieder an sich zu reißen.

D3 Lucius Cornelius Sulla (138–78 v. Chr.)

Als erster Feldherr ließ Sulla römische Soldaten gegen Rom marschieren und legte auch nicht an der heiligen Stadtgrenze – wie es sonst üblich war – seinen Oberbefehl nieder. Eine gewaltsame Besetzung der Stadt durch eigene Soldaten hatte es nie zuvor in der römischen Geschichte gegeben. Nach dem Sieg über Marius und dessen Anhänger ließ er seine Gegner ächten: Jedermann konnte sie straflos ermorden. 40 Senatoren und 1600 Ritter wurden getötet. Ihr Vermögen wurde verteilt oder zu billigen Preisen versteigert. Am Ende war die Macht Sullas so groß, dass der Senat ihn zum Diktator auf Lebenszeit ernannte.

Q2 Bürgerkrieg in Rom

Über das Vorgehen von Marius schrieb der griechische Historiker Appian, der im 2. Jh. n. Chr. in Rom lebte:

Sie (Marius und seine Soldaten) hielten ihren Einzug in Rom, dem alle mit Schrecken entgegensahen. (... Der Konsul Octavius floh nicht und leistete Widerstand mit einigen Soldaten. Er wurde ermordet und sein Kopf auf dem Forum aufgestellt.)

Nun eilten sogleich Leute, um die Gegner unter den Rittern und Senatoren aufzuspüren. (...) Niemand durfte einen Ermordeten beerdigen. Hunde und Vögel zerrissen die Leichen adliger Männer. Auch ermordeten die Marianer eigene Leute ohne zur Rechenschaft gezogen zu werden. Andere wurden verbannt, ihr Vermögen eingezogen, andere wurden aus dem Amt entlassen.

Alle von Sulla erlassenen Gesetze wurden aufgehoben. Seine Freunde wurden ermordet, sein Haus zerstört und sein Vermögen eingezogen, er selbst zu einem Feind des Vaterlandes erklärt. Auch nach seiner Frau und seinen Kindern suchte man, aber diese entkamen glücklich.

Appian, Bürgerkriege 1,71 und 73. Bearb. d. Verf.

Q3 Sullas Macht in Rom

Hierüber schrieb der Historiker Appian:

Eine unumschränkte Herrschaft war auch schon früher das Amt des Diktators, jedoch auf kurze Zeit beschränkt. Jetzt, wo es zum ersten Male auf unbegrenzte Zeit gegeben wurde, wurde es zu einer vollkommen unumschränkten Herrschaft. So viel allerdings setzten sie hinzu, um das Ganze zu beschönigen und um dem Titel die Härte zu nehmen: Sie wählten ihn zum Diktator, um Gesetze nach seinem alleinigen Gutdünken zu geben und den Staat zu ordnen.

Appian, Bürgerkriege 1,99. Zit. nach: Geschichte in Quellen, Bd. 1, Altertum, München 1965, S. 494.

Fragen und Anregungen

1. Erläutert, worin der grundsätzliche Unterschied zwischen dem Bürgerkrieg (Q2) und den Kriegen besteht, die die Römer bisher führten.
2. Römische Adelige nutzten Münzen, um sich selbst darzustellen (Q1). Dabei achteten die Römer auf Gleichheit: Alle adligen Familien sollten sich möglichst auf die gleiche Weise in der Öffentlichkeit präsentieren können. Im Laufe des 2. Jahrhunderts v. Chr. ließen sich jedoch einzelne Adlige immer mehr als besondere Person darstellen und versuchten alle anderen damit zu überragen. Vergleicht die drei Münzen und erläutert, inwiefern sich diese Entwicklung auf ihnen ablesen lässt.
3. Beschreibt das Vorgehen und die Mittel, die Marius und Sulla einsetzten, um ihre Ziele zu erreichen (D2 und D3, Q2 und Q3). Gegen welche Regeln der Verfassung verstießen sie dabei? (Seite 135)

7. Caesar wird Alleinherrscher

58–51 v. Chr.	Unter dem Oberbefehl Caesars erobern römische Soldaten Gallien.
49–46 v. Chr.	Im Bürgerkrieg besiegt Caesar Pompeius und seine Anhänger.
44 v. Chr.	Caesar erhält die Diktatur auf Lebenszeit. Senatoren ermorden ihn.

Gaius Julius Caesar Q1
Dieser Kopf wurde vielleicht noch zu Lebzeiten Caesars geschaffen.

Die Iden des März

Wer kennt ihn nicht? Gaius Julius Caesar, den Mann, unter dessen Kommando römische Soldaten Gallien eroberten. Berühmt ist auch seine Beziehung zu Kleopatra, der Königin von Ägypten. Stoff für die Literatur späterer Jahrhunderte und Filme unserer Zeit bot besonders sein gewaltsamer Tod. Am 15. März 44 v. Chr. stachen 60 miteinander verschworene Mörder Caesar während einer Senatssitzung vor den Augen der übrigen Senatoren nieder. Wie kam es zu dem Mord? Was waren die Motive der Täter? Gab es eine Rechtfertigung für den tödlichen Anschlag?

Caesars politische Karriere

Viele Hinweise zur Beantwortung dieser Fragen gibt die politische Laufbahn Caesars. Er wurde im Jahr 100 v. Chr. geboren und stammte aus einer alten römischen Adelsfamilie. Seine Tante war mit Marius verheiratet gewesen. Caesar selbst war ein Popular. Im Alter von 40 Jahren hatte Caesar bereits viel erreicht: Er war Prätor gewesen und hatte eine spanische Provinz verwaltet. Als Ädil hatte er zuvor große Schulden gemacht, um der Bevölkerung besonders aufwändige Spiele bieten zu können. Crassus, der reichste Mann Roms, hatte ihm zunächst finanziell ausgeholfen. Um seine politischen Ziele zu erreichen, scheute Caesar auch nicht vor Bestechung und der Anwendung von Gewalt zurück. Mit Crassus und dem damals er-

Q2 **Caesar mit Lorbeerkranz**
Die Münze trägt die Umschrift CAESAR DIC[TATOR] QUART(UM) („Caesar zum vierten Mal Diktatur“) und wurde 44 v. Chr. noch vor Caesars Ermordung geprägt. Normalerweise durften nur die römischen Feldherren während ihres Triumphzugs nach einem siegreichen Feldzug einen goldenen Kranz tragen. Porträts von lebenden Personen auf Münzen waren in Rom unüblich. Sie galten als Zeichen eines Königs.

Q3 **Dolche der Mörder**
Nach dem Mord an Caesar prägten seine Mörder eigene Münzen: EID(IBUS) MAR(TIIS) „an den Iden des März“ (Bezeichnung im römischen Kalender für den 15. März). In der Mitte ist eine Filzkappe abgebildet, wie sie Sklaven trugen, wenn sie freigelassen wurden.

folgreichsten Feldherrn Pompeius bildete Caesar im Jahr 60 v. Chr. ein Triumvirat (Drei-Männer-Bündnis). Alle drei zusammen schafften es, die Politik in Rom gegen die Senatsmehrheit zu bestimmen. Caesar wurde zum Konsul für das Jahr 59 v. Chr. gewählt. Gegen die Optimaten setzte Caesar in der Volksversammlung zwei Ackergesetze durch: Aus der Armee entlassene Soldaten und kinderreiche Familien sollten Ackerland zugewiesen bekommen. Schließlich erhielt Caesar eine Statthalterschaft, die es ihm ermöglichte Gallien zu erobern. Auf dem Gebiet, das ungefähr die heutigen Länder Frankreich und Belgien umfasste, siedelten in der Antike keltische Stämme. Nach jahrelangen Feldzügen und vielen militärischen Erfolgen besaß Caesar eine ihm treu ergebene Armee.

„Der Würfel ist gefallen."

Doch in Rom hatten sich die politischen Verhältnisse gewandelt: Crassus war auf einem Feldzug gestorben, Pompeius hatte sich den Optimaten angeschlossen. Caesar schien jetzt selbst Pompeius an Macht und Ansehen zu übertreffen. Doch die Zeit seiner Statthalterschaft war 49 v. Chr. abgelaufen. Mit seiner Armee stand Caesar am Rubikon, dem Grenzfluss zwischen seiner Provinz und Italien. Der Senat forderte ihn auf, sein Heer zu entlassen – wie es üblich war. In Rom drohten Caesar Gerichtsprozesse wegen früherer Rechtsverletzungen. Sollte Caesar alles bisher Erreichte aufs Spiel setzen? „Der Würfel ist gefallen", soll Caesar gesagt haben. In der Nacht des 10. Januars 49 v.Chr. überschritten seine Soldaten den Rubikon und zogen nach Rom. Ein Bürgerkrieg begann. Nach vier Jahren hatte Caesar seine Gegner besiegt. Er war in der Zwischenzeit zum Diktator für zehn Jahre ernannt worden. Zu Beginn des Jahres 44 v. Chr. bekam er die Diktatur auf Lebenszeit verliehen. Seine ehemaligen Gegner behandelte er mit Milde. Caesar war jetzt praktisch Alleinherrscher.

Auch Comics, Romane, Computerspiele und Filme prägen unsere Vorstellungen von Geschichte. D1
Asterix ist ein Beispiel dafür, dass sich Texter und Zeichner bemühen, geschichtliche Themen in Comics einzuarbeiten. Untersucht die Abbildungen: Auf welche historischen Ereignisse spielen die Zeichner an? Stimmen die Anspielungen mit dem Wissen überein, das wir von dem Wirken Caesars haben? Wie wird Caesar dargestellt bzw. charakterisiert? Welches Bild vermittelt der Comic von der historischen Person? Sucht weitere Beispiele bei Asterix.

Q4 Zu viel Ehrungen?

Sueton schilderte Caesar in seinen Kaiserbiografien, die er im 1. Jahrhundert n. Chr. verfasste:

Caesar nahm nicht nur übertriebene Ehren an, wie die ständige Wiederwahl zum Konsul, die Diktatur (...) auf Lebenszeit, (...) den Titel „Vater des Vaterlandes" und ein Standbild neben denen der Könige. (...) Er duldete auch Ehrungen, die über das menschliche Maß hinausgingen: einen goldenen Sessel im Rathaus und im Gericht, sein Bild neben denen der Götter, die Benennung eines Monats nach seinem Namen. Auch vergab er nach eigenem Belieben Ämter. In der Öffentlichkeit sagte er immer wieder Dinge, die von seiner Unbeherrschtheit zeugten. (...) Sulla habe das politische Einmaleins nicht gekannt, als er die Diktatur niederlegte. Die Leute müssten jetzt vorsichtiger mit ihm (Caesar) sprechen und seine Worte als Gesetze betrachten.

Sueton, Caesar 76–77,1. Übers. d. Verf.

Q5 Nahm Caesar das Diadem an?

Über eine Situation auf dem Forum berichtete der Geschichtsschreiber Cassius Dio (ca. 150–235 n. Chr.):

Als er nämlich bei einem Fest das Forum betreten und geschmückt mit dem Königskleid sowie im Glanze seines goldbestickten Kranzes die Rednertribüne bestiegen hatte, begrüßte ihn Antonius (der Vertraute und Mitkonsul Caesars) samt seinen Mitpriestern als König und umwand sein Haupt mit einem Diadem (Kopfbinde, wie sie die hellenistischen Könige trugen). Dazu sprach er „Dies bietet dir das Volk durch meine Hände an!", worauf Caesar jedoch erwiderte „Jupiter allein möge König der Römer sein!" und ließ dem Gott den Schmuck auf das Kapitol bringen.

Gleichwohl fühlte er sich nicht unangenehm berührt, im Gegenteil, er befahl allgemein bekannt zu machen, er habe sich geweigert, die ihm vom Volk durch den Konsul angebotene Königswürde anzunehmen.

Cassius Dio, Römische Geschichte, 44, 11, 2. Zit nach: Cassius Dio, Römische Geschichte, übers. von Otto Veh, Bd. 3, Zürich 1986, S. 15. Bearb. d. Verf.

D2 Julius Gaius Caesar,
wie ihn Leser von Asterix kennen.

Q6 Was dachten Volk und Senat?

Folgende Gründe für die Ermordung Caesars nannte der griechische Historiker Plutarch (ca. 46–125 n. Chr.):

Wenn allmählich der Hass gegen Caesar wuchs und schließlich zu seiner Ermordung führte, so lag der Grund dafür in seinem Streben nach der Königswürde. Für das Volk war es die erste Ursache, warum es sich von ihm abwandte, und für seine Gegner, die ihren Groll schon lange im Geheimen nährten, ein besonders günstiger Vorwand. (...)

(Einmal) hatte der Senat wieder überschwänglich Ehren für ihn beschlossen. Caesar saß gerade auf der breiten Empore der (Rednertribüne), als Konsuln und Prätoren, geleitet von dem ganzen Senat, vor ihm erschienen. Caesar erhob sich nicht vor ihnen. Vielmehr fertigte er sie ab, als wenn es sich um einfache Bürgersleute handelte. (...) Diese Behandlung kränkte den Senat. Doch auch das Volk verdachte sie ihm, weil in dem Senat der Staat selbst beschimpft schien.

Plutarch, Caesar, 60,1 und 4–5. Zit. nach: Römische Heldenleben, übertragen und hg. von Wilhelm Ax, Stuttgart 1953, S. 266. Bearb. d. Verf.

Fragen und Anregungen

1. Vergleicht die beiden Münzen (Q2–3). Klärt folgende Fragen: Was war Caesar und seinen Anhängern wichtig? Was sollten die Römer über Caesar denken? Welche Sicht auf den Mord an Caesar sollte die Münze der Gegner nahe legen?
2. Teilt euch in drei Gruppen auf und arbeitet jeweils an einem der drei Texte (Q4–6) mögliche Gründe für den Mord an Caesar heraus.
3. Stellt euch vor, ihr träft euch nach dem Mord mit einigen der Täter im Haus eines Senators und wärt zuerst ratlos: War die Tat gerechtfertigt? War Caesar nicht selbst schuld? Jetzt drohte wieder Bürgerkrieg zwischen Mördern und Anhängern Caesars. Hätte man nicht besser Caesars Alleinherrschaft akzeptieren, aber dafür im Frieden leben sollen? Versetzt euch in die Lage der Senatoren und führt eine Pro-und-Kontra-Diskussion.

8. Augustus schafft eine neue Ordnung

27 v. Chr. Octavian (31 v. Chr.–14. n. Chr.), später Augustus genannt, errichtet eine Monarchie.

Oktavian setzt sich durch

Nach Caesars Tod kam es erneut zu Bürgerkriegen. Hunderttausende von Menschen kamen um, ganze Landstriche Italiens wurden schwer verwüstet. Es schien fast so, als würde das Reich der Römer auseinanderbrechen. Doch am Ende setzte sich der junge Octavian durch, der Adoptivsohn Caesars. Nach dreizehn Jahren Krieg war er allein als mächtigster Feldherr und Politiker übrig geblieben. Octavian versprach den Römern Frieden. Viele Zeitgenossen sahen ein neues Zeitalter anbrechen. Wie hatte Octavian das geschafft?

Krieg und Machtkampf nach dem Tod Caesars

Nach der Ermordung Caesars schloss der neunzehnjährige Octavian mit dessen Vertrauten Marcus Antonius und Lepidus ein Bündnis (Triumvirat). Ihre Armeen besiegten zusammen die Soldaten der Gegner Caesars. Nun kam es zum Machtkampf zwischen Octavian und Marcus Antonius, der sich in der ägyptischen Königin Kleopatra eine Verbündete suchte. In einer großen Seeschlacht bei Actium in Griechenland fiel die militärische Entscheidung. Octavian siegte, Marcus Antonius und Kleopatra flohen und begingen schließlich Selbstmord. Octavian kehrte ohne weitere Gegner nach Italien zurück. Lepidus war von ihm inzwischen politisch kalt gestellt worden. Alle römischen Soldaten schworen einen Eid auf Octavian.

Aus Caesars Fehlern lernen

Wie verhielt sich Octavian nun in Rom? Anders als sein Adoptivvater beging Octavian nicht den Fehler, die Diktatur auf Lebenszeit anzunehmen, obwohl sie ihm angeboten wurde. Octavian achtete genau darauf, dass äußerlich die bestehende Verfassung weitgehend gewahrt wurde. Geschickt kombinierte er das Amt des Konsuls mit anderen besonderen Vollmachten. Im Jahr 27 v. Chr. landete er dann einen spektakulären Coup: Er legte im Senat Ämter und Vollmachten nieder. Die Senatoren schienen nun die Freiheit zu besitzen, darüber zu entscheiden, wer die Macht in Zu-

Der Altar des Friedens (Ara pacis) Q1 wurde in Rom vom Senat geweiht und sollte Augustus ehren (9 v. Chr.). Auf dem Relief wird die Friedensgöttin Pax als Mutter mit ihren Kindern dargestellt. Links und rechts daneben zwei junge Frauen, die Land- und Seewind darstellen sollen. Welchen ersten Eindruck habt ihr? Wie verhalten sich die Tiere? Welche Zeichen für Frieden, Sicherheit und Wohlstand findet ihr?

kunft besitzen sollte. Fast schien es, als sei die Republik wiederhergestellt. In Wirklichkeit jedoch war die Entscheidung längst gefallen: An Octavian kam keiner mehr vorbei. Die Angst vor neuen Bürgerkriegen steckte den Römern in den Knochen. So sah es auch der Senat: Octavian erhielt offiziell den Oberfehl über die Legionen, der Senat verlieh ihm den Ehrennamen Augustus (der Erhabene) und wählte ihn erneut zum Konsul. Die Senatoren hatten die Alleinherrschaft des Augustus akzeptiert und bestätigt. Dennoch konnten sie auch weiterhin an der Herrschaft teilnehmen: Sie konnten wichtige Ämter bekleiden oder Statthalter in einer Provinz werden.

Auch in der Außenpolitik leitete Augustus einen Wandel ein. Er setzte zwar die Eroberungspolitik Caesars fort, ordnete jedoch die römischen Provinzen neu. Denn die Einwohner des Reiches sollten es besser haben als zuvor: geschützt vor Angriffen von außen, sicherer vor Übergriffen durch römische Statthalter und Steuereinnehmer und vor allem ohne Angst vor Bürgerkriegen, die lange Zeit viele Gebiete schwer mitgenommen hatten.

D1 Das römische Weltreich bis 117 n. Chr.
In allen Gebieten mit römischen Truppen setzte Augustus nun selbst Statthalter ein, die in seinem Namen Kriege führten und Unruhen unterdrückten. Die Verwaltung der übrigen Provinzen lag in den Händen von Beamten, die der Senat bestimmte. Welche Provinzen wurden unter Octavian erobert?

Prinzipat/Kaiser

Augustus bezeichnete sich selbst als „Princeps", also als der Erste im Staat. Die von ihm errichtete Herrschaftsform wurde deshalb als Prinzipat (wörtlich: die erste Stelle) bezeichnet. Mit dem Prinzipat sollte nach außen hin die Staatsform der Republik gewahrt werden. Tatsächlich jedoch handelte es sich um eine Monarchie. Augustus und seine Nachfolger nennen wir heute Kaiser, was von dem Wort Caesar kommt. Unter den Nachfolgern des Augustus war aus dem Namen Caesar (gesprochen „Kaisar") ein Titel geworden.

Verschiedene Perspektiven

Wie gelang es Octavian (Augustus) sich in Rom durchzusetzen und an der Macht zu bleiben? Um eine solche Frage zu beantworten, bietet sich ein Vergleich unterschiedlicher Quellen an. Denn nur so könnt ihr verschiedene Blickwinkel oder Sichtweisen (Perspektiven) auf ein historisches Ereignis kennen lernen, vergleichen und euch am Ende eine eigene Meinung bilden. Die Voraussetzung ist natürlich, dass die verschiedenen Quellen zu ein und demselben Thema Stellung nehmen. Im Folgenden findet ihr zwei Quellentexte, die auf die Frage unterschiedliche Antworten geben.

Q2 Anhänger mit Bildnis des Augustus aus dem 1. Jh. n. Chr. (Fassung 17. Jh.)
Der Eichenkranz wurde 27 v. Chr. vom Senat „für die Rettung aller Bürger" verliehen.

Q3 Tatenbericht des Augustus

Im Jahr 13 n. Chr. verfasste der 76-jährige Augustus einen „Tatenbericht". Hierin stellte er sein politisches Lebenswerk selbst dar. Der Bericht wurde in Stein gemeißelt und an öffentlichen Orten aufgestellt. Mit seinem „Tatenbericht" versuchte Augustus seine eigene Sicht der neu entstandenen politischen Ordnung im Römischen Reich zu verbreiten:

Mit neunzehn Jahren habe ich aus privater Initiative und aus eigenen Mitteln ein Heer aufgestellt, mit dem ich dem Staatswesen (...) die Freiheit wiedergab. (...)
Diejenigen, die meinen Vater ermordet haben, trieb ich in die Verbannung und rächte durch gesetzmäßige gerichtliche Verfolgung so ihre Verbrechen. Und als sie darauf Krieg gegen den Staat anfingen, besiegte ich sie in doppelter Feldschlacht. (...)
Kriege zu Wasser und zu Lande gegen innere und äußere Feinde habe ich auf dem ganzen Erdkreis oftmals geführt und als Sieger habe ich allen Mitbürgern, die um Gnade baten, Schonung gewährt. (...)
Die Diktatur, die mir in meiner Abwesenheit und in meinem Beisein sowohl vom Volk wie auch vom Senat unter den Konsuln Marcus Marcellus und Lucinius Arruntius im Jahr 19 v. Chr. angetragen wurde, habe ich zurückgewiesen.
Nachdem ich die Flammen des Bürgerkriegs gelöscht und mit der Zustimmung der gesamten Bevölkerung die Macht über alles besessen hatte, habe ich in meinem sechsten und siebten Konsulat den Staat wieder der freien Entscheidung des Senats und des römischen Volkes übergeben. Für dieses Verdienst erhielt ich auf Beschluss des Senats die Bezeichnung Augustus.

Augustus, Tatenbericht, 1–3, 5 und 34. Zit nach: Augustus, Tatenbericht. Res gestae. (Monumentum Ancyranum). Übersetzt, komm. und hg. von Marion Giebel. Stuttgart 1975, S. 4–6, 8 und 37–38. Bearb. d. Verf.

Q4 Tacitus über Augustus

Unter verschiedenen Kaisern hatte Tacitus (um 55–115 n. Chr.) wichtige Ämter bekleidet, bevor er in den Jahren nach 100 n. Chr. ein Geschichtswerk für die Zeit ab Augustus schrieb. Vorbild für Tacitus war das Handeln der römischen Adligen zur Zeit der Republik. Dennoch akzeptierte er die Herrschaft der Kaiser als eine Tatsache, die sich nicht mehr rückgängig machen ließ. In seinem Geschichtswerk hat Tacitus auch die Meinungen kritischer Zeitgenossen des Augustus berücksichtigt:

Die Liebe zu seinem Vater und die schwierige Lage habe er als Vorwand genommen. In Wahrheit habe er aus Herrschsucht die Veteranen durch Bestechung aufgewiegelt. Er habe als junger Mann ohne ein Amt ein Heer aufgestellt, die Legionen des Konsuls bestochen. (...) Er habe dem Senat gegen dessen Willen das Amt des Konsuls abgerungen. Die Waffen, die er (für den Kampf) gegen Antonius erhielt, habe er gegen den Staat gerichtet.
(Im Folgenden nimmt Tacitus selbst Stellung:)
Sobald er die Soldaten mit Geschenken, das Volk mit Getreide, alle mit der Annehmlichkeit des Friedens für sich gewonnen hatte, zeigte er allmählich sein wahres Gesicht. Er zog die Befugnisse des Senats, der Beamten und der Gesetzgebung an sich, ohne dass sich jemand widersetzte. Denn die mutigsten Männer waren auf dem Schlachtfeld oder durch Ächtung umgekommen, und die übrigen Adligen waren durch Reichtum und Ämter emporgekommen, und zwar umso höher, je mehr sie zur Unterwürfigkeit bereit waren. Die Gewinner der neuen Ordnung zogen die Sicherheit der Gegenwart der Unsicherheit der Vergangenheit vor.

Tacitus, Annalen 1,10 und 2. Übers. und Bearb. d. Verf.

Methodische Arbeitsschritte:

1. Bevor ihr die Texte miteinander vergleichen könnt, müsst ihr sie wie jede andere Quelle erst einmal für sich untersuchen. Und zwar so, wie ihr es bereits gelernt habt (Seite 88).
2. Jetzt kommt der eigentliche Vergleich:

a) Dazu müsst ihr zuerst herausarbeiten, was die gemeinsamen Themen der Texte sind.

b) Als nächstes schreibt auf, welche Informationen ihr jeweils in den beiden Texten zu den gemeinsamen Themen findet. Ein Tipp: Es ist leichter die entsprechenden Informationen zu finden, wenn ihr die gemeinsamen Themen als Fragen formuliert.

c) Abschließend solltet ihr festhalten, welche Gemeinsamkeiten, vor allem aber, welche Unterschiede ihr zwischen den Informationen der Quellen zu ein und demselben Thema erkennt.

1. Für den Quellenvergleich ist es sinnvoll, mit einer Tabelle zu arbeiten. Bei dem folgenden Beispiel sind die gemeinsamen Themen bereits in der mittleren Spalte eingetragen worden.
2. Ihr müsst jetzt also noch die unterschiedlichen Informationen zu den Themen aus den Texten (Q3 und 4) eintragen.

Aussagen des Augustus	Gemeinsame Themen	Aussagen des Tacitus
	Warum stellte Augustus ein eigenes Heer auf, um Caesars Mörder zu bekämpfen?	
	Wie ging Augustus im Kampf gegen seine Gegner vor?	
	Wie viel Macht besaß Augustus, nachdem er seine Feinde besiegt hatte?	
	Wie verhielten sich die Senatoren und die Bevölkerung nach dem Sieg von Augustus?	

3. Nun könnt ihr die Unterschiede selbst benennen. Zählt sie auf.
4. Zu der Frage, wie es Augustus gelang sich in Rom durchzusetzen, habt ihr zwei verschiedene Perspektiven (Sichtweisen) kennen gelernt. Damit besitzt ihr nun die Grundlage, euch eine eigene Meinung zu bilden und darüber mit anderen zu diskutieren. Haltet am Ende eure Antwort auf die am Anfang gestellte Frage in möglichst knapper Form schriftlich fest.

Augustus, wie er selbst gesehen werden wollte Q5
Marmorstatue aus Prima Porta bei Rom, nach 20 v. Chr.
Die Statue ist 2,04 m hoch.

Q1 Eine junge Römerin
Wohlhabende Mädchen und Frauen besaßen eine gute Bildung und konnten schreiben. Der Brief auf dieser Seite ist erfunden, zeigt euch aber, wie man sich einen Besuch in Rom vorstellen kann.
Wandmalerei in Pompeji, 1. Jahrhundert n. Chr.

9. Ausflug in die Weltstadt

Salve Tullia, liebste Freundin,
gestern war ich endlich zum ersten Mal in Rom! Großvater wollte sich dort Stoff für eine Tunika kaufen. Und zu meinem 12. Geburtstag hatte er mir ja fest versprochen, mich bald mal mitzunehmen und mir zu zeigen, warum seiner Meinung nach Rom seit Kaiser Augustus die prächtigste Stadt weit und breit ist.
Noch vor Sonnenaufgang sind wir losmarschiert. Großvater, der alte Soldat, kann immer noch ganz schön schnell laufen. Es war zwar fürchterlich weit – vier Stunden zu Fuß! Aber es wurde nie langweilig. Auf der Via Flaminia begegneten uns bereits ständig Händler, Soldaten, Pilger und andere Personen. Viele sahen sehr seltsam aus: Manche hatten weiße Tücher um den Kopf geschlungen und andere hatten pechschwarze Gesichter. Von Süden aus der Stadt kamen uns unzählige Pferde- und Ochsenkarren entgegen. Die dürfen nämlich nur abends und nachts, nicht aber tagsüber Lasten durch die engen und überfüllten Gassen transportieren. Wenn sie dann morgens die Stadt verlassen, nehmen sie Müll und Exkremente mit. Du kannst dir nicht vorstellen, wie die stinken!

Je näher wir der Stadt kamen, umso beeindruckender wurden auch die Grabmale neben der Straße. Manche sind riesengroß und umgeben von schattigen Gärten. Großvater wusste zu ihnen so manche Geschichte von berühmten Männern und Geschlechtern zu erzählen. Ungefähr ab der Brücke über den Tiber wurde die Luft vom Rauch der vielen Kochstellen und Werkstätten mit ihren offenen Öfen immer dunstiger. Meine Augen tränten und ich musste husten.

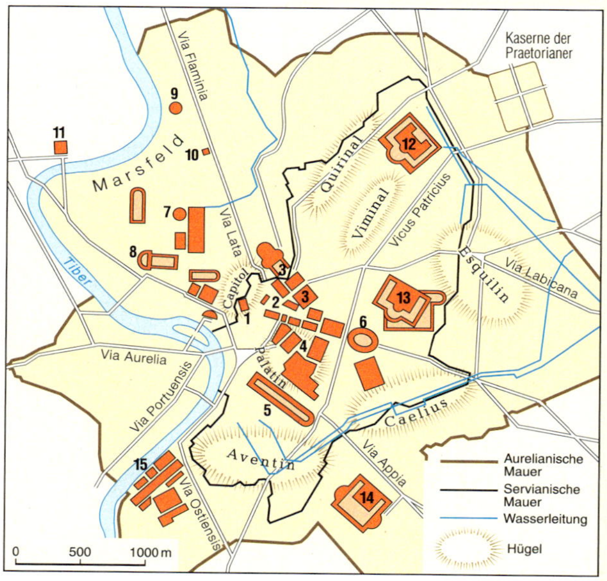

D1 Karte Roms im 4. Jh. n. Chr.
1 Jupitertempel; 2 Forum Romanum; 3 Kaiserforen; 4 Kaiserpaläste; 5 Circus Maximus; 6 Kolosseum; 7 Pantheon; 8 Pompeius-Theater; 9 Mausoleum des Augustus; 10 Friedensaltar; 11 Hadrianmausoleum; 12 Diocletiansthermen; 13 Trajansthermen; 14 Caracallathermen; 15 Hafen und Speicher.

Auf der rechten Straßenseite kamen wir an einem großen, runden Gebäude vorbei, auf dessen Dach eine Bronzestatue stand und dessen Terrassen mit Bäumen bewachsen waren. Großvater wurde traurig, denn es war das Mausoleum, in dem der Sarkophag des Augustus steht. Kurz danach war auf der gleichen Straßenseite ein Gebäude ohne Dach zu sehen. Es enthielt einen riesigen Altar, der auf allen Seiten mit Reliefs geschmückt war. Auch dieser „Friedensaltar“ soll von Augustus in Auftrag gegeben worden sein, weil er zeigen wollte, dass er dem Imperium endlich Frieden gebracht hat. Auf einer der Seiten kann man Mitglieder der kaiserlichen Familie betrachten. Sie wirken so lebendig, dass man glaubt, sie würden jeden Augenblick in die Wirklichkeit heraustreten. Dem Altar gegenüber steht auf einem großen Platz ein langer, spitzer Stein, der mindestens zehnmal so groß ist wie ein Erwachsener. Augustus soll diesen „Obelisken“ aus Ägypten mitgebracht haben. Nach seinem Schatten zeigen Markierungen auf dem Platz die Uhrzeit an.

Die Straße führte schnurgerade am Marsfeld vorbei. Früher stand dort irgendwo ein alter Tempel des Kriegsgottes. Heute strömen die Menschen dort hauptsächlich hin, um sich in den Theatern, den Thermen und unter den Portiken zu vergnügen.

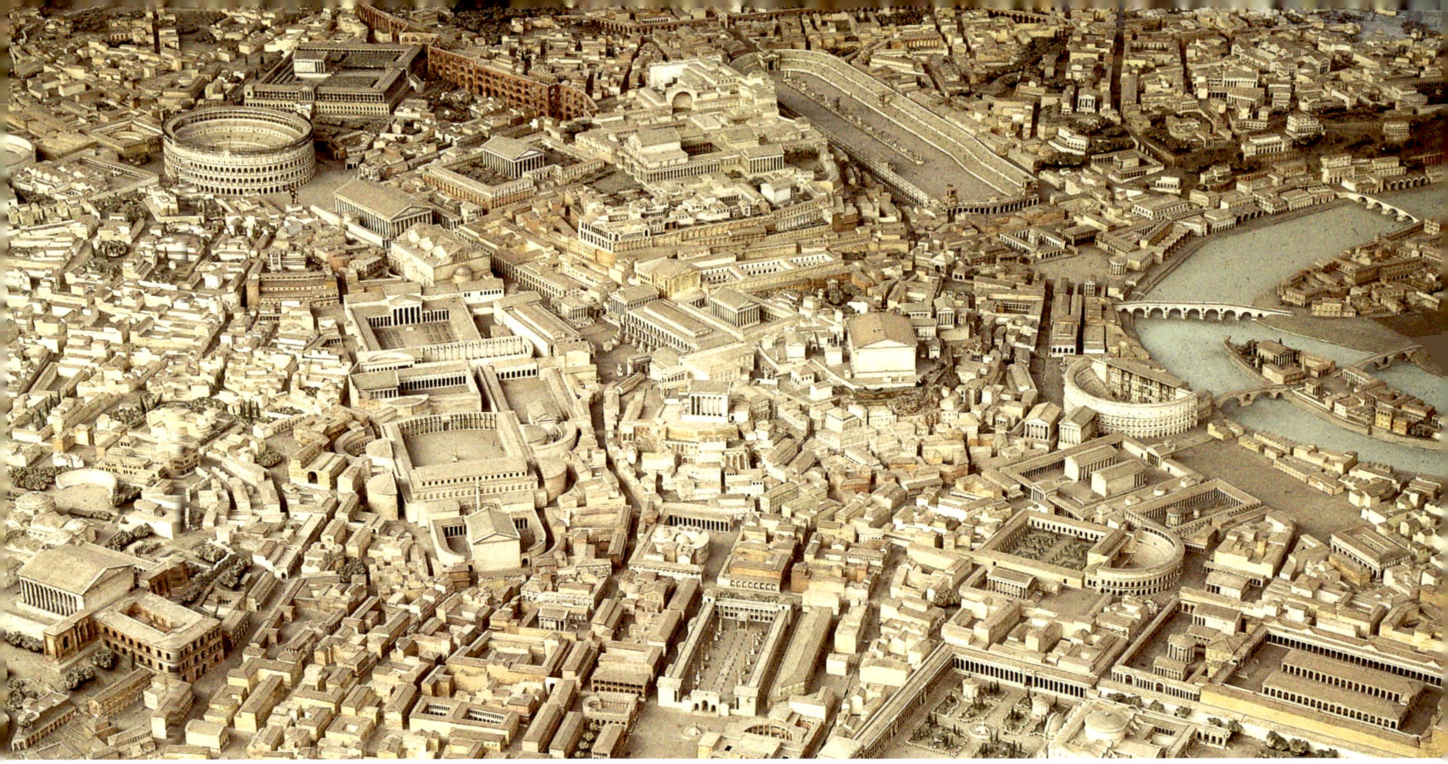

Bald gingen wir unter einer Art Brücke hindurch. Großvater erklärte mir aber, oben auf der Mauer verlaufe eine Rinne, durch die Wasser von den Bergen zu den Brunnen und Thermen geleitet werde. Einige Häuser sollen sogar einen eigenen Wasserzufluss haben. Stell dir vor: Die müssen kein Wasser mehr vom Brunnen ins Haus schleppen!

Die Straße führte um einen Hügel herum, der Kapitol genannt wird und auf dem zwei große Tempel stehen. Dann kamen wir durch ein großes Steintor in der alten Stadtmauer in die innere Stadt. Die Straße wurde viel enger und von allen Seiten wurde geschoben und gedrängelt, geschrien und geschimpft. Ständig wollten Händler uns irgendetwas verkaufen oder uns in ihre Läden locken. In all dem Trubel habe ich mich ganz fest an Großvater geklammert. Wenn wir uns dort verloren hätten – wir hätten uns bestimmt nie wieder gefunden.
Nach einigen Schritten erreichten wir einen viereckigen Platz. Großvater sagte, es sei das Forum Romanum, das alte Stadtzentrum, das von Cäsar und Augustus verschönert und erweitert worden sei. So viele riesige Gebäude nebeneinander habe ich noch nie gesehen! Überall um den Platz herum stehen prächtige Tempel aus Marmor. Die meisten sollen von dem Geld erfolgreicher Feldherren erbaut worden sein – aus Dank an die Götter für ihre Unterstützung im Krieg. In zwei großen Hallen an den Längsseiten des Platzes werden Märkte oder Gerichtsverfahren abgehalten. Und mitten auf dem Platz steht eine von Augustus errichtete Säule, auf der die Entfernungen zu den wichtigsten Städten unseres Reiches angegeben sind. Es kam mir so vor, als säße ich in der Mitte eines großen Spinnennetzes.
Großvater kaufte schließlich bei einem syrischen Stoffhändler ein so feines Tuch, wie ich noch nie eines gesehen habe. Danach machten wir uns gleich auf den Rückweg. Sicher hätte es noch viel, viel mehr zu sehen gegeben. Erst spät abends erreichten wir unser Landgut in den Hügeln nördlich von Rom. Ich bin doch froh, hier draußen zu leben. In dem Straßen- und Menschengewirr würde ich mich nie zurechtfinden.

Deine Freundin Julia

D2 Modell von Rom, um 300 n. Chr.
Das Modell ist aus einer anderen Richtung fotografiert als der Stadtplan (D1).

Q2 Wachstäfelchen und Bronzegriffel
Die Römer schrieben auf gerahmten Holztäfelchen, die sie mit Bienenwachs ausgossen. Mit der Spitze des Griffels ritzten sie dann den Text ein. Das andere Ende nutzten sie, um das Wachs abzukratzen. Dann konnten Sie das Täfelchen abermals benutzen.

Q3 Der heutige Zustand des Forum Romanum
Dieser Platz war das politische Zentrum des Weltreichs. Ursprünglich als Markt- und Versammlungsplatz angelegt, tagte hier der Senat und bestimmte in der Zeit der Republik die Politik. Entlang der „Heiligen Straße“ errichteten die Römer immer mehr Prachtbauten. Darunter auch Triumphbögen, durch die siegreiche Feldherren an der Spitze ihrer Truppen in die Stadt einzogen.

D3 Das kaiserzeitliche Forum Romanum
Die römischen Kaiser bauten das Forum prächtig aus: Basilica Julia (1); Tempel des Saturn (2); Tempel des Vespasian (3); Tempel der Concordia (4); Triumphbogen des Kaisers Septimius Severus (5); Rednertribüne (6); Jupitertempel auf dem Kapitol (7). Gemälde aus dem 19. Jh.

Fragen und Anregungen

1. Verfolgt auf dem Stadtplan (D1) den Weg, den Julia gegangen ist. Versucht auf dem Modell (D2) die Gebäude auszumachen, von denen Julia berichtet.
2. Schreibt aus dem erfundenen Brief die Bauwerke heraus, deren Errichtung Kaiser Augustus oder Mitglieder seiner Familie veranlasst haben. Überlegt dann, warum Kaiser Augustus so viele und so große Bauten hat errichten lassen.
3. Rom sei unter Augustus von einer „Stadt von Ziegelsteinen“ zu einer „Marmorstadt“ geworden, meinte ein Zeitgenosse von Augustus. Erläutert mithilfe des Briefes und der Bilder, was er meinte.
4. Vergleicht das Foto (Q3) mit der Rekonstruktion (D3). Gebt an, welche architektonischen Überreste zu den Gebäuden auf dem Gemälde gehören.
5. Stellt euch vor, ihr steht wie Julia auf dem Forum Romanum (D3). Schreibt selbst einen Brief, in dem ihr von eurem Eindruck berichtet.

10. Wer wohnte wie?

Die Gesellschaft und ihre Schichten

Rom hatte zur Kaiserzeit ungefähr eine Million Einwohner. Für ihr Zusammenleben war die Unterscheidung zwischen Sklaven und Freien grundlegend. Die Freien teilte man wiederum ein nach solchen, die schon als Freie geboren worden waren, und solchen Freien, die von ihren Herren aus der Sklaverei freigelassen worden waren.
Die Menschen lebten je nach rechtlicher Stellung und Größe des Vermögens unter sehr unterschiedlichen Umständen. Die wohlhabenden und privilegierten Senatoren und Ritter bildeten eine schmale Oberschicht. Die Mehrheit der Bevölkerung gehörte hingegen zu einer breiten Unterschicht. Von ihnen lebten zwar viele in ärmlichen Verhältnissen, jedoch gelang es nicht wenigen Freien und manchmal auch einzelnen Sklaven zu Wohlstand zu kommen oder gar in die Oberschicht aufzusteigen.

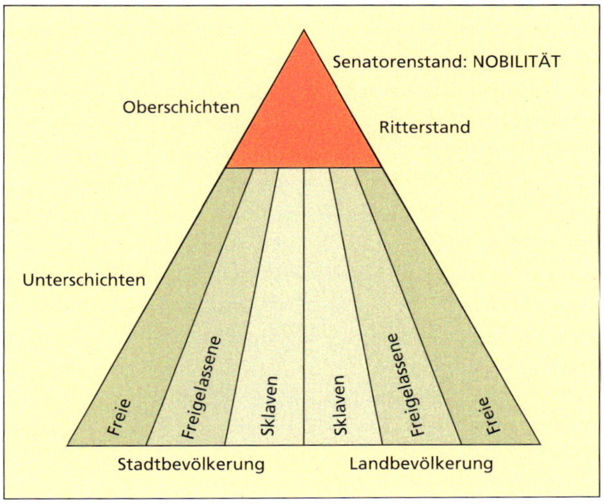

Schaubild zur Gesellschaft in der Kaiserzeit D1
In den Provinzstädten bildeten Ratsherren die Oberschicht.

Domus und Villen der Oberschicht

Die sozialen Unterschiede der Gesellschaft des Kaiserreichs zeigten sich auch in den Wohnverhältnissen. Nur wenige Einwohner konnten es sich leisten, mit ihren Angehörigen und Sklaven in einem eigenen Haus, einer „domus", zu wohnen. Um die Mitte des 4. Jahrhunderts gab es in Rom ungefähr 1600 solcher „domus". Die Angehörigen der Oberschicht, die diese Häuser bewohnten, verfügten oft noch über weitere Häuser in ländlichen Gebieten, so genannte „villae".
Meistens war die „domus" ein ebenerdiges, einstöckiges Gebäude ohne Außenfenster, bei dem die Räume um eine Eingangshalle (Atrium) verteilt waren. Das Dach der Halle war in der Mitte offen. So konnten Licht und Luft in das Haus gelangen. Nach hinten schloss sich meist ein kleiner Garten an. Besonders reiche Römer um-

Wie waren die Wohnungen eingerichtet? Q1
Die meisten Möbelstücke waren aus Holz, Stein oder Bronze. Tische und Stühle mussten oft je nach Bedarf von einem Raum in den anderen getragen werden.
Sarkophag, ohne Jahr.

bauten auch den Garten, sodass ein Hof entstand, der von einem überdachten Säulengang (Peristyl) umgeben war. An den Seiten des Hofes konnte eine Vielzahl weiterer Räume untergebracht werden, z. B. Salons, Speisesäle und Bibliotheken. Solche Peristylhäuser waren oft sehr groß und luxuriös eingerichtet. Fußböden bestanden aus Marmor und wurden mit kostbaren Mosaiken verziert. Die Wände waren mit Malereien geschmückt. Große „domus“ waren an die Wasserversorgung angeschlossen. Auf den luftigen Hügelkuppen rund um Rom entstanden regelrechte Paläste mit ausgedehnten Parkanlagen.

Einfache Unterkünfte für die Unterschicht

Die Mehrheit der Einwohner Roms fand nur in unbequemen, engen und dunklen Räumen Unterkunft. Wenige hatten ein eigenes Zimmer, in dem sie sich länger aufhalten mochten. Die Räume dienten fast nur zum Schlafen und zum Aufbewahren einiger Habseligkeiten. Das Mobiliar war auf einige hölzerne Schemel und Tische beschränkt. Das tägliche Leben spielte sich zum größten Teil in aller Öffentlichkeit ab. Das Essen wurde in umliegenden Garküchen und Gasthäusern eingenommen. Wasser musste von öffentlichen Zapfstellen geholt werden. Sehr beliebt waren die öffentlichen Badeanstalten, die Thermen. Dort konnte man sich waschen, andere Menschen treffen und sich entspannen.

Mietshäuser

Die ohnehin großen Unterkunftsprobleme nahmen während der Kaiserzeit noch zu, weil immer mehr Grundstücke in der Stadt für prächtige öffentliche und private Bauten genutzt wurden. Deshalb setzte sich der Haustyp der „insula“ durch. Die „insula“ war ein mehrstöckiges, um einen Lichtschacht gebautes Mietshaus, in dem oftmals mehrere hundert Menschen Wand an Wand nebeneinander wohnten. Um die Mitte des 4. Jahrhunderts wurden in Rom insgesamt 46 000 „insulae“ gezählt. Das Erdgeschoss bestand meistens aus Ladenwohnungen. Dort lebten Handwerker und Händler mit ihren Familien oftmals in einem einzigen Raum (taberna), in dem nebeneinander die Erwerbs- und die Haushaltsarbeiten verrichtet wurden. Nicht selten wurde das Erdgeschoss aber auch ganz oder teilweise von sehr komfortablen Wohnungen eingenommen, die sich in Größe und Ausstattung mit großen „domus“ messen konnten. Die Wohnungen darüber wurden allerdings im Allgemeinen umso schlechter und kleiner, je höher die jeweilige Etage war. Konnten die unteren Etagen noch über steinerne Außentreppen erreicht werden, so gelangte man in die oberen Stockwerke oft nur über steile Holzleitern. Direkt unter dem Dach gab es nur noch kleine Kammern, die durch winzige Fenster etwas Licht und Luft erhielten. Kamine oder Öfen waren in den Wohnungen unüblich. Geheizt wurde mit Holzkohlebecken, was nicht nur leicht zu Bränden, sondern auch zu Rauchvergiftungen der Bewohner führen konnte. Eine organisierte Müllbeseitigung gab es nicht. Abfälle oder Unrat wurden oft einfach aus den Fenstern der „insulae“ geworfen.

Q2 **Überreste in Ostia – dem Hafen Roms**
links: Foto einer erhaltenen Kneipe;
rechts: öffentliche Toilette. Unter den Sitzen und in der Rinne davor floss Wasser als eine Art Toilettenspülung. Um sich zu säubern, gab es einen Stock mit einem kleinen Schwämmchen.

D2 Modell eines Häuserblocks aus Ostia
Die Römer benutzten als Baumaterial eine Art „Gussmörtel-Beton“. Um Geld beim Bau zu sparen, errichteten viele Hausbesitzer die Häuser in Billigbauweise. Das führte häufig zu Einstürzen und begünstigte Brände, die gelegentlich auf ganze Viertel übergriffen.

Q3 Auf dem Land oder in Rom – Wo soll man leben?

Dazu der Dichter Martial (ca. 40 bis ca. 103 n. Chr.):

Es gibt in Rom für einen Menschen keinen Ort zu denken und auszuruhen. Die Schulmeister machen ihm das Leben am Morgen unmöglich, nachts die Bäcker, die Hämmer der Kupferschmiede den ganzen Tag über. Hier klimpert der müßige Geldwechsler auf seinem schmutzigen Tisch mit seinem Kleingeld, dort trommelt einer, der spanisches Gold zu Blattgold verarbeitet mit seinem glänzenden Schlägel auf der viel gebrauchten Arbeitsplatte. Die Anhänger der Göttin Bellona[1] geben nicht einen Moment Ruhe, oder der schwatzhafte Schiffbrüchige mit den geschienten Rippen, noch der Judenknabe, den seine Mutter das Betteln gelehrt hat, auch nicht der triefäugige Schwefelhändler. (...) Nachts werde ich vom Lachen der (am Haus) Vorbeigehenden wach und Rom steht in meinem Schlafraum. Wann immer ich genug habe und erschöpft bin und schlafen will, gehe ich zu meinem Landhaus

Martial, Epigramme XII, 57. Zit. nach: Christiane Kunst (Hg.): Römische Wohn- und Lebenswelten, Darmstadt 2000, S. 264 f. Bearb d. Verf.

[1] Bellona war eine römische Kriegsgöttin, deren Anhänger bei ihrer Verehrung viel Lärm machten.

Q4 Fließendes Wasser in Rom – ein Fortschritt?

Vitruv, der um ca. 100 n. Chr. lebte, äußerte sich in einem Buch über Architektur zur Wasserversorgung:

Die Vorteile tönerner Rohrleitungen bestehen darin, dass erstlich jedermann das, was daran schadhaft wird, ausbessern kann; und dann, dass auch das Wasser daraus weit gesünder ist als das aus bleiernen Röhren. Blei kann unmöglich gesund sein, weil es das Bleiweiß[1] erzeugt, welches dem menschlichen Körper schädlich sein soll. Denn da das, was aus demselben erzeugt wird, schädlich ist, so ist wohl kein Zweifel, dass es nicht auch selbst ungesund sei. Zum Beweis können uns die Bleigießer dienen, welche über den ganzen Körper bleich aussehen, bloß weil der Dampf, welchen das Blei, wenn es schmilzt, von sich gibt, auf die Glieder des Körpers wirkt und darin, wegen seiner täglich zunehmenden Wirkung, alle Kraft des Körpers verzehrt. Meiner Einsicht nach darf also ein Wasser, das gesund sein soll, nicht in bleiernen Röhren geleitet werden.

Vitruv, De architectura 8, 8. Zit. nach der Übersetzung von August Rade (1796). Bearb. d. Verf.

[1] Auf der Oberfläche von Blei sondert sich häufig eine weiße Schicht ab, aus der früher weiße Ölfarbe hergestellt wurde.

Fragen und Anregungen

1. Beschreibt die Unterschiede in den Lebensumständen von Angehörigen der Ober- und Unterschicht. Nennt Beispiele dafür (VT).
2. Ordne die in Quelle 3 genannten Personen in das Schaubild (D1) ein.
3. Erkundigt euch nochmals über den Grundbegriff „Hierarchie“ aus Seite 58 und überlegt dann, inwiefern der Gesellschaftsaufbau (D1) eine hierarchische Ordnung widerspiegelt.
4. Zählt auf, unter welchen Lärmbelästigungen Martial litt (Q3). Vergleicht die damaligen Lärmquellen mit denen heutiger Großstädte.
5. Entscheidet und begründet (Q4):
   Besaß Vitruv
   – Wissen über die giftige Wirkung von Blei,
   – stellte er darüber Vermutungen an oder
   – zog er Schlussfolgerungen aus Beobachtungen?

Von Überresten zu Modellen und Bildern

In Ausstellungen, Büchern und Filmen zu geschichtlichen Themen gibt es oft Modelle, Abbildungen und Kulissen, die zeigen, wie ein Gebäude oder ein Ort früher ausgesehen haben soll. Obwohl beispielsweise von einem alten Haus nur noch Grundmauern und ein paar Steine übrig geblieben sind, versucht man trotzdem, sich eine Vorstellung von dem gesamten Haus zu machen und sie als Zeichnung oder Modell auszudrücken. Wie und mit welcher Gewissheit kann man aber eigentlich herausfinden, wie ein Gebäude vor langer Zeit ausgesehen haben könnte?

Zum Beispiel Pompeji:
Am 24. August 79 n. Chr. kam es zu einem gewaltigen Ausbruch des Vulkans Vesuv am Golf von Neapel. Die nahe gelegene Stadt Pompeji versank innerhalb weniger Stunden unter Bimsstein, Asche und giftigen Dämpfen. Tausende von Menschen kamen um (s. auch Seite 16/17). Für Jahrhunderte blieb die Stadt verschüttet. Seit ungefähr 1750 kam aber allmählich ein Interesse an der Frage auf, was sich unter der Erdschicht verbergen könnte. Und seit ungefähr 1850 wurden systematische wissenschaftliche Ausgrabungen durchgeführt. Seitdem wurde nach und nach der größte Teil der antiken Stadt freigelegt, wodurch umfassende und einmalige Einblicke in das alltägliche Leben einer römischen Stadt gewonnen werden konnten. Pompeji bildet heutzutage eine der bekanntesten Touristenattraktionen Italiens.

Q1 Foto der Casa del Poeta tragico, um 1860
1824/25 wurde in Pompeji die so genannte Casa del Poeta tragico ausgegraben. In einem derartigen Gebäude lebten wohlhabende römische Bürger. Das Haus wurde schon bald wegen seiner kunstvollen und sehr gut erhaltenen Wandbilder berühmt. Eines zeigt z. B. einen Tragödiendichter. Seit seiner Ausgrabung hat das Haus die Menschen immer wieder dazu veranlasst, sich auszumalen, wie das Gebäude und das Leben in ihm konkret ausgesehen haben könnten.

Farbreste von der Wandbemalung des Hauses Q2

D1 Zeichnung des Engländers W. Gell
In seinem Handbuch über Pompeji versuchte er 1832 das Innere der Casa del Poeta tragico zu rekonstruieren.

D2 Modell der Casa del Poeta tragico
(Schnitt Nord-Süd, Modell 1 : 20, ca. 1,80 m lang)
Der Architekt Nicholas Wood schuf das abgebildete Modell als Vorstufe, um später einen originalgetreuen Nachbau zu errichten. Wood hat über mehrere Jahre Forschungen in Pompeji betrieben. Für seine Modelle berücksichtigte er Zeichnungen und Aquarelle aus dem 19. Jahrhundert, Grabungsberichte, Fundstücke in Museen und Untersuchungen zu den Baumaterialien (Mauer- und Bodensteine, Ziegel, Balken u. a.). Unbekannte Teile des Hauses wurden durch Vergleich mit ähnlichen Häusern in Pompeji erschlossen.

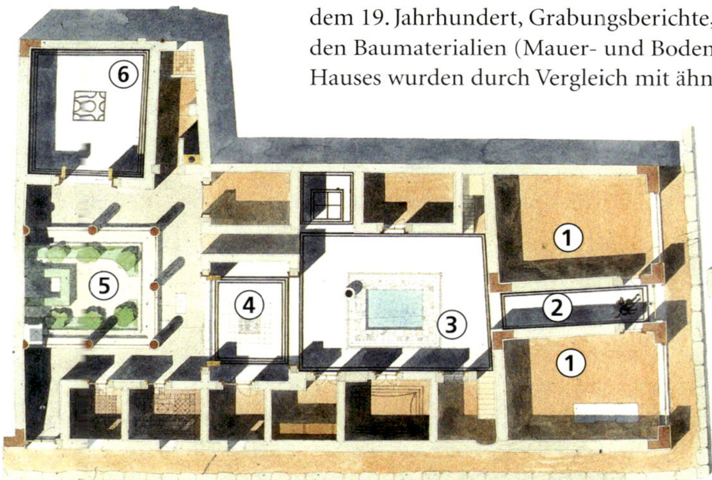

D3 Grundriss des Hauses, Aquarell von N. Wood
Den vorderen Teil des Hauses bilden zwei Geschäfte (tabernae; 1). Zwischen ihnen verläuft ein Gang (fauces; 2), der in die Eingangshalle (atrium; 3) führt. Hier empfing der Hausherr jeden Morgen seine Klienten. In einem Becken in der Mitte des Atriums wurde das Regenwasser von den Dächern gesammelt und einer Zisterne zugeleitet. Um das Atrium herum waren verschiedene Räume angeordnet, die als Speise-, Schlaf- und Speicherräume dienten. Das „tablinum" (4), ein leicht erhöhter und nach vorn und hinten offener Raum, bildete den Übergang in den privaten Bereich des Hauses. Zu ihm gehörten ein säulengeschmückter Innengarten (peristylium; 5) und ein aufwendig ausgestattetes Speisezimmer (triclinium; 6).

Fragen und Anregungen

1. Beschreibt anhand des Grundrisses, von welchem Punkt aus die Abbildungen (Q1 und D1) aufgenommen bzw. gezeichnet wurden.
2. Zeigt auf dem Grundriss (D3), auf welcher Linie das Modell (D2) das Haus durchschneidet.
3. Vergleicht die Zeichnungen (D1 und 3) und das Modell (D2) mit dem Foto (Q1) und den Überresten (Q1). Stellt Vermutungen darüber an, welche Einzelheiten der Zeichnungen als gesichert, als wahrscheinlich oder als reine Fantasie angesehen werden können.
4. Wichtig ist zu prüfen, welche Verfahren bei den Nachbildungen angewandt wurden. Stellt mithilfe der Bildlegenden D2 und 3 dar, wie der Rekonstrukteur vorgegangen ist.

11. Brot und Spiele

Q1 **Wagenrennen im Circus Maximus**
Relief, ca. 180–190 n. Chr.

In Rom gab es viele Orte, die den Menschen Unterhaltung und Vergnügen boten. Im Kolosseum fanden Gladiatoren- und Tierkämpfe, im Circus Maximus Wagenrennen und in den Theatern Schauspielaufführungen statt. Solche Veranstaltungen, deren Besuch umsonst war, dienten bereits während der römischen Republik dazu, die Götter zu ehren. Während der Kaiserzeit nahm die Zahl der Spiele erheblich zu. Unter Augustus fanden an 65 Tagen im Jahr Spiele statt. Um die Mitte des 4. Jahrhunderts wurden an 10 Tagen Wagenrennen, an 64 Tagen Wettkämpfe und Tierhetzen und an 102 Tagen Theaterspiele veranstaltet.

Die Zuschauer – ein Spiegelbild der Gesellschaft

Bei vielen Spielen waren die Zuschauerplätze bestimmten Gruppen zugeteilt. In den Theatern waren zum Beispiel die besten Plätze gleich am Rand der Arena den Senatoren, die zweitbesten den Rittern und die folgenden jeweils den nächst niedrigeren sozialen Gruppen vorbehalten. Frauen und Sklaven mussten sich mit den schlechtesten Plätzen ganz oben zufrieden geben. Die Zuschauer mussten auch in der Kleidung erscheinen, die ihren jeweiligen gesellschaftlichen Rang ausdrückte: die Senatoren und Ritter in der Toga, die einfachen Bürger in der Paenula, einem Mantel aus Wolle.

Gladiatorenkämpfe

Die Gladiatorenkämpfe zählten zu den beliebtesten Spektakeln. Bei den Gladiatoren, die auf Leben und Tod gegeneinander kämpften, handelte es sich um Kriegsgefangene und Sklaven, manchmal auch um Freiwillige. Sie wurden in Gladiatorenschulen ausgebildet. Die mächtigen und reichen Veranstalter der Kämpfe, meistens die Kaiser, entschieden auch darüber, ob ein noch lebender Verlierer getötet werden sollte. Dabei folgten sie häufig den Wünschen des erregten Publikums. Beliebte Gladiatoren wurden verschont, andere wurden von den Siegern umgebracht. Erfolgreiche Gladiatoren konnten viel Geld verdienen, manche erkämpften sich nach langen Jahren auch die Freiheit. Die meisten aber starben früh.

Tierkämpfe

In den afrikanischen und asiatischen Provinzen ihres Reiches fingen die Römer wilde Tiere (Löwen, Elefanten, Leoparden, Flusspferde, Nashörner, Bären u. a.), brachten sie in ihre Städte und ließen die Tiere dann in Arenen gegeneinander

kämpfen. Auch Kämpfe zwischen den Tieren und nur leicht bewaffneten Männern waren sehr beliebt. Wer schlimmere Vergehen wie Mord, Brandstiftung, Hochverrat oder Entweihung eines Heiligtums begangen hatte, konnte zur Strafe ohne Waffe und Schutz den wilden Tieren in der Arena preisgegeben werden.

Pferdewagenrennen

Im Circus Maximus, der bis zu 200 000 Zuschauern Platz bot, gab es keine feste Sitzordnung. Die Menschen feuerten lautstark die verschiedenen Mannschaften an, zwischen denen die Wagenrennen ausgetragen wurden. Die von zwei, drei oder noch mehr Pferden gezogenen zweirädigen Wagen mussten sieben Runden zurücklegen. Vor allem an den Wendepunkten der Rennbahn kam es regelmäßig zu Unfällen und Karambolagen mit Verletzten und Toten. Die Wagenlenker mussten sehr geschickt und erfahren sein und konnten viel Geld verdienen.

Q2 Szenen im Amphitheater
Neben den Kämpfern und den Tieren, die alle Namen tragen, sind die Schutzgötter des Kampfes abgebildet: Diana und Dionysus. Die neue Inschrift fordert das Publikum dazu auf, die Kämpfer angemessen zu belohnen. Die Inschrift rechts berichtet von der Großzügigkeit des Magerius, des abgebildeten Veranstalters, der den doppelten Betrag der geforderten Summe gespendet hat. Das Mosaik ist wohl in seinem Haus gefunden worden. Smirat (Tunesien), um 250 n. Chr.

Warum bezahlten die Kaiser und die Patrizier die Spiele?

Nur der Kaiser und sehr vermögende Mitglieder der Oberschicht konnten die teuren Spiele ausrichten. Warum aber gaben die Herrschenden für die Vergnügungen der Bürger so große Summen aus und warum erwarteten die Menschen dies von ihnen?
Im römischen Volk war schon lange die Überzeugung verbreitet, dass es die Pflicht eines Herrschers sei, auf großzügige Weise für die Unterhaltung des Volkes zu sorgen. Für die Bürger war diese Art von Freigebigkeit der Reichen und Mächtigen aber viel mehr als eine unterhaltsame und spannende Abwechslung. Sie galt ihnen auch als Ausdruck der Achtung vor den gemeinsamen Göttern, zu deren Ehren die Spiele stattfanden. Gleichzeitig nahmen die Bürger die Veranstaltungen als Gelegenheit wahr, gegenüber den Kaisern ihre Zufriedenheit oder Unzufriedenheit mit den politischen und wirtschaftlichen Verhältnissen auszudrücken. Und schließlich sahen sie in den blutigen und brutalen Kämpfen in der Arena eine gerechte Strafe für Gegner und Störer ihrer Ordnung, denen damit sogar noch die Chance gegeben wurde, ihren Mut und ihre Tapferkeit zu beweisen.

Q3 Luftbild des Kolosseums in Rom
Mit 188 x 156 m war es das größte Amphitheater im Altertum. Seit 80 n. Chr. bot es etwa 50 000 Zuschauern Platz.

Q4 Tötung oder Begnadigung?
Der Sieger wartet auf die Entscheidung des Spielgebers, ob er den Unterlegenen töten soll.
Relief an einem Grab, 1. Jahrhundert n. Chr.

Q5 Kampfszene von Gladiatoren
Im gesamten Römischen Reich – nicht nur in Rom – gab es Spiele. Beschreibt die Ausrüstung der Kämpfer.
Fußbodenmosaik aus Nennig (Saarland), ca. 230 v.Chr.

Q6 Kaiser und Volk bei den Schauspielen

Der Autor Flavius Josephus (ca. 37–100 n. Chr.) berichtet als Jude sozusagen aus der Sicht eines Außenstehenden von den Ereignissen, die 41 n. Chr. zur Ermordung des römischen Kaisers Caligula führten:

Unterdessen wurden Spiele im Circus gefeiert, ein Schauspiel, dem die Römer leidenschaftlich ergeben sind. Dabei drängt alles in den Circus. Wenn das Volk etwas vom Kaiser erbitten will, schließt es sich zusammen und bringt dort seinen Wunsch vor. Derartige Bitten gelten als besonders bevorzugt und finden stets Gehör. Jetzt nun bestürmte man Kaiser Caligula um Steuernachlass und Erleichterung der drückenden Lasten.

Flavius Josephus, Jüdische Altertümer 19,1,4. Übers. von Heinrich Clementz, Wiesbaden 1990, Bd. 2, S. 578–79; Bearb. v. Uwe Walter.

Fragen und Anregungen

1. Betrachtet das Relief und beschreibt die Einzelheiten (Q1). Stellt Vermutungen darüber an, auf welche Ereignisse bei den Wagenrennen sich einzelne Szenen beziehen.
2. Stellt zusammen, aus welchen Gründen die Spiele veranstaltet wurden (VT).
3. Wandinschriften aus Pompeji berichten davon, dass junge Römerinnen für die Gladiatoren schwärmten. Uns ist die Freude über die blutigen Taten unverständlich. Überlegt, ob es nicht auch bei uns Beispiele für solch ein Verhalten gibt.
4. Dienten die Spiele nur der Unterhaltung? Untersucht die Quelle 6 daraufhin, welche Bedeutung die Spiele noch hatten.

12. Die Wirtschaft des Römischen Reiches

Landwirtschaft

In den ländlichen Gegenden des großen Römischen Reiches lebten die meisten Menschen von den pflanzlichen und tierischen Produkten, die sie selber als Bauern erzeugten oder in ihrer Umwelt als Nahrungsmittel vorfanden. Dagegen gehörten reichen römischen Familien oftmals große Landgüter, so genannte Latifundien. Sie konnten den Eigentümern auf zweierlei Art Einkünfte erbringen. Entweder wurde das Land unterteilt und gegen eine Geldzahlung an Kleinbauern verpachtet oder die eigenen Sklaven bewirtschafteten es. Die Produkte wurden dann teilweise im eigenen Haushalt verbraucht, zum größeren Teil aber verkauft. Besonders gewinnbringend war dies beim Olivenöl und Wein. Für die Aufzucht und Pflege von Olivenhainen und Weingärten mussten jedoch größere Geldsummen langfristig angelegt werden. Hierzu war aber die große Zahl der Kleinbauern kaum in der Lage.

Städtisches Wirtschaftsleben

Von der landwirtschaftlichen Wirtschaftsweise unterschied sich das Wirtschaftsleben in den wenigen Städten erheblich. In solchen Zentren der politischen und militärischen Macht lebten viele Menschen auf engem Raum zusammen. In Rom sollen es zum Beispiel um eine Million Menschen gewesen sein. Dies war nur möglich, weil ständig Lebensmittel und sonstige Güter für den täglichen Bedarf herbeigeschafft und in den Städten verkauft wurden. Der Transport der Waren erfolgte einerseits über ein gut ausgebautes Netz gepflasterter Straßen, das hauptsächlich aus militärischen Gründen angelegt worden war. Die Römer beförderten Güter auch auf dem Seeweg. Der Seehandel war ein risikoreiches, insgesamt aber sehr einträgliches Geschäft. Viele Schiffe gingen in Stürmen unter oder Piraten plünderten sie. Mit denjenigen Ladungen aber, die ihre Ziele erreichten, konnten außergewöhnlich hohe Gewinne gemacht werden.

D1 **Wirtschaft im Römischen Reich**
Geschichtskarte

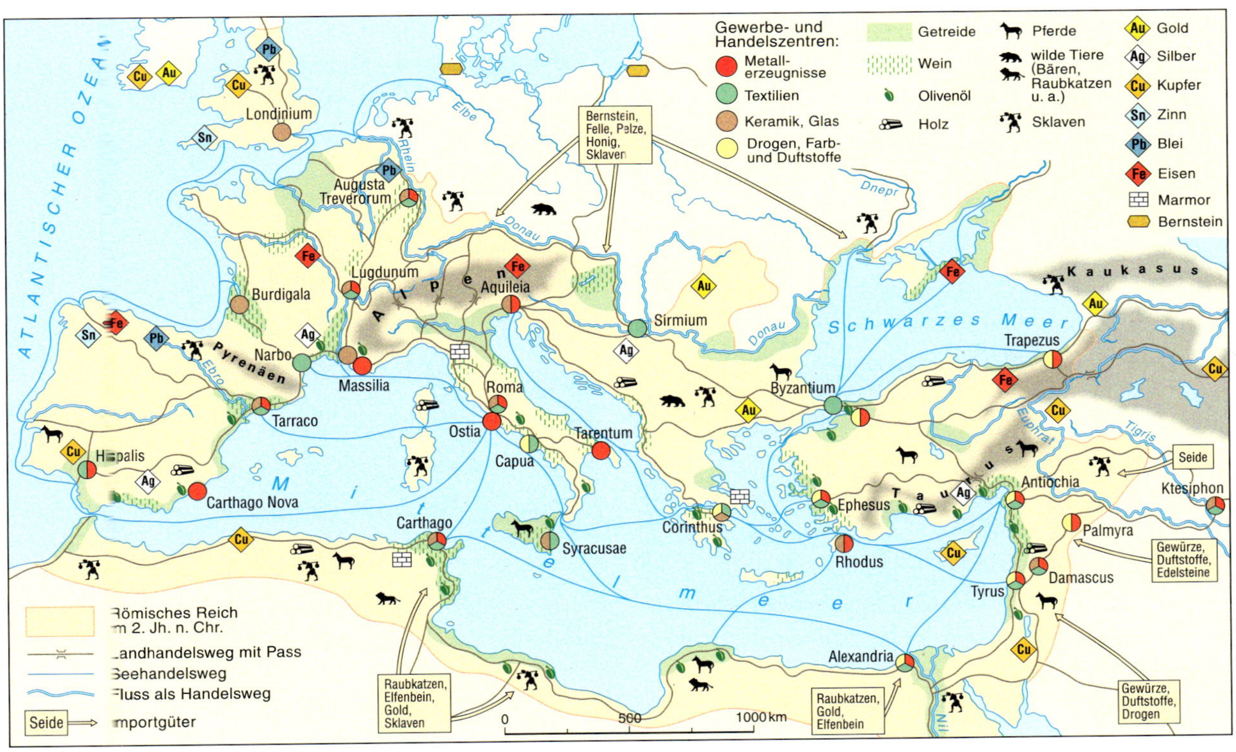

Spezialisierung und Fernhandel

Das enge Zusammenleben in der Stadt führte auch zur Entstehung einer großen Zahl eigenständiger Berufe. Es gab dort genügend zahlungskräftige Kunden, die bestimmte Produkte und Leistungen nachfragten, sodass es möglich wurde, sich auf die Herstellung und den Verkauf dieser Waren zu spezialisieren. Auf diese Art konnte sich in den Städten eine vielfältig gegliederte Schicht von Fernhändlern, Krämern und Handwerkern entwickeln. Auf Märkten und in Läden boten sie ihre Waren zum Kauf an. Die Münzen, mit denen die Waren bezahlt werden konnten, wurden bereitwillig angenommen, weil der Staat mit seinem Prägestempel den Wert des Metallstücks garantierte.

Das Weltreich bot den Händlern noch weitere Vorteile. Sie fanden ähnliche Maße und Gewichte auch an entlegenen Orten vor. Grenzen und Zölle behinderten den Warenaustausch nicht. Eine wichtige Aufgabe für die römische Flotte war, den Handel im Mittelmeer zu schützen.

Lebensmittelversorgung

Für sehr reiche Römer war es selbstverständlich, sich die besten und ausgefallensten Lebensmittel von den eigenen Gütern oder aus fernen Ländern kommen zu lassen. Die allermeisten Menschen ernährten sich aber auf eine sehr einfache und eintönige Art. Getreide war das bei weitem wichtigste tägliche Nahrungsmittel. Es wurde gemahlen und entweder zu Brot gebacken oder mit Flüssigkeit zu einem essbaren Brei vermischt. In Rom wurde ständig so viel Getreide benötigt, dass es auf dem Seeweg aus weit entfernten Anbaugebieten in Nordafrika, Sizilien, Sardinien und Ägypten eingeführt und in riesigen Speichern aufbewahrt werden musste. Dazu kaufte der Staat das Getreide zu einem großen Teil auf und überließ es den ärmeren römischen Bürgern, der so genannten Plebs, umsonst oder verbilligt. Zur Zeit des Augustus sollen 150 000–200 000 Bürger berechtigt gewesen sein, pro Monat 5 Scheffel Weizen kostenlos zu erhalten. Sie sahen hierin eine Ehre, durch die sie sich von Fremden und Sklaven abhoben. Die vielen Armen, die als Nicht-Römer nicht der Plebs angehörten, konnten allerdings mit keiner öffentlichen Unterstützung rechnen.

Q1 Relief mit Reisewagen vor der ältesten und noch erhaltenen römischen Straße: der Via Appia
Auf der noch heute befahrbaren Straße konnten die Römer recht bequem bis zu 120 km am Tag vorankommen.

Q2 Straßenszene vor einem Laden
Wandbild in Pompeji, 1. Jahrhundert n. Chr.

Q3 Wie wird man reich?

Der Schriftsteller Petron (gestorben 66 n. Chr.) schrieb einen Roman mit dem Titel „Satyricon". Trimalchio, einer der Romanhelden, ist ein freigelassener Sklave, der seinen ehemaligen Herrn beerbt hat. Er veranstaltet in seiner Luxusvilla ein Gastmahl und erzählt dabei, wie er sein Vermögen vergrößert hat:

Durch meine Tüchtigkeit habe ich es zu etwas gebracht. Es kommt darauf an, was in einem steckt, alles andere ist Nebensache. (...) Ich begann Handel zu treiben. Um es kurz zu machen: Ich baute fünf Schiffe, belud sie mit Wein (...) und schickte sie nach Rom. (...) Alle Schiffe gingen unter. (...) Ich baute größere, bessere und schönere Schiffe, damit keiner sagen konnte, ich ließe mich unterkriegen. Es ist bekannt, dass ein großes Schiff umso mehr trägt. Ich belud sie wieder mit Wein, Speck, Spezereien und Sklaven. (...) Mit einer Fahrt verdiente ich runde zehn Millionen. Ich löste alle Grundstücke wieder aus, die zu meinem Erbe gehört hatten. Ich baute ein Haus, ich kaufte Sklaven, was zu haben war, ich kaufte Vieh. Was ich auch anfing, gedieh wie eine Honigwabe. Als ich mehr besaß, als die ganze Stadt wert ist, nahm ich die Hände vom Tisch: Ich ließ den Handel sein und fing an, Freigelassenen Darlehen zu geben. Schließlich hatte ich überhaupt keine Lust mehr, auf eigene Rechnung Geschäfte zu machen. (...) Wenn es mir glückt, meine Güter in Apulien abzurunden, habe ich genug geleistet im Leben.

Petron, Satyrikon, 75/76. Dt. v. C. Fischer, München 1990, S. 89 ff. Bearb. d. Verf.

Q4 Szene einer Pachtzahlung auf dem Land

Abgesehen von Rom existierten im Römischen Reich vor allem kleinere Landstädte. Dort gab es einen regen Warenaustausch zwischen dem lokalen Markt und umliegenden Gütern (villa rustica). Wohlhabende Stadtbewohner waren häufig zugleich Grundbesitzer im Umland. Sie lebten von den Pachtzahlungen, die die so genannten Kolonen abführten. Zirkusdenkmal in Neumagen.

Q5 Händler – ein ehrbarer Beruf?

Der Politiker Cicero (106–43 v. Chr.) äußerte sich in einer Rede darüber, welche Berufe für römische Bürger angemessen seien:

Der Handel (...) hat, wenn er klein ist, als unehrenhaft zu gelten. Wenn er aber groß und vermögend ist, vieles von überall herbeischafft und vieles ohne Betrügerei weitergibt, ist er wohl nicht zu kritisieren. Und wenn er sich, von dem erworbenen Vermögen gesättigt oder, besser gesagt, mit ihm zufrieden, wie so oft von hoher See in den Hafen, so aus dem Hafen selber aufs Land und auf die Besitzungen zurückzieht, scheint er mit vollstem Recht gelobt werden zu können.

Cicero, De officiis, 1, 151; Übers. d. Verf.

Q6 Weintransport auf einem Fluss

Die Römer hatten ein gut ausgebautes Wegenetz in ihrem Reich angelegt. Dennoch war der Seetransport in der Antike wesentlich kostengünstiger und schneller. Die Strecke Ostia – Cadiz wurde in sieben Tagen gesegelt.
Beschreibt, wie das Lastschiff auf einem Fluss vorankam.
Relief aus Avignon

Q7 Fremde in Rom

Mit dem Warenaustausch im ganzen Römischen Reich siedelten sich auch neue Bewohner in den Städten an. Einige einheimische Römer waren erbittert über die Neuankömmlinge. Der Dichter Juvenal (ca. 60–ca. 130 n. Chr.) lässt einen Zeitgenossen sagen:

Das griechische Rom, ihr Römer, ist unerträglich! Gewiss, nur ein Teil dieses Abschaums sind echte Griechen. Denn in den Tiber ist längst der syrische Fluss Orontes geflossen und schwemmte syrische Sprache und Sitte und Flötenmusik an. (...) Sage mir, wofür hältst du so einen Neuling? Alle Berufe bringt er dir ins Haus, du brauchst nur zu wünschen: Sprachlehrer, Maler, Masseur, Geometer, Seiltänzer, Magier, Arzt – ein hungriges Griechlein kann alles (...) und macht alles.

Juvenal, Satiren 3, 60–64, 74–78. Übers. d. Verf.

Q8 Handelsschiff im Hafen
Ausschnitt aus einem Relief aus Ostia, das zu dem Grabmal eines Reeders gehört (ca. 200 n. Chr).
Erklärt, wo auf dem Bild die folgenden Einzelheiten zu erkennen sind: (1) Ein Dankopfer für die glückliche Fahrt; (2) das Wahrzeichen der Stadt Rom; (3) ein Seitenruder; (4) ein mehrstöckiger Leuchtturm; (5) die Entladung eines Schiffes; (6) eine Elefantenquadriga; (7) ein Mast zum Entladen und zum Setzen eines Sturm- oder Treibsegels; (8) Neptun, der Gott des Meeres; (9) Bacchus, den Gott des Weines; (10) ein Genius mit Glücksfüllhorn; (11) eine Kaiserstatue.

Fragen und Anregungen

1. Fertigt eine vierspaltige Tabelle an. Tragt ein: in die erste Spalte die Waren, die nach Rom kommen; in die zweite Spalte die Gegend, aus der die Waren kamen; in die dritte Spalte den Transportweg der Waren; in die vierte Spalte den (vermutlichen) Verwendungszweck der Waren (D1).
2. Überlegt, warum die Getreideversorgung für die Stadt Rom so wichtig war und warum eine größere Zahl von Bürgern das Getreide billiger oder umsonst bekam (VT).
3. Schreibt auf, mit welchen Tätigkeiten Trimalchio im Laufe seines Lebens zu seinem Vermögen kam (Q3). Petron wollte sich mit der von ihm ausgedachten Figur des Trimalchio über jene freigelassenen Sklaven lustig machen, die zwar wirtschaftlich erfolgreich waren, sich in den Augen vieler Römer aber flegelhaft und angeberisch benahmen. An welchen Worten und Sätzen könnt ihr diese Ansicht erkennen?
4. Heute und damals gibt es Traumberufe und den Wunsch reich zu werden. Worin besteht für „Aufsteiger“ in Rom das berufliche Ziel? (Q3 und Q5)
5. Überlegt, was ein Grieche entgegnen könnte (Q7). Heute gibt es vergleichbare Haltungen zu Fremden. Nennt Ähnlichkeiten und Unterschiede.

13. Werkstatt: Sklaverei im Römischen Reich

Halsband für Sklaven Q1

Nur wenige Gegenstände wie dieses Halsband geben Hinweise auf das Leben der Sklaven. Die meisten Informationen erhalten wir aus den schriftlichen und bildlichen Quellen.

Die Sklaverei in Rom untersuchen

Sklaven sind Menschen, die anderen Menschen gehören und für sie ohne Lohn arbeiten müssen. Heutzutage gibt es nur noch sehr wenige Länder, in denen Sklaverei geduldet wird. Früher war das anders. In vielen Gebieten der Erde war es lange Zeit üblich, andere Menschen lediglich als Eigentum und damit als eine Art Werkzeug oder Haustier zu betrachten. Für die Sklaven bedeutete das meistens ein hartes Leben. Jedoch hatten ihre Herren auch ein Interesse daran, ihre Arbeitsfähigkeit zu erhalten. Manche Sklaven erreichten im Dienst an ihren Herren sogar einflussreiche Stellungen, die ihnen ein gutes Leben ermöglichten. In dem Kapitel über das antike Griechenland habt ihr schon einiges darüber erfahren. Auch für die römische Gesellschaft war die Unterscheidung zwischen Sklaven und Freien grundlegend. In diesem Kapitel sollt ihr euch selbst anhand ausgewählter Quellen eine Vorstellung davon erarbeiten, wozu in Rom Sklavinnen und Sklaven verwendet wurden und wie sie sich verhielten.

LITERATURTIPPS

Im Schatten des Vesuv

Der Sklave Timon arbeitet in Pompeji. Obwohl er mit seinem Herrn Glück gehabt hat, plant Timon die Flucht. Doch dann droht eine Katastrophe durch den Vesuv.

Eilis Dillon, Im Schatten des Vesuv, München 2000, 158 Seiten.

Quintus geht nach Rom

Erzählt wird die Geschichte des Jungen Quintus, der im Jahr 50 v. Chr. mit seiner Familie nach Rom zieht.

Hans Dieter Stöver, Quintus geht nach Rom, München 1996, 285 Seiten.

Fragen und Anregungen zur Gruppenarbeit

1. Überlegt und schreibt auf, was ihr bisher zu dem Thema „Sklaven" gehört, gelesen oder im Fernsehen und Kino gesehen habt.
2. Bildet kleine Gruppen von jeweils zwei oder drei Schülerinnen und Schülern. Die eine Hälfte der Gruppen soll die Quellen zur „Verwendung von Sklaven und über ihr Leben" (S. 176–177), die andere Hälfte die Quellen zum „Verhältnis von Sklaven und ihren Herren" (S. 178–179) bearbeiten.
3. Klärt in eurer Gruppe, was ihr nicht versteht. Benutzt dazu ein Lexikon und die methodischen Hinweise auf den Seiten 88–90.
4. Besprecht, was ihr den Quellen über die Verwendung der Sklaven bzw. über das Verhalten der Römer gegenüber den Sklaven entnehmen könnt.
5. Überlegt, welche Einstellung die Verfasser der Quellen zu der Sklaverei gehabt haben könnten.
6. Das Leben von Sklaven war nicht nur von Unterdrückung gekennzeichnet. Sucht in den Quellen nach Hinweisen.
7. Fasst eure Ergebnisse schriftlich zusammen und stellt sie der Klasse vor.

Materialien für Gruppe A:

Klärt mithilfe der Quellen die Frage, wozu Sklavinnen und Sklaven verwendet wurden und unter welchen Bedingungen sie lebten.

Kriegsgefangene Q1

Mosaik in Tipasa (Mauretanien), 3./4. Jahrhundert n. Chr.

Q2 Mensch oder Sache?

Kaufvertrag über einen Sklaven – im Jahr 129 n. Chr. im römischen Ägypten abgeschlossen und auf Papyrus aufgeschrieben:

Agatos Daemon, Sohn von Dionysius und Hermione, wohnhaft in der Stadt Oxyrhynchus, teilt mit diesem Dokument dem Gaius Julius Germanus, Sohn des Gaius Julius Domitianus, mit, dass er den Kaufvertrag anerkennt, den sie über die Sklavin Dioscourous, 25 Jahre alt und ohne besondere Kennzeichen, abgeschlossen haben. Julius Germanus hat sie von Agathos Daemon wie besehen übernommen. Sie kann nicht zurückgegeben werden, es sei denn sie erkrankt an Epilepsie oder es werden Ansprüche Dritter erhoben. Der Preis beträgt 120 Silberdrachmen, die Agathos Daemon vollständig erhalten hat, als der Vertrag abgeschlossen wurde. Julius Germanus übernimmt auch die Verkaufssteuer für die genannte Sklavin. Für die in dem Vertrag genannten Eigenschaften der Sklavin hat Agatos Daemon eine Garantie abgegeben.

Selected Papyri, 32. Zit. nach: Shelton, J.-A. (Hg.), As the Romans did. A Sourcebook in Roman Social History, 2nd Ed., New York Oxford 1998, S. 198. Übers. d. Verf.

Q3 Eine Grabinschrift erzählt

Inschrift auf dem Grab eines Sklaven – gefunden in Makedonien, unweit Philippi:

Vitalis, Sklave des Gaius Lavius Faustus und auch sein Sohn, als Sklave im Haus geboren, ist hier beigesetzt; er lebte 16 Jahre, war Geschäftsführer im aprianischen Laden (benannt vielleicht nach dem Besitzer oder Erbauer), von den Leuten hier gerne gesehen, von den Göttern aus dem Leben gerissen. Ich bitte euch, die ihr euren Weg an meinem Grab vorbei nehmt, seht mir nach, wenn ich euch etwas weniger als das Maß zuteilte, um (das Erübrigte) meinem Vater geben zu können. Bei den Göttern des Himmels und des Hades bitte ich, kauft in Zukunft bei meinem Vater und meiner Mutter. Und leb wohl.

Corpus Inscriptionum Latinarum CIL III 14206, 21. Zit. nach der Übersetzung bei Eck, W./Heinrichs, J. (Hg.), Sklaven und Freigelassene in der Gesellschaft der römischen Kaiserzeit, Darmstadt 1993, S. 71. Bearb. d. Verf.

Szene beim Bankett Q4

Mosaik, 3./4. Jahrhundert n. Chr.

Q5 **Sklave aus Afrika beim Stiefelputzen**
Bronzestatue

Q6 Sklaven im Bergbau

Der griechische Historiker Diodorus Siculus (ca. 90 bis 21 v. Chr.) über die Verwendung von Sklaven:

Als später die Herrschaft über Spanien bei den Römern lag, betrieben viele Leute aus Italien Bergwerke; in ihrem Gewinnstreben erwirtschafteten sie damit großen Reichtum. Sie kauften nämlich scharenweise Sklaven und übergaben sie Aufsehern zu Bergwerksarbeiten. (…)
Die Sklaven im Bergbau bringen ihren Besitzern unglaubliche Einkünfte; sie selber aber müssen unter der Erde graben bei Tage wie bei Nacht, gehen körperlich zugrunde und viele sterben wegen der übermäßigen Anstrengung, denn Erholung oder Pausen in der Arbeit gibt es nicht. Aufseher zwingen sie mit Schlägen, die furchtbaren Leiden zu ertragen, bis sie elend ihr Leben aushauchen. Wenige nur, die Körperkraft und seelische Widerstandskraft genug haben, halten durch und verlängern damit nur ihre Qual. Denn erstrebenswerter als das Leben wäre für sie der Tod wegen ihres großen Elends.

Diodor, Weltgeschichte 5, 36. 3–4; 38. 1; Übers. u. Bearb. d. Verf.

Q7 Sklaven und Kinder

Bei dem Historiker und Senator Tacitus (ca. 56–120 n. Chr.) findet sich eine Beschwerde über die Verwendung von Sklaven und Sklavinnen:

Heute (gemeint ist das Jahr 75 n. Chr.) aber wird ein Kind gleich nach seiner Geburt irgendeiner griechischen Sklavin anvertraut, dieser ein beliebiger Sklave zur Seite gestellt, der meist sogar der nutzloseste von allen ist und zu keiner anspruchsvolleren Aufgabe taugt. Durch ihre Fabeleien und Irrtümer werden die noch jungen und beeinflussbaren Menschen geformt. Niemand im ganzen Haus gibt Acht, was er vor dem Herrn, der noch ein Kind ist, sagt oder tut.

Tacitus, Dialogus de oratoribus, 29, 1. Zit. nach: Eck, W./Heinrichs, J. (Hg.): Sklaven und Freigelassene in der Gesellschaft der römischen Kaiserzeit, Darmstadt 1993, S. 59.

Q8 Der Wille des Sklavenhalters

In einem Spottgedicht auf einen (erfundenen) Quirinalis spricht der Dichter Martial (ca. 40–ca. 103 n. Chr.) die körperliche Liebe und Zeugung von Kindern an:

Quirinalis möchte keine rechtmäßige Ehe führen, aber Söhne will er dennoch gerne haben. Er hat einen Weg gefunden, wie das geht: Er schläft mit seinen Sklavinnen und bevölkert so sein Haus und seine Felder mit hausgeborenen Sklaven. Im wahrsten Sinn des Wortes ist Quirinalis Vater seiner Hausgemeinschaft.

Martial, Epigramme 1,84. Übers. v. Uwe Walter

Q9 **Dienerinnen frisieren ihre Herrin**
Relief aus Sandstein, Neumagen, 1. Jahrhundert n. Chr.

Q10 Arbeiten und Essen

Marcus Porcius Cato (234–149 v. Chr.) verfasste ein Buch mit Ratschlägen für die Landwirtschaft. Darin teilte er die Menge an Lebensmitteln mit, die Sklaven auf einem Landgut erhalten sollten:

Das Essen für die Sklaven: Diejenigen, die arbeiten: im Winter 4 Scheffel (ca. 35 l) Weizen, im Sommer 4,5; dem Verwalter, seiner Frau, dem Aufseher, dem Schafhirten: 3 Scheffel. Den Fußgefesselten im Winter: 4 Pfund (ca. 1,3 kg) Brot, sobald sie anfangen, die Weingärten umzugraben: 5 Pfund Brot. Sobald die (Fall-) Oliven aufgegessen sind, gib eingelegte Fische und Essig. Öl gib jedem monatlich 0,5 l, Salz im Jahr 1 Scheffel. Kleidung für die Sklaven: ein Hemdrock, Umhänge (gegen Regen usw.). Gute Holzschuhe soll man alle zwei Jahre geben.

Marcus Porcius Cato, Über die Landwirtschaft, 56–59, gekürzt, Bearb. d. Verf.

Materialien für Gruppe B:

Klärt mithilfe der Quellen die Frage, wie sich die Römer gegenüber den Sklavinnen und Sklaven verhielten.

Q1 Sklaven – immer Feinde?

Der Philosoph Seneca (ca. 4 v. Chr.–65 n. Chr.) äußerte sich zum Verhalten beim Essen:

Mit dem Rohrstock wird auch das leiseste Gemurmel unterdrückt. Und selbst ganz unwillkürliche Anfälle wie Husten, Niesen, Schluchzen machen dabei keine Ausnahme. Schwer büßen muss jeder, der das Stillschweigen auch nur durch ein Wort unterbricht. Ganze Nächte stehen sie nüchtern und stumm. Kein Wunder also, wenn sie über ihren Herrn reden, da sie vor ihm nicht reden dürfen.

Dagegen waren jene früheren Sklaven, die nicht nur in Gegenwart ihrer Herren, sondern auch mit ihnen selbst reden durften und denen kein Schloss vor den Mund gelegt war, gegebenenfalls bereit, für ihren Herrn den Nacken darzubieten und die ihm drohende Gefahr auf sich abzulenken. Bei den Mahlzeiten redeten sie, auf der Folter aber schwiegen sie. Ferner beruft man sich zugunsten des nämlichen Hochmutes vielfach auf das Sprichwort: „So viele Sklaven, so viele Feinde." Sie sind nicht unsere Feinde, wir machen sie dazu. (...) Führe dir doch zu Gemüt, dass er, den du deinen Sklaven nennst, aus dem gleichen Samen entsprossen ist, dass er unter demselben Himmel lebt, die gleiche Luft atmet und lebt und stirbt wie du. Du kannst ihn ebenso gut als Freien sehen, wie er dich als Sklaven. (...)

Seneca, Briefe an Lucilius, 47. Übers. d. Verf.

Bronzeplaketten wie diese mussten die Sklaven ständig um den Hals tragen (3.–4. Jahrhundert n. Chr.). Q2

Der Text lautet: „Ich, Asellus, Sklave des Praeiectus, eines Beamten im Amt für Getreideversorgung, habe mich aus dem Bezirk innerhalb der Mauern entfernt. Halte mich fest, da ich entflohen bin. Führe mich zurück zum Tempel der Friseure."

Q3 Mord an einem Stadtpräfekten – Was ist eine gerechte Strafe?

Der Geschichtsschreiber Tacitus (um 55–ca. 115 n. Chr) berichtete, was nach der Ermordung eines Stadtpräfekten durch einen seiner Sklaven geschah:

Als nun nach altem Recht die gesamte Sklavenschar, die unter demselben Dach gewohnt hatte, öffentlich hingerichtet werden sollte, entstand ein Volksauflauf. Denn man wollte die vielen Unschuldigen schützen und es kam zum Straßenkampf. Auch im Senat erhoben sich Stimmen gegen diese allzu große Strenge. Aber die Mehrheit sprach sich gegen jede Änderung des Gesetzes aus. Bei der Abstimmung macht C. Cassius, der die letztere Ansicht vertrat, folgende Ausführungen:

„(...) Glaubt ihr, der Sklave hat den Mordplan gegen seinen Herrn gefasst, ohne ein drohendes Wort auszustoßen und ohne von seiner Absicht unwillkürlich etwas verlauten zu lassen? Aber mag er seinen Plan geheim gehalten haben, mag er sich ohne Wissen der anderen eine Waffe verschafft haben. Konnte er durch die Wachen gelangen, konnte er die Tür des Schlafzimmers öffnen, ein Licht hineintragen und den Mord ausführen, ohne dass irgendeiner eine Ahnung davon hatte?

Ein drohendes Verbrechen verrät sich auf so manche Weise. Nur wenn die Sklaven sterben müssen, die es ihrem Herrn nicht anzeigen, können wir Wenigen unter den Sklaven leben. Dann können wir ruhig sein inmitten derer, die vor uns zittern, ja können wir Rache üben an denen, die uns nach dem Leben trachten. Unsere Vorfahren misstrauten der Gesinnung der Sklaven, auch wenn diese auf ihrem Boden und in ihrem Hause geboren waren und die Liebe zu ihrem Herrn von Kind an für sie selbstverständlich war. Wir aber haben in unserer Sklavenschaft jetzt massenhaft Leute, die andere Gebräuche als wir, die eine fremde Religion oder gar keine haben. Ein so zusammengewürfeltes Gesindel kann nur die Furcht im Zaume halten. (...)"

Dem Antrag des Cassius wagte kein Einziger entgegenzutreten. Aber abweichende Meinungen waren zu hören. Man äußerte Mitleid mit der Anzahl, der Jugend, dem Geschlecht, der unzweifelhaften Unschuld der meisten Opfer. Doch setzte sich die Partei durch, die für die Todesstrafe stimmte.

Tacitus, Annalen, XIV, 42–45; Übers. d. Verf.

Gastmahl auf einem Wandgemälde Q6
Pompeji, ca. 60 v. Ch.

Q4 Grabstein des Iucundus, Mainz, Innenstadt

Der Text lautet: Iucundus, Freigelassener des Marcus Terentius, Viehhändler. Wanderer, der du verbeikommst und dies liest, bleib stehen und sieh, wie unwürdig ich dahingerafft wurde und nun vergeblich klage! Dreißig Jahre, nicht mehr konnte ich im Leben erreichen, denn ein Sklave hat mich ums Leben gebracht, und er selbst stürzte sich kopfüber in den Fluss, so kam er ums Leben. Was seinem Herrn er entriss, das hat der Main ihm geraubt.

Q5 Kleidung der Sklaven

Ein Buch des Senators und Schriftstellers, Seneca (ca. 4 v. Chr.–65 n. Chr.) enthält darauf einen Hinweis:

Der Senat sprach einmal die Empfehlung aus, Sklaven sollten sich in ihrer Kleidung von Freien unterscheiden. Gleich darauf wurde aber klar, welche Gefahr drohte, wenn unsere Sklaven erst einmal begonnen hätten, uns zu zählen.

Seneca, De clementia, 1, 24, 1. Zit. nach der Übersetzung bei Eck, W./ Heinrichs, J. (Hg.), Sklaven und Freigelassene in der Gesellschaft der römischen Kaiserzeit, Darmstadt 1993, S. 138.

Q7 Neue Gesetze

Einer Darstellung aus dem 4. Jahrhundert n. Chr. ist zu entnehmen, dass unter Kaiser Hadrian, der von 117 bis 138 n. Chr. regierte, einige Gesetze das Los der Sklaven verändern sollten:

Er verbot den Herren, ihre Sklaven zu töten. (...) Er verbot allen, einen Sklaven oder ein Dienstmädchen ohne Grund an Gladiatorenunternehmer oder -trainer zu verkaufen. (...) Er schaffte die Arbeitshäuser für Sklaven und Freie ab. (...) Für den Fall, dass ein Sklavenbesitzer in seinem Haus ermordet wurde, erließ er ein Gesetz, dass keine anderen Sklaven verhört werden sollten als die, die nahe genug dabei waren, um etwas von dem Mord zu wissen.

Aelius Spartianus (vermutlich im 4. Jh. n. Chr.), The Life of Hadrian (Scriptores Historiae Augustae), X, Satz 7–11; Übers. d. Verf.

14. Die römische „familia" – eine Familie?

Das Ende der Kindheit

Mit zwölf bis vierzehn Jahren pflegten Mädchen aus der römischen Oberschicht ihre Lieblingspuppe auf den Hausaltar zu legen. Damit endete ihre Kindheit. Ab nun mussten sie damit rechnen, verheiratet zu werden – häufig mit wesentlich älteren Männern. Jungen heirateten gewöhnlich ab dem 17. Lebensjahr, wenn sie die Volljährigkeit erreicht hatten. Aber auch sie waren in der Entscheidung, wen sie heiraten wollten, nicht frei. Aus Liebe zu heiraten war unüblich. In der Regel kam eine Ehe vielmehr auf Initiative des so genannten „pater familias" hin zustande. Das konnte nicht nur der leibliche Vater sein, sondern auch der Großvater, ein anderer Verwandter oder jemand, von dem man adoptiert worden war.
Auch wenn das deutsche Wort „Familie" vom lateinischen Wort „familia" stammt, setzte sich eine römische „familia" offensichtlich anders zusammen und funktionierte anders als eine heutige Familie. Wie müssen wir uns dieses Leben vorstellen?

Wer gehört zur Familie?

Zunächst fällt auf, dass eine „familia" erheblich größer war als eine heute übliche Kleinfamilie. Das Familienoberhaupt, der „pater familias", stand einer Gemeinschaft vor, der neben seiner Ehefrau und den unverheirateten Kindern noch wesentlich mehr Personen angehörten. Zur „familia" zählten auch die verheirateten Söhne, ihre Frauen und deren Kinder. Ferner konnten Personen dazugehören, die adoptiert worden waren. Dies kam zum Beispiel dann vor, wenn aus einer Ehe keine geeigneten Erben hervorgingen. Für die Adoptierten bedeutete die Adoption häufig einen gesellschaftlichen Aufstieg, weil sie nun Mitglied einer höher gestellten und vermögenderen Familie wurden. Schließlich bildeten die Sklaven und die Freigelassenen einen weiteren Bestandteil der „familia".

Q1 **Frauen der Oberschicht**
Wandmalerei aus Pompeji, um 40–30 v. Chr.

Q2 **Die Eheleute bei der Eheschließung**
Ein Vertrag konnte die Gütertrennung der Eheleute regeln. Die Frau erhielt ihre Mitgift im Falle einer Scheidung zurück. Römisches Steinrelief.

Die Macht des pater familias

Eine zweite Besonderheit der „familia“ bestand darin, dass alle Mitglieder der Gewalt (lateinisch: potestas) des Oberhauptes unterstanden und von ihm wirtschaftlich abhängig waren. Denn nur der „pater familias“ konnte frei über das Familienvermögen verfügen. Seine wichtigste Aufgabe sah er darin, das Vermögen, von dessen Umfang und Erträgen der Lebensunterhalt abhing, zu erhalten und zu vermehren. Im Allgemeinen konnte nur er für die „familia“ und alle ihre Mitglieder vor Gericht klagen oder angeklagt werden. Die Mitglieder der Hausgemeinschaft durfte der „pater familias“ bestrafen. Ursprünglich durfte er sogar über deren Leben und Tod entscheiden. Selbst gegenüber freigelassenen Sklaven und deren Nachfahren behielt der „pater familias“ gewisse Rechte. Beispielsweise blieb er Vormund der weiblichen oder noch nicht volljährigen Freigelassenen. Nach dem Tod eines Freigelassenen stand ihm ein Anteil an dessen Erbe zu.

Q3 Lebensweg eines römischen Jungen
Sarkophag, 2. Jh. n. Chr.

Ehe und Nachkommen

Die Entscheidung über eine Eheschließung der Kinder hing für den „pater familias“ meistens von zwei Gesichtspunkten ab. Einerseits hoffte er, durch die Ehe den Familienbesitz erhalten oder sogar vergrößern zu können, z. B. durch die Mitgift der Frau, die in seine „familia“ einheiratete. Andererseits war er an der Herstellung nützlicher verwandtschaftlicher Beziehungen interessiert. Die Ehe wurde dann rein privat, ohne staatliche Beurkundung geschlossen. Deshalb konnte sie auch leicht wieder geschieden werden. Traditionellerweise wechselte eine Frau mit der Ehe aus der bisherigen „potestas“ in die „potestas“ ihres Ehemannes. Damit war sie ihm bzw. seinem „pater familias“ unterstellt. In der Kaiserzeit entwickelte sich dann eine Eheform, die für die Frauen vorteilhafter war. Sie konnten nun weiterhin ihrer „familia“ angehören und erhielten deshalb im Fall einer Scheidung ihre Mitgift zurück.

Die Rolle der Frau

Die Hauptaufgabe einer Ehefrau bestand darin, Kinder zu bekommen und dem Haushalt vorzustehen. Jedoch konnten die römischen Ehefrauen im Vergleich mit den Frauen im antiken Athen auch einige weitergehende Freiheiten wahrnehmen. So durften sie etwa an Gastmählern teilnehmen, das Theater und die Spiele besuchen und in die Thermen gehen. Einige Frauen aus der Oberschicht hatten gelegentlich auch beträchtliche politische Macht. Sie durften zwar kein offizielles politisches Amt einnehmen, konnten aber über ihren Ehemann, Sohn oder Bruder Einfluss gewinnen.

Wesentlich andere Familienbeziehungen dürften allerdings in der römischen Unterschicht geherrscht haben. Hierüber sind aber kaum schriftliche oder sonstige Quellen überliefert.

Q4 Grabmal eines Ehepaares, Rom, 1. Jahrhundert v. Chr.

Die Inschrift links lautet:

Lucius Aurelius Hermia, Freigelassener des Lucius, Fleischer auf dem Viminalshügel (sagt über seine Frau):
Sie, die mir im Tod vorangegangen ist mit keuschem Körper, war meine eine und einzige Frau, mit einem liebenden Sinn lebte sie treu ihrem treuen Mann; immer fröhlich, selbst in bitteren Zeiten, vernachlässigte sie nie ihre Pflichten.

Zit nach: Thomas Späth/Beate Wagner-Hasel (Hg.), Frauenwelten in der Antike, Stuttgart 2000, S. 46.

Die Inschrift rechts lautet:

Aurelia Philematium, Freigelassene des Lucius, (sagt über ihren Mann): Als ich lebte, wurde ich Aurelia Philematium genannt, eine Frau keusch und bescheiden, ohne Kenntnis des gewöhnlichen Volkes, treu dem Mann. Mein Mann, den ich jetzt verlasse, war ein Mitfreigelassener. Er war wahrlich mehr als ein Vater für mich. Als ich sieben Jahre alt war, nahm er mich auf seinen Schoß. Nun bin ich vierzig und in der Gewalt des Todes. Durch meine beständige Sorge ging es meinem Manne in allem gut.

Q5 Dank an den Vater

Der römische Dichter Horaz (65–8 v.Chr.), Sohn eines Freigelassenen, spricht über seinen Vater:

Wenn ich nur wenige Fehler habe und ansonsten ganz in Ordnung bin, wenn mir niemand mit Grund Habsucht oder schmutzigen Geiz oder schlechte Gesellschaft vorwerfen kann, wenn ich, um selbst mich zu loben, anständig und unbescholten lebe, geliebt von den Freunden, dann habe ich das alles meinem Vater zu danken. Obwohl er nur ein kleines Gut und wenig Geld besaß, wollte er mich trotzdem nicht in Flavius' Schule schicken, die von großmäuligen Söhnen von Soldaten besucht wird. Nein, er fand Mut, seinen Jungen nach Rom in die Schule zu geben, damit er alles lerne, was auch jeder Senator und Ritter seinen Kindern beibringen lässt. (...) Ich hatte keinen Sklaven, der Vater begleitete mich daher persönlich zu den Lehrern. Wozu viele Worte? Groß sind das Lob und der Dank, die ich jetzt meinem Vater schulde. Gedankenlos wäre es, wenn ich mich meiner Herkunft schämen würde, und deshalb mag ich mich nicht wie die meisten verteidigen, welche immer wieder sagen, ihre Schuld sei es nicht, dass sie keine freigeborenen und berühmten Eltern hätten.

Horaz, Satiren 1,6,65–92; Übers. und Bearb. v. Uwe Walter

Q6 Strafe für Ehebruch

Ein um 200 n. Chr. entstandener Gesetzeskommentar gibt an, was bei Ehebruch passieren konnte:

Es wird dem Vater nicht gestattet, die Tochter und den Ehebrecher zu töten, wo er sie ergriffen hat, sondern nur in seinem Haus oder in dem seines Schwiegersohnes. Der Gesetzgeber sah es als eine größere Beleidigung an, dass die Tochter es wagte, den Ehebrecher in das Haus des Vaters oder Ehemannes zu führen. (...) Es ist auch dem Ehemann gestattet, den Verführer seiner Frau zu töten, aber nicht jeden, wie dem Vater. Das Gesetz erlaubt dem Mann, den in seinem (und nicht in des Schwiegervaters) Haus im Ehebruch mit seiner Frau Ergriffenen zu töten, wenn dieser ein Kuppler, ein Schauspieler, ein Tänzer oder Sänger war oder wenn er in einem öffentlichen Verfahren verurteilt wurde (...) oder wenn er ein Freigelassener des Ehemannes war. Es ist übrigens Vorschrift, dass der Ehemann, der einen von diesen tötet, seine Ehefrau ohne Verzug fortschickt.

Digesten 48.5.24 f. Zit. nach: Christiane Kunst (Hg.), Römische Wohn- und Lebenswelten, Darmstadt 2000, S. 184 f. Bearb. d. Verf.
Erläuterung: Kuppler, Tänzer und Sänger wurden von den römischen Bürgern verachtet.

Q7 Mädchen in „Bikinis“
Die normale Zukunftsperspektive der Mädchen war die Ehe. Daher lernten sie gewöhnlich alles, was zur Tätigkeit als Hausfrau nötig war. Wenige erhielten eine Schulbildung, die über die 4–5-jährige Elementarschule hinaus ging. Mädchen trieben aber auch Sport. Ein römischer Schriftsteller jedoch empörte sich über Fechterinnen und sah darin eine Geschmacklosigkeit.
Mosaik aus Piazza Armerina (Sizilien), 3. Jh. n. Chr.

Q8 Unterrichtsszene
Der Vater entschied, ob Kinder lesen, schreiben und rechnen lernten. Reiche Römer beschäftigten dazu Privatlehrer – meist Sklaven.
Grabdenkmal aus Neumagen, um 200 n. Chr.

Fragen und Anregungen

1. Die römische Gesellschaft wird als patriarchalisch (vaterrechtlich) bezeichnet. Vergleicht die Rechte von Männern und Frauen in der römischen Gesellschaft und stellt sie in einer Tabelle gegenüber. Erläutert dann die Einschätzung (VT).
2. Alle überlieferten Textquellen sind von Männern geschrieben worden (Q4–6). Versucht einmal einen Text aus der Sicht einer römischen Ehefrau zu schreiben, die über ihr Leben berichtet.
3. Schreibt auf, welche Eigenschaften Lucius an Aurelia schätzte und auf welche Eigenschaften Aurelia selber stolz war (Q4). Diskutiert dann, warum heutzutage solche Grabinschriften nicht mehr üblich sind. Wenn heute ein Ehepaar doch noch eine ähnliche Grabinschrift für sich verfassen würde – wie könnte die lauten?
4. Beschreibt den Sarkophag genau und überlegt dann, welche vier Stufen auf dem Lebensweg eines römischen Jungen abgebildet sind (Q3).
5. Identifiziert auf dem Relief die Personen und stellt euch vor, welche Szene festgehalten werden sollte (Q8). Was erkennt ihr über den Schulalltag?
6. Charakterisiert das Verhältnis zwischen Vater und Sohn und gebt an, was ihr aus der Quelle über das römische Schulwesen erfahrt (Q5).
7. Erklärt, warum der Vater ein Recht zur Bestrafung seiner verheirateten Tochter und ihres Liebhabers hatte (Q6). Überlegt, aus welchen Kreisen der Bevölkerung ein Liebhaber stammen musste, damit der betrogene Ehemann ihn nicht töten durfte.

15. Die römische Zivilisation im Weltreich

Das Imperium Romanum – ein Weltreich

Als der römische Kaiser Trajan 117 n. Chr. starb, hatte das Römische Reich seine größte Ausdehnung erreicht (Seite 157). Es wird geschätzt, dass zu Beginn unserer Zeitrechnung 61 Millionen Menschen in diesem Reich lebten. Für die Zeit vor 2000 Jahren war das eine sehr große Zahl. Heute leben jedoch allein in der viel kleineren Bundesrepublik Deutschland 20 Millionen Menschen mehr.

Wie regierten die Römer ihr riesiges Reich?

Das Römische Reich war in Provinzen aufgeteilt. Zur Zeit Trajans gab es insgesamt 41 Provinzen. Hinzu kamen Italien, das keine Provinz war, und Ägypten, das dem Kaiser persönlich gehörte. In den Provinzen regierten Statthalter. Diese konnten über alle Bewohner, einschließlich aller stationierten Soldaten, befehlen und auch Entscheidungen über Leben und Tod treffen. Allerdings war ihre Macht zeitlich begrenzt: Schon nach einem Jahr konnten sie abgelöst werden und mussten dann nach Rom zurückkehren.

Oberaufsicht und Selbstbestimmung in der Provinz

Im Römischen Reich gab es mehr als 2000 Städte. Davon waren viele erst durch die Römer gegründet worden. Jede Stadt hatte einen Stadtrat, in dem freie Bürger der jeweiligen Stadt Mitglied waren und der viele Regierungsaufgaben übernahm. So musste nicht der Kaiser in Rom oder sein Statthalter die Steuern in jeder Stadt einziehen, sondern der Stadtrat übernahm diese und andere Aufgaben. Die Römer besaßen also nur die Oberaufsicht und ließen die Provinzbewohner ihre Angelegenheiten weitgehend selbst bestimmen.

In die Stadträte kamen nur wohlhabende Bürger. Denn die Tätigkeit war ein Ehrenamt. Die Stadträte planten die öffentlichen Bauten und bezahlten sie und andere Ausgaben aus ihrem Privatvermögen. Das taten sie in der Regel freiwillig und

Caesars Pläne D1
Im Asterix-Comic „Die Trabantenstadt“

D2 Villa rustica – ein Gutshof
Viele Provinzbewohner lebten in römischen Gutshöfen auf dem Land, die noch heute mit Mosaiken und Bädern von römischer Lebensart zeugen. Die Höfe gehörten häufig ehemaligen römischen Soldaten. Modell eines Gutshofs aus dem Limesmuseum Aalen.

gerne, da ihr Ansehen und ihr Ruhm so erhöht wurde. Alle freien Bewohner einer Provinz mussten Steuern an die Römer zahlen. Für Sklaven taten es deren Besitzer.

Die Städte – Zentren der römischen Zivilisation

Wie das Vorbild Rom hatten viele Städte ein Amphitheater, Thermen (große Badeanlagen) Tempel und große Markthallen. Es gab eine funktionierende Verwaltung, eine gute medizinische Betreuung und jederzeit frisches Wasser, das man oft mithilfe von Wasserleitungen (Aquädukten) von weit her transportierte. Wir bezeichnen diese Errungenschaften heute mit dem Wort „Zivilisation".

Provinzbewohner und die römische Lebensart

Diese „zivilisierte" Lebensweise wurde für viele Provinzbewohner zum Vorbild. Sie lernten nun auch die lateinische Sprache und ließen ihre Kinder nach römischem Beispiel erziehen. Dieser Vorgang, bei dem die Provinzbewohner schrittweise Lebens- und Denkweisen der Römer annahmen, wird Romanisierung genannt. Vom kühlen Nordengland bis zu den Wüsten Syriens lebten Menschen, die sich auch als Römer fühlten. Im Römischen Reich ermöglichte dies das Zusammenleben verschiedener Völker.

Wie wurde man römischer Bürger?

Neben der römischen Lebensweise war der Erwerb des römischen Bürgerrechts ein Ziel für die Menschen in den Provinzen. Denn wurde ein freier Bewohner einer Provinz römischer Bürger, erwarb er besondere Rechte. Im Laufe der Zeit verliehen die Römer immer mehr Provinzbewohnern das römische Bürgerrecht. Schließlich wurden im Jahr 212 n. Chr. durch ein Gesetz alle freien Bewohner des Römischen Reiches zu römischen Bürgern.

Zivilisation

(von lateinisch: civis „Bürger") Mit diesem Wort wird die verfeinerte Lebensart einer Gesellschaft beschrieben. Die städtische Lebensweise galt ursprünglich als dem bäuerlichen Leben überlegen, da es in Städten eine Polizei, Ärzte, Schulen, Tempel, Theater, Thermen und jederzeit frisches Wasser gab. Bis heute wird ein Leben in geordneten und sicheren Verhältnissen als „zivilisiert" bezeichnet.
Die Angehörigen einer Zivilisation besitzen gelegentlich ein Gefühl der Überlegenheit gegenüber anderen.

Romanisierung

Dieses Wort bedeutet „römisch machen" oder „römisch werden". Überall, wo die Römer hinkamen, beeinflusste ihre Lebensweise, ihre Sprache und ihre Technik die einheimische Bevölkerung. Diese lernte Latein und ließ ihre Kinder nach römischem Vorbild erziehen. Die Menschen lernten so die Vorteile der römischen Herrschaft kennen.
Die Romanisierung wirkte besonders im Westen des Römischen Reiches, am stärksten in den heutigen Ländern Frankreich, Portugal und Spanien.

Q1 Pont du Gard in Südfrankreich
Über solche Brücken floss Frischwasser in einem oben liegenden Kanal in die Städte. Eine große Leistung war auch die Wasserleitung, die von der Eifel nach Köln führte: Über 98,7 km zieht sich die Wasserrinne über Täler und Berge.

Q2 Erlaubnis zu einem Bauprojekt (111 n. Chr.)

Brief des Plinius (62–113 n. Chr.), Statthalter in Bithynia, an Kaiser Trajan (98–117 n. Chr.) und die Antwort:
Die Bewohner von Prusa, o Herr, haben ein unhygienisches und altmodisches Bad. Deshalb halten sie es für wichtig, eine neue Anlage zu bauen, und ich meine, du könntest ihnen ihren Wunsch erlauben. Geld für den Bau wird nämlich zur Verfügung stehen, zunächst die Summen, die ich von Privatleuten gerade (…) eintreibe. Ferner sind sie bereit, den Betrag, den sie gewöhnlich für Olivenölspenden an arme Bürger ausgeben, für den Bau des Bades zur Verfügung zu stellen. Zudem fordert sowohl das Ansehen der Stadt wie auch der Glanz deines Zeitalters geradezu ein solches Bauwerk.
Aus Trajans Antwort:
Wenn die Errichtung eines neuen Bades die Wirtschaftskraft der Bewohner von Prusa nicht zu sehr belastet, können wir einen solchen Wunsch erlauben. Voraussetzung dafür ist allerdings, dass in Prusa keine zusätzlichen Steuern erhoben werden und dass es den Leuten dieser Stadt in der Zukunft nicht an notwendigem Geld für den Unterhalt des Bades fehlt.

C. Plinius Secundus, Briefe. 10. Buch; Der Briefwechsel mit Kaiser Trajan, übers. v. Marion Giebel, Stuttgart 1999, Nr. 23–24. Bearb. d. Verf.

Q3 Romanisierung im gerade eroberten Britannien

Der Römer Tacitus berichtet, wie der römische Feldherr Agricola die Menschen 77–83 n.Chr. behandelte:
Der folgende Winter wurde mit sehr heilsamen Maßnahmen zugebracht. Damit sich nämlich die zerstreut lebenden und rohen und deshalb zum Kriege neigenden Menschen durch Wohlleben an Ruhe und Muße gewöhnten, drängte Agricola sie persönlich und half ihnen (…), Tempel, Märkte und Häuser zu bauen. Dabei lobte er die Bereitwilligen und kritisierte die Trägen: So wirkte anstelle von Zwang der Wettstreit um Ehre und Anerkennung. Fürstensöhne ließ er sogar in den üblichen römischen Schulfächern unterrichten und gab dem Talent der Britannier vor dem Eifer der Gallier den Vorzug, sodass sie, die noch eben die römische Sprache abgelehnt hatten, nun sogar nach der (Unterrichtung in der) kunstmäßigen Rede verlangten. Von jetzt an kam auch unsere Tracht in Ansehen, und häufig trug man die Toga. Allmählich verfiel man auch auf die Reize der Laster: auf Säulenhallen und Bäder und üppige Gelage. Und dergleichen galt den Unerfahrenen für feine Bildung, während es doch ein Stück Knechtschaft war.

Tacitus, Agricola, Kap. 21. Zit. nach: Tacitus, Agricola, übers. von R. Feger. Stuttgart 1973, S. 35. Bearb. d. Verf.

Fragen und Anregungen

1. Erklärt den Zweck der Bedingungen, die Trajan stellt (Q2), wenn das neue Bad gebaut werden soll. Beschreibt dazu, was sonst passieren könnte.
2. Nennt alle Neuerungen, die sich für die Britannier ergeben. Beurteilt, ob sie Vorteile bringen und wozu sie nach Tacitus dienen (Q3).
3. Stellt euch vor: Ein besiegter Brite lehnt die Maßnahmen Agricolas ab (Q3). Er behauptet, dass in Zukunft kein Widerstand gegen die römischen Eroberer mehr möglich sein werde. Was haltet ihr davon? Begründet euer Urteil.
4. „Diese Gallier meinen, sie könnten sich der römischen Zivilisation widersetzen (…). Aber ich werde sie zwingen, diese Zivilisation anzunehmen.“ Diese Aussage macht Caesar im Asterixband „Die Trabantenstadt“ (S. 5), als er seine Planungen für ein „zivilisiertes“ Gallien vorstellt. Erklärt, was Caesar bzw. die Comiczeichner damit meinen (D1).
5. Heute bezeichnet man den Einfluss der USA auf unser Leben (Musik, Film usw.) als Amerikanisierung. Stellt Gemeinsamkeiten und Unterschiede zur Romanisierung fest.

16. Römer und Germanen – friedliche Nachbarn?

9 n. Chr.	In einem Überraschungsangriff vernichten Germanen drei Legionen bei Kalkriese (Westfalen). Die Römer ziehen sich hinter Rhein und Donau zurück.
70–160 n Chr.	Die Römer errichten eine mehr als 500 km lange Grenzsicherung zwischen Rhein und Donau, den Limes.

Wieso wurde nicht ganz Germanien erobert?

Bereits Julius Caesar ließ eine Rheinbrücke bauen und war nach Germanien vorgestoßen. 9 v. Chr. eroberten die Römer dann das gesamte Gebiet bis zur Elbe und es wurde eine neue Provinz eingerichtet. 9. n. Chr. änderte sich die Lage: Der Cherusker Arminius führte einen Aufstand mehrerer germanischer Stämme an und lockte die an der Elbe stationierten drei römischen Legionen in einen Hinterhalt. Bei Kalkriese, in der Nähe von Osnabrück, wurde die gesamte römische Armee vernichtet. Auch der Statthalter Varus starb. Kaiser Augustus verzichtete daraufhin auf die Eroberung Germaniens und zog alle römischen Truppen hinter Rhein und Donau zurück, die zu Grenzflüssen des Römischen Reiches wurden.

Die Legionen an den Grenzen des Reiches

Zum Schutz des Reiches verlegten die Römer Legionen an die Grenzen. Im Unterschied zur Zeit der römischen Republik waren in der Kaiserzeit die Legionen in festen Lagern dauerhaft stationiert. Die in den Legionen dienenden Berufssoldaten, die sich für mindestens 20 Jahre verpflichten mussten, blieben so häufig ihr ganzes Leben an einem Ort. Nach ihrer Entlassung ließen sie sich dann oft dort nie-

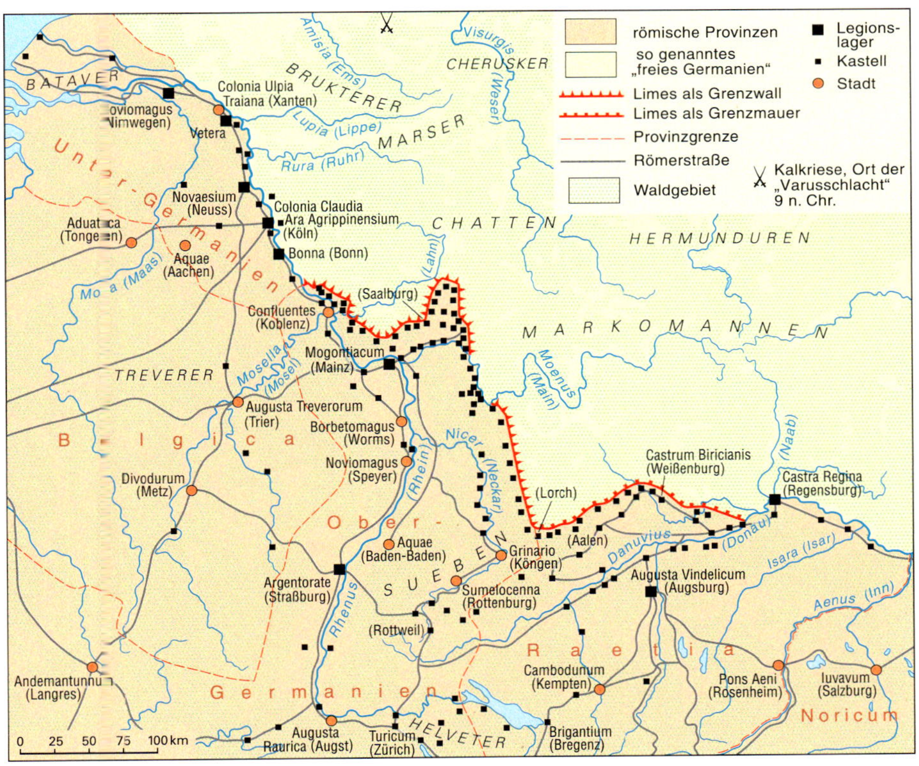

D1 Die Römer in Deutschland
Nachdem die Eroberung Germaniens bis zur Elbe gescheitert war, sicherten die Römer ihren Landgewinn. Große Legionslager und kleinere Kastelle wurden an der Grenze errichtet. Je nach Art der Grenze waren dazu unterschiedliche Sicherungen nötig.

der und heirateten einheimische Frauen. So bestand ein großer Teil der Bevölkerung der Garnisonsstädte, wie Köln, Trier oder Xanten, aus so genannten Veteranen.

Die Armee fördert die Romanisierung

Zur Zeit des Kaisers Trajan gab es insgesamt 30 Legionen mit einer Gesamtstärke von ungefähr 180 000 Mann, die rund um die Grenzen des Reiches stationiert waren. Hinzu kamen die „auxilia", Hilfstruppen, auch in einer Gesamtstärke von ungefähr 180 000 Soldaten. Während in den Legionen nur römische Bürger dienen durften, konnten in den „auxilia" alle freien Reichsbewohner für eine Mindestzeit von 25 Jahren dienen. Wenn diese entlassen wurden, bekamen sie und ihre Familien das römische Bürgerrecht. Die Armee prägte die Germanen, die darin Dienst taten, und förderte so die Angleichung der Lebensweisen an das römische Vorbild.

Der Limes – Grenzsicherung nach Germanien

Diese Grenzsicherung durch die Legionen reichte jedoch nicht aus. Die Flussgrenzen konnten zwar gut durch eine eigene Flotte überwacht werden. Aber über die Landgrenzen zwischen Rhein und Donau konnten einzelne Gruppen aus dem freien Germanien unbemerkt in das Römische Reich eindringen und dort Städte und andere Siedlungen überfallen. Daher begann Kaiser Vespasian 70 n. Chr. damit, eine neue Form der Grenzsicherung zu entwickeln. Diese wurde immer weiter ausgebaut, bis Kaiser Antoninus Pius um 160 n.Chr. eine vollständige Verbindung zwischen den Flussgrenzen an Rhein und Donau hergestellt hatte. Die neue feste Grenze nannten die Römer Limes. Das Wort Limes kommt aus der lateinischen Sprache und bedeutet gleichzeitig „Weg" und „Grenze". So wird im Namen deutlich, dass der Limes nicht nur eine trennende Grenze zwischen dem Römischen Reich und Germanien war, sondern auch ein verbindender Weg, der von dem einen in das andere Gebiet führte.

D2 Der Limes im Frieden
Rekonstruktionszeichnung
Neben Abschnitten mit einer Holzpalisade gab es auch welche mit einer durchgängigen festen Mauer. Meistens war es am Limes ruhig und die Legionäre kontrollierten nur die Händler und ihre Waren.

Wie funktionierte der Limes im Krieg? D3
Die Römer sicherten die Grenze durch ein ausgeklügeltes System, in dem die Legionäre in den Wachtürmen mit den Kastellen und den großen Legionslagern in Verbindung standen. Stellt euch vor, ihr seid Wachsoldaten und entdeckt Germanen. Was tut ihr und was folgt?

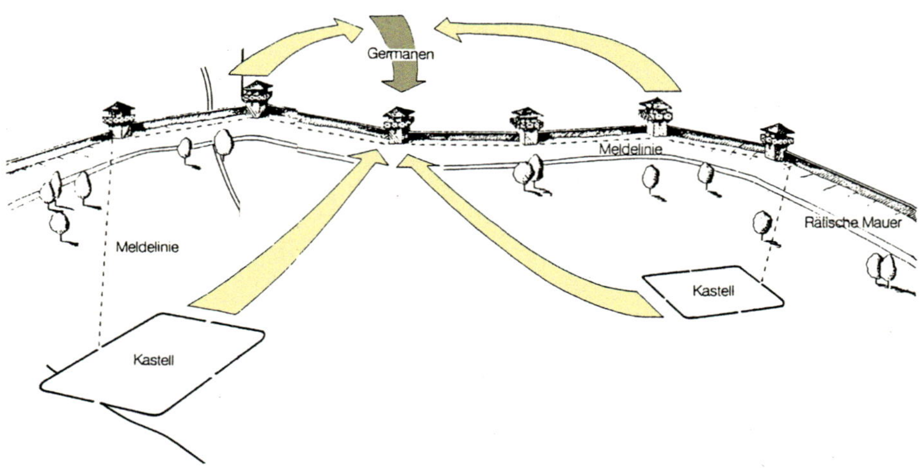

D4 Eine Zeitreise nach Germanien: *Nun reist du in die Grenzprovinz Germania Inferior (Untergermanien). Dort erwartet dich, in der Stadt mit der geheimnisvollen Abkürzung CCAA, ein Bewohner dieser Provinz mit dem Namen Titus Ericus Flavius. Dieser ist natürlich nur eine Fantasiegestalt – ähnlich den Männern und Frauen rechts, die Kleidung tragen, die man nach Originalfunden und von Darstellungen aus Grabsteinen rekonstruiert hat. Aber Titus Ericus könnte so um 100 n. Chr. gelebt haben: Alle Informationen, die er dir gibt, haben Historiker und Archäologen herausgefunden:*

„Sei gegrüßt, Besucher/in! Mein Name ist Titus Ericus Flavius und ich bin dein Begleiter in der Stadt Colonia Claudia Ara Agrippinensium, deren Name ich einfach mit Colonia abkürze. Ericus heißt in deiner Sprache Erich, so kannst du mich gerne nennen. Die Stadt, in der ich mit meiner Frau und meinen Kindern lebe, liegt direkt am Rhein.
Ursprünglich waren hier nur zwei Legionen zum Grenzschutz stationiert. Dann jedoch wurde das Lager zur Hauptstadt der Grenzprovinz Germania Inferior und es siedelten sich ehemalige Soldaten, Handwerker und Kaufleute an. Kaiser Claudius hat dann 50 n. Chr. die Stadt zur Kolonie erhoben und sie nach seiner Ehefrau Agrippina benannt, die hier geboren wurde. Eine Kolonie ist eine Siedlung, in der römische Bürger leben. Damit hat meine Stadt den höchsten Rang erreicht, der im Römischen Reich möglich ist: Ihre freien Stadtbürger haben das römische Bürgerrecht und gelten damit als Römer!
Ich selbst bin nicht hier geboren, sondern auf der anderen Seite des Rheins, im „freien Germanien", wie wir es hier nennen. Als kleiner Junge bin ich mit meiner Mutter bei einem Angriff römischer Truppen gefangen genommen worden und wir sind als Sklaven in Colonia verkauft worden. Unser Käufer, ein römischer Händler, hat mich und meine Mutter vor zehn Jahren, als er starb, in seinem Testament freigelassen und mir sein Vermögen vererbt. Seitdem führe ich zusätzlich den Namen meines ehemaligen Herrn Titus Flavius und habe als römischer Bürger sein Geschäft geerbt.

Warum Titus Flavius hier lebte? Er war nach Colonia gekommen, da er von hier aus gut nach Germanien reisen und dort Waren kaufen konnte, die in Rom begehrt waren: Bernstein als wertvoller Schmuck, blondes Frauenhaar für Perücken und natürlich warme und dichte Felle, wie sie aus dem kalten und wilden Osten kommen können. Umgekehrt sind die Germanen an den hoch entwickelten Produkten aus dem Römischen Reich interessiert. Besonders das Glas, die Keramik und die Metallwaren, die wir hier in Colonia herstellen, sind sehr begehrt – nicht nur bei den Germanen, sondern auch in anderen Teilen des Römischen Reiches. Daher lohnt sich das Leben als Händler hier am Rande der zivilisierten Welt durchaus, auch wenn das Wetter längst nicht so schön und warm ist wie im sonnigen Italien, von dem mein ehemaliger Herr immer schwärmte!
Ach ja, auch die über 10 000 Berufssoldaten der beiden hier stationierten Legionen sind gute Kunden für mich: Ich verkaufe viel Wein und auch manchmal teure Austern, die aus Frankreich oder Italien in Fässern mit Meerwasser herbeitransportiert werden. Manchmal nehme ich mir dann auch eine.

Aber nun habe ich genug über meine Geschäfte erzählt. Was willst du noch wissen? Nun ja, die Reisen in die germanischen Wälder hinein sind nicht ganz ungefährlich. Dort gibt es keine Städte und auch keine festen Straßen – stattdessen undurchdringliche Wälder mit Wölfen und Bären und viele Sümpfe. Es besteht auch immer die Gefahr überfallen zu werden. Aber auch im Römischen Reich gibt es viele Banditen und Räuber. Die meisten Germanen sind sehr gastfreundlich und hilfsbereit. Ich habe Kunden dort, die mittlerweile zu meinen Freunden geworden sind! Und das Wichtigste ist: Meine Ehefrau habe ich auch dort kennen gelernt! Ohne Julia wäre ich als Händler auch nicht so erfolgreich: Sie hat immer den Überblick über meine Warenbestände und mein Vermögen. Rechnen kann sie viel besser als ich."

D5 Gehöft des germanischen Stammes der Cherusker aus dem 1. Jahrhundert n. Chr.
Nachbau im Freilichtmuseum Oerlinghausen

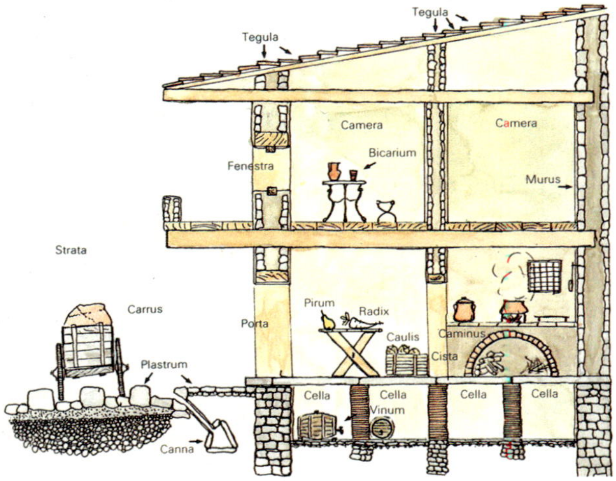

D6 Schnitt durch ein römisches Haus mit lateinischen Begriffen, die die Germanen kennen lernten
Rekonstruktionszeichnung

Q1 Die Germanen aus römischer Sicht

Der römische Geschichtsschreiber Tacitus (um 55 bis ca. 115 n. Chr.) verfasste 98 n. Chr. die „Germania", ein Buch, in dem er die Römer über die Germanen informierte:

Die äußere Erscheinung ist bei allen Germanen dieselbe: wild blickende blaue Augen, rötliches Haar und große Körper, die allerdings nur zum Angriff taugen. Für Strapazen und Mühen bringen sie nicht dieselbe Ausdauer auf, und am wenigsten ertragen sie Durst und Hitze; wohl aber sind sie gegen (…) Kälte und Hunger abgehärtet. Das Land (…) macht mit seinen Wäldern einen schaurigen, mit seinen Sümpfen einen widerwärtigen Eindruck. (…) Getreide wächst, Obst jedoch nicht. Vieh gibt es reichlich. (…)

Könige wählen sie nach den Vorschlägen der Adligen. Heerführer wählen sie nach der Tapferkeit. Selbst die Könige haben keine unbeschränkte oder freie Herrschergewalt, und die Heerführer erreichen mehr durch ihr Beispiel als durch Befehle: Sie werden bewundert, (…) wenn sie in vorderster Linie kämpfen. (…)

Von den Göttern verehren sie am meisten den Wotan; sie halten es für notwendig, ihm an bestimmten Tagen auch Menschenopfer darzubringen. (…)

Über wichtige Dinge entscheidet die Gesamtheit. (…) Man versammelt sich an bestimmten Tagen, bei Neumond oder Vollmond. (…) Vor der Versammlung darf man auch Anklage erheben und die Entscheidung über Leben und Tod beantragen. Die Strafen richten sich nach der Art des Vergehens: Verräter und Überläufer hängt man an Bäumen auf; Feiglinge und Unzüchtige versenkt man in Sumpf und Morast (…).

Wenn sie keine Kriege führen, verbringen sie viel Zeit mit Jagen, mehr noch mit Nichtstun, dem Schlafen und Essen ergeben. Gerade die Tapfersten und Kriegslustigsten rühren sich nicht. Die Sorge für Haus, Hof und Feld bleibt den Frauen, den alten Leuten und den Schwachen überlassen. (…)

Dass die Germanen keine Städte bewohnen, ist ausreichend bekannt, ja sie dulden nicht einmal zusammenhängende Siedlungen. Sie wohnen einzeln und für sich, gerade dort, wo ihnen ein Ort zusagt. Ihre Dörfer legen sie nicht in unserer Weise an, sondern jeder umgibt sein Haus mit freiem Raum. (…) Nicht einmal Bruchsteine oder Ziegel sind bei ihnen im Gebrauch; zu allem verwenden sie unbehauenes Holz, ohne auf ein schönes und freundliches Aussehen zu achten. (…)

Die Germanen haben eine strenge Auffassung von der Ehe und in keinem Punkt verdienen ihre Sitten größeres Lob. Denn sie sind fast die Einzigen unter den Barbaren, die sich mit einer Gattin begnügen. (…) Die Zahl der Kinder zu beschränken oder ein Nachgeborenes zu töten, gilt als schändlich. (…)

In jedem Hause wachsen die Kinder nackt und schmutzig zu der von uns bestaunten Größe heran. Die Mutter nährt jedes Kind an der eigenen Brust und man überlässt sie nicht den Ammen.

Tacitus, Germania; Zit. nach: Geschichte in Quellen, Altertum, hrsg. von Wolfgang Lautemann und Fritz Wagner, 4. Auflage, München 1989, S. 877–883. Bearb. d. Verf.

D7 **Wie läuft man auf 80 Nägeln?**
Diese und weitere Fragen versuchen Militärhistoriker durch Anwenden und Ausprobieren zu beantworten. Konkretes Erleben ist sehr aufschlussreich, wenn man erfahren will, wie die Legionäre mit ca. 40 Kilo Gepäck marschierten, abends Gräben aushoben und Zelte errichteten. Die Teilnehmer wanderten 1985 mit voller Ausrüstung einer Legion über die Alpen nach Regensburg – denselben Weg, den 2000 Jahre vorher der Feldherr Drusus bei seinem Vorstoß zur Donau nahm.

D8 **Modell des römischen Legionslagers**
Die Römer errichteten ihre Militärlager stets ähnlich: In der Mitte befand sich das Gebäude des Lagerkommandanten, umgeben von den Mannschaftsunterkünften. Lager mit Steinbauten ersetzten nach und nach einfachere mit Wällen, Holzzäunen und Zelten. In allen Militärlagern herrschten Ordnung und Disziplin.

Das römische Köln im 4. Jh. n.Chr. in einer Rekonstruktionszeichnung D9
Die größten römischen Städte in Deutschland waren Trier und Köln. Dort wohnten vor allem ehemalige Soldaten und ihre Familien, in den kleineren Städten hingegen eher die einheimische Bevölkerung.

Fragen und Anregungen

1. Tacitus wollte seinen Zeitgenossen berichten, wie die Germanen lebten, war selbst aber nie in Germanien. Was hebt er hervor? Findet Beispiele, die zeigen, dass der Autor des Berichts Römer ist. Klärt, was er von den Germanen hält (Q1).
2. Erklärt an Beispielen aus diesem Kapitel, was Romanisierung in Germanien bedeutet.
3. Wörter, die aus einer Sprache in eine andere übernommen werden, nennt man Lehnwörter. Findet heraus, welche deutschen Wörter sich aus den lateinischen entwickelten (D6).
4. Ihr seid Germanen und habt Köln und das Kastell Saalburg besucht. Berichtet zu Hause, wie die Römer Städte und Lager anlegen (D8 und 9).
5. Beschreibt die Kleidung (D4): Welche Personen tragen germanische, welche römische Kleidung? Stellt zusammen, was ihr aus dem „Bericht“ von Ericus über das Zusammenleben von Römern und Germanen erfahrt.
6. Sucht im Internet Informationen zur Schlacht bei Kalkriese und zur Geschichte einer Stadt oder eines Lagers, die auf der Karte (D1) genannt sind.

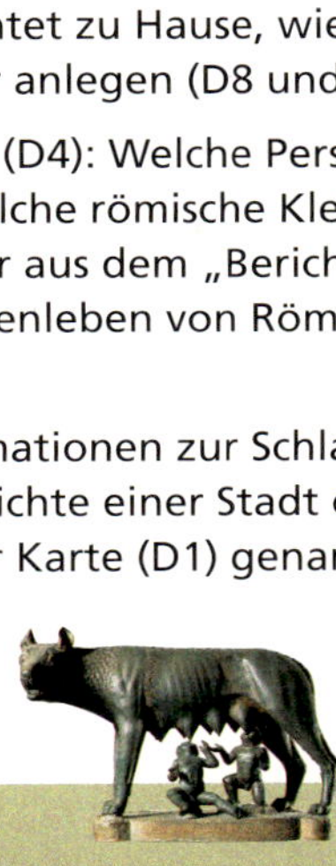

17. Das Römische Reich in der Krise

235–285 n.Chr.	Soldatenkaiser herrschen im Römischen Reich.
375 n.Chr.	Die Hunnen dringen nach Europa vor und lösen die Völkerwanderung aus.
391 n.Chr.	Das Christentum wird Staatsreligion.
395 n.Chr.	Das Römische Reich wird in ein Ost- und ein Westreich geteilt.
476 n.Chr.	Mit der Absetzung des letzten weströmischen Kaisers endet das römische Westreich.

Im Fels für die Ewigkeit Q1
Der Perserkönig Schahpur I. und der römische Kaiser Valerian. Felsrelief von Naksch-i-Rustam, Iran, 3. Jh. n. Chr.
Beschreibt das Felsrelief. Entscheidet und begründet dann, wer vermutlich der Auftraggeber gewesen ist.

Bedrohungen und Krisen

Im Jahr 251 n. Chr. ereignete sich etwas Ungeheuerliches: Nach einem Sieg über die römische Armee nahm ein Perserkönig den römischen Kaiser Valerian gefangen. So etwas hatte es noch nie zuvor gegeben – ein Kaiser in Kriegsgefangenschaft. Neu war auch die gesamte Situation: Nie zuvor war Rom in der Kaiserzeit militärisch so bedroht worden, und zwar im Osten wie im Westen des Reiches.
Im Osten griffen die Perser an. Ein neues Herrscherhaus, die Sassaniden, wollte ein persisches Großreich errichten.
Etwa zeitgleich drangen immer wieder germanische Stämme in die römischen Provinzen im Norden vor. Es dauerte Jahre, bis die Germanen dort wieder vertrieben waren. Das war ein Schock für die Einwohner der Provinzen. Warum war es den Römern nicht gelungen, die ca. 15 000 km langen Reichsgrenzen zu verteidigen?

Soldatenkaiser herrschen

Das römische Kaiserreich steckte in der Krise. Deutlich wurde dies an den Herrschern. Von 235 bis 285 n. Chr. regierten 22 Kaiser, einige von ihnen nur wenige Monate lang. Einzelne Legionen versuchten immer wieder ihre militärischen Führer zu Kaisern zu machen. Das Militär bestimmte die Politik. Es gab häufig mehrere Kaiser, die sich gegenseitig bekämpften. Für die Bevölkerung war die Lage in vie-

len Gebieten des Reiches katastrophal: höhere Steuern, mehr Abgaben für die Soldaten, feindliche Überfälle, immer mehr Räuberbanden. In der Landwirtschaft wie in den Städten wurde weniger produziert, das Geld verlor an Wert. Das Vertrauen auf die römische Herrschaft in den Provinzen wurde tief erschüttert. Welche Vorteile hatte es noch Römer zu sein?

Die Gruppe der vier Herrscher Q2
An der Kirche San Marco in Venedig, um 300 n. Chr.

Die Kaiser suchten nach einem Ausweg aus der Krise – auch Diokletian, der 284 n. Chr. die Herrschaft übernahm. Er wollte das Reich besser regieren. Er teilte die Herrschaft auf vier Kaiser auf (Tetrarchie: Vierherrschaft). Vier Kaiser – zwei Ober- und zwei Unterkaiser – konnten nun die Legionen an den verschiedenen Grenzen gegen Feinde leichter kommandieren. Jeder wählte auch einen anderen Regierungsort aus, der näher an den bedrohten Grenzen lag. So wurde auch Trier zur Residenz eines Kaisers. Rom verlor an Bedeutung.

Um das Jahr 300 n. Chr. war die äußere Situation des Reiches wieder sicher. Die römischen Heere wurden vergrößert und die Grenzbefestigungen weiter ausgebaut. Das kostete viel Geld. Neue Wege beschritten die Kaiser deshalb auch bei der Verwaltung ihres Reiches: Sie legten genau fest, was der Einzelne an Leistungen für den Staat zu erbringen hatte. Bis Diokletian war es Sache der Städte gewesen, selbst zu bestimmen, wie die Steuern verteilt wurden. Reichere Bürger hatten in den Städten freiwillig wichtige Aufgaben übernommen. Mit immer mehr Vorschriften griffen die Kaiser jetzt jedoch in das Leben der Menschen ein: Reichere Bürger wurden verpflichtet, Ämter in den Städten zu übernehmen. Handwerker mussten den Beruf ihres Vater weiterführen und durften ihre Stadt nicht verlassen. Solche und ähnliche Maßnahmen sollten dazu dienen, das öffentliche Leben und die Wirtschaft in den Städten zu schützen und zu fördern. Damit sollte auch erreicht werden, dass der Staat genug Steuergelder bekam und so die Soldaten finanzieren konnte. Die Menschen empfanden die Maßnahmen und Gesetze des Kaisers jedoch als Zwang; sie standen ihm und dem Römischen Reich immer kritischer gegenüber.
Als Diokletian im Jahr 305 n. Chr. freiwillig abdankte, funktionierte die Herrschaft von vier Kaisern noch. Doch dann kam es wieder zu Konflikten und Kriegen zwischen den römischen Herrschern.

Das Christentum im Kaiserreich

In den vergangenen drei Jahrhunderten hatte eine neue Religion immer mehr Anhänger gefunden: das Christentum. Es spielte schließlich in der Krise des Reiches eine besondere Rolle. Noch zu Beginn des 4. Jahrhunderts waren Christen durch die Kaiser verfolgt worden. Das änderte sich mit Kaiser Konstantin. Im Jahr 312 n. Chr. besiegte er den gegnerischen Kaiser Maxentius vor Rom. Er hatte vor der Schlacht seinen Soldaten das Zeichen der Christen auf ihre Schilde malen lassen. Als alleiniger Kaiser hatte er dann nicht nur dafür gesorgt, dass das Christentum überall im Reich geduldet wurde, sondern er hatte die Stellung der Kirchen gezielt gestärkt. Kurz vor seinem Tod ließ sich Konstantin sogar selbst taufen. Aus der Religion einer Minderheit wurde langsam die Religion der Mehrheit: Kaiser Theodosios erhob im Jahr 391 n. Chr. das Christentum zur Staatsreligion.

Silbermedaillon Kaiser Konstantins aus dem Jahr 313 oder 315 n. Chr. Q3
Am Helm befindet sich ein Zeichen der Christen. Es setzt sich aus den griechischen Buchstaben X (Chi) und P (Rho) zusammen. Dies sind die Anfangsbuchstaben des Namens Christi.

Eine völlig neue Gefahr entstand für die Römer östlich ihres Reiches: Die Hunnen, ein Reitervolk aus Zentralasien, waren im Jahr 375 n. Chr. in den Balkan eingedrungen. Sie lösten unter den Völkern eine Wanderbewegung aus, deren Ursachen in Hungersnöten, Landnot, Überbevölkerung und dem Druck der wandernden Völker zu suchen sind. Denn einige Stämme zogen in das Siedlungsgebiet anderer Stämme, die wiederum ihre Heimat verlassen mussten.
So zogen z. B. die Westgoten auf das Gebiet des Römischen Reiches, um sich in Sicherheit zu bringen. Im Jahr 378 n. Chr. schlugen sie die römischen Heere. Nun erlaubten ihnen die Römer auf römischem Gebiet einen eigenen Staat zu gründen: Sie konnten nach eigenen Gesetzen leben, mussten aber Rom als Soldaten helfen.

Q4 Schatzfund
Archäologen finden gelegentlich Tongefäße, die mit Münzen gefüllt sind. Die Besitzer vergruben sie, um ihren Besitz bei Germaneneinfällen zu verstecken.

Im Westen des Reiches war durch die Völkerwanderung vielerorts die römische Herrschaft zusammengebrochen. Viele Gebiete des Reiches waren auf sich gestellt. Schon bevor die Germanen kamen, hatten sich viele Bauern und Handwerker in den Schutz mächtiger Großgrundbesitzer geflüchtet. Sie wurden zwar Abhängige der Großgrundbesitzer, waren aber geschützt vor den Steuereinnehmern und möglichen Feinden. Die Großgrundbesitzer befestigten ihre Landgüter und schufen sich eigene Privatarmeen. In den Städten waren es vor allem die Bischöfe, die ihre Macht zum Schutz der Bevölkerung einsetzten. Der Kaiser, das Römische Reich und die Hauptstadt Rom waren ferner denn je, das eigene Überleben vor Ort das Wichtigste. Viele Einwohner der Provinzen suchten mit den germanischen Eroberern ein gutes Auskommen.

Osten und Westen gehen getrennte Wege

Auch aus der Osthälfte des Reiches war mit keiner Hilfe zu rechnen. Der Lateinisch sprechende Westen und der griechisch geprägte Osten hatten sich im 4. Jahrhundert auseinander gelebt. Noch unter Konstantin war Byzanz, das heutige Istanbul, zur zweiten Hauptstadt ausgebaut worden. Ein „zweites Rom" hatte Konstantin errichten wollen. Nach ihm wurde die Stadt Konstantinopel genannt. Und tatsächlich: Die alte Hauptstadt Rom verlor bald an Bedeutung. Im Jahr 395 n. Chr. teilten die Römer das Reich in eine Ost- und in eine Westhälfte. Rivalitäten bestimmten jetzt das Verhältnis zwischen dem Osten und dem Westen.

Der Untergang des Westreiches

Bis zur Mitte des 5. Jahrhunderts entstanden in der Westhälfte des einstigen Römischen Reiches weitere germanische Staaten. Im Jahr 451 n. Chr. gelang den Römern ein letzter großer militärischer Erfolg: Römer und Germanen zusammen konnten die unter deren König Attila nach Gallien vordringenden Hunnen in einer Schlacht stoppen und zum Rückzug bewegen. Zu diesem Zeitpunkt führten die römischen Kaiser im Westen nur noch ein Schattendasein. Ihre Herrschaft war zum Spielball germanischer Könige und der oströmischen Kaiser geworden. Als im Jahr 476 n. Chr. der letzte römische Kaiser abgesetzt wurde, endete die Geschichte des Westreiches.

Q5 Die Mauern Roms
Im 3. Jahrhundert bauten die Römer eine neue Stadtbefestigung, die insgesamt 19 km lang war. Dennoch wurde die Stadt 410 n. Chr. von den Westgoten erobert – erstmals seit etwa 800 Jahren.

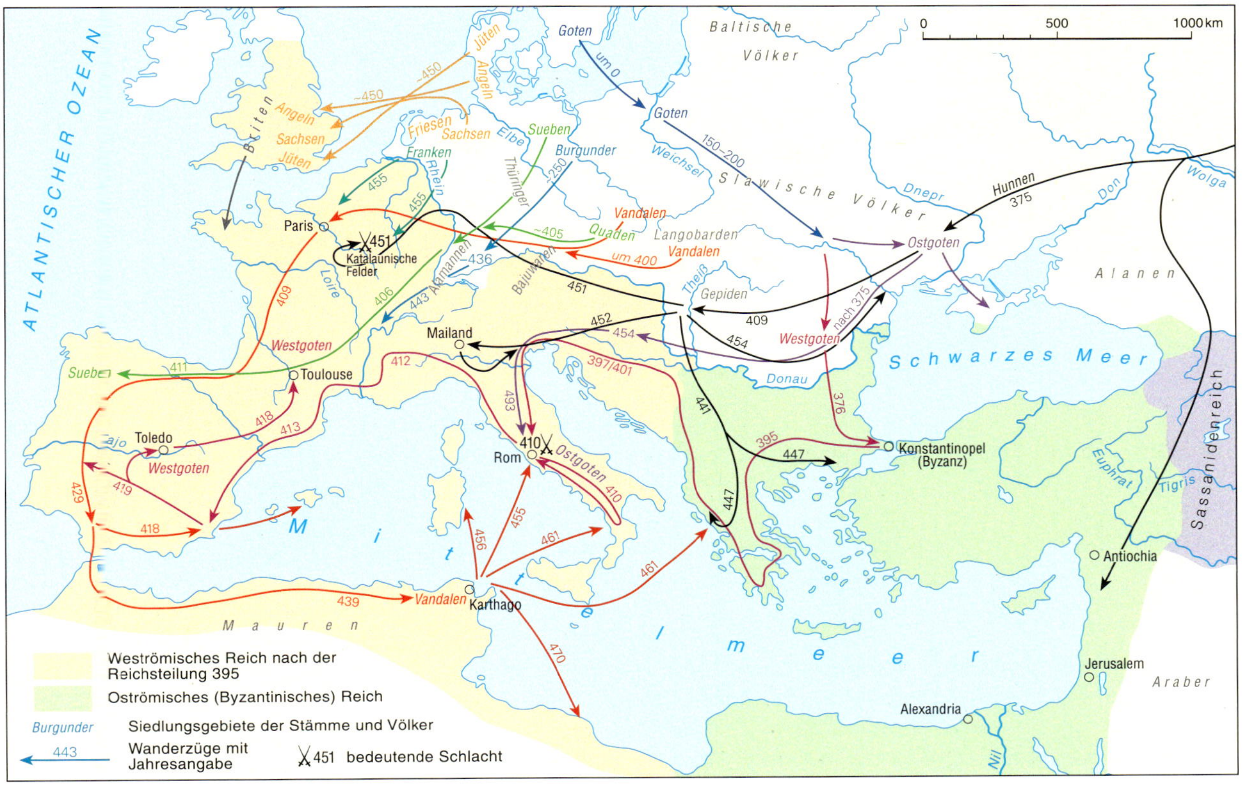

D1 Die Völkerwanderung im 4. und 5. Jahrhundert n. Chr.

Q6 Allgemeines Verderben durch Kaiser Diokletian?

Laktanz lebte am Hof und erlebte die Christenverfolgung Diokletians (reg. 284–305 n. Chr.). Er wurde später selbst Christ und urteilte im Jahr 314 n. Chr.:

Diokletian verbreitete allgemeines Verderben. Zwei Eigenschaften wirkten bei ihm zusammen (...): seine Habsucht und seine Furchtsamkeit. Er teilte das gesamte Reich in vier Teile und nahm drei Mitkaiser an. Die Heere wurden vervielfältigt, jeder versuchte eine größere Zahl von Soldaten zu besitzen, als die früheren Herrscher gehabt hatten. (...) Auch die Provinzen wurden in Stücke geteilt: Viele Statthalter mit zahlreichen Unterbeamten herrschten über jedes Gebiet und fast jede Stadt. (...)

Das Unglück traf durch neue Steuern alle: Die Menge der Steuerbeamten ergoss sich überall hin. (...) Es waren Bilder des Schreckens wie beim Einfall von Feinden. (...) Die Äcker wurden abgemessen, Weinstöcke und Bäume gezählt, jede Art von Haustieren verzeichnet, die Zahl der Bewohner vermerkt. (...) Es verminderte sich die Zahl der Tiere, Menschen starben weg, trotzdem mussten auch für die Verstorbenen die Steuern bezahlt werden. Kurz, umsonst konnte man nicht mehr leben und nicht einmal mehr sterben. Nur die Bettler waren noch übrig, von denen man nichts eintreiben konnte.

Laktanz, Von den Todesarten der Verfolger, 7, 23; Zit. nach: Geschichte in Quellen, Altertum, München 1989, S. 734–735. Bearb. d. Verf.

Q7 Diokletian – ein Wohltäter?

Aurelius Victor schrieb im 4. Jahrhundert n. Chr.:

Diokletian ließ sich öffentlich wie ein Gott verehren und anrufen. (...) Doch dieser Fehler wurde aufgewogen durch seine sonstigen Vorzüge: Er zeigte sich als Vater seiner Untertanen. (...) Er nahm mehrere Männer zu Teilhabern seiner Regierung an. (...) Trotz ihrer geringen Bildung waren sie doch, dank ihrer Vertrautheit mit dem einfachen Leben auf dem Land und dem Kriegsdienst, vortreffliche Herrscher. (...) Zu Diokletian schauten alle wie zu einem Vater oder wie zu einem mächtigen Gotte auf. (...) Da die Last der Kriege immer heftiger und drückender wurde, teilten sie sich das Reich. (...) Nicht weniger Eifer wurde auf die innere Verwaltung verwandt – die Gesetzgebung war gerecht.

Aurelius Viktor, Über die Kaiser, 39,1 ff..; Zit. nach: Geschichte in Quellen, Altertum, München 1989, S. 730–731. Bearb. d. Verf.

Das Römische Reich um 500 n. Chr. D2
Geschichtskarte

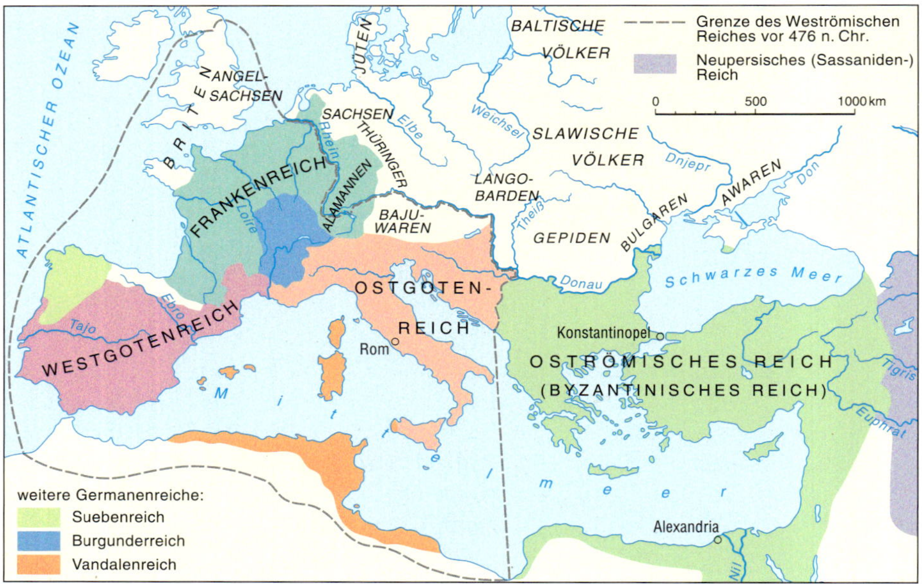

Q8 Wie lebten die Menschen in den Provinzen?

Der Mönch Salvian (Mitte des 5. Jahrhunderts) versuchte die Krise der römischen Herrschaft zu erklären:

Arme werden ausgeplündert, Witwen seufzen, Waisen werden mit Füßen getreten. Es ist so weit gekommen, dass viele von ihnen, sogar Adlige und mit guter Bildung, zu den Feinden fliehen, um nicht unter dem Druck der staatlichen Verfolgung zu sterben. Sie suchen bei den Barbaren die Menschlichkeit der Römer, weil sie bei den Römern die barbarische Unmenschlichkeit nicht ertragen können. Und obwohl sie von denen, zu denen sie flüchten, in Gebräuchen und Sprache abweichen, (...) wollen sie doch lieber bei den Barbaren unter der gewohnten Lebenshaltung leiden als bei den Römern unter wütender Ungerechtigkeit. Deshalb wandern sie scharenweise entweder zu den Goten oder zu den Bagauden (aufständische Bauern in Gallien) oder zu anderen Barbaren, die ja überall herrschen; und es reut sie nicht, hinübergewandert zu sein. (...)

Deshalb wird der Name des römischen Bürgers, der einst nicht nur hoch geschätzt, sondern auch um viel Geld gekauft wurde, jetzt aus freien Stücken verschmäht und gemieden. (...) Und ich für meinen Teil kann mich nur wundern, dass nicht überhaupt alle dürftigen und armen Steuerzahler es so machen. Es gibt dafür nur einen Hinderungsgrund, nämlich den, dass sie ihre geringe Habe und ihre Hütten und Familien nicht hinüberbringen können. (...) Weil sie also das nicht tun können (...), tun sie, wozu allein sie imstande sind; sie liefern sich nämlich Größeren zu Schutz und Schirm aus, ergeben sich den Reichen als Hörige und begeben sich sozusagen unter deren Gewalt und Gehorsam.

Salvianus, Von der Weltregierung Gottes 4, 12 ff. Zit. nach: Geschichte in Quellen, Altertum, hrsg. von Wolfgang Lautemann und Fritz Wagner, 4. Auflage, München 1989, S. 803 f. Bearb. d. Verf.

Fragen und Anregungen

1. Vergleicht die Beurteilungen Diokletians (Q6, 7). Nehmt dazu die Hinweise auf Seite 158 zu Hilfe.
2. Beschreibt, wie die Personen auf euch wirken (Q2). Begründet, mit welcher Absicht sich die vier Kaiser so darstellen ließen.
3. Schildert mithilfe der Karte (D1) den Verlauf der Völkerwanderung. Gebt zuerst die Siedlungsgebiete der Stämme und Völker an und zeigt dann, wohin sie gezogen sind.
4. Gebt an, welche neuen Reiche um 500 n. Chr. entstanden waren (D2).
5. Salvian beschrieb den Niedergang des Weströmischen Reiches. (Q8) Untersucht, wie er dessen Zustand kennzeichnet. Erläutert dann, worin Salvian die Gründe sieht, dass so viele Menschen dem Weströmischen Reich den Rücken kehrten.
6. Viele Menschen mieden es, weiterhin römische Bürger zu sein. Gebt die Gründe an (VT).

18. Was wurde aus dem Römischen Reich?

Die verlorene Einheit

Für die Menschen zur Zeit der römischen Herrschaft war der gesamte Mittelmeerraum eine große übergreifende Einheit. Im 5. Jahrhundert machten sie die Erfahrung, dass etwas vollkommen Selbstverständliches langsam und unwiederbringlich verschwinden konnte. Die Menschen in Gallien waren praktisch abgeschnitten von den Einwohnern Italiens. Was in Griechenland, Syrien oder Ägypten zur selben Zeit geschah, darüber wussten die meisten Gallier so gut wie gar nichts. Was trat an die Stelle des Römischen Reiches?

Das Frankenreich

Bis zum Jahr 511 gelang es dem fränkischen König Chlodwig ganz Gallien unter seine Herrschaft zu bringen. Damit entstand auf dem Boden des ehemaligen Römischen Reiches der größte germanische Staat, der zur führenden Macht in Nordeuropa werden sollte. Für diesen Erfolg war entscheidend gewesen, dass sich der Franke Chlodwig zusammen mit seiner Gefolgschaft taufen ließ. Er hatte den Glauben der Bevölkerungsmehrheit angenommen. In ihrem Reich waren die Franken eine kleine Minderheit (je nach Gebiet 2 bis 10 Prozent der Bevölkerung). Sie besaßen keine Schrift und ihnen fehlte auch das Wissen, wie man ein Reich verwaltete oder Steuern und Zölle einzog. Sie übernahmen deshalb die alte römische Verwaltung, soweit sie noch vorhanden war. Chlodwig versuchte zudem mit den gallischen Bischöfen zusammenzuarbeiten. Sie führten in der Regel die übrig gebliebenen nicht durch Krieg zerstörten Städte an. Die Bischöfe stammten häufig aus adligen Familien, waren gebildet und besaßen Verwaltungserfahrung. Chlodwig ließ alle Bischöfe seines Reiches zusammenkommen und gründete damit eine eigene fränkische Kirche.

Was blieb vom römischen Weltreich?

Das Beispiel von Chlodwig zeigt, wie die römische Zivilisation in der ehemaligen Westhälfte des Reiches weiterlebte. Latein blieb von der Antike über das Mittelalter bis zur frühen Neuzeit die Sprache, in der Urkunden und Briefe der Könige, Fürsten und Bischöfe geschrieben wurden und in der sich Gebildete unterhielten. In den Kirchen hielten die Priester die Gottesdienste in lateinischer Sprache. Latein war die Sprache der Kirche.

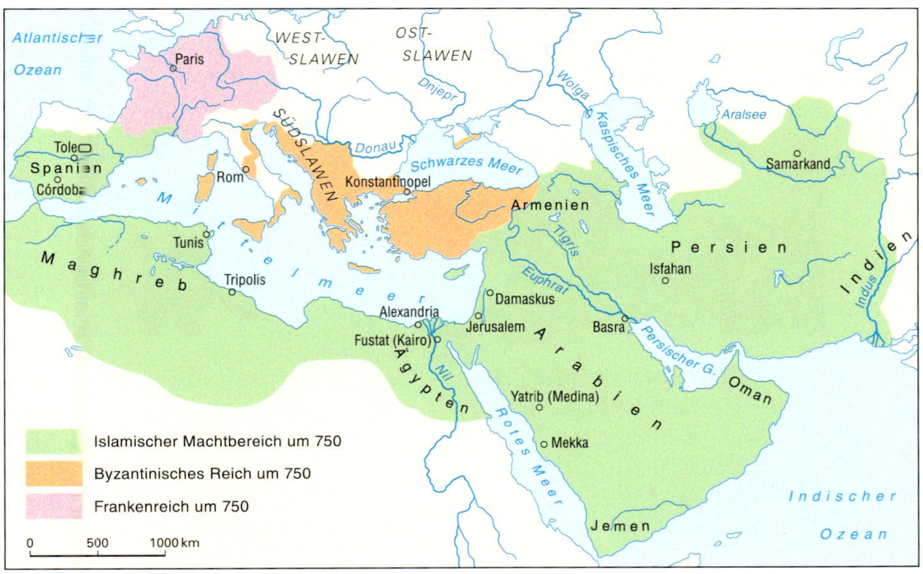

D1 Die Mittelmeerwelt im 8. Jahrhundert
Geschichtskarte
„Von der Einheit zur Dreiteilung" – erläutert diese Aussage.

Das Byzantinische Reich

Für die Menschen im griechisch sprechenden Osten war das römische Kaiserreich nicht untergegangen. Obwohl sie griechisch sprachen, bezeichneten sie sich weiterhin als Römer. Ihr Reich erlebte im 6. Jahrhundert eine Blüte. Der griechische Osten des Reiches war durch die Völkerwanderung weniger betroffen gewesen. Im Inneren war die Herrschaft der oströmischen Kaiser im Ganzen stabil geblieben. Den Menschen in den vielen Städten ging es wirtschaftlich gut. Ein gut organisiertes Steuersystem sorgte dafür, dass die Kassen der Kaiser voll blieben. Kaiser Justinian (527–565 n. Chr.) eroberte sogar Teile des ehemaligen Weströmischen Reiches für eine kurze Zeit zurück.

Islamische Reiche

Im 7. Jahrhundert entstand dann eine neue Religionsgemeinschaft durch Mohammed – der Islam. Mit seiner Ausbreitung änderte sich die Situation in der Mittelmeerwelt. Die Nachfolger des Religionsgründers Mohammed eroberten von der arabischen Halbinsel aus ein neues Weltreich. Die ehemalige Einheit der römischen Mittelmeerwelt war jetzt endgültig in drei ganz unterschiedliche Teile zerfallen.

Die Römer und wir

Das Wissen römischer Architekten, Philosophen und Juristen – auch wenn viel davon verloren ging – diente den Gelehrten ein Jahrtausend lang als Grundlage. Aber auch unser Alltag weist Spuren auf, die bis in die Zeit der Römer zurückreichen.

Architektur

Römische Bauweise
In Europa gibt es an vielen Stellen Überreste römischer Bauten zu sehen. Später haben sich Baumeister den Stil der Römer zum Vorbild genommen, zum Beispiel Friedrich Schinkel, der 1816/1817 in Berlin die Neue Wache gebaut hat.

Wissenschaft

Esche – Fraxinus excelsior

Rotfuchs – Canis vulpes

Wissenschaftliche Bezeichnungen
Pflanzen, Tierarten und Körperteile haben meist einen lateinischen Namen, denn lange Zeit war Latein die internationale Sprache der Wissenschaftler.

Buchstaben – Ziffern – Monate

ABC

Ianuarius

Lateinische Buchstaben, römische Ziffern und Monatsnamen begegnen uns täglich. Römische Ziffern finden wir oft auf den Zifferblättern von Uhren. Unsere Buchstaben verdanken wir sowieso vor allem den Römern.

Obst und Gemüse

Viele Obst- und Gemüsesorten, die bei uns wachsen, haben die Römer zu uns gebracht, zum Beispiel Wein, Pflaumen, Knoblauch, Dill und Esskastanien.

Rechtsprechung

Statue der Justitia
Justitia war die Göttin der Gerechtigkeit. Von den Römern wurde vieles in der Rechtsprechung (Justiz) übernommen. So darf z. B. niemand verurteilt werden, bevor seine Schuld nicht bewiesen wurde.

Ein Kurzporträt anfertigen

Es ist eine alte Weisheit: Wer etwas gut begriffen hat, kann es anderen erklären. Man kann diese Erkenntnis auch umdrehen: Wer etwas gut lernen will, soll versuchen, es anderen zu erklären. So ist denn das Entwickeln eines Porträts eine gute Möglichkeit um zu lernen.

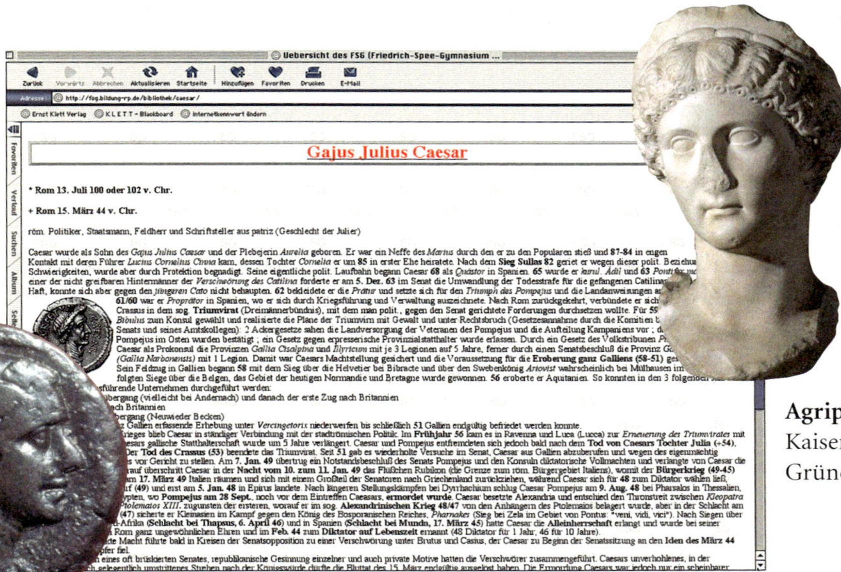

Agrippina
Kaiserin und Gründerin Kölns

Kleopatra
Herrscherin über Ägypten

Gaius Julius Caesar
Internetseite: http://fsg.bildung-rp.de/bibliothek/caesar/ (16. 12. 2002)

Immer wieder gab es im Verlauf der Geschichte Menschen, die mit ihrem Wirken Besonderes erreichten oder die während ihres Lebens Besonderes durchmachten. Ihr habt beispielsweise Agrippina, Caesar oder Hannibal kennen gelernt. Diese Menschen bestimmten natürlich nicht allein den Verlauf der Geschichte. Auch sie waren angewiesen auf andere Menschen. Auch ihr Handeln war geprägt durch das Umfeld. Dennoch spiegelt sich in ihrem Lebenslauf Vergangenes besonders deutlich. Häufig ist es interessant, sich mit solchen Menschen zu beschäftigen. Einige dieser Menschen haben ihr Leben und Wirken selber dargestellt. Über andere gibt es Biografien, die gelegentlich mit vielen erfundenen Episoden angereichert wurden. Zur Themeneinheit über die Geschichte Roms könnt ihr ein Kurzporträt anfertigen.

Wie ihr euer Kurzporträt ausgestaltet, ist euch überlassen. Ihr findet in diesem Buch, in Lexika oder im Internet eine Reihe von Darstellungsmöglichkeiten und viele Informationen zu einzelnen Menschen. Achtet aber auf Folgendes:

- Neben dem Namen und den Lebensdaten sollte euer Kurzporträt eine Abbildung des Menschen enthalten.
- Natürlich schildert ihr in wenigen Sätzen, was der Mensch Besonderes bewirkt oder erlebt hat.
- Ein wichtiger Teil des Porträts ist eine kurze persönliche Begründung von euch, wieso ihr diesen Menschen ausgewählt habt.
- Gebt genau an, woher ihr eure Informationen bezogen habt. Stammen sie aus dem Internet, schreibt ihr die Adresse ab und fügt in Klammern das Datum dazu, an dem ihr die Seite besucht habt. Bei Büchern müsst ihr Vornamen und Familiennamen des Verfassers, Titel, Erscheinungsort und Erscheinungsjahr nennen.
- Auch formale Aspekte sind wichtig: Achtet auf die Rechtschreibung, die Verständlichkeit und auf die Gestaltung.

Wenn euch die Arbeit Spaß macht, kommt euer Porträt gut heraus!

Die Frühzeit des Menschen

- **vor 8 Mio. Jahren** Die Vorfahren der Menschen beginnen sich zu entwickeln.
- **2 Mio. – ca. 10 000 v. Chr.** Altsteinzeit: Die Menschen jagen, sammeln und nutzen das Feuer.
- **um 5000 v. Chr.** Beginn der Jungsteinzeit in Europa. Die Menschen erlernen den Ackerbau und werden sesshaft.
- **um 4000 v. Chr.** Beginn der Metallzeit

ZEITTAFEL

GESCHICHTE GESCHEHEN

Frühe Hochkulturen

- **um 3000 v. Chr.** Ober- und Unterägypten vereinigen sich zu einem Reich. Die Ägypter entwickeln die Hieroglyphenschrift und einen Kalender.
- **2600–2100 v. Chr.** Die großen ägyptischen Pyramiden werden gebaut.
- **um 1700 v. Chr.** König Hammurabi macht Babylon zur Hauptstadt Mesopotamiens und lässt Gesetze aufzeichnen.
- **ca. 1600–1000 v. Chr.** Im „Neuen Reich" regieren die Pharaonen Hatschepsut, Echnaton, Tutanchamun, Ramses u.a.

- **30 v. Chr.** Nach einem Sieg über Kleopatra VII. machen die Römer Ägypten zu einer Provinz des Römischen Reiches.

Archäologie – Out-of-Africa-Theorie – Altsteinzeit – neolithische Revolution – Bronze- und Eisenzeit

Hochkultur – Herrschaft – Monarchie – Hierarchie – Monotheismus

Die Welt der Griechen

- **ca. 1600–1200 v. Chr.** Blütezeit der mykenischen Palastkultur
- **776 v. Chr.** Angeblicher Beginn der Olympischen Spiele
- **750–550 v. Chr.** Die Griechen besiedeln die Küsten des Schwarzen Meeres und des Mittelmeeres („Griechische Kolonisation")
- **um 700 v. Chr.** Homer verfasst die Werke „Ilias" und „Odyssee".
- **594 v. Chr.** Athen – Reformen des Solon: Er beteiligt das Volk an der Herrschaft und beseitigt die Schuldknechtschaft.
- **561/560–510 v. Chr.** In Athen herrschen Tyrannen.
- **507 v. Chr.** Athen – Kleisthenes stärkt die Rechte des Volkes und begründet die Demokratie.
- **490/479 v. Chr.** In den Perserkriegen besiegen die Griechen die Perser.
- **um 450 v. Chr.** Blütezeit und Vormachtstellung Athens in Griechenland
- **431–404 v. Chr.** Athen und Sparta kämpfen im Peloponnesischen Krieg um die Vorherrschaft in Griechenland. Sparta besiegt Athen.
- **336–323 v. Chr.** Alexander der Große begründet ein Weltreich.
- **nach 323 v. Chr.** Im Zeitalter des Hellenismus verbreitet sich die griechische Kultur.
- **bis 133 v. Chr.** Die Römer machen Griechenland zur römischen Provinz.

Aristokratie – Mythos – Polis – Sklave – Demokratie – Hegemonie – Philosophie – Theater

Das römische Weltreich

- **753 v. Chr.** Nach der Sage gründen Romulus und Remus Rom.
- **um 500 v. Chr.** Römische Adlige vertreiben den etruskischen König und gründen die Republik.
- **500–272 v. Chr.** Ständekämpfe in Rom und römische Eroberungen in Italien
- **272 v. Chr.** Mittel- und Süditalien stehen unter römischer Herrschaft.
- **264–146 v. Chr.** Rom gewinnt nach drei Kriegen mit den Karthagern die Vorherrschaft im westlichen Mittelmeergebiet.
- **200–133 v. Chr.** Rom wird Vormacht im östlichen Mittelmeergebiet.
- **133 und 123 v. Chr.** Die Brüder Tiberius und Gaius Gracchus versuchen nacheinander die Lage der Plebs durch Ackerreformen zu verbessern.
- **88–31 v. Chr.** Machtkämpfe im Staat führen zu blutigen Bürgerkriegen.
- **58–51 v. Chr.** Unter Caesar erobern die Römer Gallien bis zum Rhein.
- **44 v. Chr.** Caesar lässt sich zum Diktator auf Lebenszeit ernennen und wird im März ermordet.
- **31 v. Chr.–14 n. Chr.** Augustus errichtet eine Monarchie.
- **9 n. Chr.** Drei Legionen werden von Germanen vernichtend geschlagen. Rom verzichtet auf weitere Eroberungen und errichtet den Limes.
- **117 n. Chr.** Unter Kaiser Trajan erreicht das Römische Reich die größte Ausdehnung.
- **193–285 n. Chr.** „Soldatenkaiser" herrschen im Römischen Reich.
- **um 250 n. Chr.** Alemannen dringen über den Limes ins Römische Reich ein.
- **395 n. Chr.** Kaiser Theodosius teilt das Römische Reich in eine östliche und eine westliche Hälfte.
- **um 400 n. Chr.** Germanische Stämme überschreiten die von römischen Truppen geräumte Rheingrenze: Ende der Römerherrschaft im Rheinland.
- **476 n. Chr.** Der letzte weströmische Kaiser wird von einem germanischen Heerführer abgesetzt.

Republik – Provinz – Proletarier – Diktatur – Prinzipat/Kaiser – Zivilisation – Romanisierung

Verzeichnis der Namen, Sachen und Begriffe

Verwendete Abkürzungen:
Abb. = Abbildungen, ägypt. = ägyptisch, aristokrat. = aristokratisch, athen. = athenisch, austral. = australisch, aztek. = aztekisch, babylon. = babylonisch, brit. = britisch, byzantin. = byzantinisch, christl. = christlich, französ. = französisch, genues. = genuesisch, german. = germanisch, Gesellsch. = Gesellschaft, griech. = griechisch, Hist. = Historiker, histor. = historisch, iran. = iranisch, islam. = islamisch, israelit. = israelitisch, Jh. = Jahrhundert, jüd. = jüdisch, karthag. = karthagisch, Landsch. = Landschaft, lat. = lateinisch, literar. = literarisch, makedon. = makedonisch, myken. = mykenisch, Päd. = Pädagoge, pers. = persisch, Phil. = Philosoph, plebej. = plebejisch, Pol. = Politiker, röm. = römisch, sagenh. = sagenhaft, Schriftst. = Schriftsteller, span. = spanisch, spartan. = spartanisch, trojan. = trojanisch, Wiss. = Wissenschaftler

▷ Verweis auf ein Stichwort
Halbfett gesetzt sind historische Grundbegriffe, die im Buch in einem Kastentext erläutert werden.

Bildnachweis

AKG (**11**, Q1-li [A. Lorenzini]; **11**, Q1-mi; **18**, Q1 [Erich Lessing]; **19**, Q4-Mecki; **19**, Q4-Sandmann; **21**, Q1-li [Werner Forman]; **44**, Projekt [Erich Lessing]; **66**, Q2 [Werner Forman]; **72**, Q4; **75**, Q2; **84**, Q1; **98**, Q4; **99**, D1 [Peter Connolly]; **144**, Q2; **170**, Q5; **176**, Q4; **194**, Q5 [Werner Forman]; **198**, Uhr; **199**, links [Werner Forman])
Alinari, Fratelli, I.D.E.A. S.p.A, Florenz (**129**, Feldherr und Legionäre)
Alison Frantz Collect., Amer. School of Classical Studies at Athens (**109**, Q1)
American School of Classical Studies at Athens: Agora Excavations (**114**, Q5)
Ancient Art & Architecture Collection Ltd, Pinner (**112**, Q1)
The Athenian Trireme, The History an Reconstruction of an Ancient Greek Warship, Morrison/Coates, Cambridge University Press, 1986, S. 235 (**99**, D2)
(c) Archaeological Receipts Fund/Olympia Museum (**82**, D1)
Archäologische Denkmalpflege Mainz (**189**, D4)
Archäologische Staatssammlung München (**44**, Q1–Q4; **194**, Q4)
Archäologisches Freilichtmuseum Oerlinghausen (**190**, D5)
art archive London (**68**, Q1; **128**, Lagerbau [National Museum Bukarest/Dagli Orti]; **193**, Q2)
Artothek, Weilheim (**33**, Q4)
Badisches Landesmuseum Karlsruhe (**81**, Q2)
Bayerische Staatsbibliothek München (**46**, Q2)
Bevilacqua, C. (**93**, Q5)
Bibliothèque nationale de France, Paris (**89**, Q3)
Bildarchiv Foto Marburg (**81**, Q5 und Q7)
Bildarchiv Steffens, Mainz (**153**, Q3 [Dietmar Riemann])
Bodleian Library University of Oxford (**46**, Q3)
BPK (**18**, Q2; **19**, Q4-hi [Friedrich Seidenstücker 1945]; **21**, Q1-re [K. Petersen]; **51**, Q2 und Q3; **54**, Q3 [Jürgen Liepe]; **56**, Q1; **66**, Q3 [Margarete Büsing]; **80**, Q1; **81**, Q6; **88**, Q2 [Johannes Laurentius]; **92**, Q2; **105**, Q9; **106/107**, Q1; **113**, Q2; **115**, Q2; **116**, Q4; **117**, Q1; **118**, Q2; **118**, Q3 [Alfredo Dagli Orti 1990]; **118**, Q2; **130**, Q1; **148**, Q2; **152**, Q2 und Q3; **199**, rechts [J. Remmer])
The Bridgeman Art Library, London (**43**, D1; **62**, Q1; **85**, Q2; **170**, Q4 [Fratelli Alinari]; **174**, Q8 [Fratelli Alinari])
British Museum, London (**59**, D3; **65**, Q1; **67**, Q5; **94**, Q2 [Great Court Ltd]; **98**, Q3; **175**, Q1; **177**, Q5; **180**, Q2)
Burkhardt, Dr. Martin, Heidenheim (**164**, Q2)
C M Dixon, Kingston, Canterbury (**24**, Osteuropa)
Capeware, Ottoviano/Italien (**16**, 1)
Ciganovic, J. (**119**, Q4)
Corbis (**11**, Q1-re [Bettmann]; **49**, Graböffnung [Hulton-Deutsch Collection]; **97**, Q2 [Roger Wood])
Corbis UK Limited (Sygma/ex machine/Gedeon), London (**125**, D4)
Dagli Orti, Giovanni et Muriel, Paris (**160**, Q1)
Das Alte Ägypten, Eggebrecht, Arne, C. Bertelsmann, S. 207 (**63**, Q2)
Das Fotoarchiv, Essen (**10**, D1-re [Herzog])
Das waren Zeiten 1, C. C. Buchner, S. 80 (**158**, Q1)
Deutsches Archäologisches Institut, Rom (**153**, Q1)
Deutsches Filmmuseum Frankfurt/M (**17**, 6)
Die Gletschermumie, G. Sulzenbacher, Folio Verlag, S. 18 (**27**, D1)
Die Römer bei uns: Juniorkatalog und Sachbuch zur Landesausstellung 2000 in Rosenheim, Peter Kolb, MPZ München, S. 84 (**161**, Q2)
DPA (**10**, D1-li; **11**, Q1-hi; **28**, Q9; **198**, Justitia)
E. Thiem; Lotos Film, Kaufbeuren (**48/49**, Hieroglyphen; **53**, Q2; **121**, Q1)
Editions Gallimard, Paris (**147**, D1)
Edizioni Arte e Moneta SA, Savosa (Lugano) (**59**, D4 und D6)
Eibl-Eibesfeld, Prof. Dr. h. c. Irenäus, Andechs (**36**, Q3; **34**, Q1)
Eye Ubiquitous, Shoreham, West Sussex (**24**, Australien)
Federseemuseum Bad Buchau (**15**, D2-re)
FOCUS (**10**, D1-mi [Marc Bernheim]; **24**, Afrika [Science Photo Library/ John Reader]; **30**, Q1)
Foto-Geuther Rötha (**12**, Q4; **198**, Obst)
Friedrich-Spee-Gymnasium Trier (**199**, website)
Germanisches Nationalmuseum, Nürnberg (**18**, Q3)
Getty Images (**76**, Q3)
Global Pictures GmbH (Pandis Media) (**35**, Q2)
Haken, Pflug und Ackerbau, Band 1, Schriftenreihe für das deutsche Landwirtschaftsmuseum Universität-Hohenheim, S. 43 (**46**, Q1)
Hansmann Bildarchiv, München (**72**, Q5)
Haus der Geschichte, Bonn (**19**, Q4-Apollo 11)
Hessisches Landesmuseum (**32**, D8-D11 [Sina Althöfer])
Hirmer Verlag GmbH (**70**, Q1; **92**, Q3)
Institut für Klassische Altertumswissenschaft, Halle (**166**, Q1)
Institut für Klassische Archäologie und Antikenmuseum der Universität Leipzig (**166**, D1 und Q2; **167**, D2 [Punctum/Peter Franke])
Isecke-Vogelsang, Matthias, Süsel (**42**, D9-alle Abb.)
Janssen, Werner, Meppen (**42**, D8)
Kessler, Prof. Dr. Karlheinz, Emskirchen (**71**, Q2)
KHM Kunsthistorisches Museum Wien (**73**, Q1; **129**, Sieger und Besiegte)
Klammet, W., Ohlstadt (**170**, Q3)
Koch, Prof. Dr. Heidemarie, Marburg (**192**, Q1)
Kuper, Dr. Rudolf, Universität Köln (**38**, Q1-li)
Kuper, Prof. Dr. Ernst, Göttingen (**109**, Q2)
Landesamt für Archäologie Sachsen-Anhalt, Halle (**38**, Q1-re)
Landesamt für Denkmalpflege Hessen (**29**, Q10 [Otto Braasch])
Landesdenkmalamt Baden-Württemberg (**15**, D2-li)
Landesgendarmeriekommando für Tirol, Innsbruck (**26**, Q1 [Anton Koler, Sölden])
Landesmuseum Mainz (**179**, Q4 [Ursula Rudischer]
Langen, Georg, Köln (**23**)
(c) 2002 – Les Editions Albert René/Goscinny-Uderzo (**154**, D1; **155**, D2; **184**, D1)
Limesmuseum Aalen (**185**, D2; **191**, D7-beide)
Martin-von-Wagner-Museum der Universität Würzburg (**81**, Q4 [K. Öhrlein]; **96**, Q5; **102**, Q2 [K. Öhrlein]; **105**, Q8 [K. Öhrlein])
Mauritius, Mittenwald (**172**, Q1-Via Appia [Hetz]; **186**, Q1)
Meier, Klaus-Ulrich, Petersberg (**12**, Q2)
MEV Verlag GmbH (**32**, D7; **79**, Brandenburger Tor)
Musées Royaux d'Art et d'Histoire, Bruxelles (**102**, Q1)
Museo Nazionale di Villa Giulia, Rom (**130**, Q2)
National Museums of Scotland, Edinburgh (**97**, Q1)
Neanderthal Museum Mettmann (**31**, D1)
Neumayer, Erwin, Wien (**24**, Indien)
PA – Photo Archive Ancient Art/Jürgen Liepe (**48**, Sarg; **59**, D5; **60**, Q1 und Q2; **61**, Q4 und Q6; **64**, Q4)
Photothèque des Musées de la Vilee de Paris/Musée du Petit Palais (**178**, Q2)
Picture Press/ G+J Fotoservice (**24**, Japan [Corbis/Sakamoto Photo Research Lab.]; **25**, Nordamerika [Corbis/Warren Morgan]; **49**, Sphinx [Corbis/Bonfils]; **50**, Q1 [Corbis/Eye Ubiquitous]; **57**, Q3; **182**, Q4)
Pucciarelli, Dr. Mauro (**132**, Q3)
Rheinisches Landesmuseum Bonn (**45**, D1)
Rheinisches Landesmuseum Trier (**173**, Q4 [Thomas Zühmer]; **172**, Q1-Relief; **177**, Q9; **183**, Q8)
Rijksmuseum van Oudheden, Leiden (Scala Group, Firenze) (**163**, Q1)
RMN, Paris (**53**, Q1 [Hervé Lewandowski]; **94**, Q1; **173**, Q6 [Musée Calvet]; **181**, Q3)
Roman Republican Coinage II, by Michael H. Crawford, Cambridge University Press, S. XXXVII (**151**, Q1-li); S. XLVII (**151**, Q1-re)
Römer- und Pelizaeus-Museum, Hildesheim (**48**, Kornspeicher [Claudio Fragasso]; **59**, D2 und D7; **61**, Q3)
Römisch-Germanisches Museum der Stadt Köln/Rheinisches Bildarchiv (**191**, D9)
Rothacher, Dietrich, Freiburg im Breisgau (**191**, D8)
Scala Group, Florenz/Italien (**17**, 5; **54**, Q4 [Antella]; **79**, Diskuswerfer; **82**, Q10; **89**, Q4; **108**, Q5; **108**, Q4; **110**, Q3; **115**, Q1; **119**, Q6; **128**, Hochzeit; **129**, Landleben; **132**, D2 und Q4; **139**, Q1; **141**, Q3; **142**, Q1; **149**, Q4; **156**, Q1; **159**, Q4; **161**, D2; **162**, D3 und D4; **165**, D2; **168**, Q1; **169**, Q2; **172**, Q2; **179**, Q6; **180**, Q1; **183**, Q7)
Schelle, Jörg, Bad Zwischenahn (**146**, Q7)
Schlossparkmuseum und Römerhalle Bad Kreuznach (**128**, Gladiatoren)
Schröder, Dr. Helge, Hamburg (**14**, Q1)
Spiel Zeit Geist, Haus der Geschichte Bonn (Hrsg.), Prestel-Verlag, S. 28 (**19**, Q4-Oldtimer); S. 58 (**19**, Q4-Sputnik)
Staatliche Antikensammlung und Glyptothek München (**104**, Q4 [Koppermann]; **111**, Q5 [Koppermann])
Staatliche Kunstsammlungen Dresden (**129**, Metzger)
Staatliche Münzsammlung München (**122**, Q2; **151**, Q1-mi; **153**, Q2; **193**, Q3)
Staatliche Museen Kassel (**107**, Q2)
Steinmeyer-Schareika, Dr. Angela, Filderstadt (**16**, 3; **147**, Q1)
Süddeutscher Verlag (**12**, Q3)
(c) Südtiroler Archäologiemuseum, Bozen/Italien (**27**, Q2–Q8 [Augustin Ochsenreiter]; **29**, Baumstamm)
Wadsworth Atheneum Museum of Art (**91**, Q1)
Witnessview (**124**, D1 und D2 [Stéphane Compoint, Saint-Ouen])
Wood, Nicholas, London (**167**, D3)
ZEFA, Düsseldorf (**198**, Architektur [Haenel])
Zeidler, Henry, Leipzig (**13**, D2 [alle 4 Abb.])

Nicht in allen Fällen war es uns möglich, den Rechteinhaber der Abbildungen ausfindig zu machen. Berechtigte Ansprüche werden selbstverständlich im Rahmen der üblichen Vereinbarungen abgegolten.